当代中国马克思主义研究工程（二期）

陆建松◎主编

# 当代马克思主义考古学

上海人民出版社

# 目　录

目　录

# 导论　建设中国特色中国风格中国气派的考古学

　　党的十八大以来，以习近平同志为核心的党中央高度重视考古工作，从立足更好认识源远流长、博大精深的中华文明，更深入地认识中国历史和人类发展史，坚定文化自信的战略高度，充分肯定了考古工作的重要作用和意义，多次强调要发展考古学，加强考古能力建设和学科建设。

　　2020年9月28日，中共中央政治局专门就考古最新发现及其意义举行第23次集体学习。习近平总书记提出，要高度重视考古工作，努力建设中国特色、中国风格、中国气派的考古学，更好认识源远流长、博大精深的中华文明，为弘扬中华优秀传统文化、增强文化自信提供坚强支撑。

　　2021年10月17日，习近平总书记在致仰韶文化发现和中国现代考古学诞生100周年的贺信中强调，100年来，几代考古人筚路蓝缕、不懈努力，取得一系列重大考古发现，展现了中华文明起源、发展脉络、灿烂成就和对世界文明的重大贡献，为更好认识源远流长、博大精深的中华文明发挥了重要作用。

2022 年 5 月 27 日，中共中央政治局就深化中华文明探源工程进行第 39 次集体学习。习近平总书记强调，要加强多学科联合攻关，推动中华文明探源工程取得更多成果，把中国文明历史研究引向深入，增强历史自觉坚定文化自信。

2023 年 6 月 2 日在北京举办的文化传承发展座谈会期间，习近平总书记在参观中国历史研究院中国考古博物馆时强调，认识中华文明的悠久历史、感知中华文化的博大精深，离不开考古学。要实施好"中华文明起源与早期发展综合研究"、"考古中国"等重大项目，做好中华文明起源的研究和阐释。

面对新时代、新形势和新使命，习近平总书记就如何建设中国特色中国风格中国气派的考古学提出了一系列新思想、新观点和新论断。

当代考古工作是一项重要文化事业，也是一项具有重大社会政治意义的工作。认识历史离不开考古学，考古发现展示了中华文明起源和发展的历史脉络，考古发现展示了中华文明的灿烂成就，考古发现展示了中华文明对世界文明的重大贡献，考古工作是增强文化自信的强大支撑。

当代考古学肩负着重大的时代使命，始终与国家民族命运紧密相连。考古学关乎现代民族国家的构建，关系到国家和民族的身份认同和共同的历史经历，关系到国家和民族安身立命的根和魂，关系到国家和民族的文化自信和自强，关系到社会主义核心价值观建设，关系到国家和民族如何汲取智慧、走向未来，关系到传承中华文明和建设现代文明，关系到增进文明交流互鉴和国际社会对我们的认同。

要做好考古成果的挖掘、整理、阐释工作。考古学界要会同经济、法律、政治、文化、社会、生态、科技、医学等领域研究人员，做好出土文物和遗址的研究阐释工作，把我国文明起源和发展以及对人类的重大贡献更加清晰、更加全面地呈现出来。要吸收最新史学研究成果，及时对我国古代历史部分内容进行完善，以完整准确讲述我国古代历史，更好发挥以史育人作用。

要强化科技考古与多学科交叉融合。我们运用生物学、分子生物学、化学、地质学、物理学等前沿学科的最新技术分析我国古代遗存，使中华文明探源有了坚实的科技分析依据，拓展了我们对中国五千多年文明史的认知。对文明起源和形成的探究是一个既复杂又漫长的系统工程，需要把考古探索和文献研究同自然科学技术手段有机结合起来。

要加强考古成果和历史研究成果的传播工作。教育引导广大干部群众特别是青少年认识中华文明起源和发展的历史脉络，认识中华文明取得的灿烂成就，认识中华文明对人类文明的重大贡献，不断增强民族凝聚力、民族自豪感。要向全世界讲好中国历史故事。要运用我国考古成果和历史研究成果，向国际社会展示博大精深的中华文明，讲清楚中华文明的灿烂成就和对人类文明的重大贡献，让世界了解中国历史、了解中华民族精神，从而不断加深对当今中国的认知和理解，营造良好国际舆论氛围。

要搞好历史文化遗产保护工作。考古遗迹和历史文物是历史的见证，必须保护好、利用好。要建立健全历史文化遗产资源资产管理制度，健全不可移动文物保护机制，增强历史文化遗产防护能力，严厉打击文物犯罪。

……

习近平总书记关于当代中国考古学的一系列重要论述及其核心要义，是马克思列宁主义基本原理和中国考古具体实际相结合的产物。这些重要论述及其核心要义，为我们建设中国特色、中国风格、中国气派的考古学指明了方向、提供了基本遵循。

根据习近平总书记建设中国特色、中国风格、中国气派的考古学的要求，结合当代中国考古学面临的挑战，我们认为，未来我国考古学的重心要从田野考古发掘延伸到考古材料整合研究，从传统考古学研究理论方法延伸到科技手段应用和多学科交叉融合，从考古发掘研究延伸到考古资源的保护传承和传播利用。为此，需要构建考古发掘研究、传播利用和保护传承"三位一体、前后贯通"的大考古学学科体系。这也是 2017 年复旦大学科技考古研究院成立时确立的复旦考古学科发展的指导思想。

基于上述思想，本书内容与结构将打破传统考古学著作的范式，按照上述"三位一体、前后贯通"大考古学学科体系谋篇布局，重点将围绕"考古发掘与材料整理""科技考古与信息采集分析""考古材料整合、理论阐释与历史重建""考古资源传播利用"以及"考古资源的保护传承"的内容顺序展开。

第一章"传统马克思主义理论与考古学"，论述马克思主义辩证唯物主义、历史唯物主义对考古学研究的影响；第二章"当代马克思主义考古学"，当代马克思主义考古学是马克思列宁主义基本原理和中国考古具体实际相结合的产物，是中国考古学人集体智慧的结晶，本章论述了当代中国考古学重要意义、时代使命和主要任务；第三章"考古发掘和材料整理"，论述考古调查、勘探、发掘、采样和材料整理；第四章"科技考古与信息采集分析"，论述如何应用自然科学等相关学科的方法和技术，对考古遗址进行调查取样，对出土遗迹和遗物观察、鉴定、测试、定性分析和定量统计，以获取更加丰富、更加全面的古代人类活动的信息；第五章"考古材料整合、理论阐释与历史重建"，从阐释模型构建出发，探讨如何利用理论与方法揭示考古遗存背后的人类行为与社会发展，并以三大战略课题——人类起源、农业起源和文明起源为例，系统论证如何实现"透物见人""重建古史"；第六章"考古资源传播利用"，考古发掘研究旨在以物释史、证史和说史，起到教化和启示作用，本章主要从公共考古与博物馆展示角度论述考古资源的传播利用；第七章"考古资源的保护传承"，考古资源是历史的见证，是重要的历史文化资源，必须保护好、利用好，本章主要论述考古资源保护的理念、方法和技术。

# 第一章　传统马克思主义理论与考古学

　　马克思主义是马克思、恩格斯在 19 世纪 40 年代开创的对人类社会及其发展规律的客观认识，在形成、发展和运用中经过实践反复检验的具有普遍真理性的理论体系。一般认为马克思主义理论包含了马克思主义哲学、马克思主义政治经济学和科学社会主义，以及在其基础上发展出来的各种学说。虽然研究者指出过马克思、恩格斯在其著作和实践中并未真正涉足考古领域，但这并不妨碍马克思主义成为指导考古学研究的有效理论。辩证唯物主义、历史唯物主义是马克思主义哲学的核心内容，其衍生出对人类历史上的社会发展规律及政治、经济、文化发展规律的基本认识，也是对考古学研究影响最为广泛的理论。这种影响不仅在社会主义国家普遍存在，在欧美等西方国家的考古学界，马克思主义理论同样被众多学者所接受并运用到自己的研究之中。

# 第一节　传统马克思主义理论与欧美考古学

马克思主义考古学是马克思主义理论与考古学研究及实践相结合的产物。要理解马克思主义考古学的发生、发展过程及主要成果，需要从传统马克思主义的基本理论出发。

## 一、马克思主义基本原理与马克思主义考古学的发端

### （一）马克思主义的基本原理

历史唯物主义是马克思主义意识形态讨论的核心理论。在马克思、恩格斯的经典著作中，人类社会的发展经历了原始社会、奴隶社会、封建社会、资本主义社会等不同的历史阶段。每种社会的经济基础截然不同，而由这些经济基础决定的上层建筑和占主导地位的生产方式也就有了各自独立的特征。一般认为，历史唯物主义理论中的这些认识，并非完全由马克思、恩格斯首创，一定程度上吸收了欧洲早期考古学中克里斯蒂安·汤姆森的"三期说（石器时代—青铜时代—铁器时代）"（1836 年）和美洲民族志学家摩尔根"蒙昧时代—野蛮时代—文明时代"说（1877 年）[①]的成果。

利用自然物质进行有意识的生产与创造是人与动物的本质区别，

---

① ［美］路易斯·亨利·摩尔根：《古代社会》，杨东莼、马雍、马巨译，商务印书馆 2012 年版。

而物质是人类社会形成与发展的基础。传统马克思主义认为，内容丰富的人类物质生产至少涉及生产方式、交换方式，及其对社会形态的影响等。生产方式包含了生产力和生产关系，两者之间存在着矛盾和斗争，而这导致了人类社会中必然会存在各种各样的冲突。生产力和生产关系的相互作用及其对社会的影响不仅是不同历史阶段的表征，也决定着社会的发展程度。生产力和生产关系的每一次重大调整都会对经济基础和社会形态产生影响，而其从量变到质变的过程则决定了人类文明的阶段性特征及发展方向，并最终形成了全世界不同的文明形态。有研究者认为，马克思主义人类文明史是基于人的依赖关系、以物为基础的依赖、个人全面发展和社会生产能力创造社会财富这一基础上的自由个性的发展过程。①

马克思、恩格斯的辩证唯物主义继承了黑格尔辩证法的一些内容，其中心内容包括对立与统一的关系、量变与质变的关系，否定之否定逻辑，以及认为事物处于变化和运动之中。这些理论在考古学中运用主要体现在社会形态、社会变化中结构与个体之间的关系上。马克思主义主张用社会自身的动力来解释社会，强调人类社会并不是被动地由外力塑造。加拿大著名考古学理论家特里格就认为马克思主义给考古学带来的贡献之一是推动了研究者从考古资料反映的社会和经济因素等内部动力来理解古代社会。② 马克思唯物主

---

① 邓佳：《文明与人的发展：马克思文明观的人学意蕴探析》，《山东社会科学》2021 年第 12 期，第 91 页。

② B. G. Trigger. *A History of Archaeological Thought*, Cambridge University Press, 1989.

义并不赞同启蒙运动思想家们提出的技术变革是推动人类理性进步的观点，而是主张社会和文化的存在是为了维持人类生产，进而保证人类群体的生存和繁衍，这在马克思、恩格斯的多种经典论著中都有明确的表述，如马克思的《1844 年经济学哲学手稿》《人类学笔记》，恩格斯的《家庭、私有制和国家的起源》《劳动在从猿到人的转变中所扮演的角色》等。恩格斯指出"历史进程的决定因素归根结底是人类生活的生产和再生产"，其中包含了思想、文化与物质活动的交织，因此马克思所说的社会变化应该被理解为经济、政治、意识形态共同作用的结果。同时，马克思著作中"一切存在的社会历史都是阶级斗争的历史"的论断，让众多马克思主义者认为人类受自身利益的驱使，会通过权力的获取和对各种资源的控制权来扩大自己的利益。无论在资本主义还是共产主义思想占主导的社会里，都有一定数量的研究者利用阶级斗争理论来阐释考古学资料。

在美国学者麦圭尔看来，马克思政治经济学是最先被用于研究考古学的马克思主义理论，其理论构建始于对人类劳动过程的社会观察，特别是有关经济基础与上层建筑、生产力与生产关系、阶级与阶级斗争等理论及其研究方法都曾被考古学家学采纳或者借鉴。[①]

对于马克思主义考古学存在不同的理解，如一些学者认为西方国家的马克思主义考古学只是社会科学研究的一个方面，与共产主义国家可能存在的意识形态影响的考古学有所不同。虽然斯普里

---

① 兰德尔·H.麦圭尔：《马克思主义的范式》，陈胜前译，《南方文物》2022 年第 5 期，第 31—33 页。

格斯认为不应该试图发展马克思主义考古学"学派",因为这种尝试是不可能的。[①] 然而,西方研究者普遍承认,马克思主义"是一种思想传统、一种哲学、一种已经并将产生许多理论的理论生产方式"。[②]

### (二)马克思主义考古学的发端

无论是西方还是东方的研究者在讨论马克思主义考古学的发端时,一般都会把马克思主义理论在考古学中的应用及推广与英国裔考古学家戈登·柴尔德(Gordon Childe,1892—1957)联系起来,[③] 即使有研究者指出柴尔德的考古学思想虽然受到了马克思主义的影响,但并非出于他对马克思主义的信仰,而更多的是运用马克思主义相关理论来解释考古资料反映的社会发展状况。

戈登·柴尔德曾任伦敦大学考古研究所所长和不列颠学院院士。他致力于欧洲和西亚考古,特别是在史前考古领域成果卓著,提出了"新石器时代革命""城市革命"的概念。20世纪初,有关史前考古的理论阐释最流行的是文化进化论与文化传播论两个流派。前者以泰勒、摩尔根、莫尔蒂耶等为代表,认为人类社会存在进步的过程,会按一定的次序独立演进;后者以蒙特柳斯、格雷布纳、威廉·佩里等为代表,认为文化各有独特性,不存在共同的社会演进

---

① Matthew Spriggs(ed.). *The Marxist Perspectives in Archaeology*, Cambridge University Press, 1984:3.

② McGuire R. H, *Archaeology as Political Action*, University of California Press, 2008:73.

③ Randall McGuire. *A Marxist Archaeology*, Academic Press, San Diego, 1992.

次序，文化传播对于文化的发展非常重要。在柴尔德的《欧洲文明的曙光》《史前时代的多瑙河》等早期著作中，文化传播论的方法是开展研究的主要基础。然而，1936 年之后，他转向以进化论的观点并运用马克思主义理论来解读考古资料，这种转变与他之前对苏联的访问有关。《人类创造了自身》《历史发生了什么》《社会演进》等著作不仅奠定了柴尔德在史前史研究方面的权威地位，也让他成为公认的 20 世纪前期最有成就的马克思主义考古学家。戈登·柴尔德运用马克思主义理论而形成了辩证史观，强调了辩证的演进与螺旋式上升、建立在模仿与创新基础上的文化扩散与传播，以及发明与发现对社会积累的基础性作用，丰富了马克思主义史学理论的内涵。[1] 同时，柴尔德重视物质文化，认为其通过物质对象不仅仅是行动的反映或结果，也反映了作为其存在条件的社会关系。[2] 柴尔德在他的著作《工具的故事》中指出，工具反映了产生它们的社会和经济条件，因此反过来可以从工具来探求社会和经济。[3] 柴尔德在此方面的认识与马克思的观点一脉相承，虽然马克思在物质文化的社会研究外，还提到了其对意识形态研究的价值。柴尔德对马克思主义的运用具有较强的系统性，根据布鲁斯·特里格的研究，柴尔德的著作中有关历史与进化、理论与材料、唯物主义与唯心主义之间存在着关键辩证法的运用，这即使在 30 年之后兴起的新考古学

---

[1]　倪凯：《戈登·柴尔德的进步史观研究》，《史学史研究》2021 年第 3 期，第 81 页。

[2]　McGuire, R. *A Marxist Archaeology*, Academic Press, 1992:95.

[3]　Childe, V. Gordon. *The Story of Tools*, Cobbett Publishing Co. Ltd., 1944:1.

思潮中也是不具备的。

有意思的是，东欧社会主义国家的研究者对柴尔德的评价并不像西方国家那么一致。有人视他为"进步的英国考古学家"，也有人将他贬低为"资产阶级"考古学家。① 然而，无论哪种认识都无法否认柴尔德研究中马克思主义理论的存在，同样也无法掩盖柴尔德对东欧考古学的影响。

## 二、西欧北美的马克思主义考古学

美国学者麦圭尔曾经撰文回顾了西方考古学中的马克思主义发展历程，他写道："1940 年代以来马克思思想传统深刻地影响到西方考古学，但是这种影响很少得到公开的承认。"② 第二次世界大战后，在柴尔德和法国马克思主义哲学家和人类学家的刺激下，许多考古学家开始接受马克思主义作为英美考古学经验主义的替代品。③ 不过这种情况并未维持多久，20 世纪 50 年代中前期，美国的政客出于意识形态斗争的需要，大力推行麦卡锡主义，恶意诽谤、肆意迫害疑似共产党和民主进步人士。此风潮甚至扩大到其他资本主义国家，这些国家的考古学者如果公开采用马克思主义理论进行研究的话，就可能受到骚扰、失去资助或是遭到解雇，其他

---

① Böhm J., V. Gordon Childe. Památky Archeologické, 1958(49): 589–592.

② 兰德尔·H. 麦圭尔：《马克思主义的范式》，陈胜前译，《南方文物》2022 年第 5 期，第 33 页。

③ Bruce G. Trigger. Marxism in Contemporary Western Archaeology. *Archaeological Method and Theory*, 1993(5): 159–200.

地方如西班牙以及拉美各国公开接触马克思主义可能导致监禁或死亡。① 然而，20 世纪 50 年代又是西方考古学界思想活跃的时期，涌现出许多新的理论思潮，如怀特的社会进化论、朱利安·斯图尔德的文化生态学等，尤其是斯图尔德的研究中存在明显的辩证唯物主义因素。一些激进的人类学家，如塞维斯·沃尔夫等即使身处麦卡锡主义的高压下，仍然坚持了唯物主义的研究方法。不过，美国最早的马克思主义考古学家一般都是通过自学的方式接触到马克思主义的。

　　20 世纪 60 年代之后，新考古学兴起。虽然没有得到普遍承认，仍有研究者坚持认为新考古学是一种结合了莱斯利·怀特的进化论和卡尔·亨普尔实证主义的研究范式，是在文化唯物主义基础上发展起来的。新考古学之后出现的过程主义考古学与更晚的后过程主义考古学都与马克思主义理论存在着密切的联系，前者"混合了文化唯物主义与文化生态学，跟马克思主义方法在经验事实的关注上有许多共同之处"，② 而后者则受到来自结构马克思主义批判理论的启发。③ 部分欧洲国家与拉美地区的考古学研究方法在 20 世纪 70 年代发生变化，其中拉丁美洲在左翼革命运动和反帝国主义思想的影响下发展出社会考古学，他们立足于辩证法、关注考古学资料体现的社会政治作用，同样是基于马克思主义的考古学理论方法。虽

---

① 兰德尔·H. 麦圭尔：《马克思主义的范式》，陈胜前译，《南方文物》2022 年第 5 期，第 33 页。

② 兰德尔·H. 麦圭尔：《马克思主义的范式》，陈胜前译，《南方文物》2022 年第 5 期，第 35 页。

③ Randall McGuire. *A Marxist Archaeology*, Academic Press, San Diego, 1992.

然在 70 年代初只有少数讲英语的考古学家采用了马克思主义理论，但是拉美的新变化也影响了美国考古学的发展。到 70 年代末，随着考古学的多样化发展，马克思主义在说英语的考古学家中成为一种有意义的存在。[①] 西欧和美国越来越多的年轻考古学家开始采用明确的马克思主义考古学方法。不过，此时的马克思主义与 19 世纪卡尔·马克思最初提出的观点相比，已"变得面目全非"。[②]1979年，吉登斯（A. Giddens）提出了至少七种关于唯物主义历史解释的观点，而克雷科维奇（Krekovic）等人也持相似的看法。[③] 在西欧，马克思主义考古的讨论以英国的伦敦大学学院、剑桥大学为中心开展并影响到其他国家，如丹麦考古学家克里斯蒂安·克里斯蒂安森将西欧的巨石宗教视为生产关系的延伸。[④] 乔纳森·弗里德曼（Jonathan Friedman）和 M. J. 罗兰兹强调经济因果关系，但将经济基础视为限制而不是决定社会政治组织和信仰。[⑤] 这些研究都符合经典马克思主义的唯物主义立场。在北美，纽约州立大学、马萨诸

---

[①] 兰德尔·H. 麦圭尔：《马克思主义的范式》，陈胜前译，《南方文物》2022 年第 5 期，第 34 页。

[②] Matthew Johnson. *Archaeological Theory: An Introduction*. Blackwell Publishers. 1999: 92.

[③] Eduard Krekovic, Martin Baca. Marxism, Communism and Czechoslovak Archaeology. *Anthropologie*. 2013(LI/2): 261–270.

[④] Kristiansen, Kristian. Ideology and Material Culture: An Archaeological Perspective.//M. Spriggs (ed.), *The Marxist Perspectives in Archaeology*, Cambridge University Press, 1984: 72–100.

[⑤] Jonathan Friedman, M. J. Rowlands. Notes Towards an Epigenetic Model of the Evolution of "Civilisation." //J. Friedman and M. J. Rowlands(eds.). *The Evolution of Social Systems*, 1978: 201–276.

塞大学等对于马克思主义考古方法的讨论影响到更多研究者，托马斯·帕特森（Thomas Patterson）、马克·莱昂（Mark Leone）、布鲁斯·特里格（Bruce Trigger）、安东里奥·吉尔曼（Antonio Gilman）、菲利普·科尔（Philip Kohl）等都尝试过运用马克思主义的唯物主义理论展开研究。1984 年，马修·斯宾格斯（Matthew Spriggs）出版了英美国家的第一本马克思主义考古论文集，书中的论文作者来自美国、英国、意大利、墨西哥等国。①

在马修·约翰逊看来，西方考古学思想中有两个方面与马克思主义解释存在直接的相关性。一是考古学和政治学之间存在着密切的联系。马克思主义考古学家认为，考古学的实践和解释在本质上部分或全部是与政治有关的，并且反过来常把他们自己的考古工作看成是更广阔的政治活动的一部分，试图否定这一点是自欺欺人。二是马克思主义模式中的历史变迁过程是辩证的。只有在整体的社会形态内才能理解这些矛盾。当某种社会形态被打破时，将会产生新的社会形态并且反过来发展出新的冲突。②约翰逊还同时指出，马克思主义给考古学家提供的理论工具包括：对斗争和矛盾的兴趣、对意识形态的强调、坚持学术讨论从根本上讲就是当今的政治讨论、结构和行为体的模式。③

---

① Matthew Spriggs(ed.). *The Marxist Perspectives in Archaeology*, Cambridge University Press, 1984.

② Matthew Johnson. Archaeological Theory: An Introduction(3rd edition). Blackwell Publishing Ltd., 2020.

③ Matthew Johnson. Archaeological Theory: An Introduction(3rd edition). Blackwell Publishing Ltd., 2020.

## 三、苏联、东欧社会主义国家的马克思主义考古学

十月革命推翻了封建俄国的沙皇统治，新生的苏俄（苏联）成为人类历史上第一个社会主义国家，马克思主义成为指导国家建设、发展的核心理论，并在政治、经济、社会和文化等方面发挥着重要作用。二战之后，东欧地区建立了一系列社会主义国家，苏联的社会主义模式、马克思主义思想，以及后来发展出来的列宁、斯大林主义哲学在这些国家的方方面面留下了烙印，包括考古学在内的人文社会科学研究同样是在马克思主义理论框架下得以发展。

（一）苏联的马克思主义考古

马克思主义考古学在苏联的发展并非一蹴而就。苏联建国之初，沙俄时期留下的考古学者还沉浸在早期考古学对古代实物遗存的类型学、年代学、传播学的研究氛围中。马克思主义真正渗透到苏联考古学中是从 20 世纪 20 年代中期开始的，[①] 也就是直到约 1924 年，苏联考古学家的兴趣才得以"向史前社会组织与社会变化的研究"[②]转变，这一时期的代表性工作针对聚落和房屋展开，而讨论这类遗存所代表的原始社会家系类型受到重视，这也是苏联考古学从对关注"物"迈向研究"人"的重要一步，而研究民族如何形成和变化的民族研究方法也蓬勃发展起来，显示了新生的苏维埃政权在考古

---

① Leo Klejn. Archaeology in Soviet Russia. Ludomir R. Lozny(ed). *Archaeology of the Communist Era*. Springer, 2017.

② 兰德尔·H. 麦圭尔：《马克思主义的范式》，陈胜前译，《南方文物》2022 年第 5 期，第 34 页。

上的活力。不过，当时的西方学者中，除著名的柴尔德外，其他人对以马克思主义理论为核心发展起来的苏联考古学所知有限。20 世纪 30 年代，乌克兰特黎波里史前村落的考古工作是系统研究古代聚落的序幕，当时采用的新发掘方法，能够"最全面地了解被揭露出来的遗迹"。①虽然 20 世纪 40 年代之后，马克思主义理论在考古学上运用的教条化情况已普遍存在，但是考古学家也在族属起源研究、社会组织研究、社会与环境的关系研究，以及石器使用痕迹研究、考古资料记录方法等方面取得了不错的成果。这些成果甚至被认为"在许多方面领先或与英美过程考古学同步发展"。②

　　1918 年春，俄罗斯科学院（RAS）讨论了组建新的考古研究机构的计划。当这个机构于 1919 年成立起来时，被命名为物质文化研究所。机构名称的这种变化表明苏联考古研究主题与旨趣与俄罗斯时代的考古传统相比发生了显著的改变，物质文化的发现与研究被置于考古工作的首要地位。物质文化研究所是苏联最主要的考古机构，分为莫斯科和列宁格勒两个分部。研究部门包括旧石器时代组、新石器时代和青铜时代组、高加索和中亚细亚组、希腊罗马组、斯基泰萨尔玛提亚组、斯拉夫俄罗斯组。此外，研究所还有一个田野工作部和两个实验室。物质文化史研究所的主要出版物有《考古学资料与研究》《苏联考古学》《考古简讯》，前者是成套的考古学专刊，

---

　　①　T. C. 帕谢克：《特黎波里居址的田野考查方法》，《考古通讯》1956 年第 3 期，第 101 页。

　　②　兰德尔·H. 麦圭尔：《马克思主义的范式》，陈胜前译，《南方文物》2022 年第 5 期，第 34 页。

后两者是定期的学报和田野考古工作资料报道。

出于对古代物质文化研究的需要，苏维埃政府组织起了越来越多的考古工作。据统计，1913 年沙皇俄国的考古项目只有 35 项，而到了 1945 年考古活动增加到每年 200 多项。[①] 在物质文化研究目标的影响下，考古学家普遍认为人类的工具和其他物质产品是社会不同发展阶段的指标性特征，也是人类社会进化和变革的驱动力量之一。考古学家可以通过识别工具、产品的技术特征和功能来识别人类社会及其发展。一批年轻的考古学决定以"建设马克思主义考古学"为己任。阿齐霍夫斯基（Artsikhovsky）等三人在 1929 年发表了《考古学新方法》一文。该文试图用考古资料证明马克思学说中的生产力水平决定生产关系，而前者可以通过对古代工具的发展情况进行研究。在追求让马克思主义历史观用于指导考古资料研究，进而服务社会的学术氛围下，考古学者往往会在物质文化史的名义下重构考古学。[②] 然而，在提供新研究范式、拓展考古研究内容的同时，一些学者指出，在社会主义国家里，每个历史 / 考古博物馆的主要任务就是拥有尽可能多的文物，而这些文物最好能够涵盖更多的人类和社会进化阶段。[③] 由此，在苏联的考古学研究者也不可避免地存在着将考古目标简化为文物获取与社会阶段

---

[①]　张铁弦：《我们向苏联历史考古学家学习什么？——吉谢列夫博士在华讲学略记》，《文物参考资料》1950 年第 Z1 期，第 75 页。

[②]　Leo Klejn. Archaeology in Soviet Russia. Ludomir R. Lozny(ed). *Archaeology of the Communist Era*. Springer, 2017.

[③]　Tsoni Tsone. Marxism and Archaeology. *Journal of Arts and Social Sciences*. 2023. DOI: 10.33552/IOJASS.2023.01.000522.

重建的情况。

苏联是一个国土辽阔、人口较多的多民族国家，对于民族起源、发展及其相互关系的研究也是苏联考古学的一个重要内容，因而形成了考古学研究中的民族学取向。如第二版《苏联大百科全书》在定义考古学文化时就认为"考古学文化是在不同族的共同体的形成过程中产生的"，而在这个过程中的特点，可以通过纹饰、装饰、用具来区别，[1] 其中不难看出考古学与民族学之间的密切联系。

苏联的马克思主义考古学在形成特点与取得成绩同时，也存在问题，如有学者批评苏联的考古研究并没有把马克思主义作为一种科学来对待，不少知识分子对于马克思主义的理解是简化和教条的。[2] 这种教条的最显著表现就是很多苏联考古学家在一定程度上把马克思主义的社会演进总逻辑理解为单线、固化与不可置疑的。实际上，即使马克思和恩格斯本人讨论日耳曼社会、斯拉夫社会，以及东方社会时都表达过对文化多线进化的赞同。

（二）东欧社会主义国家的考古学

东欧社会主义国家的考古学受到苏联考古学范式的深刻影响，但在发展中也逐渐形成了自身的特点。1946 年，捷克斯洛伐克出版了柴尔德《人类创造自身》（*Man Makes Himself*）的捷克语译本。二十年后，他的另外一本著作《历史发生了什么》（*What Happened in History*）也在捷克出版。柴尔德这两本著作虽然在捷克斯洛伐

---

① 华平：《考古学文化》，《考古通讯》1956 年第 3 期，第 90 页。

② LS Klejn. *A Russian Lesson for Theoretical Archaeology: A Reply*. Fennoscandia Archaeologica, 1991.

克没有引发多少讨论，却让该国学者看到了西方马克思主义考古研究方法。1951 年，捷克斯洛伐克考古学家迪坎（J. Dekan）发表名为《斯大林主义对民族志某些问题的解决方案》的文章，在强调马克思主义思想和摩尔根民族学理论的基础上提出了该国史前时期分期的问题；同年，伯姆（J. Böhm）运用历史唯物主义理论撰写的有关捷克国家封建制度起源的研究也引发了该国考古界的热烈讨论。对捷克斯洛伐克考古学影响深远的著作出现在 1961 年，诺伊斯塔普尼（Neustupný）父子合著的《斯拉夫人之前的捷克斯洛伐克》（Czechoslovakia before the Slavs）被认为放弃了当时的文化历史范式的基本原则，而将重点放在文化连续性和史前人类的经济和社会生活方面，为捷克斯洛伐克考古学的进步理论带来了新鲜空气。①

1978 年，大力倡导要把马克思主义思想应用到考古学，并组织相关"哲学方法论"研讨会的斯洛伐克科学院考古研究所所长克罗波夫斯基（B. Chropovský），主编出版了《考古学中的基本方法论和马克思主义范畴》（Základné metodologické problémy a marxistické kategórie v archeológii）一书。在该书中，克罗波夫斯基开宗明义地强调了马克思主义揭示了社会演化的模式，在真正科学的层面上推动了关于人的起源的研究。② 他警告不要让资产阶级哲学和意识形态渗透到科学理论中。在捷克斯洛伐克的考古学研究主题中，有关

---

① Eduard Krekovic, Martin Baca. Marxism, Communism and Czechoslovak Archaeology. *Anthropologie*.2013(LI/2): 265.

② Chropovský B., K niektorým metodologickým problémom v archeológii. C. Ambros (Ed.): *Základné metodologické problémy a marxistické kategórie v archeológii*. Archeologický ústav SAV, Nitra, 1978.

"军事民主制"的讨论也是马克思主义理论在捷克考古中的一次有趣尝试。科泰斯基（D. Koutecký）、杜塞克（Dušek S.）等人都在此方面皆有建树。捷克斯洛伐克考古界重视物质遗存研究，但对考古理论缺乏足够重视。①

1991 年，英国考古学家伊恩·霍德主编的《近三十年来的欧洲考古学理论》（*Archaeological Theory in Europe—The Last Three Decades*）一书出版。② 该书除介绍了英、法、西班牙、意大利、联邦德国等资本主义国家的考古学理论发展，也邀请学者撰写了有关波兰、匈牙利、捷克斯洛伐克、匈牙利等东欧社会主义国家的考古发展状况，并简要评价了马克思主义对这些国家考古学的影响。

## 第二节　传统马克思主义理论与中国考古学

1921 年，瑞典人安特生在河南渑池县仰韶村的发掘揭开了中国考古学的序幕。随后，中国考古学的本土化任务由一批欧美留学归来的学者完成，李济、梁思永、吴金鼎、夏鼐等考古学家在黄河流域完成了一系列重要发掘，积极将欧美考古学理论、方法用于解决中国历史的重大问题。1949 年，民国时期最重要的考古机构——中

---

① Eduard Krekovic, Martin Baca. Marxism, Communism and Czechoslovak Archaeology. *Anthropologie*. 2013(LI/2): 268.

② Ian Hodder (Editede). *Archaeological Theory in Europe: The Last Three Decades*, Routledge. 1991.

央研究院历史语言研究所以及众多著名考古学者迁往中国台湾。在机构尚未建立、专业人员匮乏的情况下，如何发展自己的考古事业、保护好中华民族的优秀文化遗产是摆在中华人民共和国新生政权面前的一道难题。

## 一、社会主义革命与建设时期（1949—1978）

已有学者指出"苏联考古学家孕育了中国的马克思主义考古学"，在学习苏联考古经验的基础上，新中国的考古学家们用了差不多十年的时间"彻底消化了苏联马克思主义考古理论和方法，写出了新的中国古代记事"。[①]

1950 年 3 月，苏联著名考古学家吉谢列夫应中苏友好协会总会的邀请访华。这位积极将马克思主义方法论用于考古学研究的学者在北京做了两场演讲《苏联历史科学与历史教育》《苏联的考古研究》。吉谢列夫指出，苏联的考古学已经成为马列主义历史科学有机的一部分，是利用物质遗迹考察已灭绝的社会经济形态，重现部落或者民族的生活特点，揭示社会发展的过程与原动力。在吉谢列夫看来，苏联的考古学具有历时性和计划性特征，即考古学的首要任务是研究历史，而且已被纳入国家计划之中。[②] 吉谢列夫在华期间的讲座与座谈不仅为新中国的第一代考古学者开阔了视野，而且

---

[①] Zhang Liangren. Soviet Inspiration in Chinese Archaeology. *Antiquity*, 2011(85): 1057.

[②] 张铁弦：《我们向苏联历史考古学家学习什么？——吉谢列夫博士在华讲学略记》，《文物参考资料》1950 年第 Z1 期，第 75 页。

对随后中国考古学的发展也产生了极大影响。1954 年，考古学家裴文中、尹达代表中国新生政权参加了苏联科学院历史部年度研讨。1958 年 7 月，中国科学院考古研究所派遣王伯洪与王仲殊赴苏联进行了为期三个月的访问。① 他们先后参观了苏联科学院物质文化研究所的莫斯科分部和列宁格勒分部，以及乌兹别克斯坦、乌克兰、格鲁吉亚、亚美尼亚等加盟共和国的考古研究机构，并短暂参加了花剌子模、奥利维亚的发掘。苏联考古的理论方法、发掘技术以及成功经验给中国考古学界提供了借鉴，是新中国马克思主义考古学形成与发展的第一个契机。受苏联的民族学研究影响，国内也有学者呼吁在民族地区进行考古，以帮助这些地区建立民族的历史，费孝通就曾指出"苏联很多少数民族的历史就是根据考古工作所发掘出来的文化遗物中所得到的材料写成"，因此希望在今后的考古工作中重视少数民族地区和少数民族历史有关的地区的工作。② 这一点也得到了考古学家的呼应，如夏鼐就曾指出考古学文化是"考古学遗迹中（尤其是原始社会的遗迹中），所观察到的共同体"，表示的是"一定地区内独特地存在着的族的共同体"。③

新中国马克思主义考古学形成与发展的第二个契机得益于新中国成立后十七年间中国史学发展的总体趋势，即中国古代史研究领域对"五朵金花"历史理论问题的探讨。所谓"五朵金花"是指

① 王伯洪、王仲殊：《苏联考古工作访问记（一）——在物质文化史研究所》，《考古》1959 年第 2 期，第 101—104 页。

② 费孝通：《开展少数民族地区和与少数民族历史有关的地区的考古工作——在考古工作会议上的发言》，《考古通讯》1956 年第 3 期，第 10 页。

③ 夏鼐：《考古学上文化的定名问题》，《考古》1959 年第 4 期，第 169—171 页。

中国古代史分期、资本主义萌芽、农民战争、封建土地所有制和汉民族的形成。研究者认为"五朵金花"的讨论"是在中国马克思主义史学居主导地位的条件下，建设与充实中国马克思主义史学学术体系的集中反映"。① 在当时，使用出土考古资料解读"五朵金花"也被考古学家认为是在研究中运用马克思主义理论方法的重要实践。

新中国马克思主义考古学形成与发展的第三个契机是全国建设的加速。1953 年开始的第一个"五年计划"开启了中国的社会主义工业化之路，国内工业和城市建设等如火如荼地开展起来，地下文物古迹不断被发现，这引发了对考古学研究方法的强烈关注和对考古人才队伍的需求。对于前者，中国考古学界将"建立马克思主义的中国考古学体系"作为中心任务。② 而对于后者，在高校中建设考古学专业，开设考古学课程取得成效，如北京大学在 1952 年正式设立了历史系考古专业等。

1949 年之后，我国的国家意识形态中，马克思主义史学话语体系占据主导地位，以社会形态理论为指导阐释中国历史发展进程的唯物史观对于包括考古在内的人文社科研究都产生了结构性影响。新中国的考古学在田野发现、工作规模、人才培养、机构建设等方面都取得了不少成绩。此时，在考古工作与研究方面呈现出与前不同的特点，即在田野工作中重视物质文化的发现，特别是"生产工

---

① 张越：《"五朵金花"问题再审视》，《中国史研究》2016 年第 2 期，第 21 页。
② 北京大学历史系考古教研室：《十年来的北京大学考古专业》，《考古》1959 年第 10 期，第 515 页。

具和生产技术的发展以及人类经济生活的问题"受到特别重视 [1]；在研究范式上，马克思主义唯物史观是核心指导理论，而对于古代社会结构和社会关系的研究、阶级斗争、民族关系、精神与宗教的研究也受到重视，而要解决这些问题则需要"不断改进考古研究方法，要认真学习马克思列宁主义和毛泽东著作，打好理论基础"。[2]与此同时，博物馆工作者在运用考古资料展示古代社会时，也积极运用马克思主义理论与方法来构建历史类展览。

以考古学发现来印证和解读经典马克思主义著作中社会发展阶段的做法是改革开放之前中国考古学家的普遍做法，这点从《新中国的考古收获》的体例编排中可见一斑。[3]不过，与苏联考古学一样，新中国的考古学研究也多少存在教条化的倾向，如一些研究成果关注的是如何将考古材料与恩格斯提出的原始社会家庭形式相对应，而忽略了史前社会血缘和家庭关系的复杂性。

## 二、改革开放与社会主义现代化建设新时期（1978—2012）

改革开放之后，思想解放之风吹遍了文化战线，中国考古学重新纳入正轨。考古项目不断增多，一系列成果极大丰富了对于我国古代历史和文明演进过程的认识。在此阶段，一方面是随着对外交流的扩大，欧美国家的考古学理论、方法被陆续介绍到国内，推动

---

[1] 夏鼐：《新中国的考古学》，《考古》1962年第9期，第453页。

[2] 夏鼐：《新中国的考古学》，《考古》1962年第9期，第458页。

[3] 史明：《读〈新中国的考古收获〉》，《历史研究》1962年第3期。

了对国内考古学存在问题的反思；另一方面，中国特色的考古学逐渐完善，有学者提出了建设考古学的"中国学派"的建议。

面对新考古学、后过程主义考古学、社会考古学等众多流派的译介，围绕如何看待这些形形色色的理论学术的问题，中国考古学界存在着激烈的争论。时任中国历史博物馆馆长的俞伟超先生鼓励年轻的考古学者们积极参与国外考古学理论与中国考古学实践的讨论，并组织中国历史博物馆编译了《当代国外考古学理论与方法》一书，把二战以来西方考古学界的主要流派、代表人物的著名成果译介到国内。1991年全国中青年考古工作者理论研讨会在山东兖州召开，与会学者就中国考古学的现状、问题与未来展开讨论，有研究者认为这次会议"吹响了中国考古学思想解放的号角"。[①] 有关国外考古学理论的争论对于中国考古学的发展具有积极意义，诚如王巍先生所言，"在坚持和发扬自身优良传统的基础上去吸收和借鉴国外学术界的理论和方法，最终能够形成符合中国特点、具有自身特色的中国考古学的理论与方法……这已经成为绝大多数中国考古工作者的共识"。[②]

在中国特色的考古学建设上，苏秉琦先生提出的区系类型学说和"古国—方国—帝国"文明演进三部曲等都是构建中国特色考古学理论的尝试。此外，透物见人的研究要求和马克思主义在意识形态领域的引领作用，也让考古研究者开始重新审视马恩理论对考古

---

① 裴安平：《兖州会议1991：中国考古学思想解放的号角》，http://www.peianping.com/zyjl3.html。

② 王巍：《新中国考古六十年》，《考古》2009年第9期，第4页。

的指导。其中，对于家系关系、文明起源、国家的出现等方面的研究成果尤为突出。2007 年，中国社会科学院考古研究所召开马克思主义与中国考古学研讨会。会议围绕为什么要坚持马克思主义对中国考古学的指导，如何在考古工作和研究中体现马克思主义指导进行了讨论，认为中国考古学的许多重大研究方向都离不开马克思主义的理论指导，但需要避免陷入教条主义和庸俗化等共识。① 越来越多的考古学家认识到，马克思主义不仅是引导中国社会发展的纲领，也是关于文明演进的科学论述，可以成为引导中国文明发展的规范性力量，也是引领建设中国特色、中国风格、中国气派的考古学的坚实基础。恰如考古学者所说的，"要原原本本地学习、运用马克思主义历史研究的方法……这是当今进行考古学研究最为科学的方法"。②

---

① 高江涛：《考古所召开马克思主义与中国考古学研讨会》，《中国社会科学院院报》2007 年 3 月 6 日，第 1 版。

② 秦益成：《考古学研究与马克思主义指导——访中国社会科学院学部委员、考古研究所原所长刘庆柱》，《马克思主义研究》2014 年第 9 期，第 20 页。

# 第二章　当代马克思主义考古学的使命

## 第一节　当代马克思主义考古学的使命与任务

当代马克思主义考古学是马克思列宁主义基本原理和中国考古具体实际相结合的产物，是中国考古学人集体智慧的结晶。面对新时代、新形势，以习近平同志为核心的党中央高度重视考古工作，发表了一系列重要讲话，从立足更好认识源远流长、博大精深的中华文明，更深入地认识中国历史和人类发展史，坚定文化自信的战略高度，深刻阐明考古工作的重要意义、时代使命和主要任务，科学指明我国考古学的发展方向，成为当代中国考古学发展的基本遵循。

### 一、当代马克思主义考古学的意义

党的十八大以来，以习近平同志为核心的党中央高度重视考古工作，多次强调要发展考古学，充分肯定了考古工作的重要作用和意义。

习近平总书记从立足更好认识源远流长、博大精深的中华文明，更深入地认识中国历史和人类发展史，坚定文化自信的战略高度，深刻阐明考古工作的重要作用和意义，强调"考古工作是一项重要文化事业，也是一项具有重大社会政治意义的工作"，认识历史离不开考古学，考古发现展示了中华文明起源和发展的历史脉络，展示了中华文明的灿烂成就，展示了中华文明对世界文明的重大贡献，考古工作是增强文化自信的强大支撑。

（一）认识历史离不开考古学

考古学通过发掘和分析古代人类活动遗留下来的物质资料，来研究和探知人类古代社会历史，特别是文字记载以前的人类历史。即使是有文字记载以后的文明史，也需要通过考古工作来印证、丰富和完善。100 多年来，我国考古工作取得了重大成就，延伸了历史轴线，增强了历史信度，丰富了历史内涵，活化了历史场景，展示了中华文明的灿烂成就，理清了中华文明起源和发展的历史脉络，揭示了中国社会赖以生存发展的价值观和中华民族日用而不觉的文化基因。因此，考古学肩负着为中华民族修家谱、传承中华优秀传统文化的历史重任。

2020 年 9 月 28 日，中共中央政治局专门就考古最新发现及其意义举行第 23 次集体学习，习近平总书记指出，我国浩如烟海的文献典籍记录了中国 3000 多年的历史，同时在甲骨文发明以前在中华大地还有 1000 多年的文明发展史、超过百万年的人类发展史并没有文字记载。考古学者将埋藏于地下的古代遗存发掘出土，将尘封的历史揭示出来，将对它们的解读和认识转化为新的历史知识。考古学是一门十分重要的学科。百万年的人类起源史和上万年的人类史前文明史，主要依靠考古成果来建构。即使是有文字记载以后的文明史，也需要通过考古工作来参考、印证、丰富、完善。

人类活动的历史远比有记录的人类活动历史更为悠久。在商代文字出现以前百万年的人类起源史和上万年的人类史前文明史，没有考古学就难以认识和构建我国的人类史和中华文明的史前史。即使有文献材料的三代秦汉，由于材料过于简略或缺失，许多重大历史问题仍然迷雾重重，莫衷一是。百年来我国考古学的发展，给历史学带来了丰厚的出土文献、实物资料，极大拓展了历史学的史料范围，开阔了历史学的研究视野。一个个考古发现，既展示着中华文明的灿烂成就，也述说着中华民族和中华文明多元一体、家国一体的形成发展过程。总之，认识历史离不开考古学。

（二）考古工作是展示和构建中华民族历史的重要工作

现代人类诞生、文明起源与国家产生是人类历史上最重大的事件之一。现代人类何时在中国大地上诞生？中华文明什么时候起源和形成？中华文明如何演进和发展？国内国际学术界有各种观点和理论。在相当长的时间里，这些问题被神秘的面纱笼罩着，既缺乏实证资料，也缺乏全面系统的认识。

从 1921 年仰韶遗址的科学发掘起步，中国现代考古学已走过百年历程。100 多年以来，我国考古学一直肩负着知我中华、重建中国早期历史的学术使命，特别是新中国成立后，我国考古工作者将马克思主义理论与中国社会历史、民族文化相结合，不断推动考古学的发展和进步。经过几代考古人接续奋斗，我国考古工作在探寻中华民族、中华文明的起源和发展方面取得了一系列重大发现和成果：蓝田人遗址、元谋人遗址、周口店遗址、大荔人遗址、柳江人遗址、山顶洞人遗址、许昌人遗址、仰韶文化遗迹、红山文化遗址、安阳殷墟遗址、西安半坡遗址、泰安大汶口遗址、秦始皇兵马俑、长沙马王堆汉墓、浙江上山文化遗址、余姚河姆渡遗址、余杭良渚古城遗址、偃师二里头遗址、广汉三星堆遗址、随县曾侯乙墓、襄汾陶寺遗址、神木石峁遗址、天门石家河遗址……为我国人类起源、农业起源、文明起源、国家起源等重大课题交出令人信服的答卷。

这些考古发现，实证了我国百万年的人类史、一万年的文化史、五千多年的文明史，以及中华文明和中华民族多元一体的起源、形成、发展的历史脉络——距今200万年前我们的祖先就生活在中华大地上，中国是东方人类故乡，同非洲并列人类起源最早之地，距今50万年前北京周口店古人类已经学会了用火，并已形成一套成熟的以石片制作石器的工艺传统；旧石器时代考古证明，自从人类出现到1万多年前这个时间段里，黄河、长江、珠江、松花江—辽河等大河流域生发出一个个各具特色的早期文明，它们如满天星斗一般，共同谱写了中华文明起源的最初诗篇；新石器时代农业考古证明，我国是人类四大农业起源地之一，也是世界上唯一的南稻北粟二元谷物农业体系并存的文化区——中国的黄河、长江流域的人们分别驯化了谷子、黍子、大豆、水稻等，中国本土还驯化了猪、狗、鸡等动物；距今6000年时，社会开始出现分工和阶级分化；距今5000年左右，中国南北都进入了初期文明社会，王权出现，农业、冶金术、琢玉、文字和艺术取得了极大进步，并以黄河流域为中心形成早期中华文化圈……

这些重大考古发现与成就，为构建中华文明和中华民族历史脉络、阐明中华文化基因作出了不可替代的卓越贡献。这些重大成就"延伸了历史轴线，增强了历史信度，丰富了历史内涵，活化了历史场景"，解答了"我们中国人是谁""我们中国人从哪里来"的追问，滋养着全体中华儿女的文化自信，"为我们更好研究中华文明史、塑造全民族历史认知提供了一手材料，具有十分重要的政治、文化、社会、历史意义"。

（三）考古发现展示了中华文明的灿烂成就及对世界文明的重大贡献

百年来中国考古学的发掘和研究，以大量实物资料和研究成果实证了中华史前文化的辉煌和中华文明的灿烂成就。我国考古成果表明，早在距今 13000 年前后，中华大地南方和北方的先民都已经掌握了制作陶器的技术。以中国为代表的东亚地区是世界上最早发明陶器的地区，制陶术比被认为是文明发生最早的西亚地区早 4000 多年。10000 年前，我国开始栽培稻、粟、黍，稻、粟、黍的栽培都以史前中国为最早，是中华民族的史前先民们为人类文明作出的卓越贡献。9000 年前，先民掌握了琢玉技术，玉器的发明是人类对美的追求的发展，琢玉工艺技术的发明更是人类工艺技术的一大进步。9000 年前，先民还学会了驯化家猪，贾湖遗址出土的猪是目前世界上最早的家猪。8000 多年前的贾湖遗址骨笛是世界上迄今所见年代最早的笛子，大大改写了世界音乐史。乌龟壳底部的刻画符号，为探讨殷墟出土的、已经十分成熟的商代甲骨文起源提供了重要线索。对上山遗址和贾湖遗址出土的陶器中的残留物成分分析表明，八九千年前先民发明了酒，这也是世界上最早的酒。萧山跨湖桥遗址出土的距今约 8000 年的独木舟是全球最早的独木舟之一。此外，考古发现表明，我国先民在 8000 多年前已经掌握了髹漆、养蚕缫丝等技术并开始利用中草药；7000 多年前就发明了利用轮轴技术加工玉器的工艺；6000 多年前掌握了高温制陶术，并学会观测天象，认识自然；5500 多年前，在长江下游地区出现了装在木制犁具上的石犁头和牛拉犁的耕作方式；5000 多年前出现了国家，人们掌握了用快轮制作陶器的技术；4000 多年前冶金术和原始瓷器烧制技术也得到了发展……进入历史时期，我国无论在铜器制作技术、冶铁术、炒钢和灌钢等金属热处理工艺技术、制瓷工艺技术、漆器制作技术、中医、防腐技术、丝绸织造技术等领域，还是在浑天仪和地动仪等天文仪器、造纸术、活字印刷、指南针和火药的发明方面，都对世界文明作出了巨大贡献。

我国考古发现的重大成就充分证明，我国古代文明在新石器时代、青铜器时代、铁器时代等各个历史阶段都走在世界前列。我国先民在以下领域取得了显著成就：培育农作物、驯化野生动物、医药探索、天文地理观测、工具制造、文字创立、科技创新、村落建设、都市规划、国家治理，以及文化艺术的创造与发展。

在漫长的历史进程中，中华文明扎根中国大地生息繁衍，也在同世界上其他文明交流互鉴中丰富发展。通过粟黍西传之路、小麦东传之路、冶金术东传之路、丝绸之路等途径，同世界其他文明互通有无、交流借鉴，向世界贡献了深刻的思想体系、丰富的科技文化艺术成果、独特的制度创造，有力推动了人类文明发展进程。从先秦诸子学到两汉经学、魏晋玄学、宋代理学、阳明心学，从中国古代农业技术到"四大发明"，从漆器、丝绸、瓷器、生铁和制钢技术到郡县制、科举制等，这些在世界文明史上具有鲜明的独创性，为世界科学文化成果的传播和交流作出不可磨灭的突出贡献。

这些重大成就展示了我国在悠久历史进程中为人类文明进步作出的突出贡献，也展示了中华民族以和为贵的和平性格、海纳百川的包容特质、天下一家的大国气度。

（四）揭示了统一多民族国家的形成与发展过程

考古工作揭示了统一多民族国家的形成与发展过程。距今大约4000年至3000年时，中国早期文明进入王国文明阶段——夏、商、周王朝；距今约2000年时，秦统一中国，进入帝国时代，形成了统一的多民族国家，统一的政治和经济制度，统一的文字、度量衡、车轨等……一部中国史，就是一部各民族交融汇聚成多元一体中华民族的历史，就是各民族共同缔造、发展、巩固统一的伟大祖国的历史。秦汉雄风、大唐气象、康乾盛世，都是各民族共同铸就的历史。

百年来中国考古学的发掘和研究，以大量实物资料和研究成果揭示了统一多民族国家的形成与发展过程：①

我国考古成果表明，夏王朝建立后，形成了都城布局、宫室格局、青铜礼器、玉石礼器和陶礼器等一整套规制，其中很多内容被

---

① 王巍：《百年考古　成就辉煌》，《光明日报》2021年11月1日。

后来的商、周乃至其后历代王朝承袭和发展。商王朝时期，承袭了夏王朝的礼仪制度、青铜容器工艺技术与理念，形成了商王朝的一整套青铜和玉石礼器。西周王朝建立后，通过分封制将周王至亲和重臣分封各地，建立诸侯国，成为拱卫西周王朝的屏障，有效巩固了中原王朝对全国的统治。

春秋战国时期，周王室衰微，各地诸侯国的都城和贵族墓葬反映出当时社会从中原王朝一统天下转变为群雄并起、相互竞争的局面。按照西周礼制，九鼎八簋是周天子才可以享用的最高等级的礼制，而春秋早期的河南三门峡虢国国君墓和战国早期的湖北随州曾国国君墓使用此等级的礼器，表明当时周王地位衰微，僭越现象已相当普遍。

秦始皇陵是世界上同时期规模最大的帝王陵墓。以秦始皇兵马俑为首的 400 多座附葬坑展示出统一的秦王朝的鼎盛局面。对阿房宫的发掘表明，该宫殿在秦代并未建成，从而纠正了历史文献记载的谬误。在北起东北、南达岭南的广大地区发现的秦代郡县故城、墓葬和驰道等遗迹以及度量衡等遗物，说明秦王朝实现了统一中国的目标。

经过对西汉首都长安城的发掘，揭示出其是当时世界上规模最大的都城。面积达 5 平方公里的未央宫内有多座宫殿建筑，堪称当时世界上最为宏大的王室建筑，彰显出西汉王朝的强盛。各地发现的西汉诸侯墓规模宏大，随葬品丰富。各地发现的大量平民墓葬，出土的陶器和墓葬的形制相当一致，表明汉代对各地实行了有效统治。湖北荆门郭店、湖北云梦睡虎地、山东临沂银雀山、湖南长沙走马楼、南昌海昏侯墓等数十地出土的大量竹简木牍为研究战国到汉代的政治、经济、社会、文化等方面的历史提供了极为珍贵的第一手文字资料，填补了传世历史文献记载的许多空白。

北魏平城大同和河南洛阳北魏都城是从大兴安岭出发辗转迁徙的拓跋鲜卑族大力吸收汉文化、促进民族融合的历史写照。北魏洛阳城宫城的中轴线上自南向北排列三座大殿的布局和宫城门三出阙的形制为此后各个王朝宫城布局所承袭，一直延续到北京的明清紫禁城。鲜卑融入的过程是统一多民族国家形成发展历程的缩影。

隋王朝虽然只存续了短短的数十年，但大兴城（唐代改长安城）的兴建和大运河的开凿，不仅为历史留下清晰印记，也为唐王朝的兴盛和隋代以后的南北通商奠定了基础。唐长安城是名副其实的当时世界最大的城市。规模宏大的唐长安城、大明宫和唐代陵墓群、隋唐洛阳城的应天门等发掘，充分展现了唐王朝的强盛。乾陵边外国使节群的石雕、章怀太子墓的外国使节图以及唐代墓葬中常见的胡人牵驼俑是当时强盛的唐王朝通过丝绸之路积极对外交流的写照。来自各国各地的人士在唐朝做官、经商，唐王朝吸收各地的先进文化为我所用，表现出极大的文化自信和开放包容。

以洛阳白马寺、唐代法门寺、敦煌石窟、云冈石窟、龙门石窟等为代表的遍布于全国各地的寺院和石窟寺，体现出中华民族善于吸收外来文化，并以最快速度实现本土化，将其与源自本土的道教和儒家文化融合，使之成为中华文化重要组成部分的包容能力。修筑长城始于战国，至明代修建万里长城，以及茶马互市，则充分体现出以农业民族为主体的中华先民以防御为主、互通有无、热爱和平的特点。辽、金、元朝的都城和贵族墓葬的发掘中，从都城布局、建筑格局和墓葬制度以及器物上，都能够清楚地看到中原汉文化的影响，反映出这些北方游牧民族建立的王朝大量吸收汉族的政治经济制度和文化，是统一多民族国家形成发展过程的真实写照。

## 二、当代马克思主义考古学的时代使命

自中国考古学诞生之日起，就一直与国家和民族共命运，肩负着重树文化自信和民族振兴的重任。20 世纪初，中国考古学的兴起与古史重建、重树文化自信和救亡图存密切相关。新中国成立以来，中国考古学肩负起"修国史、写续篇、建体系"的学术目标。①

2014 年 3 月 27 日，习近平主席曾在联合国教科文组织总部的演讲中说："让收藏在博物馆里的文物、陈列在广阔大地上的遗产、书写在古籍里的文字都活起来，让中华文明同世界各国人民创造的丰富多彩的文明一道，为人类提供正确的精神指引和强大的精神动力。"

2020 年 9 月，中共中央政治局就我国考古最新发现及其意义进行学习，习近平总书记强调，考古工作是一项重要文化事业，也是一项具有重大社会政治意义的工作，要高度重视考古工作，努力建设中国特色、中国风格、中国气派的考古学。历史文化遗产不仅生动述说着过去，也深刻影响着当下和未来。

2021 年 10 月 17 日，习近平总书记在致仰韶文化发现和中国现

---

① 霍巍：《中国考古学的历史传统与时代使命》，《考古学报》2021 年第 4 期。

代考古学诞生 100 周年的贺信中希望广大考古工作者增强历史使命感和责任感，发扬严谨求实、艰苦奋斗、敬业奉献的优良传统，继续探索未知、揭示本源，努力建设中国特色、中国风格、中国气派的考古学，更好展示中华文明风采，弘扬中华优秀传统文化，为实现中华民族伟大复兴的中国梦作出新的更大页献。

2022 年 5 月 27 日，中共中央政治局就深化中华文明探源工程进行第 39 次集体学习，习近平总书记在主持学习时强调，要深入了解中华文明五千多年发展史，把中国文明历史研究引向深入，推动全党全社会增强历史自觉、坚定文化自信，坚定不移走中国特色社会主义道路，为全面建设社会主义现代化国家、实现中华民族伟大复兴而团结奋斗。

2023 年 6 月 2 日，习近平总书记在中国历史研究院文化传承发展座谈会上就中华文明的五个突出特点——突出的连续性、创新性、统一性、包容性和和平性，以及"两个结合"——把马克思主义基本原理同中国具体实际、同中华优秀传统文化相结合发表了重要讲话。

习近平总书记的重要讲话表明，考古学关乎一个现代民族国家的构建，关系到一个国家和民族的身份认同和共同的历史经历，关系到一个国家和民族安身立命的根和魂，关系到一个国家和民族的文化自信和自强，关系到社会主义核心价值观建设，关系到一个国家和民族如何汲取智慧、走向未来，关系到中华文明的传承，关系到文明交流互鉴和增进国际社会对我们的认同。

今天的中国正走向中华民族的伟大复兴，而中华民族的伟大复兴根本上是文明复兴。面对新时代，中国考古学应顺应历史变革，应该义不容辞地肩负起这些新的时代使命与担当，为国家和社会发展服务，为国家和民族的认同、国家的繁荣发展提供强大的精神支持和历史智慧。建设中国特色、中国风格、中国气派的考古学，就是要通过考古发掘研究，把历史智慧告诉人们，起到教化和启示作用，为我们提供正确的精神指引和强大的精神动力；为我们认识和改造世界提供有益启迪；为治国理政提供有益启示；为培养和强化国民的民族认同感和自豪感提供有益帮助；为塑造一代国民的品德与情操，树立正确的人生观、价值观提供有益启发。

（一）为增强文化自信和培育民族和国家认同提供强大支撑

考古工作事关文化自信和民族和国家的认同。与生俱来的中国特色和由此发展而来的中国风格决定了中国考古学必然要肩负起"为弘扬中华优秀传统文化、增强文化自信提供坚强支撑"的时代重任。考古工作不仅是一项重要文化事业，更关乎着民族与国家认同，关乎着中国之为中国、中华民族之为中华民族。新时代，我国考古工作肩负着探究中华文明悠久历史，塑造全民族历史认知，培育对民族和国家的认同，增强文化自信的时代重任。

党的十八大以来，习近平总书记从实现中华民族伟大复兴中国梦的战略高度，反复强调传承中华文明、坚定文化自信、凝聚民族精神的重要性。他指出："一个民族、一个国家，必须知道自己是谁，是从哪里来的，要到哪里去"，"文化是一个国家、一个民族的灵魂。文化兴国运兴，文化强民族强。坚定文化自信，是事关国运兴衰、事关文化安全、事关民族精神独立性的大问题"。

2021 年 5 月 26 日，习近平总书记强调："文化自信，是更基础、更广泛、更深厚的自信，是更基本、更深沉、更持久的力量"，"中国有坚定的道路自信、理论自信、制度自信，其本质是建立在 5000 多年文明传承基础上的文化自信"，"当今中国正经历广泛而深刻的社会变革，也正进行着坚持和发展中国特色社会主义的伟大实践创新。我们的实践创新必须建立在历史发展规律之上，必须行进在历史正确方向之上。考古工作是展示和构建中华民族历史、中华文明瑰宝的重要工作。认识历史离不开考古学。必须高度重视考古工作，为弘扬中华优秀传统文化、增强文化自信提供坚强支撑"。

2022 年 5 月 27 日，习近平总书记在中共中央政治局就深化中华文明探源工程进行第 39 次集体学习时说，安排这次学习，目的是深入了解中华文明五千多年发展史，推动把中国文明历史研究引向深入，推动全党全社会增强历史自觉、坚定文化自信，坚定不移走中国特色社会主义道路，为全面建设社会主义现代化国家、实现中华民族伟大复兴而团结奋斗。中华文明源远流长、博大精深，是中华民族独特的精神标识，是当代中国文化的根基，是维系全世界华人的精神纽带，也是中国文化创新的宝藏。在漫长的历史进程中，中华民族以自强不息的决心和意志，筚路蓝缕，跋山涉水，走过了不同于世界其他文明体的发展历程。要深入了解中华文明五千多年发展史，推动把中国文明历史研究引向深入，推动全党全社会增强历史自觉、坚定文化自信，坚定不移走中国特色社会主义道路。要营造传承中华文明的浓厚社会氛围，广泛宣传中华文明探源工程等研究成果，教育引导群众特别是青少年更好认识和认同中华文明，增强做中国人的志气、骨气、底气。

考古学是塑造全民族历史认知的重要知识来源。习近平总书记指出："考古成果还说明了中华民族和中华文明多元一体、家国一体的形成发展过程，揭示了中国社会赖以生存发展的价值观和中华民族日用而不觉的文化基因。这些重大成就为我们更好研究中华文明史、塑造全民族历史认知提供了一手材料，具有十分重要的政治、文化、社会、历史意义。"

"中国考古的出发点是更好地认识中华文明，一方面是认识中华文明的源远流长，以考古成果来证实中国历史之为信史，祛除中国历史在近代受到的全面怀疑。另一方面是认识中华文明的博大精深。博大精深意味着中华文明的深刻的文明原理，即中华文明所具有的'可大可久之道'，从而坚定文化自信。这一自信完全是建立在历史认识基础上的自信，是理性认识尤其是历史理性认识之后的自信"①。

一个民族的历史是一个民族安身立命的重要基石。一个民族的文化是一个民族的魂魄，文化认同是民族团结的根脉。5000 多年的中华文明，灿若星河、绵延闪耀，是中华民族生生不息的力量源泉，是中华民族自信心与自豪感的深厚底气。我国考古工作一开始就肩负着探究中华文明悠久历史、增强民族自信心的重任。当代中国考古学必须肩负起增强文化自信和培育民族和国家认同的时代使命，通过一系列具有强大说服力、感染力的考古研究成果，为国人打开

---

①　谢茂松：《中国考古学的使命、特色与风格》，《人民论坛》2021 年第 10 期。

一扇认知中华文明和中国历史的大门，让我们更好地认识源远流长、辉煌灿烂的中华文明，认识我国百万年的人类史、一万年的文化史和五千多年的文明史，认识中华民族和中华文化多元一体、家国一体的形成发展过程，认识中华民族共同体的形成轨迹及其整体面貌，认识中国社会赖以生存发展的价值观和中华民族日用而不觉的文化基因；回答"我们是谁？从哪里来？向哪里去""中华文明是什么样的文明""中国是什么样的国家""为何中华文明具有突出的连续性、突出的创新性、突出的统一性、突出的包容性和突出的和平性""为何中国是多民族的大一统国家""为何中国国土不可分、国家不可乱、民族不可散和文明不可断"等问题。

（二）知古鉴今，为中华民族伟大复兴贡献智慧力量

"以史为鉴，察往知来"，"史者，所以明夫治天下之道也"。历史是人类最好的老师。把历史知识和智慧交给更多的人，是当代中国考古学的重要使命之一。

党的十八大以来，习近平总书记反复强调，要尊崇历史、研究历史，确立历史思维，传承中华优秀传统文化。"认识历史离不开考古学。当今中国正经历广泛而深刻的社会变革，也正进行着坚持和发展中国特色社会主义的伟大实践创新。我们的实践创新必须建立在历史发展规律之上，必须行进在历史正确方向之上"。要从传统文化中寻找治国理政的经验借鉴和智慧启示，"治理国家和社会，今天遇到的很多事情都可以在历史上找到影子，历史上发生过的很多事情也都可以作为今天的镜鉴"。他还说过："实现'两个一百年'奋

斗目标、实现中华民族伟大复兴的中国梦，需要充分运用中华民族数千年来积累下的伟大智慧，为我们认识和改造世界以及治国理政提供有益启示。"

2019 年 10 月 26 日，习近平总书记指出："当代中国是历史中国的延续和发展。新时代坚持和发展中国特色社会主义，更加需要系统研究中国历史和文化，更加需要深刻把握人类发展历史规律，在对历史的深入思考中汲取智慧、走向未来"。

2023 年 6 月 2 日，习近平总书记在文化传承发展座谈会上强调："只有立足波澜壮阔的中华五千多年文明史，才能真正理解中国道路的历史必然、文化内涵与独特优势。如果不从源远流长的历史连续性来认识中国，就不可能理解古代中国，也不可能理解现代中国，更不可能理解未来中国。"

当代考古学肩负着知古鉴今，为中华民族伟大复兴贡献智慧力量的时代使命。德国著名考古学家西拉姆曾说：我们需要了解过去的 5000 年，以便掌握未来的 100 年。人类假如想要看到自己的渺小，无需仰视繁星密布的苍穹，只要看一看在我们之前就存在过、繁荣过而且已经消逝了的古代文化就足够了。著名考古学家、英国剑桥大学考古学教授伦福儒说过："我们均由过去塑造而成，因而对过去的发现，在某种意义上是一种自我发现的过程。"考古学的历史乃是我们自我认识的历史。著名考古学家张光直说过："考古学家的任务则是尽可能客观地告诉人们古人曾做了什么样的选择以及这些选择的命运，以便今人为未来做出决定时可以汲取古代的教训。"已故考古学家俞伟超说过："考古学最根本的价值应是了解人类的以往过程，寻找文化进步的本质，认清今后的方向。""历史已逝，考古学使她复活。为消失的生命重返人间而启示当今时代的，将永为师表。"

虽然考古研究的对象主要是过去，但面对的是现实、面向的是未来，研究过去，是为了我们能够更好地走向未来。新时代的考古学必须有强烈的现实关怀，关注中国和世界的现实，正确揭示和利用历史给我们所提供的全部条件，把握中国和世界变化的基本趋势和客观规律，让我们更好地走向未来。

新时代的中国发展面临世界百年未有之大变局。面对这种人类历史上从未出现过的新形势、新问题，当代考古学必须有强烈的现实关怀，要充分利用历史遗留下来的各种考古资源以及具有强大说服力、感染力的考古研究成果，对历史上不同时期、不同领域经验和智慧进行总结和提炼，把握中国和世界变化的基本趋势和客观规律，为当代中国在政治、经济、文化、社会等各个领域的发展提供有益的借鉴启示，少走弯路，服务国家的发展，真正做到"立时代之潮头、通古今之变化、发思想之先声，积极为党和人民述学立论、建言献策，担负起历史赋予的光荣使命"。只有当考古学研究获得了社会价值时，其学术作用才能充分地发挥出来。

（三）以史育人，促进社会主义核心价值观建设

弘扬中华民族优秀历史文化，建立积极向上的文化道德理念，推动社会主义核心价值观建设，也是当代中国考古学义不容辞的时

代使命和社会责任之一。

党的十八大以来，习近平总书记多次强调要充分发挥文物发挥以史育人作用。2014年2月25日，习近平总书记在首都博物馆参观北京历史文化展览时强调，搞历史博物展览，为的是见证历史、以史鉴今、启迪后人。习近平总书记在2020年第23期《求是》杂志发表的《建设中国特色中国风格中国气派的考古学，更好认识源远流长博大精深的中华文明》强调，要做好考古成果的挖掘、整理、阐释工作，做好出土文物和遗址的研究阐释工作，把我国文明起源和发展以及对人类的重大贡献更加清晰、更加全面地呈现出来……更好发挥以史育人作用。2022年5月27日，中共中央政治局就深化中华文明探源工程进行第39次集体学习时，习近平总书记强调，要把中华文明起源研究同中华文明特质和形态等重大问题研究紧密结合起来，深入研究阐释中华文明起源所昭示的中华民族共同体发展路向和中华民族多元一体演进格局，研究阐释中华文明讲仁爱、重民本、守诚信、崇正义、尚和合、求大同的精神特质和发展形态，阐明中国道路的深厚文化底蕴。要充分运用中华文明探源工程等研究成果，更加完整准确地讲述中国古代历史，更好发挥以史育人作用。

文物，就是承载于实物之上的文化。文以载道，我国五千年文明留下来的具有东方特色的文物，承载着中华民族的基因和血脉，积淀着中华民族的生存智慧，体现着自强不息的中华民族精神，蕴含着中华民族的思想精华和道德精髓。例如：讲仁爱、重民本、守诚信、崇正义、尚和合、求大同等哲学思想和人文精神；天下兴亡、匹夫有责的担当意识；精忠报国、振兴中华的爱国情怀；崇德向善、见贤思齐的社会风尚；孝悌忠信、礼义廉耻的荣辱观念；自强不息、敬业乐群、扶危济困、见义勇为、孝老爱亲等中华传统美德；求同存异、和而不同的处世方法；文以载道、以文化人的教化思想；形神兼备、情景交融的美学追求等。文物不仅生动述说着过去，也深刻影响着当下和未来。它们不仅是中华民族生生不息、发展壮大的丰厚滋养和文化沃土，也是以史育人、以文化人、培育社会主义核心价值观的生动素材。

中华优秀传统文化是中华民族的精神命脉，是涵养社会主义核心价值观的重要源泉。当代中国考古学要肩负起以史育人，促进社会主义核心价值观建设的时代使命，以唯物史观为基本遵循，通过大量具有强大说服力、感染力的考古研究成果，充分发挥文物的教化和启示作用，用人们通俗易懂、喜闻乐见的传播方式，透物见史见精神，讲解历史人文典故，歌颂历史英雄人物，弘扬中华优秀传统文化和民族精神，传播中华民族的思想精华和道德精髓，以史育人，以文化人，塑造一代国民的品德与情操，帮助他们树立正确的人生观、价值观，培养担当民族复兴大任的时代新人。

（四）促进文明交流互鉴，增进国际社会对我们的认同

促进文明交流互鉴，增进国际社会对我们的认同，从而不断加深对当今中国的认知和理解，营造良好国际舆论氛围，也是当代中国考古学义不容辞的时代使命和社会责任之一。

2020年9月28日下午，中共中央政治局就我国考古最新发现及其意义进行第23次集体学习。习近平总书记在主持学习时强调，

要运用我国考古成果和历史研究成果，通过交流研讨等方式，向国际社会展示博大精深的中华文明，讲清楚中华文明的灿烂成就和对人类文明的重大贡献，让世界了解中国历史、了解中华民族精神，从而不断加深对当今中国的认知和理解，营造良好国际舆论氛围。

2021 年 11 月 24 日，中央全面深化改革委员会第 22 次会议审议通过了《关于让文物活起来、扩大中华文化国际影响力的实施意见》，强调要"积极拓展文物对外交流平台，多渠道提升中华文化国际传播能力"。

2022 年 5 月 27 日，中共中央政治局就深化中华文明探源工程进行第 39 次集体学习时，习近平总书记强调，要推动文明交流互鉴，推动构建人类命运共同体。他指出，中华文明自古就以开放包容闻名于世，在同其他文明的交流互鉴中不断焕发新的生命力。中华文明五千多年发展史充分说明，无论是物种、技术，还是资源、人群，甚至于思想、文化，都是在不断传播、交流、互动中得以发展、得以进步的。我们要用文明交流交融破解"文明冲突论"。要坚持弘扬平等、互鉴、对话、包容的文明观，以宽广胸怀理解不同文明对价值内涵的认识，尊重不同国家人民对自身发展道路的探索，以文明交流超越文明隔阂，以文明互鉴超越文明冲突，以文明共存超越文明优越，弘扬中华文明蕴含的全人类共同价值，推动构建人类命运共同体。要立足中国大地，讲好中华文明故事，向世界展现可信、可爱、可敬的中国形象。要讲清楚中国是什么样的文明和什么样的国家，讲清楚中国人的宇宙观、天下观、社会观、道德观，展现中华文明的悠久历史和人文底蕴，促使世界读懂中国、读懂中国人民、读懂中国共产党、读懂中华民族。

2023 年 3 月 15 日，中共中央总书记、国家主席习近平在北京出席中国共产党与世界政党高层对话会提出了全球文明倡议，强调要坚持平等、互鉴、对话、包容的文明观，倡导弘扬全人类共同价值，主张以宽广胸襟实现不同文明交流对话、吸收借鉴一切人类优秀文明成果，强调尊重世界文明多样性，以文明交流超越文明隔阂、文明互鉴超越文明冲突、文明共存超越文明优越，共同应对各种全球性挑战。

2023 年 6 月 2 日，习近平总书记在文化传承发展座谈会上强调，只有立足波澜壮阔的中华五千多年文明史，才能真正理解中国道路的历史必然、文化内涵与独特优势。如果不从源远流长的历史连续性来认识中国，就不可能理解古代中国，也不可能理解现代中国，更不可能理解未来中国。

促进文明交流互鉴，增进国际社会对我们的认同，归根结底就是要回答三个问题：我们中国人是谁？即中国是什么样的文明和什么样的国家，中国人具有什么样的宇宙观、天下观、社会观、道德观等；我们中国人来自哪里？我们中国人将走向哪里？而考古学就是要通过一系列考古实证，透物见人见事见生活见精神地讲明中华文明的悠久历史和人文底蕴，中国人的思想、中国人的价值观、中国人的精神，促使世界读懂中国、读懂中国人民、读懂中华民族。

今天，中国正在前所未有地走近世界舞台的中心，需要得到世界各国和各民族对我们历史、文化、价值观和制度的同情和理解。实现跨文化理解是中国走到世界舞台中心前的必修课。当代中国考古学要肩负起推动文明交流互鉴的时代使命，通过大量具有强大说服力、感染力的考古研究成果，用人们通俗易懂、喜闻乐见的传播方式，推动中华文明传播，讲清楚我们中国人是谁、从哪里来、要去哪里，从而增进国际社会对中华文化的了解和认同。

（五）立足中华文明，建设现代文明

在新的起点上，寻根历史，传承中华文明，滋养未来，继续推动文化繁荣、建设文化强国、建设中华民族现代文明，也是当代中国考古学的时代使命和社会责任之一。

2022 年 5 月 27 日，习近平总书记在主持就深化中华文明探源工程进行的第 39 次集体学习时强调，中华文明源远流长、博大精深，是当代中国文化的根基，是维系全世界华人的精神纽带，也是中国文化创新的宝藏。今日之中国，是历史之中国的延续；中国之今日，是中国之历史的沿承。中华优秀传统文化是中华文明的智慧结晶和精华所在，是中华民族的根和魂，是我们在世界文化激荡中站稳脚跟的根基。我们坚持把马克思主义基本原理同中国具体实际相结合、同中华优秀传统文化相结合，不断推进马克思主义中国化时代化，推动了中华优秀传统文化创造性转化、创新性发展。要推动中华优秀传统文化创造性转化、创新性发展，为民族复兴立根铸魂。要坚持守正创新，推动中华优秀传统文化同社会主义社会相适应，展示中华民族的独特精神标识，更好构筑中国精神、中国价值、中国力量。在推动中华优秀传统文化创造性转化、创新性发展的过程中，要坚持马克思主义的根本指导思想，传承弘扬革命文化，发展社会主义先进文化，从中华优秀传统文化中寻找源头活水。要充分运用中华文明探源工程等研究成果，更加完整准确地讲述中国古代历史，更好发挥以史育人作用。

2023 年 6 月 2 日，习近平总书记在文化传承发展座谈会上发表重要讲话。他强调，认识中华文明的悠久历史、感知中华文化的博大精深，离不开考古学。要实施好"中华文明起源与早期发展综合研究"、"考古中国"等重大项目，做好中华文明起源的研究和阐释。他强调，中国文化源远流长，中华文明博大精深。只有全面深入了解中华文明的历史，才能更有效地推动中华优秀传统文化创造性转化、创新性发展，更有力地推进中国特色社会主义文化建设，建设中华民族现代文明。

中华优秀传统文化是中华民族的精神文脉，是涵养社会主义核心价值观的重要源泉，也是我们在世界文化激荡中立稳脚跟的坚实基础。只有全面深入了解中华文明的历史，立足源远流长、博大精深的中华文明，才能坚定我们的文化自信，才能守正创新，更有效地推动中华优秀传统文化创作性转化和发展，才能有力地推动中国特色的社会主义文化建设。必须立足中华文明，立足中华优秀传统文化，加强文物价值的挖掘阐释和传播利用，坚持创造性转化、创新性发展，讲好中国文物的故事，为中华民族守住文化的根与魂。当代考古学作为一门揭示中华文明历史的学科，肩负着保护和传承中华文明的使命。中国考古学要更加全面、深入、系统地揭示中华文明的历史和文化内涵，加强对中华优秀传统文化的挖掘和阐发，为保护传承中华文明提供科学依据。只有全方面融入推动文化繁荣、建设文化强国当中，才能真正不负自己所求、不负前辈所托、不负时代所望。

（六）丰富民众的精神文化生活

考古工作是人民的事业，考古工作只有融入人民生活和社会发展，让考古资源惠及于民，考古工作才有意义，才有生命力。让考古资源更多地走进当代百姓生活，为人民群众提供丰厚的精神滋养，这是当代中国考古学要承担的重要使命之一。

2018 年 7 月中央全面深化改革委员会通过的《关于加强文物保护利用改革的若干意见》主要任务第八条提出："大力推进文物合理利用。充分认识利用文物资源对提高国民素质和社会文明程度、推动经济社会发展的重要作用。文物博物馆单位要强化基本公共文化服务功能，盘活用好国有文物资源。提供多样化多层次的文化产品与服务。"

2021 年 11 月 24 日，中央全面深化改革委员会第 22 次会议审议通过的《关于让文物活起来　扩大中华文化国际影响力的实施意见》强调，要准确提炼并展示中华优秀传统文化的精神标识，更好体现文物的历史价值、文化价值、审美价值、科技价值、时代价值。要开展创新服务，使文物更好融入生活、服务人民。

2022 年 5 月 27 日，习近平总书记在主持就深化中华文明探源工程进行的第 39 次集体学习时强调，我们要加强考古工作和历史研究，让收藏在博物馆里的文物、陈列在广阔大地上的遗产、书写在古籍里的文字都活起来，丰富全社会历史文化滋养。

通过加强考古文物资源的合理利用，可以促进考古文物资源向社会公众开放，走进大众生活，惠及全体人民精神文化生活，不断满足人民群众日益增长的美好生活需要，同时服务经济社会发展。以考古遗址博物馆为例，它不仅展示了历史和文化遗产，还成了科普、教育和文化消费的综合空间，成为文旅新热点。据《2023 年度国家考古遗址公园运营报告》显示，全国 55 家公园 2023 年接待游客总量超过 6700 万人次，同比增长 135%，显示出国家考古遗址公园文旅热度的不断攀升，已成为文旅新热点。其中秦始皇陵、圆明园游客接待量超过 1000 万人次。全国考古遗址公园 2023 年累计资金收入 44.75 亿元，三星堆、秦始皇陵 2 家公园年度总收入均超 10 亿元。

随着网络信息技术的发展，为考古学更便捷、更多样化地走向公众提供了条件。例如由中央广播电视总台联合国家文物局、中国社会科学院共同制作的考古空间探秘类文化节目《中国考古大会》，由专家学者和考古推广人带领观众探秘考古遗址，以闯关解谜的有趣形式、细致入微的场景复原，生动讲述了考古发掘的艰辛故事，揭示了文物蕴含的中国智慧，在网上掀起一个个热议话题，赢得了许多年轻人的关注和喜爱。据统计，2021 年 11 月《中国考古大会》第一期播出后，电视端累计触达超过 5985 万人次，融媒体端触达 9 亿人次，节目主话题词阅读量破亿，相关话题阅读量破 3 亿，登上微博综艺影响力排行榜第一。

# 第二节　当代中国考古学取得的成就与面临的挑战

百年来，中国考古学取得了举世瞩目的辉煌成就，为塑造全民历史认知、为增强文化自信提供了有力支撑。但另一方面，当代中国考古学也存在诸多问题，例如：重发掘轻研究，重传统考古学理论方法、轻多学科交叉研究，重考古发掘研究、轻传播利用等。因此，如何将重心从田野发掘延伸到考古材料整合研究、从传统考古学研究转向到多学科交叉融合、从发掘研究延伸到考古成果的传播利用，如何构建考古发掘研究、传播利用和保护传承"三位一体、前后贯通"的大考古学学科体系，这些都是当代中国考古学面临的新挑战。

## 一、当代中国考古学取得的成就

如果从 1921 年安特生发掘仰韶村算起，中国考古已经走过了100 多年的历史，其间虽有许多曲折，但也获得了巨大成就。特别是新中国成立 70 多年来，在党和国家的关心支持下，中国考古人筚路蓝缕、砥砺奋进，取得了丰硕成果。中国考古学会前理事长王巍对新中国考古学 70 多年发展与成就进行了系统总结，概述如下：[①]

1. 专业队伍不断壮大，人才培养体系不断完善

新中国成立初期，我国从事考古发掘和研究的专业机构仅有

--------

① 王巍：《新中国考古学 70 年发展与成就》，《历史研究》2019 年第 4 期。

1950 年成立的中国科学院考古研究所等几个机构。截至 2019 年，我国各省、自治区、直辖市都建立了考古文物研究所（院），数十个地级市建立了考古文博机构。我国具有考古发掘领队资质的单位达 70 多个。新中国成立之初，全国的考古和文物保护从业人员仅有数十人。经过 70 多年的发展，目前全国的专业考古勘探人员、考古技师、从事文物保护和修复的研究人员、文保技师、实验员等已达上万人。到 2018 年底，全国高校设立考古、文博、文化遗产和文物保护的本科和硕士、博士专业点已有近百个。

2. 考古规模日渐扩大，重大科研项目攻关能力得到锻炼提升

20 世纪 50 年代初，考古发掘仅有北京周口店、河南安阳殷墟、河南辉县等区区几项。50 年代后期，数量有所增加。改革开放以后，随着经济发展和城市建设步伐的加快，考古调查与发掘项目数量日益增加。80 年代前期，每年的考古发掘约 100 项左右。21 世纪以后呈现井喷式增长的态势，近年来，每年开展的考古项目都有近 1000 项之多。改革开放以来，随着国家综合实力的日渐增强及发展战略需要，一批重大学术研究项目应运而生，如 1996—2000 年实施国家"九五"科技攻关重点项目——夏商周断代工程，2001—2016 年实施中华文明探源工程。中华文明探源工程以中华文明起源和形成过程及其背景、原因、机制和特点为研究目标，以考古学为基础，历史学、农学、环境科学、生物学、地质学、天文学、医学、遗传学、物理学、化学、遥感和空间技术、计算机科学、冶金学、文物保护技术以及人类学等近 20 个学科参与其中，研究的深度与广度都较此前显著增强。

3. 学科体系日趋完善，研究手段不断更新

新中国成立之初，中国考古学的研究领域只有史前考古、商周考古、汉唐考古等。经过 70 多年的发展，中国考古学已在纵向上覆盖从旧、新石器时代至明清的中国文明史各个时段；横向上开拓出动物考古、植物考古、环境考古、分子考古、冶金考古、陶瓷考古、石窟寺考古、水下考古、遥感考古、社会考古、认知考古、聚落考古、美术考古、实验考古、文物保护等学科，学科体系日趋完善。20 世纪50 年代至 80 年代末，考古工作者普遍使用的工具只有探铲、手铲以及皮尺、罗盘，自然科学技术在考古研究中的应用极为贫乏。20 世纪 90 年代以来，自然科技在中国考古研究中所占比重也有了大幅提升，除碳 14 测年以外，光释光（OSL）、地磁法等科学测年手段，能够精确测定古代遗迹和遗物的年代；通过分析金属、陶瓷、玻璃、玉石等遗物的物质结构，判断其产地及制作工艺技术；通过分析古代人骨中所含碳氮同位素，研究古人生前的主食和动物蛋白质的摄入量；通过分析人体内的锶同位素，探讨人群的迁徙；通过人骨的形态和DNA 分析，研究古代人类的种群特征及相互关系；通过出土动植物遗骸，研究当时人们对动植物资源的利用；通过孢粉、植硅石、木炭颗粒等，研究古环境、古代铜、玉石、盐等稀缺资源的来源和供给。目前，我国考古学应用自然科学技术的能力、设备和手段已经达到了世界先进水平。我国是原生的文明古国，文化悠久灿烂，遗迹丰富多样，这些技术手段的应用，极大地推动了相关工作。

4. 学术期刊和考古论著大量涌现

新中国成立初期，中国考古学专业期刊只有《考古学报》《文

物》和《考古》，被称为中国考古学的"三大杂志"。经过 70 多年的发展，新增《考古与文物》《北方文物》《四川文物》《江汉考古》《东南文化》《华夏考古》《中原文物》《南方文物》《中国国家博物馆馆刊》等 10 余种学术期刊，构成了规模可观的中国考古学期刊方阵。20世纪五六十年代仅出版 10 余部考古发掘报告。改革开放以后，考古论著逐渐增多。20 世纪 80 年代前半期，由中国社会科学院考古研究所编撰的《新中国的考古发现和研究》出版，是对新中国成立30 年来考古发掘和研究成果的总结。1986 年出版的《中国大百科全书·考古学》是我国首部考古学百科全书。这两部著作成为 80 年代中国考古学内容最全面、水平最高的著作和工具书。90 年代后期，中国社会科学院考古研究所集全所之力编撰系列综合性学术专著《中国考古学》，并于世纪之交开始陆续出版，是中国考古学史上划时代的巨著。2014 年出版的《中国考古学大辞典》是中国第一部大型考古学辞典，全书共收录词目 5000 余条。改革开放以来，作为考古学研究基础资料的考古发掘报告开始大量出版，至今已达数百部之多，这与 50 年代仅出版 10 余部的情况完全不同。这也从一个侧面反映出中国考古学的发展。

5. 国内和国际交流日益活跃，国际学术话语权不断增强

新中国成立之后到改革开放前，中国考古学界与国际学术界的交流相对较少。20 世纪 70 年代末至 90 年代，国内考古机构与欧美和日本的研究机构合作，开展了数十项联合考古调查与发掘项目。较早开展的国际合作始于 90 年代初，是中国社会科学院考古研究所与美国哈佛大学在豫东实施的合作调查与发掘。此后，几个国内考

古机构与欧美考古机构合作，在鲁东南、安阳殷墟所在的洹河流域、河南洛阳地区的二里头遗址为中心的伊洛河流域等多个地区，实施区域调查和对古代都城的合作发掘。与此同时，一批考古工作者赴海外留学研修，开阔眼界，得以更加全面地了解国外同行的理论、理念、方法。通过交流，欧美和日本的考古学对中国考古学产生了较大影响。21 世纪的第一个 10 年，是中国考古学"请进来"和"走出去"并行的 10 年，中外合作项目继续开展。2010 年以后，在继续与国外考古机构合作的同时，随着中国国力的增强和国际地位的提高，越来越多的中国考古队走出国门，到俄罗斯、蒙古国、乌兹别克斯坦、伊朗、沙特阿拉伯、印度、巴基斯坦、孟加拉国、柬埔寨等国进行合作考古和文化遗产保护。这些境外的合作发掘和文化遗产保护项目，极大地提高了我国的国际地位和国际声誉。举办国际学术会议是促进国际交流的重要途径。1983 年，由中国考古学会、中国社会科学院考古研究所和联合国教科文组织联合举办的亚洲地区（中国）考古讨论会在北京和西安召开，来自 10 个亚洲国家的 12 名代表和英美等国的 6 位观察员参加了会议。这是我国第一次召开考古学国际学术会议。此后，我国召开了数十次国际学术研讨会，促进了我国和国际考古学界的相互交流。2013 年我国发起创办的"世界考古·上海论坛"，是目前世界上唯一组织国际优秀考古学家，对世界范围内重大考古发现和重要考古研究成果进行评选的学术平台。论坛每两年举办一届，由中国社会科学院和上海市人民政府联合主办、中国社会科学院考古研究所与上海市文物局等单位联合承办。经过多年的努力，"世界考古·上海论坛"已经成为世界上规格最高、学术性最强、影响力最大的考古学学术交流平台之一，使长期游离于国际考古学术圈边缘的中国考古学成功进入世界考古学的核心。经过 70 多年的发展与努力，新中国考古学的国际交流日趋深化，大大增强了中国考古学的国际话语权。

6. 实证了中华文明起源及发展过程、多民族统一国家的形成和发展以及中华文明的世界贡献

经过 70 多年的考古发掘和研究，实证了中华史前文明的本土起源，实证了我国百万年的人类史、一万年文化史和 5000 年文明史。中国各地史前时期的重要考古发现说明，距今 5000 年前后，在农业发展的基础上，各地的社会分化加剧，出现了集军事权力与祭祀权力于一身的王权，形成了礼制，出现了早期国家，相继进入了古国文明社会。中华 5000 年文明绝非虚言，而是历史真实。

通过开展中华文明探源工程，探索各地区的文明化进程及多元一体的中华文明形成和发展的早期进程。由于不同的自然环境和生业基础，我国各地形成了各具特色的文化习俗，其文明起源、形成和发展过程具有自身的特点。各个区域文明之间相互交流、借鉴、融合，形成了中华文化共同体。在黄帝和炎帝时期，中原地区的文明一度向周围施加强烈影响。尧舜禹时期，积极吸收周围区域文明的先进因素，各区域文明的先进因素向中原地区汇聚。夏王朝建立后，中原王朝创造的一整套礼仪制度及其礼器向周围辐射，影响所及，东达黄河下游的海岱地区，西至黄河上游的甘青地区，北抵黄河中游的河套地区，南到华南地区甚至越南北部，形成了一个前所未有的、以中原王朝为中心的中华文化影响圈。商王朝时期，与周

围广大地区的方国保持时远时近的关系，商王朝掌握的冶金术向周围地区传播，产生了四川广汉三星堆、江西新干等区域性青铜文明。西周王朝实行封邦建国，统治比商王朝更加巩固。

70多年来，大量第一手的考古资料展现了中华文明的辉煌成就，和在农业生产、玉器加工、陶瓷制作、金属冶炼、养蚕缫丝等诸多方面对世界文明作出的卓越贡献。考古发现证明，距今1万年前，中国北方地区已经开始栽培粟和黍。与此同时，长江下游地区开始栽培稻。在黑龙江饶河小南山遗址，出土了距今9000年的玉环等装饰品。在浙江跨湖桥遗址，发现了距今8000年的独木舟。在河南舞阳贾湖遗址，出土了世界最早（距今8000多年）的七孔骨笛。同一遗址出土龟甲上发现的刻画符号，与殷墟甲骨文不乏相似之处，为研究甲骨文的起源提供了线索。内蒙古赤峰兴隆洼遗址，出土了距今8000年、制作更为精致的玉耳环和吊坠。在华北、江南和华南地区，都发现了距今16000—12000年的陶器，表明中国是世界上最早制作陶器的地区之一。在浙江北部余杭良渚遗址巨型古城北部发现的总长达10余公里的大型水坝，修建于距今5100年左右，是世界上同时期规模最大的水利设施。约4000年前，中华先民已能够烧制原始瓷器；到了3—4世纪，我们已经能够制作真正的瓷器。考古学家在长江下游地区发现了多件距今7000年的漆器。中华先民掌握养蚕和缫丝技术不晚于7000年前。山西陶寺遗址出土了距今4200年前后的铜容器。在陶寺城址宫城内的宫殿基址，出土了距今4200年前后的陶瓦，从而将人类使用瓦的历史提早了1200年。春秋战国时期，青铜容器的制作技术达到了高峰。冶铁术出现于西周时期，此后与青铜铸造技术相结合，发展为铸铁技术，至春秋战国时期，以越王勾践剑为代表，青铜器制作工艺技术达到了高峰。汉代以后出现的炒钢、灌钢等工艺技术，在当时居世界领先地位。

70多年来，中国考古学通过大量第一手的考古资料，让民众了解"我们是谁""从哪里来""到哪里去"，了解我们的民族、国家、文明是如何从历史走到今天，为塑造全民族历史认知、为增强文化自觉和文化自信提供了有力支撑，为当下和今后的发展提供了有益的借鉴和启示，为实现中华民族的伟大复兴作出了积极贡献。

## 二、当代中国考古学面临的挑战和任务

虽然近百年来，中国考古学取得了长足的进步和辉煌的成就，但与我们取得的举世瞩目的重大考古发现相比，我国考古学研究水平特别在考古知识体系构建和传播利用方面则相对落后，这突出体现在如下几个方面：重田野考古发掘，轻考古材料整理研究；重传统考古学理论方法，轻多学科交叉研究；重考古发掘研究，轻传播利用。因此，今后中国考古学如何将重心从田野发掘延伸到考古材料整合研究、从传统考古学研究转向到多学科交叉融合、从发掘研究延伸到考古成果的传播利用，将是中国考古学面临的主要挑战。

（一）考古学重心从田野考古发掘延伸到考古材料整合研究

20世纪50年代初，我国考古发掘仅有北京周口店、河南安阳殷墟、河南辉县等少数几项。50年代后期，数量有所增加。改革开放以后，伴随国家大规模的现代化建设和快速的城市化进程，考古调查与发掘项目数量日益增加。80年代前期，每年的考古发掘约有

100 项。20 世纪八九十年代配合三峡工程的大规模考古工作和世纪之交配合南水北调工程开展的考古工作，堪称中国乃至世界考古史上最大规模的基本建设考古工作，这两次发掘获得了丰富的遗迹和遗物。21 世纪以来我国田野考古呈现井喷式增长的态势，近年来，每年开展的考古项目都有近 1000 项之多。改革开放 40 多年来，我国田野考古积累了大量的考古发掘材料。

作为历史发展、环境演变和人与自然关系的真实记录，考古遗址具有丰富的科学文化内涵。考古学的学术目标主要是通过古代人类活动遗留下来的地下遗存研究来探索人的活动，就是要揭示遗址蕴含的丰富的历史、科学和文化信息，了解人类的生存方式和经济形态状况、社会结构和社会关系以及人类的意识形态、宗教信仰等。较之大量考古发现与发掘成就，我国考古学明显存在重田野考古发掘、轻考古材料整合研究和历史重建的弊端。

我国考古学一直以来更注重野外考古发掘工作，重视对考古资料的获取特别是重大珍贵资料的获取，而忽视对于考古材料的整理，尤其是一般考古材料的整理。考古材料的整理分析主要涉及三个方面：考古出土遗物和遗迹的相对年代的判断、绝对年代的判断和器物制作方法与用途等。考古发掘材料的整理分析工作是考古材料整合和阐释研究的基础，对于研究历史和文化具有重要意义，例如为历史研究提供客观证据，补充和修正历史记录，识别文化联系和交流，重建历史和文化等。改革开放 40 多年来积累了大量田野调查和发掘所得的考古资料，然而由于缺乏考古人才，我国大量的考古材料未能及时整理，除了部分考古调查和发掘项目外，还有大量考古调查和发掘未完成考古发掘材料整理分析及其考古发掘报告的发布，有的甚至几十年考古发掘报告也出不来。为此，有必要对改革开放40多年来全国考古调查和发掘情况进行全面、系统的清理，并采取有效措施督促未完成考古发掘材料整理分析的考古项目及时完成考古发掘材料整理分析，并发布考古发掘报告。

我国考古学研究大多只停留在考古发掘报告这样一个低层次的研究水平，在考古材料整合研究、重建历史和构建知识体系方面存在严重的不足。众所周知，考古发掘报告只是对考古遗址材料的初步整理和分析，其主要内容包括遗址的自然地理环境、历史沿革、既往工作、发掘经过与方法、文化堆积与分期、遗迹与遗物、编写者的重要认识、有关专业检测报告等。对普通观众和非考古专业人员来讲，考古发掘报告及其专业术语如"文化""类型"和"地层"等就如同"天书"一样晦涩难懂。著名文化史学家葛兆光对考古学的印象是它与"我们"很隔膜：第一，它只凭考古发掘材料来说话，就像地质学采集的标本一样纯而又纯，"科学"得再不能"科学"；第二，它那冷冰冰的术语好似自我封闭，要么让人难懂，要么觉得他们是在自言自语，使别人无法运用他的想象力；第三，考古学家对属于精神史方面的问题有意回避。葛兆光进而感叹，考古发现虽然是编过号的标本，但是这些标本和解释对他人只不过是一堆意义不明的符号，而不是对历史的理解和阐释。考古学是从人类过去遗留下来的物质遗存入手来了解历史。如果考古学只发掘不整理研究，或不能通过正确的理论指导和有效的研究方法将诸如陶片、石器、兽骨等考古出土材料转化为科学的认识和知识，那么再多的发掘材料也不过是零散的材料而已，再精美的文物也不会升华为著史的史料，也就达不到考古学透物见人、见事、见生活的目的，达不到考古学重建历史和构建知识体系的初心和使命。由于不重视考古材料整合研究，我国大部分考古发掘仅仅停留在考古发掘报告这一初步研究水平上，成为考古学者不能承受之重，考古学在相当程度上已经成为考古"材料学"。不仅如此，如果考古只发掘不研究，还会带来严重的后果。考古资源是不可再生的文化资源，如果只发掘不整理研究，一旦时间久了，随着考古发掘记录和标签的遗失以及主持考古发掘人员的离去，我们可能会永远失去某个重要的历史信息和符号，"考古只发掘不整理研究和盗墓一样坏"。

2020 年 12 月 1 日，习近平总书记在第 23 期《求是》杂志发表的《建设中国特色中国风格中国气派的考古学，更好认识源远流长博大精深的中华文明》强调：做好考古成果的挖掘、整理、阐释工作。考古学界要会同经济、法律、政治、文化、社会、生态、科技、医学等领域研究人员，做好出土文物和遗址的研究阐释工作，把我国文明起源和发展以及对人类的重大贡献更加清晰、更加全面地呈现出来。要吸收最新史学研究成果，及时对我国古代历史部分内容进行完善，以完整准确讲述我国古代历史，更好发挥以史育人作用。

考古学的目的是透物见人，联通古今，不在于炫耀考古发现，也不在于只是建立时空框架，而在于解读历史和重构历史。从当今欧美考古学发展趋势看，信息提炼、理论阐释和全方位的历史重建成为考古学学科最主要的增长点。因此，为了更好地探索未知、揭示本源，全面、系统、深入地揭示考古遗址蕴含的丰富历史信息，实现考古学"透物见人"、重建历史的学术使命，中国考古学应该改变重传统田野考古发掘轻考古材料整合研究的现状，在考古遗址信息提取、材料梳理与整合、理论阐释和历史重建方面，强化科技支撑和多学科交叉融合研究，推动中国考古学"尽快实现从'描述'之学向'著述'之学的转变，从注重材料积累转向阐释研究，从发现历史转向书写历史"①。

一代有一代的学术使命，如果说过去百年的中国考古学的首要任务是田野考古发掘和材料的积累，那么百年后的当今中国考古学的重心必须要转移到整合研究、理论阐释和历史重建上来。进一步利用多学科交叉融合对考古材料进行整合研究，达到考古学透物见人、见事、见生活的目的，实现考古学重建历史和构建知识体系的初心和使命。在考古材料整理分析的基础上，通过对古代遗迹、遗物的整合研究，发现无字之史、增补有字之史，肩负起为中华民族修家谱、传承中华优秀传统文化的历史重任。

（二）考古学重心从传统考古学研究转向科技手段应用和多学科交叉融合

当代中国考古学在吸收和发展西方考古学理论的同时，也基于中国实际情况提出了具有中国特色的理论和实践方法，对考古学理论与方法的发展作出了新的贡献。例如在对中国考古学文化遗存的分析中，引进西方考古地层学、类型学理论与方法，并在实践中不

---

① 孙庆伟：《构建中国考古学自主知识体系的四个支点》，《红旗文稿》2024 年第 15 期。

断深化和细化，在依据地层学一般原理判定遗迹遗物年代时，不仅要关注所处地层的早晚，而且要将地层关系与内含器物的类型排比相结合；在运用类型学作分期研究时，既要注意器物组合中器类的变化（这种变化不仅有分期的意义，而且与礼制、阶级、文化、地域等相关联），也要注意同一器类中器物型式的变化等。再如，在探讨中华文明起源和发展模式时，提出了诸如"考古学文化区系类型说"、"重瓣花朵"式分层次向心结构说等具有鲜明中国特色的理论。中国考古学在实践中致力于对新理论的探讨，如"聚落考古"概念的引入，以及对大型聚落、不同等级聚落间的从属结构等的关注，这些实践不仅深化了对中华文明起源和发展的理解，也体现了理论与实践的紧密结合。①

　　尽管我国考古学在考古学理论方法的创新和应用方面作出了诸多贡献，但从总体来说，长期以来我国考古学仍以传统考古学（地层学和器物形态比较学为主要方法论）为主，强调分期和分类。地层学是通过判定遗址中诸堆积形成的先后过程或次序来研究遗存之间相对年代早晚关系的方法，只是解决了遗存之间相对年代早晚关系而已。考古类型学主要通过对考古遗存形态（例如陶器）的排比来探求其变化规律，逻辑发展序列和相互关系，找出其先后演变规律，判断遗存的相对年代早晚建立遗址相对年代序列，确立考古学文化谱系。显然，国内以地层学和器物形态比较学为主要方法论的传统考古学只是解决了考古遗址的时空框架和谱系，而对考古遗址

---

① 朱凤瀚：《关于中国特色考古学的几点思考》，《历史研究》2021 年第 1 期。

的人地关系、环境演变、遗址上人的活动，例如生产和生活状况以及社会关系、精神活动等的研究则往往力不从心。缺乏现代科技手段使用和多学科交叉研究，不仅难以适应我国考古学发展的实际需要，也与国际考古学研究以问题为导向、以科技考古为手段、体现科学实证的主流趋势存在差距。

考古学研究涉及地质、水文、岩土、物理、化学等多个学科，是一项系统、复杂的工程，需要多学科联手合作。2020 年 12 月 1 日，习近平总书记在第 23 期《求是》杂志发表的《建设中国特色中国风格中国气派的考古学，更好认识源远流长博大精深的中华文明》特别强调，"我们运用生物学、分子生物学、化学、地学、物理学等前沿学科的最新技术分析我国古代遗存，使中华文明探源有了坚实的科技分析依据，拓展了我们对中国五千多年文明史的认知。对文明起源和形成的探究是一个既复杂又漫长的系统工程，需要把考古探索和文献研究同自然科学技术手段有机结合起来"。

中国考古学看重类型学和地层学固然有其合理性，但现代科学技术发展一日千里，已经深入影响到社会生活、生产的方方面面，并带来一系列革命性的变化。对于考古学研究，也应该同样如此。当今欧美考古学的特点是以问题为导向，以科技考古为手段，体现了科学实证的主流趋势。无论是考古信息的采集还是多学科交叉融合研究，其操作过程包括大量自然科学相关学科的方法和技术，包括古 DNA 研究、同位素研究、植物孢粉研究、热释光研究、陶瓷成分与物相研究、残留物研究、丝绸蛋白提取研究，对考古出土物进行多种现代科技测试、实验和分析，整合各种信息进行逻辑推理，以透物见人的方式分析当时人类的衣、食、住、行、思各个方面的社会活动，并重建已逝的历史场景，探讨历史发展规律。例如分子考古学或线粒体 DNA 分析重写人类起源历史，颠覆传统进化观念；分子人类学与考古研究结合，有助于解决历史记忆与古文化遗址之间的对应问题，从而科学地论证中华民族共同体的形成与发展，这些就是科技手段取得的划时代成果的典型案例。总之，考古学与自然科学的结合使得考古学研究更加深入细致和丰富多彩，能否在考古学研究中更加广泛、更加有效地运用多种自然科学等相关学科的方法和技术，已经成为 21 世纪衡量一个国家考古学研究水平极为重要的标尺。

综上所述，为了更好地探索未知、揭示本源，全面、深入地揭示考古遗址蕴含的丰富历史信息，实现考古学"透物见史"、重建历史的学术使命，中国考古学应该改变重传统考古学理论方法、轻现代科技手段使用和多学科交叉研究的现状，在考古遗址信息提取、材料梳理与整合、理论阐释和历史重建方面，强化科技支撑和多学科深度交叉融合研究。可喜的是，自 20 世纪 90 年代以来，我国考古工作开始朝着这个方向转变。

（三）考古学重心从考古发掘研究延伸到考古资源的传播利用

考古遗址和遗物是人类在社会生产、生活和精神文化活动中遗留下来的具有历史、艺术、科学价值的文化遗产。它们从不同的侧面反映了史前和历史时期人类的自然环境、社会生产、经济基础、生产关系、社会生活和意识形态，反映了自然环境的变迁、社会的变革、科学技术的进步、人类物质生活和精神生活的发展变化，是帮助我们认识和恢复历史本来面貌的重要依据，尤其是我们认识、了解没有文字记载的人类远古历史的主要依据。

考古发掘研究旨在以物释史、证史和说史，最终达到以史育人、以文化人之目的。因此，考古发掘研究并不只是挖东西，不能成为象牙塔里的学问，不能是少部分人的自娱自乐，其研究成果不能始终自我封闭在一个小圈子内，而要加强传播利用。只有将考古研究成果转化成大众的语言，服务于整个社会，考古工作才能真正实现其初心和使命，体现其社会价值。因此，考古研究成果最终需要在完成考古发掘研究后，继续开展展示与传播工作。

党的十八大以来，习近平总书记多次强调要让文物活起来，要充分发挥文物"见证历史、以史鉴今、启迪后人"的作用。2020年12月1日，习近平总书记在第23期《求是》杂志发表的《建设中国特色中国风格中国气派的考古学，更好认识源远流长博大精深的中华文明》中强调要用好考古和历史研究成果，"要通过深入学习历史，加强考古成果和历史研究成果的传播，教育引导广大干部群众特别是青少年认识中华文明起源和发展的历史脉络，认识中华文明取得的灿烂成就，认识中华文明对人类文明的重大贡献，不断增强民族凝聚力、民族自豪感。要向全世界讲好中国历史故事。要运用我国考古成果和历史研究成果，通过对外宣传、交流研讨等方式，向国际社会展示博大精深的中华文明，讲清楚中华文明的灿烂成就和对人类文明的重大贡献，让世界了解中国历史、了解中华民族精神，从而不断加深对当今中国的认知和理解，营造良好国际舆论氛围"。

从本质上讲，用好考古和历史研究成果就是要讲好中华文明故事、中国历史文化的故事。因此，今天我们从事考古发掘和研究，绝不仅仅是为了发掘而发掘、为了研究而研究，更重要的是古为今用，即要透过文物揭示其背后的文化，把历史智慧告诉人们，起到教化和启示作用：激发我们的民族自豪感和自信心，坚定全体人民振兴中华、实现中国梦的信心和决心；为我们认识和改造世界以及治国理政提供有益启迪；让中华文明同世界各国人民创造的丰富多彩的文明一道，为人类提供正确的精神指引和强大的精神动力；为提高国民素质和社会文明程度以及树立正确的人生观、价值观提供有益启迪；为满足人民的精神文化生活以及推动经济社会发展发挥作用……这些正是考古学的目的和使命。

但长期以来，我国考古工作普遍存在重发掘研究、轻成果转化和传播利用的现象。考古成果的传播利用普遍不接地气，或学究气重，或枯燥乏味，通俗性、知识性、趣味性和观赏性不足，观众看不懂或觉得不好看，难以激发观众欣赏的欲望。以考古展示为例，多数展览是各类文物的考古学器物展示，主要关注的是考古文物外貌——造型、尺寸、装饰和色彩，或讲述考古文物的年代、区系、分期和分类，或聚焦某件考古文物作鉴宝式或猎奇式的展示。这种以考古学视角出发的阐释方式，因为没有深入浅出地解读文物的社会文化背景，没有做到透物见人、见事、见生活、见智慧和见精神，必然只能让观众感到眼花缭乱、看不懂或没兴趣，与观众之间存在隔阂。显然，这样的考古研究成果展示谈不上对观众有什么教育意义，特别在弘扬中华优秀传统文化和社会主义核心价值观，在传播中国精神和价值以及促进文明交流互鉴，或是惠及全体人民精神文化生活方面，或是服务文化产业发展上，文物的作用远未得到真正的发挥。更有甚者，考古研究所垄断大量考古资源，考古资源进不了博物馆，导致迫切需要文物藏品的省、市、县历史博物馆的陈列展览因为缺乏出土文物而空心化，无法充分利用丰富的考古资料全面系统地讲述好地方文明和历史的故事。诚如《关于加强文物保护利用改革的若干意见》所指出的那样："文物合理利用不足、传播传承不够，让文物活起来的方法途径亟须创新；依托文物资源讲好中国故事办法不多，中华文化国际传播能力亟待增强。"

鉴于中国考古学存在的上述问题，今后中国考古学重心宜从田野发掘延伸到考古材料整理研究、从传统考古学研究转向多学科交叉融合、从发掘研究延伸到考古成果的展示利用、从研究利用延伸到考古资源的保护传承。

## 三、构建"三位一体、前后贯通"的大考古学体系

习近平总书记强调，要加强考古能力建设和学科建设。学科体系是建设中国特色、中国风格、中国气派的考古学的主要内容。习近平总书记在 2020 年 9 月 28 日中央政治局第二十三次集体学习时就如何做好考古和历史研究工作提出 4 点要求：一是要继续探索未知、揭示本源。二是要做好考古成果的挖掘、整理、阐释工作，把我国文明起源和发展以及对人类的重大贡献更加清晰、更加全面地呈现出来，更好发挥以史育人作用。三是要搞好历史文化遗产保护工作。四是要加强考古能力建设和学科建设。鉴于此，我们认为有

必要构建考古发掘研究、传播利用和保护传承"三位一体、前后贯通"的大考古学学科体系，即考古学、博物馆学和文物保护学三个相互关联分支学科构成的大考古学学科体系。

（一）健全中国考古学学科体系的意义

习近平总书记强调，要坚持辩证唯物主义和历史唯物主义，深入进行理论探索，增强中国考古学在国际考古学界的影响力、话语权。要积极培养壮大考古队伍，让更多年轻人热爱、投身考古事业，让考古事业后继有人、人才辈出。

学科建设和人才培养是建设中国特色、中国风格、中国气派的考古学的主要内容。考古学学科建设的目的是为了提高我国考古学学科的水平和质量，促进考古学专业人才培养和科学研究，培养高素质人才，推动考古学学科的发展与创新。

学科建设的核心是人才培养。人才是我国考古事业发展和兴旺的基本保障和强大支撑，是考古事业发展和进步的重要推动力量。加强考古人才队伍建设，不仅是我国考古事业快速发展的迫切要求，也是提升我国考古能力建设的必然要求。考古学高等教育的目的是培养具有创新精神和实践能力的考古学人才，服务于建设中国特色、中国风格、中国气派的考古学的需要。因此，考古学学学科建设必须注重人才培养，加强学科队伍建设、教学管理、提高教学质量，注重学术创新能力和实践能力的培养。

考古学学科建设的主要内容主要包括：学科定位、学科体系、学科队伍、科学研究和学科保障等。

学科目标定位是学科建设关键要素之一。每个学科都要明确自己不同于其他学科的独特目标。独特的、不可替代的研究对象是构成一门独立学科的基本要素。中国特色、中国风格、中国气派的考古学的学科目标应该怎样正确定位？显然值得认真讨论研究。

学科体系也是学科建设关键要素之一。学科体系是某学科的基本框架，它是指一系列与该学科相关的专业领域和课程的总和。根据该学科的特点和发展趋势，设立多个专业领域，每个专业领域都需要有明确的研究方向和完善的课程体系，包括基础课程、专业课程和拓展课程以及实践课程等层次。每个成熟的学科都要有符合其内在逻辑的学科体系，即构成学科学术体系的各个分支。中国特色、中国风格、中国气派的考古学的学科体系应该怎样科学规划？显然也值得认真讨论研究。

学科队伍也是学科建设关键要素之一。所谓学科队伍，是指从事考古学研究和教学的具有专业知识和技能的人员。人才是学科建设的主力军，学科建设首先要抓学科队伍或师资队伍建设。中国特色、中国风格、中国气派的考古学的学科队应该如何构成？该怎样建设？显然也值得认真讨论研究。

学术研究是学科建设的重要组成部分，通过学术研究在一定研究领域生成专门的知识。所谓形成专门的知识，是指特有的概念、理论、方法、规律等所构成的严密的逻辑化的知识系统。学术研究是推动学科创新与发展的重要力量。因此，学科建设必须注重学术研究，提高学术研究的水平与质量，为学科创新与发展作出贡献。中国特色、中国风格、中国气派考古学的学科专门知识该包括哪些内容？如何构成？显然也值得认真讨论研究。

学科保障是指与学科发展相关的国家政策、学术组织、学术刊物和研究平台等，为学科发展提供良好的政策环境和研究环境。学科发展离不开良好的政策环境和学科平台。中国特色、中国风格、中国气派的考古学的学科保障体系该怎样科学规划和建设？显然也值得认真讨论研究。

综上所述，只有健全考古学学科建设，才能不断促进中国考古学知识体系的发展和完善，形成系统化的知识体系；才能推动中国考古学学术研究的深入发展，不断开拓新的研究领域，提出新的理论和方法，提升考古学学术研究水平；才能培养出更多具备扎实的学术功底又有丰富的实践经验的优秀人才；才能提升我国考古学在国际学术界的地位和影响力。总之，健全考古学学科建设是中国特色、中国风格、中国气派考古学建设的核心内容。

**（二）目前中国考古学学科体系存在的问题**

党的十八大以来，以习近平同志为核心的党中央高度重视我国考古事业，对如何做好考古事业、如何建设中国特色、中国风格、中国气派的考古学提出了明确要求，概括起来就是三个方面：一是要继续探索未知、揭示本源，做好考古成果的挖掘、整理、研究和阐释工作；二是要搞好考古遗产的保护工作，考古遗迹和历史文物是历史的见证，必须保护好、利用好，要把历史文化遗产保护放在第一位；三是要加强考古研究成果的传播利用，把我国文明起源和发展以及对人类的重大贡献更加清晰、更加全面地呈现出来，更好发挥以史育人作用，同时满足人民精神文化生活需求。适应党和国家对我国考古工作的使命与任务要求，中国特色、中国风格、中国气派的考古学的学科体系应该包括考古发掘研究、保护传承和传播利用三大方面。然而，目前中国考古学学科体系存在考古发掘研究、传播利用和保护传承三者割裂甚至对立的局面，不仅难以适应我国考古事业发展的需要，也不能适应党中央提出的建设中国特色、中国风格和中国气派考古学的要求，具体表现在如下方面：

一是考古学研究对象和范围不能适应我国考古事业发展的需要。考古学的使命是通过考古发掘、研究阐释、保护传承、传播利用，旨在以物见史、以史育人。因此，科学的考古学研究对象与范围除了考古发掘研究外，还应该包括考古资源的保护传承以及考古研究成果的传播利用。然而，目前我国考古学科研究对象和范围仍然局限于狭隘的田野考古学范畴，考古学研究和人才培养的重点是田野考古发掘与研究，而对考古资源的保护传承和考古研究成果的传播利用往往不被重视，几乎被排斥在考古学科之外。显然，这样的定位是不完整、不科学的，不利于考古研究成果传播利用以及考古资源保护传承，也不符合党中央提出的要加强考古成果的传播利用和考古资源的保护传承的要求。

二是考古学学科体系不能适应我国考古事业发展的需要。考古学学科内涵过窄、学科专业领域设置不科学不合理。过去，"考古学与博物馆学"是历史学一级学科下的二级学科。2011年，考古学被调整为一级学科。原本与考古学平行的博物馆学则被以"文化遗产与博物馆"之名作为考古学的二级学科之一，与各断代考古、科技考古、专门考古等并列（见表2-1）。从学科隶属关系看，原来考古学与博物馆学各占1/2，而现在在考古学一级学科目录下，博物馆学弱化为1/18。

**表 2-1**

| 060101 | 060102 | 060103 | 060104 | 060105 | 060106 | 060107 | 060108 | 060109 |
|--------|--------|--------|--------|--------|--------|--------|--------|--------|
| 考古学史和考古学理论 | 史前考古 | 夏商周考古 | 秦汉魏晋南北朝考古 | 唐宋元明清考古 | 科技考古 | 文化遗产与博物馆 | 古代文字与铭刻 | 专门考古 |

2024 年 1 月，教育部公布了《研究生教育学科专业简介及其学位基本要求》（试行版），其中，考古学一级学科下的二级学科，包括先秦考古、秦汉至宋元明考古、外国考古、专门考古、科技考古与文物保护、文化遗产与博物馆学 6 个二级学科。

这样的二级学科设置大大降低了考古成果的传播利用（博物馆学）和考古资源的保护传承（文化遗产）的地位。一些高校的博物馆学和文物保护专业为了生存与发展，不得不按照考古学的要求进行人才培养和学科建设。如果不能及时改变这种二级学科设置，不仅不利于考古研究成果传播利用以及考古资源保护传承，还会抑制考古文博事业蓬勃发展的良好势头，而且使中央提出的要加强考古成果的传播利用和考古资源的保护传承的意图难以得到贯彻。

三是考古学学科队伍建设不能适应我国考古事业发展的需要。人才是学科建设的主力军，学科队伍是考古学学科建设的关键要素之一。较之考古发掘和研究人才，业界普遍缺乏高水平的从事考古研究成果传播利用以及考古资源保护传承的研究和教学人才。高校是学科建设的主阵地，但由于从事文物保护与博物馆学教学和科研的教师或因找不到适合的学科归宿而深感迷茫，或因缺乏相应的评价体系而晋升困难难以安心工作，导致目前全国高校考古与文博院系专业从事考古研究成果传播利用以及考古资源保护传承的研究和教学人才数量很少，普遍缺乏学科梯队，而且严重缺乏学科带头人，很难形成完善的科研体系和教学课程体系，这种状况严重阻碍了我国考古研究成果传播利用以及考古资源保护传承。

四是学术研究不能适应我国考古事业发展的需要。学术研究是学科建设的重要组成部分，学科建设必须注重学术研究，提高学术研究的水平与质量。然而，较之考古发掘研究，在考古研究成果传播利用以及考古资源保护传承领域的学术研究水平还比较低，远未生成专门的知识，形成概念、理论、方法、规律等所构成的严密的逻辑化的知识系统。显然，这种状况不利于考古研究成果传播利用以及考古资源保护传承。

五是学科保障体系不能适应我国考古事业发展的需要。学科保障体系是学科生存和发展的必要条件，学科的发展与进步离不开良好的政策环境和学科平台。然而，较之考古发掘研究，目前我国的考古学学科保障体系非常不利于考古研究成果传播利用以及考古资源保护传承。从学科隶属关系看，在一级学科为考古学的情形下，考古成果的传播利用（博物馆学）和考古资源的保护传承（文物保护）的地位被极大地边缘化、弱势化，在国家社科和教育部项目学科分类目录中找不到"博物馆学"和"文物保护"对应的学科分类目录。从学术组织看，在教育部历史学教学指导委员会、国务院学位委员会考古学科评议组中都没有"博物馆学"和"文物保护"的代表。从学术刊物来看，目前考古学有七八种核心期刊，而"博物馆学"和"文物保护"几乎没有核心期刊，国内仅有的2种全国性博物馆学专业期刊《中国博物馆》和《自然科学博物馆研究》至今仍不是核心期刊。由于考古成果的传播利用（博物馆学）和考古资源的保护传承（文物保护）得不到应有的学科保障，不仅导致其研究成果发表和认可难，课题申请难、人才项目评审选难和科研成果评奖难，也造成其在学科评估、本科专业评估、研究生专业评估中难以获得认可。所有这些严重挫伤了从事考古成果的传播利用（博物馆学）和考古资源的保护传承（文物保护）专业研究和教育人员的积极性，反过来必然严重影响我国考古研究成果传播利用以及考古资源保护传承。在目前的学术生态下，由于缺乏合理的学科建设平台以及相应的评价体系，许多教学人员的学术成果无法得到认可，晋升困难，难以安心工作。虽然许多高等院校设有文博学科，但严重缺乏师资，既影响了学科的正常发展，也严重地影响了文博人才的培养。

综上所述，目前我国考古学的学科体系设置，重考古发现发掘和研究，而轻考古文物保护和考古成果的传播利用，必然使文物保护和博物馆学越来越弱化。如果这种状况不能及时改变，不仅会抑制我国考古文博事业蓬勃发展的良好势头，还将使中央发展考古学的意图难以得到贯彻。

（三）构建"三位一体、前后贯通"的大考古学学科体系

党的十八大以来，习近平总书记高度重视考古工作，作出了一系列重要论述，运用辩证唯物主义和历史唯物主义的世界观方法论，揭示了考古发掘研究、保护传承、传播利用的内在逻辑，即"考古发掘研究""考古资源保护传承"和"考古成果传播利用"三者"前

后贯通、三位一体"。首先要做好考古挖掘、整理、研究和阐释工作，其次要搞好考古遗产的保护工作，第三是要加强考古成果的传播利用，让文物活起来，最终目的就是要充分发挥文物"见证历史、以史鉴今、启迪后人"的作用，以史育人，成为增强文化自信、滋润民族情感、提高民族文化素质的精神养料。

习近平总书记十分重视文物的保护。他强调，"考古遗迹和历史文物是历史的见证，必须保护好、利用好"。针对如何做好历史文化遗产保护工作，习近平总书记提出要把历史文化遗产保护放在第一位，建立健全历史文化遗产资源资产管理制度，健全不可移动文物保护机制，制定"先考古、后出让"的制度设计和配套政策，增强历史文化遗产防护能力，严厉打击文物犯罪等一系列要求。

习近平总书记十分重视文物的传播利用，多次强调让文物活起来。文物中蕴含着丰富的历史文化信息，能够活化再现历史场景，是生动鲜活的历史教材。习近平总书记指出，要通过深入学习历史，教育引导广大干部群众特别是青少年提高"三个认识"，即"认识中华文明起源和发展的历史脉络""认识中华文明取得的灿烂成就""认识中华文明对人类文明的重大贡献"，不断增强民族凝聚力、民族自豪感。向世界讲述中国历史故事，考古学具有得天独厚的优势。习近平总书记强调，要运用我国考古成果和历史研究成果，"向国际社会展示博大精深的中华文明，讲清楚中华文明的灿烂成就和对人类文明的重大贡献，让世界了解中国历史、了解中华民族精神，从而不断加深对当今中国的认知和理解，营造良好国际舆论氛围"。对此，习近平总书记还指出，"科普与科研一样重要"，要求知识界加强科普工作。

在 2024 年 4 月 29 日举办的首届新时代考古学与博物馆学融合发展学术研讨会上，中国社会科学院学部委员、考古研究所所长陈星灿认为，考古学和博物馆学的融合发展具有重要意义，不仅促进考古学综合研究阐释工作，还加强考古成果与公众之间的交流与互动，推动文化遗产保护和可持续发展的进程。同时，深入开展多学科融合发展，加强学术研究和学科建设，引导打破学科壁垒，还将进一步发挥考古学和博物馆学在增强文化自信、传承中华文明方面的重要作用。在信息化、全球化的今天，如何推动考古学与博物馆学的融合发展，更好服务社会、造福人民，已成为考古文博领域的重要课题，也面临前所未有的机遇与挑战。

为了克服中国考古学学科体系存在的问题，推动中国特色、中国风格、中国气派考古学的建设，承担党和国家赋予中国考古学以史育人的时代使命，中国考古学必须健全考古学学科体系，构建"考古发掘研究""考古资源保护传承"和"考古成果传播利用"三位一体、前后贯通的大考古学学科体系。

首先要正确理解考古发现研究、保护传承和传播利用三者的关系。"考古发掘研究""考古资源保护传承"和"考古成果传播利用"三者构成了考古资源保护和利用的完整体系，即"三位一体"。其中，考古发掘研究、考古资源保护是考古成果传播利用的基础，而考古成果的传播利用则是考古发掘研究、考古资源保护的目的，即"前后贯通"。我国考古文物合理利用不足、文物不能"活起来"，究其原因是考古发掘研究的目标导向不够明确，考古阐释研究基础薄弱，特别与考古成果的传播利用结合度不够，未能对传播利用构成强有力的支撑。因此，想要考古文物真正"活起来"，发挥考古学"见证历史、以史鉴今、启迪后人"的作用，不能仅仅依靠传播利用端，而必须依靠整个体系的力量，加强考古成果的传播利用体系建设，即以传播利用这一"结果"为导向，加强从考古发掘研究、考古资源保护到考古研究成果传播利用这一"过程"的建设。适应这一变化，中国考古学学科体系必须改变目前不科学、不合理的学科体系，构建"考古发掘研究""考古资源保护传承"和"考古成果传播利用"三位一体、前后贯通的大考古学学科体系。

其次要调整和健全考古学学科体系。深化考古学学科专业体系改革，推动考古学学科专业结构调整，将博物馆学和文物保护纳入大考古学体系，同时提升博物馆学和文物保护的学科地位。建议考古学一级学科下设三个二级学科，即考古学、文物保护学、博物馆学。考古学的学科定位是通过古代人类各种活动遗留下来的遗迹和遗物研究人类古代社会的历史，专业领域包括考古学史和考古学理论、史前考古、历史时期考古、专门考古、科技考古等。文物保护学的学科定位是通过现代科学技术与人文科学知识相结合对古代文物进行保护，专业领域包括文物检测分析（分析和提取藏品的材料结构信息、制造工艺方法，判断藏品的制作年代和产地，揭示其价值）、文物保护（指为取得并保持文物良好的保存状态以便收藏和展示而进行的处理操作）、文物修复（在文物已经出现损坏的情况下，为恢复文物的良好状态而进行的处理操作）等。博物馆学的学科定位是对古代文物进行收藏、保管、研究、阐释、展示、传播利用，专业领域包括博物馆学理论、博物馆历史、文物藏品保管、博物馆展示、博物馆教育、博物馆公共服务等。博物馆是连接过去、现在、未来的一道桥梁，博物馆致力于展示教育和文化传播，特别在对考古成果的阐释转化和传播利用方面能发挥独特的作用。正是基于上述考虑，2017 年复旦大学科技考古研究院成立之际，我们确立了复旦考古学科的发展定位：一是打造考古发现与研究、考古资源（文化遗产）保护传承、博物馆展示传播利用"前后贯通、三位一体"的学科体系，旨在落实以习近平同志为核心的党中央倡导的做好考古挖掘、整理、阐释和传播利用的战略部署；二是强调文、理、工、医、艺等多学科交叉融合；三是立足长三角（江、浙、沪、皖、赣），辐射中原（中华文明主根脉）和"一带一路"（丝绸之路经济带和 21 世纪海上丝绸之路）。

　　第三要加强博物馆学和文物保护的学科队伍建设和科学研究。高校是学科建设的主阵地，但较之考古学，无论是博物馆学还是文物保护，普遍存在学科薄弱的问题。以博物馆学为例，高校博物馆学学科人才队伍不仅数量少，普遍缺乏学科梯队，而且严重缺乏学科带头人。据不完全统计，至 2019 年全国约有 69 所高校设立了"文物与博物馆"专业，但全国真正从事博物馆学教学和研究的高校教师只有三四十人，多数学校只有一两位教师。并且，大部分从事博物馆学教学的高校老师多为其他学科背景的教师兼职，不仅不专业，而且往往单打独斗，几乎要教授博物馆学方面的全部课程，很难形成博物馆学完善的科研体系和教学课程体系。在博物馆学专业领域，尚未形成专门的知识——特有的概念、理论、方法、规律等所构成的严密的逻辑化的知识系统。文物保护也是如此。高校博物馆学和文物保护学学科队伍薄弱，必然严重影响博物馆学和文物保护专业人才的培养，最终影响考古资源保护传承和考古成果传播利用。有鉴于此，考古学学科体系必须强化博物馆学和文物保护学学科队伍的建设。

第四要加强博物馆学和文物保护的学科保障。学科建设保障措施是学科发展的重要保障。为了推动博物馆学和文物保护的学科发展，除了制定大考古学学科建设规划，适时调整考古学学科结构和建设方向外，重点要调整和优化资源配置。加强博物馆学和文物保护的核心期刊建设，例如《中国博物馆》《文物保护与考古科学》等努力提升质量，达到 C 刊要求，为其研究成果的发表和合理评价提供保障。在国家社科和教育部项目申请学科分类目录中安排"博物馆学"和"文物保护"应有的学科分类目录。在教育部历史学教学指导委员会、国务院学位委员会考古学科评议组、各类人才项目评审专家库中安排"博物馆学"和"文物保护"的代表。在长江学者、千人计划等评审中考虑一定比例的"博物馆学"和"文物保护"人才。通过一系列的学科保障措施，推动博物馆学和文物保护学科的发展。

总之，只有构建"考古发掘研究""考古资源保护传承""考古成果传播利用"三位一体、前后贯通的大考古学学科体系，才能真正实现党和国家赋予中国考古学的时代使命。这不仅仅是一个认识问题，学科体系建设问题，更是一个关系到中国考古学发展目的和方向的实践问题。

# 第三章　考古发掘与材料整理

## 第一节　考古调查与勘探 [①]

### 一、概述

在人类探索自身历史的长河中，考古学作为一门以实物资料研究人类历史文化的重要学科，扮演着举足轻重的角色。田野考古按工作性质和方法的不同，可分为考古调查、考古勘探和考古发掘。而考古调查与勘探，作为田野考古实践中最基本的操作方式，不仅是大范围内了解遗存基本情况的最快速、有效途径，也是应用最为广泛的技术手段之一。可以说，考古调查与勘探不仅是考古学研究的基础，也是文化遗产保护与利用的前提。它能够帮助我们快速识

---

[①]　主要参考文献有国家文物局：《田野考古工作规程》，文物出版社 2009 年版；钱耀鹏主编：《考古学概论》，高等教育出版社 2011 年版；冯恩学主编：《田野考古学》，吉林大学出版社 2018 年版；赵辉、张海、秦岭：《田野考古学》，北京大学出版社 2022 年版。

别并评估遗址的价值，为制定科学合理的保护规划、旅游开发策略提供依据。同时，通过对不同区域、不同时代遗址的广泛调查与勘探，可以构建起更为完整、系统的历史文化发展框架，深化我们对人类社会发展规律的认识。此外，随着跨学科合作的发展，如与地理信息系统（GIS）、环境考古学等领域的结合，考古调查与勘探的技术手段不断革新，为揭示更多历史信息提供了可能。本节对考古调查和勘探基本概念、发展史进行简要概述，为适应当前考古调查、勘探工作发展要求，总结当前考古调查和勘探工作实践，着重从工作任务、具体内容及操作方法和规范等方面予以介绍。

## 二、基本概念

### （一）考古调查

考古调查是指在基本不破坏遗址现状的情况下，通过实地踏查或勘查，发现和获取古代遗存资料的科学行为。它是田野考古工作的第一步，能为考古发掘、研究和文物保护提供一定的科学依据。考古调查主要包括普通调查、重点调查两种工作方式，是中国长期以来采用的主要田野工作方式。区域系统调查作为区域聚落形态研究的基础，20世纪90年代中期开始在中国受到重视并逐渐推广。通过考古调查发现和确认遗址，是获取考古学研究资料的起点，也是考古学所有研究的起点。

#### 1. 普通调查

普通调查是指对一个地区所有古代遗存进行普遍调查，是不分时代、不分性质的全面调查。普查的区域可以按照行政区划，也可根据自然地理单元（如流域、山脉、盆地、平原等）来选定。高校考古专业组织的考古实习，考古文博单位举办的考古调查培训班，为了配合基建项目进行的突击性集中调查，专门为考古发掘做准备而进行的预备性调查等，通常采用常规的地面踏查，都属于普通调查的范畴。

2. 重点调查

重点调查又称专题调查，是指为了解决特定学术问题而对一个地区的某类遗存专门开展的地面勘察。过去比较著名的重点调查是1959年由徐旭生主持的"夏墟"调查。20世纪90年代以来，随着中国考古学研究的重点转向古代社会的综合研究、西方考古学新理论的引入和科学技术手段大量运用于考古工作中，一系列围绕古代社会演进的新课题进入考古学的研究视野，重点调查逐渐成为中国考古调查的重要方式。根据中国近年来的考古实践，重点调查主要有针对文化谱系、区域聚落、大型遗址（群）、古代建筑（群）环境及生业经济等方面开展的调查。

3. 区域系统调查

区域系统调查又称为全覆盖式调查，最早是在西方考古学界兴起的，进入中国后又称拉网式调查。这是一种为了系统获取一个地区古代聚落形态演变资料而进行的全覆盖式考古调查。它是考古调查的重要形式，自20世纪90年代传入中国以后，得到积极响应并逐渐推广开来。在2009年国家文物局颁布的新版《田野考古工作规程》中，区域系统调查被正式规定为各地进行考古调查的必备项目。

（二）考古勘探

考古勘探是指使用探铲和各种科技手段对地下遗存进行勘查，发现和了解地下埋藏的古代遗存状况的科学行为。优点是能在较短时间内掌握地下遗存的概况。以往多将考古勘探视为考古调查和考古发掘的辅助手段，勘探技术也比较简单。20世纪90年代中期以来，随着科技手段的大量运用，考古勘探技术不断丰富和完善，获取地下信息的能力显著提高，逐渐发展成为独立的田野考古工作方式。考古勘探主要有常规勘探、地球物理勘探（物探）和地球化学勘探（化探）等形式。

1. 常规勘探

常规勘探即通常所称的考古钻探，主要是使用探铲进行人工勘查，利用探铲取出土样观察地下遗存，优点是能直接深入地下取样观察，直观准确地取得一定地点的文化堆积资料，比发掘省工，破坏性小，能在短时间内了解较大面积的地下情况，适用于了解遗址堆积的具体分布范围和厚度，大型建筑基址、大型墓葬和古城的形状及布局等，是通用的最基本的考古勘探方法。钻探使用的基本工具是探铲，最初的探铲来源于"洛阳铲"，它是清末洛阳一带盗墓者使用的工具，1952年被改造后用于考古钻探和基本建设的地基钻探；70年代又改进出有导向支架的探铲，其铲头有多种样式，以适应各种黏土和风化岩石；80年代又改进出装配式钻探铲。除了传统的探铲钻探外，还可以利用便携式四冲程汽油机或人工旋进式钻机等土样钻探设备获取连续钻芯，来进行更精准的土质土色信息和高密度孢粉分析以及植硅石分析土样的采集。

2. 物理勘探

物理勘探是根据地球物理学的原理，利用电子设备间接探测地下物体的各种方法的统称。20 世纪 40 年代欧美开始采用物探技术探测地下考古遗存，80 年代以来在中国田野考古中开始应用。与传统的考古钻探相比，物探技术具有不损伤地下遗存、获取的信息量大、操作简便高效等优点，在考古勘探中应用前景较为广泛。物探的具体方法有多种，其原理都大致相似，即利用考古遗存能改变所在区域土壤的物理结构，使土壤的物理性质出现异常现象这一特点进行工作。人类活动形成的遗迹和遗物埋藏于地下，其土质结构、密度、含水量与周围自然沉积物相比存在差异，表现为土壤密度、磁性、电性、导热性、弹性放射性要比附近普遍增大或减小，这些差异可被相应的电子仪器发现，并通过计算机从一系列参数中推断遗迹的范围、特征和性质。根据被探测对象的物理性质或物性参数，常用的物探技术主要有八种，目前应用较多、比较有效果的是电阻率法、磁法和探地雷达法三种，其他尚处于尝试和改进阶段。为了提高准确性，用两种以上方法的综合物探效果更好，且需和其他田野考古方法（钻探、试掘）配合使用。

3. 化学勘探

化学勘探是通过检测土壤中与人类活动有关的化学成分含量对地下遗存勘探的一种方法，受制于各种因素，化学勘探方法没有物探方法应用广。我国在河南安阳殷墟、陕西秦始皇陵、山西太原北齐墓等处开展了热释汞分析法的试验，取得了一定成效。一些古代墓葬和遗址存在着朱砂，如郑州白家庄、铭功路商代墓内铺垫有一层朱砂，妇好墓的底部也铺有朱砂，河南偃师二里头宫殿遗址发现的玉器和铜器也是包在朱砂之中。朱砂的主要成分是硫化汞，又名辰砂，有易扩散的固相分散特点，在使用朱砂的墓或有朱砂的遗址地表，可以测得含汞量异常的信息。秦始皇陵地表土含汞异常与《史记》所载"以水银为百川江河大海"相符。

（三）考古调查与勘探简史

1. 古代对古迹的野外调查

我国古代的一些地理、地方志作家，实地考察过一些城址、碑刻、冢墓等地上古迹，并记载下来。如北魏时期的郦道元在《水经注》中记述了许多亲自调查的古迹。宋元时期的都城营建对古代京城的修筑和防御进行了借鉴，当时的调查资料保存在宋代的《长安志》、元代的《长安图志》中。元代葛逻禄乃贤的《河朔访古记》中记载了他游历淮、齐、鲁、陈、蔡、晋、魏、赵等地时调查的城郭、帝王陵、寺庙、金石碑刻等古迹。清代杨宾的《柳边记略》、朱书的《游历记存》、徐松的《西域水道记》都记载了学者实地调查的古迹。

明末清初的金石学家顾炎武也很重视实地勘察，并能从纵向和横向两方面研究金石资料，可惜后世的金石学家没有继承这一进步的做法。整体来看，古代的田野调查工作是零星的、非专业的，尚没有形成一门学科。

2. 近代田野考古的引入

19世纪末和20纪初，进化论思想、资产阶级的史学观和马克思主义的唯物史观传入中国，在中国的思想界、历史学界引起震动，

"新史学""疑古派"也都在这一时期产生。这种形势使人们开始用新思维、新观点去看问题，同时也使人们意识到奉为圣典的经史对历史记载既有片面性，又有错误，开辟新的可靠的史料来源重新研究中国历史就成为当时的社会需要。1899 年殷墟甲骨的发现，及后来的研究成果使人们认识到发掘地下遗存是可靠的史料来源。从 1895 年日本人鸟居龙藏到东北调查、1898 年俄国人克兹洛夫到西北调查发掘开始，外国的一些传教士、旅行家、考古人员纷纷进入中国境内，从事调查、盗掘等活动，收集情报，掠夺文物。特别是斯坦因在敦煌发现并掠走大量珍贵的写本文书，伯希和在新疆掠走大量经书、木简等珍贵文物，这些事件严重地刺激了中国一些历史学者的民族自尊心，民族主义精神促使他们开始了专业考古的野外调查和发掘工作。

这一阶段，我国的一些学者出于爱国之心和认识我国历史的追求开始从事田野发掘工作，开展了专业性的联合或独立的田野调查和发掘工作。但是由于当时对发掘的科学方法缺乏全面了解，对我国遗址的具体情况又缺乏实际经验，不能够按土质土色区分不同时期和不同性质的堆积，这是最大的缺陷。这一阶段的三大考古发现——属三代的殷墟甲骨的发现、属新石器时代的仰韶文化的发现、属旧石器时代的北京人头盖骨的发现——使人们认识到实物遗存的重大历史价值，认识到了田野考古的重要意义。

3. 田野考古的科学化

1931 年从美国专攻考古学归来的梁思永主持了安阳后岗发掘，发现了仰韶、龙山、商文化的三叠层，解决了三者的相对年代问题。

他因此成为我国第一个把地层学原理应用于我国田野实践的考古学家。后来他主持了殷墟商王陵区等处的发掘，改进了殷墟的发掘方法，使殷墟发掘走上科学发掘的轨道。

20世纪30年代我国开展的重要调查发掘工作还有山东城子崖发掘、河北燕下都调查发掘、陕西斗鸡台发掘、河北响堂山石窟调查、浙江良渚发掘和西北科学考察团的调查发掘。考古工作者在1934年发表了我国第一部田野考古报告《城子崖》。

全民族抗日战争期间，只有少数的发掘调查工作，夏鼐、吴金鼎、曾昭燏、裴文中等留英、留法深造后回国，把西欧较成熟的田野考古方法带回国内，他们在四川、云南、甘肃等抗战后方进行了发掘。李文信在东北也作了调查工作。

这一阶段考古学者对地下遗存的重要历史价值有了更深刻的认识，进而增强了对地下遗存进行保护和科学发掘的意识。1934年李济在《东方杂志》上撰文指出，地下古物是宝贵的历史材料，有保存和研究的必要，一切地下的古物完全是国家的，任何个人不能私有。要发扬民族主义，对民族的历史绝对不能漠视。国家应该设立一个很大的博物院训练考古人才，奖励科学发掘，并系统地整理地下史料。中央古物保管委员会在1933年作出规定，凡发掘团体必须呈领采掘执照始准发掘，同时派专员到工作地执行监察工作。田野考古在这一时期已初具规模，随着经验的积累，发掘和整理的科学方法逐渐成熟。

新中国成立后，在文化部设立文物局，在中国科学院设立考古研究所，明确规定，任何单位必须具备田野考古的条件，经中央文化部会同中科院审查批准后，方得进行发掘。我国田野考古工作的审批体制建立了。

1952—1955 年，由文化部、中国科学院和北京大学联合举办了四届考古短训班，由夏鼐讲授《田野考古方法》的课程。培养了三百余名各地文物部门的田野考古人员。

1952 年北京大学设立考古专业，我国高等院校开始培养专业考古人才。

1958 年我国第一部关于田野考古的指导书《考古学基础》出版。

"文革"十年田野考古长期处于停滞状态。从 1966 年开始，各地的田野考古工作绝大部分停止，只有个别零散的发掘和调查。《考古学报》《考古》和《文物》等期刊停刊。1972 年，三大杂志复刊，各地的田野考古工作逐步恢复。这期间也有一些重要的发掘和调查，如马王堆西汉墓、中山靖王刘胜墓、邹县野店、殷墟的发掘，洛阳含嘉仓的钻探。

从 1972 年开始，田野考古恢复生机。继北京大学之后，国内多所高校也建立了考古专业，各地在职的一些文博人员的技能也在训练班、干修班的学习中得到提高。从 1984 年起，国家文物局举办全国田野考古工作领队培训班，对各省领队进行集中培训考核，同年还颁发了《田野考古工作规程（试行）》，对田野考古工作作出了明确的纲领性规定。这两项措施推动了全国田野考古工作的规范化，使田野考古质量得到进一步提升。国家经济建设的快速发展，为田野考古的发展带来新的机遇，发掘调查的数量、规模都空前扩大，传统的田野考古方法得到进一步深化。专门讨论田野考古理论、方法、技术的论文著作自 80 年代以来不断出现。介绍田野考古知识的教材也陆续出版，有《工农考古知识》《田野考古学》《田野考古入门》等。

高科技手段广泛引入田野考古与研究工作是这个时期田野考古发展的重要特征。地球物理勘探和化学勘探方法在 20 世纪 70 年代就开始应用于考古勘探，取得了一定成果。航空考古勘察也从 80 年代中期起步，90 年代中期以来，发展较快。碳十四等测定绝对年代技术的发展，使采集碳和测年成为发掘和整理中必做的项目。孢粉分析、灰像法、化学分析法等鉴定技术的出现，使发掘越来越重视自然遗存的标本收集。岩相分析、金相分析、微痕鉴定、中子活化分析等现代检测手段在整理时得到应用。有的还进行了陶器、骨器的制作模拟试验。体质人类学分析的发展和 DNA 分析的引入，使对墓葬人骨标本的收集和鉴定也得到重视。俞伟超策划的班村发掘，张忠培策划的为赤峰西辽河流域的大遗址保护做的发掘与区域调查，是全方位认识史前社会新理念的实验，推动了聚落考古的发展。

## 三、工作任务、内容与规范

（一）考古调查

1. 基本任务

考古调查的任务是发现、确认和研究文化遗存，为文化遗产保护提供依据。

2. 工作要求

考古调查应尽量选择避免损伤遗址文化堆积的技术。利用自然科学技术手段进行调查应与实地踏查相结合。遗址的确认以发现原生文化堆积为准，应注意与地点的区分。

3. 工作内容及操作规范

考古调查的工作内容包括调查对象的位置、范围与面积、堆积状况、年代与文化面貌、环境、保存现状等。

（1）测量遗址的地理坐标，并标注在地图上。

（2）遗址范围与面积依据已暴露文化堆积的位置，并参照地表散见遗物的分布范围确定，必要时辅以勘探手段。

（3）遗址的文化堆积状况包括埋藏深度、堆积层次和厚度、暴露的遗迹遗物等。可通过直接观察堆积断面，并综合各观察点的情况进行整体推断，必要时可进行勘探。

（4）有选择的采集暴露在断面上的遗物和拣选地表散落的特征遗物，以了解遗址的年代、文化面貌等。

（5）调查遗址的现代和古代景观环境。

（6）评估遗址保存现状，提出文物保护建议。

（7）调查前应对拟调查地区已有考古成果、历史文献、地图、遥感照片，以及地质、环境等相关资料进行收集和分析。

（8）根据调查目的制定工作方案，包括规划调查区域、对象、内容、技术方法等。

（9）组件调查队伍，做好物质准备。

（10）做好考古调查记录，包括文字、测绘和影像三种形式，构成统一的记录体系。调查的文字包括工作日记、调查记录表、考古调查断面观察记录表、钻探记录等。采集的遗物必须编号记录。调查了解的遗址范围、堆积断面位置、重要遗迹现象位置、采集区以及探孔分布位置等须标注在大比例尺的遗址图上。遗址调查中发现的地层断面应测图记录。勘探所获堆积结构、层次、遗迹形状或分布范围等应有图示记录。遗址全貌和重要局部应进行摄影。重要的碑刻、题记等应制作拓片。捶拓必须遵守有关规定，确保文物安全。调查资料应登记、存档，并录入数据库。调查结束后应及时提交工作报告和文物保护建议。

（二）考古勘探

1. 基本任务

考古勘探的任务是发现、确认地下遗迹的位置、深度、分布范围、种类以及地层堆积状况和分布规律，为考古研究、文化遗产保护提供依据，为文物行政主管部门审批建设项目提供科学依据。

2. 工作要求

（1）勘探要求

能够了解和记录遗迹位置、范围、形制结构、堆积状况，遗址性质和价值的研判准确、科学。

（2）记录要求

图文资料、影像记录、基础数据等齐备、规范，按时完成考古勘探报告的编写。

（3）布孔要求

一般情况，布孔密度为1米×1米梅花状孔网，可根据实际情况合理调整。

（4）深度要求

普通勘探探至生土为止。如发现遗迹，以能够确定范围边界、遗迹表面（或开口）埋藏深度和自身堆积厚度（或深度）为止。

（5）卡边要求

灰坑等遗迹堆积能够大致勾勒范围，墓葬和建筑基址等重要遗迹能够准确地确定范围和边界。

（6）安全要求

① 人员安全

应注意避让地下线网管网和空中高压电路，加强劳动保护，注意防范恶劣天气。雷电天气应停止勘探作业，组织工作人员有序撤离；高温季节应注意合理调整工作时间，避免工作人员高温中暑。

② 文物安全

在勘探过程中发现古墓葬、窖藏或其他重要遗迹现象时，应第一时间报告文物行政管理部门。文物行政管理部门应采取安全防护措施，保护文物安全。

③ 信息安全

应树立保密意识，做好保密教育，严禁泄露国家涉密信息。严格遵守《中华人民共和国测绘法》的相关规定，由符合条件的人员保管控制点、测绘地图等各类涉密测绘成果，并妥善保管勘探测绘数据等各类考古地理测绘信息。不得对外泄露地下文物信息。

3. 内容与规范

考古勘探工作一般按照计划准备、勘探作业、测绘成图和资料汇总等工作流程进行。

（1）计划准备

① 基础资料准备

1）搜集拟勘探区域相关历史文献、考古成果和图像测绘资料，初步了解该区域的历史沿革和文化堆积情况。

2）应选取国家统一的投影平面坐标系（2000国家大地坐标系）与高程基准（1985国家高程基准）的地形图或是当地城市坐标系地形图。

3）地形图应准确反映工作区域、周边整体地形地貌高程差别，以及具体遗迹形状、空间位置关系等，精度一般不低于1∶2000，局部地形实测图精度不低于1∶1000。地形图与实际情况有差异时，应进行补测。

4）绘制现场测绘图。如需现场实测地形，应符合《田野考古工作规程》的相关规定，并满足相关精度要求。

5）掌握拟勘探区域地下线网、管网分布情况，制定可行的工作计划。

6）根据拟勘探区域现场情况和历年考古成果，制定科学、详实的工作计划，明确工作任务、技术路线、人员分工和职责、文物保护措施和应急预案等。考古勘探工作计划是考古勘探工作检查和验收的重要依据。

② 现场踏勘

1）领队应熟悉拟勘探区域的地形地貌，观察遗址地层断面，现场采集遗物标本，并选择不少于3个点位进行试探，初步了解拟勘探区域地层堆积情况，结合资料预判遗址性质。

2）城墙或建筑基址等线索明确的遗迹，试探应首选已有线索区域，便于了解和熟悉遗迹堆积情况。

③ 确定勘探分区和勘探单元

1）勘探分区和勘探单元是考古勘探信息管理的空间单位。

2）勘探分区是勘探信息编号系统的基本空间单位。

a. 为便于操作和管理，50万平方米以上的遗址或勘探项目应进行分区。勘探分区应以地形图为基础，参照平面直角坐标系统，将遗址或勘探区域分割成相对独立的单元。各勘探分区建议以500米×500米为空间单位，设立独立的编号系统。

b. 50万平方米以下项目可不再分区，直接选取基点，以勘探单元为实施单位布孔勘探。

c. 勘探分区应与遗址考古分区相一致，大遗址考古勘探工作中，应对整个工作区域进行整体分区。

3）勘探单元是考古勘探的最小单位，以100米×100米或50米×50米为空间单位，可根据现场条件灵活设置。探孔布设和探孔编号应以勘探单元为单位，布孔坐标系统的纵轴一般取正北方向，探孔编号起始点为勘探单元的西南角。

4）勘探单元探孔布设图是勘探工作记录的工作底图，一般采用1∶100—1∶200比例尺。

5）提倡在考古勘探开始前，建立以遗址坐标系统为基础的考古地理信息系统，作为管理考古信息的综合平台。

④ 定点、放样、布孔

1）定点。测绘员应向地方测绘部门申请，或根据建设单位提供的测绘控制点，设置勘探坐标原点，构建测控系统，以保证测绘数据与城乡规划坐标系统相对接。定点时至少需要 3 个具有三维坐标数据的四级以上测绘控制点。

2）放样。按照勘探坐标原点，使用测绘工具和仪器标定出每个勘探分区（或探单元）的 4 个边角。每个探分区（或勘探单元）的西南角设置记号桩，用以标记该探区（或单元）的编号。

3）布孔。按照拟定的勘探分区、勘探单元、布孔方法和勘探孔距，使用测绘工具和仪器放样标定探孔位置，明确标识出每个勘探单元内的待探孔位。

⑤ 确定布孔方法和勘探孔距

1）应根据地形地势采用等距梅花状布孔法，探孔应错列分布。

2）应尽量减少布孔数量，降低对地下文物的损害。

3）需要进一步调查的重点区域，可在普探基础上适当加密探孔。

⑥ 人员配置要求

1）应根据勘探分区和勘探单元内的遗迹属性与分布情在每个勘探单元安排固定数量的技师。

2）一般情况下，50 米 ×50 米范围的勘探单元安排 3—5 名技师；100 米 ×100 米范围的勘探单元安排 7—9 名技师。技师数量可根据实际勘探情况及时调整。

（2）勘探作业

应按照勘探工作计划，对勘探区域进行普探和重点卡探，并科学研判提取物。探孔深度应到达原生地层，重要遗迹应尽量减少穿透式勘探。

① 普探

1）普探是在勘探区域内逐行勘探，提取土样并记录。

2）探孔应排列规整，土样依次摆放整齐。

3）探孔记录应包括各堆积层距离地面的深度、土质土色、致密度、包含物、堆积状况研判结论等。

4）发现遗迹现象时，应现场在勘探单元探孔布设图上标注记号。

5）探孔内文物标本采集和样品采样时，均应以探孔为出土单位登记，采集或采样标签应填写规范。

6）应选择最能够反映堆积特征、有利于研判遗迹单位性质的探孔作为标准探孔。标准探孔除进行文字记录外，须现场留取图像清晰、色彩真实的探孔土样的影像记录。

② 重点卡探

1）发现重要遗迹现象时，应进行重点卡探，进一步掌握遗迹形制，探明堆积范围、厚度。

2）堆积特征清楚、明确的大型夯土建筑遗迹等，应重点确认夯土遗存形制结构，以少量探孔进行穿透式勘探了解遗迹堆积和叠压状况。

3）古墓葬应探至墓口，重点确定墓葬开口形状，尽量减少探孔数量。

4）重要遗迹应布设"十"字形排孔，了解遗迹的纵横剖面及堆积情况。

5）重点卡探的所有探孔及堆积信息，均应标注在勘探单元探孔布设图上。

③ 遗迹研判

1）应根据遗迹形制、土样、提取物性状等，初步分析遗迹类型、性质，现场记录研判结果。

2）记录内容应包括分布范围（含涉及探孔编号）、埋藏情况（距现地表深度和开口层位）、形制结构、堆积状况（含与相关遗迹关系）、保存状况等，绘制平、剖面图。

3）土样中包含物或遗迹形制特征明显时，应初步判断遗迹年代。遗迹单位确认后，应及时在勘探单元探孔布设图上标注遗迹单元的平面形制。

④ 遗迹编号

经考古勘探发现、并初步确认的遗迹单位，应以勘探分区为单位统一编号。

⑤ 堆积记录

1）勘探过程中，应做好地层堆积描述和遗迹单位记录。

2）探孔记录应以勘探单元为单位，采用表格形式。内容应包括遗址、年度、勘探分区、勘探单元、探孔编号探孔三维坐标、地层堆积（包括距现地表深度、土质、土色、致密度、包含物、堆积性质、采集遗物等）等。

3）探孔地层堆积特性的判断和描述可按照以下方式进行：

a. 土色。描述顺序依次为土色的深浅、色调、主色。

b. 土质。一般分为黏土和淤泥（土）。根据土中包含物颗粒状况，又可以分为粉沙（直径小于 0.1 毫米）、细沙（直径 0.1—0.25 毫米）、粗沙（直径 0.25—2.0 毫米）、砾石 / 卵石（直径大于 2.0 毫米。细砾 2—64 毫米，粗砾 64—256 毫米）等。

c. 致密度。判断土壤致密程度，包括疏松、较疏松、较致密、致密等。

判断参考标准为：疏松——非常轻易用手捻碎；较疏松——较容易用手捻碎；较致密——需用力才能用手捻碎；致密——几乎无法用手捻碎等。

⑥ 文物标本采集

采集文物标本时，应以探孔为单位，准确记录文物标本被发现时的三维坐标信息，并说明埋藏环境。

（3）测绘成图

① 应在既有测绘系统的基础上，利用全站仪或 RTK 等测绘仪器测量遗迹单位，并绘制平面矢量图。测绘过程中，可根据不同工作条件，选用相应的工作仪器。

② 测绘控制点坐标应取自遗址三维测绘坐标系统，为确保室内成图质量，应现场绘制草图，可使用勘探单元探孔布设图作为草图的底图。

③ 以勘探单元为实施单位形成的测绘图，每幅图注明勘探单元坐标、图名、图号、比例、绘图者、审定者、绘图日期、图例、方

向等必要说明。

④ 应根据勘探单元探孔布设图，绘制遗迹平面分布图、勘探单元堆积总剖面图。选择勘探单元堆积总剖面图的剖面位置时，应充分考虑探孔布列，并在剖面图上标注探孔位置。

（4）资料汇总

① 勘探资料整理应以勘探单元为单位，包括：

1）勘探单元日记、探孔记录、勘探单元记录、遗迹单位记录；

2）勘探单元位置图、勘探单元遗迹平面分布图、勘探单元堆积总剖面图、遗迹单位平剖面图、出土典型遗物图；

3）现场工作、探孔土样和出土遗物等照片；

4）遗迹单位登记表、测绘图登记表、影像资料登记表、采样登记表、勘探单元归档登记表等。

② 每个勘探分区资料应是独立的编号系统和勘探资料集成，包括勘探分区总日志、勘探分区总记录、测绘记录、勘探分区总图、勘探单元分布和编号图、勘探分区遗迹编号和登记表、勘探分区归档登记表、勘探分区遗迹点平面图等。其中，勘探分区遗迹总平面图比例尺不低于 1∶500，勘探单元遗迹平面分布图比例尺不低于 1∶200；遗迹单位平、剖面图比例尺要求参见《田野考古工作规程》。

③ 考古勘探工作报告。考古勘探工作结束后，领队应主持编写考古勘探工作报告，全面整理采集数据、标本、现场影像。报告由报告文本和附件两部分组成。

a. 报告文本，包括：

（一）封面

（二）扉页

（三）前言

（四）目录

（五）正文

1. 项目概况

2. 项目用地及周边环境

3. 工作方针、原则、法律法规依据及行业技术标准

4. 工作概况

5. 工作收获

6. 工作建议及存在问题

7. 后记

附图

附表

附件

b. 附件，包括：

a）勘探区域位置图、勘探分区和勘探单元分布图、勘探分区遗迹单位分布平面总图；

b）勘探单元位置图、勘探单元遗迹分布平面图、勘探单元堆积总剖面图、重要遗迹平剖面图等；

c）遗迹单位登记总表，以及与遗址和勘探工作相关的影像资料等。

## 四、报告撰写

考古调查勘探工作结束后，应及时完成调查、勘探资料的整理，并撰写调查、勘探报告，调查与勘探报告内容要素包括以下几个部分。

（一）前言

内容主要介绍本次考古调查勘探项目的工作的缘由，考古调查勘探工作单位的概况等信息。

附图包括：考古调查勘探项目工作方案的批复文件、考古调查勘探承担单位的资质证书、项目负责人（领队）证书。

（二）正文

1. 项目概况

包括项目全称，项目所处位置和四邻（项目所在地配图，市、县、乡、行政村、自然村等信息应齐备；项目占地范围配图），注明是否为文保单位、是否占压文物保护单位保护范围或建设控制地带，是否距不可移动文物较近（附考古勘探位置图。注：卫星地图下载后标注勘探位置和方向）。基建项目注明项目规划红线内用地面积，周边公共道路及绿化占压用地情况，拟建项目用途等。

2. 项目工作范围及周边环境

（1）地理环境主要介绍项目所处区域的地形地貌及自然、人文情况；说明考古调查勘探区域和周边区域的地形地貌（尤其是重要河流）沿革变迁情况及现状；考古调查勘探区域地形复杂的，可分区说明情况（附调查勘探区全景照片，如区域占压不可移动文物，附卫星地图标注探区位置）。篇幅不宜过长。

（2）历史沿革

介绍项目所属县级及以下行政区域的历史沿革以及文献资料记载的情况。

（3）文物分布

根据"三普"等已有资料，说明项目周边以往文物调查和考古发掘发现情况，考古调查勘探区域及周边相关已知不可移动文物分布情况（应配图注明各不可移动文物具体位置）。

3. 工作方针、原则、法律法规依据及行业技术标准

（1）工作方针

贯彻《中华人民共和国文物保护法》（2024 年修订版），坚持"保护为主、抢救第一、合理利用、加强管理"的文物工作方针。

（2）工作原则

① 以《中华人民共和国文物保护法》《田野考古工作规程》以及各省市出台的文物保护条例如《山东省文物保护条例》《江苏省文物保护条例》等法规规定为总原则。以《考古调查、勘探、发掘经费预算定额管理办法》（国家计委、财政部、国家文物局〔1990〕文物字第 248 号文件）为取费标准。

② 按照考古调查勘探工作方案实施，严格执行《田野考古工作规程》《考古勘探工作规程（试行）》和《关于加强大遗址考古工作的指导意见》（国家文物局文物保函〔2013〕39 号）以及各省市出台的田野考古工作相关规范要求，确保工作质量。

③ 抢救性考古调查勘探项目坚持考古先行的原则，预留充足的

时间，确保在工程建设之前实施对文化遗产的抢救和保护，使文物保护工作与建设工程协调进行。

④ 坚持重点保护、重点发掘、既对文物保护有利又对基本建设有利的"两重两利"原则，合理配置人力物力资源，最大限度地抢救和保护历史文化遗产。

⑤ 树立大局观念，加强服务意识，根据项目进度合理安排，做好文物保护工作。

⑥ 强化课题意识，强调课题研究的重要性，有目的有计划地开展科学研究工作。

（3）工作依据

主要包括国家和各省相关法律法规、指导意见以及国家和各省市文物、国土资源等管理部门发布的行业技术标准等。

① 国家法律法规主要有：

《中华人民共和国文物保护法》，2024 年

《中华人民共和国保守国家秘密法》，2024 年

《中华人民共和国测绘法》，2017 年

《中华人民共和国文物保护法实施条例》，2017 年

② 全国行业技术标准和指导意见有：

《关于加强大遗址考古工作的指导意见》（国家文物局文物保函〔2013〕39 号）

《地理信息技术基本术语》（GPS/F17694/999）

《田野考古工作规程》，国家文物局，2009 年

《考古勘探工作规程（试行）》，国家文物局，2017 年

4. 工作概况

（1）工作保障

根据《考古勘探工作规程（试行）》有关要求，工作保障主要包括组织保障和设备（软硬件）保障等。组织保障应说明项目承担单位、协作单位基本情况。

设备保障主要包括生活用品及调查勘探仪器、工具等，具体有测绘仪器RTK、无人机、勘探工具、影像设备、文字记录器材等，列表举例相关设备、工具等器材明细如下（表3-1、表3-2）。

（2）人员分工

包括项目负责人、队伍人员名单及具体分工等。重点说明项目负责人在岗履职尽责情况。

（3）工作区域

根据批复的考古调查勘探工作方案，对工作区域简要说明。包括可勘探区域面积，现场地表文物调查情况，地表发现古代遗迹情况（配大图，标注方向、比例尺）。

（4）工作经过按时间节点，说明资料搜集、现场勘查、勘探、资料整理及报告编写过程。

（5）技术路线包括定基点、依据工程状况布设探区、探孔编号及记录、遗迹加密、测绘、制作遗迹平剖面图、地块总平面图及剖面图、探区遗迹分布图、地层剖面图、遗迹编号及记录和后期资料整理等内容（探孔、探区、遗迹编号等应按照《田野考古工作规程》和《考古勘探工作规程（试行）》的规定进行）。勘探区域内地形复杂的要说明分区情况，各区勘探工作的排列顺序和勘探工作的开展情况，各区勘探工作的布孔情况。勘探过程要明确地下文物遗存的时代、性质、形制、分布情况，明确各地层堆积形成原因，确定勘探区域边界及发现遗迹现象的准确位置。介绍所使用的设备工具，考古调查勘探工作报告的编制过程等。

5. 工作收获

通过调查勘探工作，确认区域范围内是否存在不可移动文物，明确不可移动文物的数量、类别及时代等相关信息（附不可移动文物分布图）。对未勘探区域是否存在文化遗存做出判断。

（1）地层堆积状况

分区介绍地层堆积情况。选取重点、典型探孔排孔，绘制各探区地层剖面图，介绍地层堆积情况，土质土色的分布及形成情况。利用既有断面制作剖面，分析地层堆积并附照片。

（2）不可移动文物介绍

包括：行政区划位置、遗址四至范围（地标地物标识、GPS 或 RTK 坐标点）、本体面积（南北、东西向长度）；遗址保存现状；文化堆积状况（埋藏深度、堆积层次和厚度、暴露的遗迹遗物等）；时代；遗址保护单位级别；遗迹（GPS、GTS 或 RTK 定位）、遗物介绍；基建项目占压范围四至坐标点及面积（GPS、GTS 或 RTK 定位）；实际勘探面积（包括普探、重点勘探）；文物保护措施、价值及意义；拟考古发掘位置和面积（GPS、GTS 或 RTK 定位）或保护范围，并附图说明。

其他：

① 利用既有断面制作剖面，分析地层堆积并附照片；典型探孔土样摆放，应连续摆放在白板上，并标注刻度，拍照留存。

表 3-1　设备配置表

| 序号 | 设备、仪器名称 | 型号、规格 | 图　片 |
|---|---|---|---|
| 1 | 测绘设备 | RTK 中海达 V60 | |
| 2 | 勘探工具 | 探铲 | |
| 3 | 无人机 | 精灵 Phantom 4 Pro V2.0 | |
| 4 | 笔记本电脑 | 惠普光影精灵 3 | |
| 5 | 数码相机 | 尼康 D3400 | |
| 6 | 打印机、扫描仪 | 惠普 M1136 | |
| 7 | 车辆 | SUV | |

**表 3-2　记录工具、材料配置**

| 序号 | 名　称 | 型号规格 | 数量 | 用　途 |
|---|---|---|---|---|
| 1 | 签字笔 | 中性笔 | 5 | 记录资料 |
| 2 | 记号笔 | UniPX-30 | 5 | 桩号标记 |
| 3 | 50 米皮尺 | 50 m | 2 | 田野测量工作 |
| 4 | 20 米皮尺 | 20 m | 2 | 田野测量工作 |
| 5 | 5 米钢卷尺 | 5 m | 2 | 田野测量工作 |
| 6 | 地质罗盘 | 民用 | 2 | 记录遗迹方向度数 |
| 7 | 工具包 | 帆布手提包 | 5 | 收纳工具 |
| 8 | 遗迹登记本 | A5 | 2 | 野外记录 |
| 9 | 记录本 | A5 | 2 | 野外记录 |
| 10 | 勘探记录表 | A4 | 50 | 野外记录 |

② 介绍调查勘探区域发现遗址情况（注明遗址范围、遗迹发现状况等，配遗址范围、发现遗迹总平面图）；按照勘探区介绍发现遗迹情况（配勘探区发现遗址或遗迹平面分布图）。

③ 重要遗迹举例介绍（遗迹发现情况可附表），介绍发现重要遗迹的位置、形制、尺寸、厚度、时代、距地表的深度及其遗迹现象的内涵。（可附勘探作业过程中发现古代遗物、探孔土样照片；重点遗迹单位需要附遗迹平剖面图。）

6. 综合阐述

① 项目调查与勘探基本认识，包括遗存保存基本状况、类型、年代等进行综合阐述，并提出相关工作计划及建议等，如发现重要遗存，应着重阐释其价值和意义。

② 基建项目如未发现文化遗存，建议同意用地选址，如发现文化遗存，提出文物保护建议（原址保护或考古发掘），如需考古发掘

的，要明确发掘不可移动文物的名称、数量及面积等；涉及文物保护单位的，建议建设单位按文物保护级别依法进行报批。

（三）后记

说明勘探工作中工作单位、协作单位和队员的具体分工，资料整理，报告编写人等信息；考古调查勘探资料、出土文物标本等移交等。

附图包括遗址全景照、探孔土样照、重点遗迹照、采集遗物照、勘探工作照（反映工作过程、工作内容）等。

附表：涉及不可移动文物信息一览表、遗址调查勘探记录表、项目田野工作记录资料一览表、考古调查勘探发现墓葬等重要遗迹一览表等。

附件：批复的考古调查勘探工作方案。

# 第二节　布方与考古发掘[①]

## 一、概述

布方是布设探方的省称，指在发掘区的地表面上划定探方、隔梁和关键柱的界限。长期以来，布方一直是我国田野考古最基本、

---

[①] 主要参考文献有国家文物局：《田野考古工作规程》，文物出版社 2009 年版；钱耀鹏主编：《考古学概论》，高等教育出版社 2011 年版；冯恩学主编：《田野考古学》，吉林大学出版社 2018 年版；赵辉、张海、秦岭：《田野考古学》，北京大学出版社 2022 年版。

最重要的工作方法，是开展考古发掘前面临的首要问题。在布方之前，还要对原始地貌进行拍照，并通过考古调查、勘探或试掘，对遗址整体有大致的评估。在此基础上，再结合发掘目的，选择出首批布方地点，或称之为发掘区。当第一批探方发掘完毕后，对地下遗存有了更加切实的了解，再选择出下一批考古发掘区继续布方发掘。

又因为绝大多数遗址不可能一次发掘完毕，参加人员也不可能固定不变，如果不准确地统一规划发掘区，各行其是，在持续多年、经多人之手后势必会出现混乱。因此，遗址统筹划分发掘区，尤其是对大型遗址统筹划分发掘区是十分必要的。

## 二、布方

### （一）选定基点，引基线布方

要把握好整个遗址各区的相互空间（平面与立面）关系，最终准确可靠地揭露和记录下遗址信息，就必须在发掘前确定基准点——基点，其作用有如坐标系的原点。基点依层次不同可分为如下五种：

1. 遗址基点

这是控制整个遗址的总基点，确定了该点才能绘制遗址平面图、地形图，才可以划分发掘区。只要总基点不变并记录清楚，不论何时在该遗址工作，都不会发生混乱。

遗址基点的设置位置并不固定，既可以采用坐标法把其设在遗址西南方，也可以设在遗址的中部或其他便于操作的理想位置。

2. 发掘区基点

若遗址被分为方格网状若干发掘区，则各发掘区也都有自己的基点，其位置就是该发掘区的西南角。形象地说，是将每个发掘区作为一个坐标系的第一象限，各区西南角为坐标系的基点。与遗址基点的作用一样，发掘区的基点起着控制全区平面和立面的作用。同时，相对遗址基点而言，各发掘区基点的位置又各不相同。因此，每处发掘区的基点都要注明它同遗址基点的平、立面位置关系。

3. 探方群基点

发掘区的范围一般很大，而每次发掘不可能把整个发掘区挖完，多数情况是发掘该区的理想部位。那么每次发掘的相互比邻的若干探方可谓一个探方群。这自然也需要确定一个基点以控制所有探方。这个基点是探方群中最西南角的那处探方的西南角。同时，探方群的基点也要注明它和发掘区基点的位置关系。

4. 探方或探沟基点

各探方的基点是各方的西南角，其作用是控制全方和表示与探方群基点的位置关系。基于此才能准确地绘制探方的平剖面图，才能准确地测量出各种遗物、遗迹的空间位置，才能与其他探方产生统一的不矛盾的联系。

上述四种基点（遗址基点、发掘区基点、探方群基点、探方或探沟基点）都以该点所在位置的地表为准。这些基点是彼此相关的整体，结合在一起便构成全遗址的立体画面。这些基点的位置可使用 RTK、全站仪等工具测得和记录，并且可以用标识物来标出基点。

5. 遗迹基点

另外还有一种基点，其位置不能预先设计，也不限于地表，而是根据实际情况予以确定，这就是控制各类遗迹（含墓葬）的基点。这种基点的实际运用，目前主要体现在绘制遗迹的平剖面图上。因此它的位置的设定以符合田野绘图要求和测绘方便为前提。对于范围大的遗迹，基点还不止一个。

基线是由基点引出的射线，上述前四种基点引出的基线都是正方向（相当于直角坐标系中的 X 轴和 Y 轴），其方向要反复校正，否则所布探方方向不正。而遗迹基点引出的基线则方向不定，并且这种基线的方位角要使用罗盘测出和注明。最后，需要注意的是，所有基线一定是水平的，这样才能准确地把握遗址中任何一点的立体位置，真正地反映各点的相互关系。

选定了基点，引出基线后就到了布设探方的环节。探方是田野考古发掘中发掘、记录、采样的基本作业单位，一般为正方形，最常用的是 5 米 ×5 米或 10 米 ×10 米的规格。布方之前，要计算好发掘区的边长米数，选定适宜的探方规格和数量。

以 5 米 ×5 米探方的布设为例，在西边线（Y 轴）终点处引出发掘区北边线，方向为正东；在南边线（X 轴）终点处引出发掘区的东边线，方向为正北。再从基点出发，沿西边线和东边线向北，每隔 4 米、1 米、4 米、1 米……拉引一条东西向的线；沿南边线和北边线，每隔 4 米、1 米、4 米、1 米……拉引一条南北向的线。在每一个十字交叉点上插下小木桩或铁钎，把工程线固定在桩（或钎）上。发掘前，各探方要检查自己探方的方向、尺寸是否合乎要求。

发掘时，优先发掘4米×4米的部分，这样就在探方东、北各留出
了一道1米宽的"隔梁"，将相邻探方间隔。留出隔梁的作用一是便
于发掘人员行走和搬运，二是其壁面上保留了地层堆积的剖面，可
供随时分析研究。探方内的发掘清理到生土后，测绘探方四壁剖面，
每个探方都是如此，再清理隔梁，连接相邻探方剖面，从而得到整
个发掘区内的地层堆积的网络资料。东、北两条隔梁的交汇角称之
为"关键柱"，过去在清理掉隔梁之后还要求保留关键柱，目的是保
留遗址上地层堆积的证据。现在聚落形态研究理念以及测绘、记录
手段进步的条件下，在做好记录的前提下，隔梁和关键柱都可以随
时打掉（图3-1）。

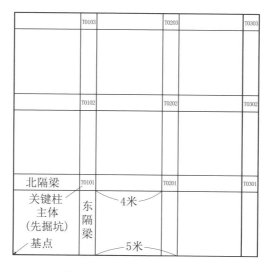

**图3-1　5米×5米标准探方**

（采自《田野考古学》图4-1）

另外，有的遗址的遗迹均开口于表土下，打破生土；遗迹分布
稀疏，间隔距离大。如果连续布方，就会有很多没有遗物遗迹的

"空方"。这种情况，可以先探查遗迹的分布情况，在有文化堆积或遗迹的区域布方，空地不布方。

以前使用罗盘皮尺布方，最近几年流行使用全站仪、RTK 布方，精度提高且更为便捷。布方后要测量每个探方四角的高度值，标在探方平面图上，以备测量探方内的遗物遗迹坐标使用。需要注意的是，RTK 是真北，罗盘和全站仪是磁北。

（二）探方的编号

探方由字母"T"和序号数字构成，如 T3、T0108。实际操作中探方编号的方法有很多种，没有统一规范，可以根据实际情况设计。以下介绍几种常见的编号方式。

大面积连续布方，宜事先在遗址平面图上布方，并编上探方号。每次实际布方都要按图上拟定的探方位置和编号进行。这样，无论布几次方、发掘过几次，探方的分布和编号都井然有序，不混乱。为此，要在遗址上设立总坐标基点。

探方的编号我国常使用五种编排方法。

1. 序号法

有两种编号。第一种是按照顺序排列法。从遗址西南角算起，或横向或纵向依次从 1 开始编，即 T1、T2、T3……第二种是按照发掘时间排列法，按照发掘的先后顺序编号。

2. 区号 + 序号法

面积大的或有自然地貌分割的遗址，可以采用分区编号。T301 表示第 3 区第 1 个探方，T204 表示第 2 区第 4 个探方，有用 A、B、C……或用Ⅰ、Ⅱ、Ⅲ……表示区号的。

3. 发掘次数 + 序号法

多次发掘的遗址，有的在编号时把发掘的次数编入序号中，如白音长汗遗址第三次发掘的探方 AT301，表示第三次发掘的 A 区第 1 个探方。

4. 第一象限坐标法

以遗址的西南角为总坐标，以第一象限覆盖整个遗址，探方号由探方的横纵坐标组成，如 T0201 表示横排第 2 个、纵排第 1 个探方；T0413 表示横排第 4 个、纵排第 13 个探方。只要读出探方号就能迅速查出其在遗址中的准确位置，这种编号方法称为坐标法，或称双重编号法。

在没有使用全站仪之前的坐标法编号的坐标排列顺序是参照数学平面直角坐标系的坐标习惯（x, y），横轴 x 值在前，纵轴 y 值在后，即 $T_{xy}$。全站仪的展点次序是先按照子午线出现纵轴 y 值，后出现横轴 x 值，因此为了方便，探方编号是 y 值在前，x 值在后，即 $T_{yx}$。使用 RTK 测量仪布方则为 $T_{xy}$。

5. 四象限坐标法

基点可以选在遗址内任意一点。探方号用东西南北方向和四个象限的坐标值表示，如 TS8W6 方，指距 0 点南第 8、西第 6 个探方。这样的探方编号过于繁琐，或用 Ⅰ、Ⅱ、Ⅲ、Ⅳ 分别代表第一、二、三、四象限，如 Ⅲ 区 T0806 号探方，表示第三象限横轴第八、纵轴第六，等等。

使用何种编号体系，要视具体情况而设计，要考虑到未来还要发掘，或还可能发掘。一个遗址的探方编号尽量统一，多年次的发掘探方编号不能出现混乱。探方编号体系设计得不科学，会给整理工作和编写报告工作带来麻烦，会给研究者带来不便，故一定要慎重。

发掘工地领队备有探方和遗迹登记本。实际布方后，每一个探方都要登记在领队的探方编号表中。登记内容有：探方编号、探方位置、发掘负责人。

## 三、考古发掘

### （一）考古发掘的形式和任务

1. 考古发掘的形式

考古发掘的形式依其开展原因，可分为主动性发掘和被动性发掘两类。

主动性发掘。为解决某些明确的学术问题而选择性进行的考古发掘。很多大学为了完成教学计划，也主动设计一些发掘项目。这类项目在设计时，通常会和学校教师的科研结合起来考虑，因此也属于主动性发掘的范畴。

被动性发掘。对处于被破坏状态或前景堪忧的遗址进行的考古发掘，如因偶然情况或基建施工而需要发掘清理的遗址。因这类发掘项目的初衷是为了抢救和保护历史文化信息，所以又被称为"抢救性发掘"。在被动性发掘项目中，与工程建设有关的项目占多半，这类项目往往又被称为"配合基本建设考古"或"随工清理"。目前全国每年实施的被动考古项目占全部发掘项目的 80% 以上，如何进一步提高被动性发掘的学术性、课题性及整体质量，是一项需要长期努力的工作。

2. 考古发掘的任务

田野调查得来的资料在系统性和整体性方面存在极大不足，不能依靠它解决考古学所关心的全部问题，必须通过发掘获得更系统全面的资料，这是田野考古发掘的基本任务。

考古资料不仅指遗址出土的遗物，还包括遗址文化堆积的全套资料。为了获得这方面准确详实的资料，考古学家需要在发掘现场对各种堆积现象进行大量观察、分析与研究。因此，我们说考古发掘现场同时也是研究的现场，是整个考古学研究的第一现场。

（二）考古发掘的主要制度和物资准备

1. 主要制度

无论是主动性发掘，还是被动性发掘，考古发掘前，都应向文物行政管理部门办理相关手续。获得批复后，发掘单位要通告各级政府职能部门，争取有关部门、机构的支持和配合。

考古发掘实行领队负责制。根据发掘面积、发掘对象及工作量大小，组建一支相应的考古发掘队伍并从实际需要出发，配备摄影、测绘、记录、钻探、后勤、服务等方面人员，重要的发掘项目必须配备专业文物保护人员。在确保完成发掘计划的前提下，应最大限度地减少人员数量。发掘前必须制定文物保护预案、防灾预案和安全预案。

发掘过程中应建立临时库房，并指定专人对发掘物资、出土文物和记录资料等进行管理。发掘结束后，发掘物资、出土文物和记录资料等应及时清点、核实、移交。

## 2. 物资准备

考古队的工作场所、工作设备以及日常生活等也是一个重要问题。驻地应尽可能靠近发掘地点，一般选在发掘地点所在村镇；如果需要，还可以在工地搭建临时建筑（活动板房）。发掘所需要设备甚多，发掘清理用具如手铲、铁锨、探铲、毛刷、竹签等，测绘工具如全站仪、RTK、平板仪、全球定位系统（GPS）、标杆、皮尺、钢卷尺、直尺、三角板、罗盘、铅笔、小刀、米格纸、垂球、白线绳等，影像摄录设备如照相机、录像机等。记录用品如标签本、器物登记本、发掘日记本、计算机等。遗物采集用品如编织袋、塑料袋、自封袋等。除此之外，领队还可根据具体情况采购所需物品，如常用药品等，应尽量做到用品齐全，以备不时之需。

### （三）考古发掘的方法和原理

田野考古发掘主要是依据考古地层学的原理，遵循一套特定的方法和步骤来实施。也就是说，在田野考古发掘活动中，考古地层学扮演着指导思想的角色。又根据地层学对文化堆积形成过程的理解，形成了以下几项任何遗址发掘都必须遵守的基本方法原则：

### 1. 依据土质、土色、包含物并参考其他相关现象[①]区分地层和遗迹

发掘时，地层和遗迹堆积是以它特定的质地、颜色、形状和位置展现在发掘者面前的。发掘者通过对其质地颜色的辨别认定，可

---

[①] "相关现象"指凭借土质、土色等均难以把握区分时，需结合遗迹间的地层关系、遗迹性质、分布走向的趋势等多种因素把握遗迹地层和单位。在初步判断探方的平面现象后，解释各遗迹现象间的关系更应考虑这些"相关现象"。

以确定其形状，把它从其他的堆积中区分出来。通过对它的形状和位置的考察便可以确定它所处的层位状态。

质料不同的堆积，容易区分，质料相近或相同的堆积则较难区分。一般来说，考察土质要从以下几方面进行：质地的密度，是疏松还是紧密；质地的硬度，是软还是硬；质地的成分，是沙性土、黏性土还是炭灰土；质地的结构，是颗粒状还是团块状、是长方形还是圆形；呈什么方向排列，夹杂物是多还是少；夹杂的是炭粒还是红烧土块。小夹层的分布走向。有些特定的遗迹土，如夯土、路土、草拌泥土、沙泥土、居住面，需要在实际发掘中获得切实的感性认识，才能准确识别。

堆积的颜色受客观条件影响较大。观察者要多换观察的方向、距离和高度。光线的强弱和照射角度，也影响对堆积的颜色观察。最理想的光线条件是薄阴天，或云遮日。土质的湿度不同，色泽也不一样。必要时，可喷水湿润观察面，以加大不同堆积的颜色差别。

土质土色的分析还必须和包含物及相关现象的分析结合起来综合考虑。通常出现特殊遗物，可能有遗迹。如发现人骨，可能该处有墓，发现完整动物骨架，可能有灰坑。遗物集中出土处可能有遗迹，这是因为遗迹内的大件陶器容易保留下来，而地层往往是人们长期活动形成的，完整器物难以保存下来。出土器物的组合、纹饰、陶系发生变化时，可能是堆积的时代发生了变化。要边发掘边观察陶片等遗物的变化。此外，人工遗迹具有特定的形状，通过对形状的分析可以确定是地层还是遗迹；谁早，谁晚。凡此种种，不胜枚举。

2. 平剖面相结合是完整把握遗迹单位边界形态和轮廓面的主要手段

各堆积的形状是逐渐显露出来的。在刮平面或刮剖面和挖掘过程中所显露出的各种迹象叫做"现象"，对这些现象进行观察、分析叫做"观察现象"和"分析现象"。有些现象在平面上明显，有的则在剖面上明显。在观察和分析现象时，不能仅注意平面，不注意剖面，或仅注意剖面而忽视平面上的区分。由于平面现象与剖面现象在客观上永远是对应的，平面上的堆积分界线与剖面上的堆积分界线总是连续相连的，因此，我们可以根据平面上的现象找出剖面上的相应现象，根据平面上的"线条"找出剖面与之连续相接的"线条"。反之亦然。这里所谓的平面，是指水平面，剖面是指垂直于平面的竖面。探方平面是指探方的底面，探方的剖面是指探方四壁的壁面。有些堆积在平面上显露出相同的形状，在剖面上却不同；而有些堆积在剖面上形状相同，在平面上则不同（图3-2），必须综合分析。具体方法如下。

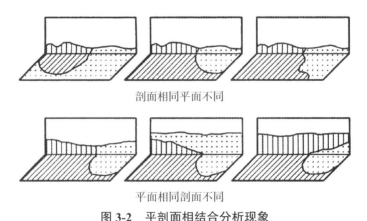

剖面相同平面不同

平面相同剖面不同

**图3-2　平剖面相结合分析现象**

（采自《田野考古学》图4-6）

（1）刮平面和刮剖面

观察现象时要对所观察部分进行刮面。

考古发掘刮面找边的专用工具是特制的手铲（图 3-3）。手铲基本的形制是桃形铲和平头铲。桃形铲两侧锋利的长边刃用于刮面，尖头用于挖土，后身宽和圆角用于回带土屑和刮凹面。窄条平头铲用于找遗迹的原始边壁。宽身平头铲是桃形铲与窄条平头铲的结合形式，可刮面，可找边。

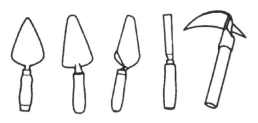

**图 3-3　考古手铲列举**

（采自《田野考古学》图 4-7）

刮削平剖面并非必须只用考古专用手铲，有的土质使用平头锹铲出的平剖面比手铲刮效果好。

刮面的目的是刮去表皮的干土或浮土，更清楚地显示出堆积的质地、颜色和形状。刮面时刮痕方向要一致，新刮出的表面不要有浮土。同样的土，湿度不一，颜色有别，所以刮面力求在短时间内全部完成，这样才能准确地进行观察和比较。发掘者应亲自刮面，边刮面边体验刮削时的"手感"——软硬、松紧、滑涩——来加强判断。

（2）注意线段和角

同一堆积的轮廓线，在线内堆积与线外堆积土质土色相近似地段，常常界限模糊不清，在土质土色差别大的地段则清楚可辨，形成"线段"或"角"。"线段"是两个堆积的分界线，"角"是三个堆积的分界处。无论是平面，还是刮面，发现"线段"和"角"，都要积极追索遗迹的轮廓线。

（3）利用一切可以利用的剖面

探方四壁和遗迹的壁面以及一切竖面，都可以作为观察剖面（如灰坑壁），要积极利用平面与剖面进行对照观察。

探方四壁剖切到的地层和遗迹，它们的层位关系能在探方四壁上显示出来，且保存时间长，因而成为探方发掘的控制剖面。只有四壁剖面上的各层、遗迹的界线准确、不乱，才能保证整个探方的层位关系不混乱。每次确定好新的地层和遗迹时都要用手铲划出分界线，以防止晒干后界限模糊不清。诸地层和遗迹的编号也要标在相应位置上，以免遗忘，也便于检查层位关系。

（4）必要时要创造剖面

当两个遗迹之间的界限难以准确确定，又没有可以利用的剖面，这时就要在分界处挖一个横跨分界线的窄沟。窄沟的壁面是特意制造的剖面，这叫作"打剖面"。打剖面对遗迹的边缘有损坏，使用时要慎重。有时对界线不甚明了，不能确定是否为遗迹时，要在边线的里侧向下挖土，寻找是否有边壁，边界线如何变化，从而作出正确的估计。

如果探方中部遗迹打破关系复杂，为了弄清它们的层位关系，可以在探方内留设临时的小隔梁，小隔梁通到探方壁。

3. 依照堆积形成的相反顺序逐一按单位发掘

所谓依照堆积形成的相反顺序逐一按单位发掘，就是按照土质、土色、包含物等划分堆积，自上而下，首先清理各遗迹在地层关系上最晚的单位，然后是次晚的单位，依次至最早单位。每个遗迹的清理都需要严格按照遗迹内各堆积单位的地层关系逐次清理，按照堆积单位采集遗物，做好各项记录。直到一个遗迹彻底清理完成后，汇总各堆积单位记录成遗迹单位总记录。再转入下一个遗迹的清理作业。

4. 堆积单位是一次清理、采集遗物和记录的最小作业单位

堆积单位是根据土质土色及其包含物区别开来的最小堆积体。如灰坑内各层填土即为不同的堆积单位，柱洞坑内的填土及其中央木柱腐朽后流入孔洞内的堆积也分别是不同的堆积单位。在地层学上，遗迹和遗迹内的填土至少属于两个层位。最小堆积体的区分有助于我们分析遗迹形成、使用和废弃的形成过程，能获得更详细的层位关系，把握的历史时间刻度也更精确。

5. 人类活动迹象清楚的活动面应尽量完整揭露

人类活动迹象清楚的活动面是重要的遗迹现象，发掘中应尽量完整揭露，详细观察，多手段记录。讨论一个时期里，该遗址或该社区的空间结构，如哪里是居住区、哪里是举行丧葬活动的墓地等，进而居住区内房子的分栋、分群，大型和中小型建筑的分布情况等。这些空间现象和遗址的社会组织结构及其背后人们的行为显然有着密切关系。遗迹分布的空间结构是依托在一个"地面"或曰"活动面"上展开的。所以在发掘现场，辨认这个地面就成为作业的关键。

6. 注意对遗迹分布发生变化的关键面把握和记录

关键面是解决遗址文化堆积过程阶段性变化或分期的重要依据，

发掘过程中应注意对遗迹分布发生变化的关键面的把握和记录。在长时间使用的遗址上，从人们第一次踏上这个地点，其脚下依托的那个地面就随着各种建筑等行为而不断发生局部的损益，但全局的结构可能是稳定的，譬如建筑区已然是建筑区，墓地也总是墓地，它们的大致范围不变。但当人们的整体行为发生变化时，其聚落格局就有可能发生全局性的变化，如原来的生活区变成了墓地或者其他。这种全局性变化的开始，是有可能在某个堆积的层面上辨认出来的。这个层面如此重要，以致应当给予一个专门的名称——"关键面"。而据此，就可以对遗址的文化堆积形成过程的阶段性进行把握和划分。这种文化堆积的分期不同于常说的文化分期，后者指文化面貌的分期，可能和人们集体行为的变化吻合，也可能相反。但这才是发掘现场要研究解决的问题，也只能是在发掘现场才能解决的问题。

最后，等到发掘完毕，无特殊原因探方（沟）必须回填，并注意生态环境保护。

（四）考古发掘过程中对地层和遗迹的编号

关于地层的编号，旧石器时代地层发掘习惯上是从下往上逐层编号①、②、③……，其他时代地层发掘是从上往下逐层编号①、②、③……。此外，有直接叠压关系的地层，土质土色十分接近者，还可以编成亚层。如把浅黄褐土编为 2a 层，把深黄褐土编为 2b 层，这时的②层是 2a 和 2b 的统称。另外，有的地层因为发现较晚而被"漏编"，为了不改动以前的层号，则把它编为亚层。如一个遗址，前两批探方发掘发现 3 个地层，分别编为①、②、③层，在发掘第三批探方时，在②层下又发现一个薄地层，此时可把新发现的地层编为亚层。有的是编为 2a 层，这里的②层不包括 2a 层。有的是编为 2b 层，把原先的②层改为 2a 层。

地层编号在实操中又可分为两种做法：其一，整个遗址统一编排；其二，以各探方为单位分别各自编排，打隔梁后再统一串连。第一种做法若能准确把握，把整个遗址先后堆积的文化层用①、②、③等真实地排列出来，为最理想的结果，且一目了然。但事实上这种编法要求发掘者对遗址内涵有相当高的认识水平和辨别能力，实际操作中一般只适合文化堆积分界明显、深度比较平均的遗址，对文化层堆积复杂的遗址来说要达到这一理想结果是非常困难的，如果在发掘期间强行统一，把相距甚远仅土质土色和包含物相类的地层编为同一层号，视为同时形成的堆积，一旦判断有误，就会使本来有先后次序的文化层混为一体。由此带来的后果不言而喻。按遗址统一编排地层号还有一种情况也不好处理，比如第一次发掘共分7 层，分别编为第 1 层至 7 层，第二次又新发现若干层穿插于前次诸层之间，这时要做到整个遗址统一编排地层号，就只好重新修正前次层号。那么前次的记录、统计等文字资料都需修改，已写在遗物上的层号也需改正。如果此后还有多次发掘，并且每次都有新的层次发现，一改再改就混乱不堪了。更何况原始资料是绝对不能改动的，即使发现有错，也只能在原记录上注明。对一些重要的地层关系，还可以整体打包提取。

关于遗迹的编号，每个遗址要统一编，每个发掘区无论发掘多少次，同类遗迹编号都不能重复。因此为了编号方便又便于理解，各遗迹单位一般采用其汉语拼音的第一个字的大写声母符号来表示，如 H- 灰坑、F- 房屋、M- 墓葬、G- 沟、J- 井、L- 路、Y- 窑、Z- 灶、Q- 墙。在此基础上，H1、H2……；F1、F2……等各遗迹编号都只有一个。要做到这一点，每个发掘区从第一次发掘开始，每次发掘结束之后都必须在工地总记录中对各类遗迹编号情况予以说明，以备下次发掘时接续。对一些重要的遗迹，还可以整体打包提取。

总之，对多数文化层堆积较复杂的遗址，如果地层号按整个遗址统一编排不仅难度大，而且容易造成混乱，甚至出现差错。所以地层号的编排应以探方为单位各自编排，在划分层次时尽量与邻方取得一致。至于层号，能一致者一致，不能一致者按本方上下叠压顺序依次编排，层次比邻方少时不空缺层号，待打隔梁后再确定与邻方的地层对应关系。比如 T1 和 T2 相邻，T1 共分 5 层，T2 分了 6 层，打隔梁后其中 T1 第①—③层分别与 T2 第①—③层对应，T2 第④层不见于 T1，而 T2 第⑤层与 T1 第④层对应，T2 第⑥层与 T1 第⑤层对应，那么 T1 ④就改为⑤，T1 ⑤就改为⑥，这样划分的结果是各方之间同号未必同层，同层未必同号。各方之间的层位关系是打完隔梁后直接串联起来的，不会混乱或出现大的差错。

（五）考古发掘过程中的遗存采集和记录

1. 遗存采集

遗存的采集要考虑系统性、针对性和有效性。按堆积单位采集遗物，单位归属不清的遗物单独包装。人工遗物应全部采集，人类遗骸、哺乳动物骨骼一般应全部采集，植物遗存、贝丘遗址内的软体动物遗骸及其他小型动物遗骸应抽样采集。必要时，遗迹、遗痕也要采集。

脆弱易损遗存的采集、遗痕翻模、壁画揭取、地层剖面揭取、重要遗迹的整体起取等工作，应由专业技术人员进行。

2. 发掘记录

发掘记录包括文字、测绘和影像三种形式，构成统一的记录系统。指代单位的符号必须符合相关规范，编号不得重复，给出后不得更改。堆积单位的隶属关系应清楚。文字记录包括工地日记、探方日记、发掘记录表、遗迹单位总记录，以及遗迹编号、影像、资料采集和入库等登记表格。测绘记录包括发掘区总平、剖面图；探方总平面图、四壁剖面图、各层下开口遗迹平面图；遗迹平、剖面（侧视）图。影像记录包括摄影资料、摄像资料等，应重视对各种遗迹现象和发掘工作过程的描述。重要遗迹需要做三维扫描。

所有这些发掘记录，最终都需要汇总和存档。单个遗迹单位的资料汇总，包括发掘记录表，遗迹单位总记录，遗迹平、剖面（侧视）图、细部结构图，遗物及样品采集记录，各类其他形式的记录。探方资料汇总，包括探方总记录，探方日记，探方总平面图、四壁剖面图，各层下开口遗迹平面图，探方地层关系系络图，各层下开口遗迹平面图，探方地层关系系络图，测绘、影像、采样登记表及各类其他形式的记录。发掘区资料汇总，包括工地总日记，发掘区总平、剖面图，发掘区地层关系总系络图，测绘、影像及采样记录总表，遗迹编号记录，及各类其他形式的记录。上述资料应统一存档。

（六）几种常见遗迹的发掘清理方法

1. 灰坑的发掘清理

"灰坑"泛指人工开挖的窖穴和用途不明的坑状遗迹。原有功能废弃后，多半转用来充填生活垃圾，坑内除了残破器物之外，有很多灰烬，故称灰坑，是遗址上最多见的遗迹种类。常见的灰坑，按口部形状有圆形、方形或长方形、不规则形坑，按剖面有直筒形、袋形、坑壁缓收成的锅底形坑等。

一座灰坑理论上可以划分为构筑、使用和废弃三个阶段，每个阶段皆可能留下相应的堆积、痕迹。灰坑构筑阶段的堆积包括构筑时挖出来并堆在坑口附近的土、灰坑轮廓面也即坑壁形态以及壁面上未能消抹掉的工具痕迹或抹的泥灰等。使用阶段的堆积包括坑底踩踏面以及可能遗留摆放着的什物。最后是废弃过程中的填充物。当然能够保存下来的堆积未必完整。

清理灰坑，当然首先要判断它的开口层面和平面形状，同时需要注意坑口周围有无堆土、为篷盖坑口搭建的棚户一类设施的痕迹等。坑内的填充堆积可能分许多层，应当视为不同的堆积单位。慎重起见，填充堆积的清理要求先清理一半，大型灰坑还可考虑从坑口划分十字线，按照对角清理，以便保留灰坑的纵横两个剖面。清理过程中以堆积单位为一次清理、采集遗物、分析土样以及记录的工作单位。随着向下清理，需要仔细剔剥坑壁。一般情况下，坑内堆积因为和坑外的土质不同，轻轻敲打剔剥，贴在坑壁上的坑内填土会自行剥落，露出一片坑壁，壁面上若有当初挖掘的工具痕迹或抹灰层等，也就暴露出来了。在接近坑底的部分，也要求用此法作业，尽量不损坏坑底原貌。这种方法在传统的中国田野考古中称之为"找边"。如此，将灰坑 1/2 或两个对角 1/4 清理至坑底后，对灰坑剖面和剖面位置上的轮廓线测绘记录，然后再按同样方法清理余下的 1/2 或两个对角 1/4 部分。需要注意的是，在做 1/2 或两个对角 1/4 的清理时，有的灰坑在某层堆积单位面上可能有些特殊迹象，例如摆放了猪、狗甚至是弃葬人骨架，这时就不要机械地再按 1/2 或两个对角 1/4 进行清理了，而需要将这个层面全部清理出来，对灰坑这层进行整体观察记录和采样，待这层现象全部处理完毕后，再按原来划分的 1/2 或两个对角 1/4 继续向下清理。在接近坑底时，也需要注意，有些灰坑坑底还摆放着当初使用这个灰坑时的什物，这时不要急于采集提取出来，而是保留在原位置，待灰坑其余部分也清理到这个层面上，做整体观察记录。最后，当所有堆积单位清理完毕，还要再对灰坑的轮廓面做整体观察，记录各细节部分，如工具痕迹、抹灰的层数、厚度、底面踩踏、烧烤痕迹等。如此，一座灰坑的清理方告完成。灰坑的清理办法也可用于大部分坑状遗迹和沟状遗迹的清理。

2. 房子的发掘清理

和灰坑一样，一座房子也可能保留着建筑、使用和废弃三个阶段堆积。发掘中首先看到的是房顶和墙壁的倒塌堆积。因为它们是塌毁的，多半已不是原来的形状和结构，也不一定是按照房子的平面形状堆积的。所以仅从平面观察，有时一下子很难断定它曾为一座建筑。但倒塌的堆积的土质、土色杂乱斑驳，若为火毁的倒塌堆积，还有大量红烧土块、灰烬等。见到这种情况，就应当引起注意。

此外，倒塌堆积平面轮廓尽管不太规则，但大致上还是堆积在房子平面轮廓的附近，多少是能反映出房子的平面形状的。

确认了房子的倒塌堆积后，便可着手进行清理了。清理时，为谨慎起见，应当至少沿堆积居中轴线上留出纵横相交的两条小隔梁，以便观察和记录倒塌堆积的情况。也可采用灰坑清理时清理对角 1/4 部分的办法。如果建筑规模较大，还应当考虑适当多留几条隔梁。隔梁宽度可视具体情况决定，一般 10—20 厘米之间。待房子的四壁及居住面暴露出来，并做好小隔梁剖面的记录之后，再将其清理掉不迟。

清理倒塌堆积时还需要注意的是，有些房子的墙、屋顶在倒塌时是整体落架的。其上部结构尽管已经碎裂，但大致位置关系尚在，是复原屋顶结构的绝好材料。遇到这种情况，就未必一定按照预留十字隔梁的方式清理了，而是要先把散碎的浮土清理干净，暴露出尚存的构件，从中观察分析屋顶结构。如果是倒塌的墙壁，还要看它的倒塌方向，计量墙顶距墙基的高度。可能的话，还要找一找门窗，并观察记录墙的构建方法和建筑材料等。

当倒塌堆积的清理接近墙壁、居住面以及室外地面的时候，要仔细剔剥，因为这个界面上暴露的是房屋倒塌之前使用和建筑时段的迹象。此时首先应注意房子使用期间的各种遗留迹象，如居住面以及室外地面上的踩踏路土等。贴靠在地面上的遗物，可能是当时房子主人日常生活中使用的器物。此时不要急于采集，而应仔细观察它们的出土状态，记录其摆放位置，以获得复原使用期间的场景资料。房子塌毁时，倒塌的上部结构可能会把原来摆放的器物砸碎砸飞，对遗物的散落情况也是要记录的，至于遗物原有的位置，可以考虑以器底残片所在位置为准。房子内部还应有一些设施。如支撑墙壁和房顶的柱子，虽然早已朽毁，但埋设它的柱洞犹在。另有灶塘、矮坑、门道等，皆需要仔细剔剥出来。

进而还需考察房子的建筑堆积，包括地基的处理，如是否垫土，垫几层土，土质如何，是否夯打，是开挖墙基槽还是挖坑埋柱，柱洞内是否有垫板础石之类抑或经过捣实以承柱，如何编排泥墙的木骨栅栏，墙体抹泥层次，抹泥的技术手法，室内地面的处理方式等，以及这些工程的实施工序。要全面了解这些情况，需要按照这些堆积单位的先后关系逐一发掘清理。有的房基土中会埋有完整器物，可能和当时人们建房子时举行的某种仪式有关，在稍晚时期的建筑中甚至还有用人、畜奠基者。这些情况是需要在清理作业中格外留心的。

一座保存比较完好的房子是难得的资料，不到万不得已，应尽量完整地原址保存，以供向公众开放展陈。但研究需要了解房子地面以下的建筑程序，此时变通的办法是利用后期破坏了房子的坑、洞的侧壁面，刮净观察暴露出的局部基础结构，再把房子不同位置的局部剖面情况串联起来，从而获得一个整体印象。如果依然不能达到目的，还可考虑在关键地方开挖小的解剖沟。

除了房子本身的结构外，还应关注房屋外侧的室外活动面以及室外活动面所依托的室外垫土。对室外活动面的把握有助于我们了解不同房屋之间是否同时使用，是研究更大范围内聚落时空关系的关键。

3. 墓葬的发掘清理

墓葬是各历史时段文化遗存中最常见的遗迹种类，也是各时段田野考古的主要工作对象之一。

从地层学的角度看，一座墓葬就是一个地层单位或遗迹单位，和房子、灰坑相比，一座墓葬也有其建筑环节及其相应的堆积，即便是最简单的竖穴土坑墓，也可以把墓圹的形状轮廓面看作建筑过程的遗留。墓室内安置的葬具、死者、随葬品以及殉牲殉人等，相当于其他遗迹使用环节上的遗留，且更为完整。再以上的墓穴填土乃至地表以上的封土，是为保存墓葬而设，原因上不同于其他遗迹的废弃堆积，但程序上是墓葬这个遗迹形成的最后环节，可视同与其他遗迹的废弃堆积相当。

封土的清理首先要搞清楚形状、范围，一般用对角 1/4 的办法清理，过程中需要观察封土结构和做好相关记录。

墓葬的发掘是从确认墓口的开口层位、墓口形状开始的。墓葬的形制因不同历史时期或不同地区而多种多样，兹以最常见的竖穴土坑墓为例，介绍墓葬的基本清理技术。

找清楚墓口后，首先清理墓内填土。此时需要注意有无后期破坏的现象，如在历史上被盗过，墓口附近会有盗坑、盗洞，其中可能会留下盗掘时的物品和散落的被盗品，是分析失盗年代和被盗前墓室情况的线索。这类盗坑、盗洞应作为一个独立的地层单位清理。

小型墓葬的填土通常一次完成，分不出层次，也即只为一个堆积单位。但墓内若有木质葬具，年代久远而腐朽坍塌，填土则会随之塌陷，填土的纹理状况是可以反映这些情况的。因此，填土的清理也需要按照先清理 1/2 或两个对角 1/4 的方法进行，以便观察和记录填土剖面的情况。规模较大的墓葬，其填土可能经过一些特殊处理，例如经夯打，有的填土中放置器物，有的放置动物甚至有殉人，是埋葬过程中的有意义的行为，应当注意辨识。

随着填土向下清理，还要注意剥离墓圹的边壁，观察土圹壁上有无工具痕迹、壁龛、侧洞等。接近墓室时，由于墓室内有机质遗存腐朽污染等原因，通常土质土色会发生变化，而与填土不同。此时应仔细剔剥，将填土全部清理干净，让墓室表面全部暴露出来。

最简单的墓葬往往只埋葬人骨和几件随葬器物，复杂一些的可能有棺椁之类葬具，也就有所谓的"二层台"结构，随葬品也丰富，摆放位置可能不止一处。

由于墓室现象集中复杂，清理时需要特别小心谨慎。常用工具除了手铲外，还要用到竹签、扫把、毛刷等，甚至用到牙科医疗器具、工笔刀之类，严禁使用大型工具。

墓室内的清理应从一端开始。若有棺椁之类的木质葬具，尽管腐朽了，很可能还会留下一些朽灰，保存好一些的还可能残留下些髹漆。它们的范围、形状等，是复原葬具形制的依据，故应当整体剔剥出来，记录以及视情况提取测试样品之后，再清理棺椁内部，最后清理棺椁外的四周部分。

当揭掉棺盖残留后，多数情况下就会局部暴露出人骨了。人骨是需要全部剔剥出来的。操作程序也是从人骨的一端开始，通常是从头部开始剔剥，且应选用有弹性的工具作业，如竹签。过程中，还需要留意有无妆奁衣被之类残留，有无铺撒朱砂的痕迹等。在这个过程中，若墓室内有随葬品，也已经暴露出来了，故剔剥人骨的作业往往和剔剥随葬品的作业是同时进行的。此时需要注意的是，无论人骨还是随葬品的剔剥，都不要移动位置，更不要遗漏。因为死者的葬式，随葬品摆放位置等都可能有其特定的含义。因年代久远，墓室内的空间可能会发生过一定程度的变化，从而使得人骨和一些随葬器物发生位移。但这也是复原原初情况的线索、依据，因此应该将墓室全部清理暴露出来，进行整体的观察判断。当然，在清理过程中，各种必要的记录也需同时进行。

取出随葬品、人骨之后，还要再仔细观察有无被人骨压着的随葬品，棺椁底板的情况，有些地区的特定历史时段的墓葬有在墓室底部挖腰坑的情况，也是要清理和记录的。至此，一座墓葬才算清理完毕。

# 第三节　考古采样 [①]

## 一、概述

遗址中除了保留有不同种类的遗迹，还保留有大量人工遗物以

---

① 主要参考文献有国家文物局：《田野考古工作规程》，文物出版社 2009 年版；钱耀鹏主编：《考古学概论》，高等教育出版社 2011 年版；冯恩学主编：《田野考古学》，吉林大学出版社 2018 年版；赵辉、张海、秦岭：《田野考古学》，北京大学出版社 2022 年版。Orton C. *Sampling in Archaeology*, Cambridge University Press, 2000.

及与人类活动相关的各种自然遗存。采集这些实物资料，从中提取相关信息，并结合遗迹现象进行综合研究，方能完整复原和理解古代社会。因此，实物资料和相关信息的采集是田野考古中非常重要的工作内容。

随着对文化遗产认知水平的发展，将考古遗址视为一种文化遗产，将田野发掘视为对遗产的发现、研究和不可逆的"破坏"行为的理念已成为中国考古学界的共识。从国家行政管理层面来看，"保护为主"也成了主导战略。在主动发掘日益减少、基本建设和抢救项目为主的工作环境下，对资料和信息采集的本质，以及合理的技术系统的重要性，需要重新认识：

第一，考古发掘是一种不可逆的研究保护手段，在这一过程中对于实物资料和相关信息的破坏和遗漏是不可避免的。一个合理的采集技术系统是保障这种破坏最小化的基本前提。

第二，考古发掘在人力、物力、财力及保存条件等各方面存在客观限制，不可能实现面面俱到的采集。一个合理的采集技术系统是在各种局限性下实现的最切合实际又最大化的保护方案。

基于以上两点，本节将主要从如何在田野工作中构建一个"合理"的实物资料和信息采集系统的角度展开论述。


## 二、采样系统的分类

（一）基于采样方式的分类

采样方式即样品在发掘现场的提取方式，可分为全部采集和抽样采集两种。

1. 全部采集

全部采集是对文化堆积中所有能发现的实物资料或特定信息进行收集。人工遗物包括各种人工制品以及相关的伴生品和半成品，如原料、坯料、废料等，人工遗物都应全部采集。部分自然遗存也需要全部采集，如动物骨骼。全部采集是收集遗物最全面的方法，但绝大多数情况下受限于时间、经费等条件的制约很难实现。

2. 抽样采集

由于全部采集往往难以实现，故可采用抽样方法，以求由部分认识整体。常用的抽样采集方法包括随机抽样、系统抽样和判断抽样三种。

随机抽样，又称"简单随机抽样"。采用随机性的原则选取采样区域进行取样，是最简单、最普遍的抽样方法。选取取样区域时，要保证每个取样区域应独立地、等概率地被抽取。

系统抽样，又称"等距抽样"或"机械抽样"。系统抽样是首先将总体平均分成几部分，然后按照预先制定的规则，从每个部分中抽取一份个体，得到所需采样区域的方法。系统抽样方法同样可保证每个采样区域抽到的概率是相同的。这种方法可用于总体中个体个数较多的情况，且操作简便不易出错，故在考古采样中应用广泛。不过这种方法也可能产生系统误差，所以在设计系统抽样时，常抽取一定数量样本后对抽样距离进行适当错位后再继续抽样。

判断抽样，又称"目的抽样"或"立意抽样"。判断抽样是由研究人员根据自己的判断决定所选样本的方法。这种抽样方法通常需对总体先作了解，然后主观、有意识地抽取具有代表性的典型个案，并通过典型个案的调查研究以掌握总体的情况。判断抽样可根据研究需要确定抽样的区域，故这种方法在田野发掘取样中具有更强的针对性。但是这种抽样研究所得结果一般不宜推广到大范围，否则很可能造成失误和遗漏。

### （二）基于采样对象的分类

另一种对采样的分类是基于采样对象来进行划分。不同于后续研究或博物馆陈列中所常运用的材质分类法，田野发掘工作中无法以文化堆积中的包含物的材质属性进行分类并分别采集。所以在合理的采样系统中，对采样对象的分类通常依据其尺寸和保存状况进行区分，通常可以根据采集技术的不同，分为大遗存、微遗存、原址性信息和其他特殊采集四大类：

1. 大遗存

大遗存（macro-remains），泛指所有肉眼可见，肉眼可以直接研究的实物资料。包括大部分人工遗物和部分动植物自然遗存。前者主要包括陶瓷器、石玉器、骨角蚌器、金属器、砖、瓦等不同材质的人工制品以及相关的残次品、半成品等；后者如哺乳动物、鸟类、鱼类、两栖类动物的骨骼等。大遗存资料多数需全部采集，通常在发掘现场直接提取。

2. 微遗存

微遗存（micro-remains），是指肉眼看不到或者能看见但需要在显微镜下分析研究的资料信息。包括部分人工制品，如细小玉石屑、残留物等，以及普遍存在的自然遗存，如细小动物骨骼、软体动物、碳化植物果实种子木炭、孢粉、植硅石、淀粉颗粒、硅藻、寄生虫卵、昆虫等，以及进行物理、化学分析的土壤样品。微遗存资料的采集方式以抽样采集为主，有些微遗存采集需要相关领域专家现场完成，样品的提取工作一般实验室内完成。

3. 原址性资料和信息

原址性资料和信息（on-situ info），是指不宜单独提取，而需保持相对位置和空间关系的资料和信息。通常包括两大类：一是各类有机质痕迹和行为痕迹，例如纺织品、木材留下的印痕以及车辙、足迹等痕迹；二是需要有序定向采集样品，例如土壤微结构分析样品。各类印痕本质上是判断式采集。如若需要对这类实物资料完整采集时，通常会同现场文物保护人员协商，通过局部破坏的方式套箱提取；无法对实物进行完整采集时，通过翻模或三维扫描等记录系统来保存信息。

4. 其他特殊资料和信息

除以上三种情形之外，田野考古中还会遇到一些特殊情况。例如出于保护需要的面向实验室考古的特殊采集和埋藏环境的信息采集。受各种条件制约，无法短期内在发掘现场完成清理工作，或因文物保护的特殊需要，一些重要的遗迹会采用整体切割方式搬迁至实验室稳定条件下清理。此类采集需会同文物保护人员和工程施工人员协商，采用局部破坏的方式进行。埋藏环境的信息采集包括只能在发掘现场第一时间采集的地下水文、岩土矿物、土壤温湿度和酸碱度等信息。

## 三、采样方案的设计

当代考古田野工作中采样任务繁重、技术复杂，在考古项目开展前须制定明确的采样方案。

（一）制定采样方案的原则

任何一项考古发掘都会受到人力、物力、财力及保存条件等方面的客观限制，面面俱到的采样是不可实现的。一个合理的采集技术系统就是在各种局限性下实现的最切合实际情境又最大化的保护方案，而一个合理的采样方案需要满足以下四个基本的原则：

1. 系统性

系统性指在一项田野考古发掘过程中需自始至终贯彻执行的采集内容和技术标准。由于认识水平和科技手段的发展，保持统一的采样标准和方案是不现实的。采样方案和标准也会随着研究目标的变化和客观条件进行调整，但只有保证了系统性才能保证同一个发掘项目获得的实物资料可以置于相同的层次下开展研究。

2. 针对性

针对性包括以下内容：一是自上而下，针对特定的研究目标设计采样方案。尤其是学术性的发掘项目有着明确的研究目标，采样方案总体上要围绕着这个目标设计。二是自下而上，针对特定研究对象设计采样策略。三是针对遗址特定的保存埋藏条件，设计指定合理的采样计划。

## 3. 有效性

有效性指采集的实物资料能够满足日后研究工作的需要，也是制定采样方案的主要目标。有效性主要是通过样本数量、样本大小以及记录、包装、保存运送方法等方面的保障来实现的。

## 4. 兼顾性

考古发掘过程包含保护和研究两个维度，因此发掘不能仅是为了提取到实物资料和信息，采样方案的设计需在有限的人力、物力条件的前提下，兼顾发掘、记录系统的基本要求。例如在灰坑的发掘中先发掘部分一般不进行取样，而后发掘部分有明确的剖面信息，依靠剖面取样可尽量保证样品的层位不发生混淆。此外取样会造成破坏，一般情况下尽量在完成测绘、照相记录之后再进行取样。

## （二）采样系统的有效性

判断采样系统的有效性即要讨论构成一个田野资料采集体系合理性的基本因素，这些因素严格意义上均是针对抽样采集而言的。由于考古发掘中不可能实现全部采集，故有必要了解各种因素对采样结果的影响。

## 1. 采样对象与采样方式

不同采样对象在土壤中的保存状况、数量都有差异，后期开展定量研究所需的样本量也不相同。因此，针对不同采样对象需要设计不同的采样方法，规定最少的采集样本量。

常见采样对象的采样方式和所需样本量如下表。

表 3-3　考古发掘常见采样对象及采样量 ①

| 遗存类型 | 土壤类型 | 可提供的潜在研究信息 | 获取及研究方式 | 需要的样本量 |
|---|---|---|---|---|
| 硅藻 | 所有 | 堆积环境的盐度、酸度 | 实验室处理，400×显微镜观察 | 100毫升 |
| 花粉、植物孢子等 | 所有 | 地区性植被环境及变化；地区性的水文及气候；遗迹单元的功能；人类活动对景观的干预；农田管理；植物资源 | 实验室处理，400×显微镜观察 | 50毫升或柱状剖面取样 |
| 植硅石 | | 地区性植被环境、水文、气候；遗迹单元的功能；农业相关问题 | | 100—200毫升或柱状剖面 |
| 有孔虫类 | | 潮汐环境下的盐度和水位变化 | | 100毫升 |
| 寄生虫卵 | 饱水环境 | 病理学；环境及生业经济形态 | | 250毫升 |
| 果实、种籽 | 所有（碳化）；饱水环境（未碳化） | 地区性植被；植物类资源的利用；农业相关问题，作物生产、加工与储存；地区性景观和土地利用 | 浮选（碳化）、湿筛（未碳化饱水环境）至0.2—0.5毫米；10—60×显微镜观察 | 20升左右 |
| 木头（木炭） | | 地区林业资源的构成；树木资源的开发、管理与利用 | 浮选（木炭）、湿筛（未碳化饱水环境）；150—400×显微镜观察 | 20升左右，或可见性全部采集 |
| 昆虫 | | 地区性景观；林地结构；虫害研究 | 实验室处理，至0.3毫米；10—60×显微镜观察 | 10—20升 |

① Murphy & Wiltshire. A guide to sampling archaeological deposits for environment analysis, 1994.

| 遗存类型 | 土壤类型 | 可提供的潜在研究信息 | 获取及研究方式 | 需要的样本量 |
|---|---|---|---|---|
| 水生软体动物 | 碱性或中性；小型（碱性） | 堆积环境的盐度等；贝类的采集与消费 | 小型需筛选至 0.5 毫米 | 小型需 10 升 |
| 陆生软体动物 | | 地区性植被结构 | | |
| 鸟类骨骼 | 所有（非酸性） | 狩猎；食物储存与管理；动物驯化 | 手工拣选、筛选、浮选、至 1 毫米 | 取定量土样后的全部堆积 |
| 鱼类骨骼 | | 渔猎；鱼类食品的加工与消费 | | |
| 小型哺乳动物 | | 地区性生态环境；动物群研究 | | |
| 大型哺乳动物 | | 狩猎；动物驯化，动物的消费模式（加工、储存、管理与消费）；动物的病理学 | 手工拣选、筛选 | |
| 人骨 | | 食谱；病理学、人口；生活方式或埋藏方式 | | |
| 土壤、沉积物 | 微形态学分析 | 成土作用；土壤结构与人工干预；遗迹单位的功能；堆积埋藏学研究 | 连续柱状剖面；或局部特征剖面 | |
| | 化学分析 | 所有 | 成土作用与气候影响；土壤酸碱度；耕种与畜牧管理的影响 | | |
| | 粒度分析 | | 沉积序列；水流冲积的影响 | 连续柱状剖面 | 150—200 毫升 |
| | 磁化率分析 | | 古气候、古环境变化；人类活动影响 | | |

表 3-3 主要针对自然遗存的获取方式，人工遗物和大遗存中动物骨骼的获取方式基本一致，也应在同一工作流程中完成。

2. 样本的提取方式

田野发掘中，收集文化堆积中所包含的所有陶片、骨骼等遗物是最常见采样。然而样本提取技术标准的选择与研究目标、工作条件等因素密切相关，不同的提取技术标准获取的资料和信息是不对等的，在不同技术标准下获得的数据不具备可比性。因此在采样过程中需要记录提取方式，如果后续研究者不了解提取方式，就无法对其进行对等的比较研究。尽管不同技术标准下获取的数据不能进行直接比较，但是可以通过标准化处理以后再做比较分析。

3. 样本大小

样本大小（size）是指一份样本的尺寸或体量。同时满足对象的多样性和统计的有效性是所有考古实物资料研究的前提。例如在对一个单位出土陶片进行分类统计时，我们需要通过陶片统计充分认识陶质、陶色、器形的多样性，并且需要一定数量来进行不同种类的比例计算，满足这些统计需求的单位往往被作为后续比较研究的"典型单位"。"典型单位"需要满足一定样本大小。

人工制品是一类特殊研究对象，从文物保护角度出发，所有发掘中包含的人工遗物应进行全部采集并做分类统计和登记；而从定量研究的角度出发，又并非所有采集和登记的人工遗物都有统计分析的必要。通常情况下建议在分析数据之前对获得的人工遗物进行一些预研究，并开展统计工作，了解某类人工遗物达到多少数量后所体现的多样性是趋于稳定的，寻找数量和多样性的平衡点，并基于此标准对符合要求的单位进行有效的比较分析。

因此，样本的大小是抽样统计的前提和关键。只有满足样本大小，即足够反映样本多样性的采样才是有效的。

4. 样本数量

样本数量（number/amount）指同类型样本的份数。考古学研究面对的对象永远是局部的，采样方案的设计一方面要避免出土单位特殊性的干扰，又要力求在统计数据中甄别和显示出土单位的特殊性。考古学分析是寻找数据中普遍性和特殊性的研究，而普遍性与特殊性均需要通过一定的样本数量来实现。

确定有效的样本数量需要依据不同研究对象及其包含密度。样本数量的标准并非一成不变，但需能够反映稳定的差异。比较研究开展时需要注意两者之间的差异是否真实存在；两者之间的差异程度是否相对稳定。只有样本数量达到一定程度后，上述条件才能满足。

5. 抽样采集的作用与局限性

任何一种抽样方法均有缺陷。例如系统抽样中的系统误差、判断抽样中过多的主观干扰等。从抽样分析所得的结果是一种具有统计学意义的概率，却未必完全符合实况。因此，抽样统计方法本身不能够回答考古学问题。

由于考古学面对的总体是不完整的，通过采样方法永远无法直接评估"整体"的情况，这是考古学的定量分析不同于其他社会科学之处。所有的考古遗存都经历了从"原生状态"到"死亡状态"到"埋藏状态"到"沉积状态"的过程，使得今天保存在遗址上的古代遗存只能是过去人类活动的有限部分，其时空结构不仅不完整，而且不同遗址间的差异很大。因此，考古学的定量研究只能控制从"样本"到"样本总体"的过程，而无法直达"目标总体"。因此，一个有效的采样方案的制订必须建立在对遗址形成过程中各种因素的有效认识和评估的基础之上。同时我们可以通过对比较样本了解个体之间的差异，只是对这个差异的解释需考虑是否是考古资料形成过程中的某个环节造成，只有确定了遗址形成过程中的不变性，通过比较获得对差异的认识才是"复原"的古代历史。

## 四、采样流程

### （一）扰土中资料的采集

扰土的种类多样，最常见的是地表的耕土。首先需要明确的是尽管扰土已失去了遗物的原生信息，但扰土的采集仍然重要，也应有相应的采样方案。

耕土层的采集方法类似于田野调查，常见的方式是手工拣选，而更合理的方法是对耕土层进行抽样采集。通常扰动的堆积也需要全部采集。比如，盗墓者在盗掘过程中经常会在盗洞中遗留重要遗物，尤其是较小的遗物，如耳环、戒指等，因此重要墓葬盗洞堆积也需要全部筛选。

### （二）堆积单位内的全部采集

堆积单位是遗物采集的基本单元，堆积单位内的遗物采集是伴随着发掘过程而同步进行的。堆积单位内的人工遗物和自然遗存中的大遗存均需要全部采集。

#### 1. 拣选

手工拣选是最为普通的全部采集方法，不过由于随意性强，在实际操作中应尽量避免。但如果在人员、经费等条件制约导致筛选难以实现的情况下，可制定严格的拣选标准并做好相关记录。

#### 2. 筛选

筛选是最常见的全部采集方法。不同类型的遗址在发掘之前应根据实际情况制订筛选的具体方案，包括筛选方法、筛孔大小、过筛后采集遗物类型等。需注意由于不同遗址堆积状况的差异，一些情况下用于筛选的土壤需要做预处理。例如过于潮湿的土筛选过程中会粘结成球，需提前晾晒再筛选；碳酸钙含量高的土壤中容易形成钙化物，一些情况下在筛选之前需要使用机器粉碎，但粉碎会破坏遗物，需慎用。

#### 3. 小件

小件是遗物采集的一个特殊概念，专指发掘现场遇到的完好保存或者现场判断为珍贵文物或重要的遗物。小件采集的主要目的有二：一是方便对发掘现场重要文物作及时处理，凡是小件都要求记录三维坐标和拍照，并要求单独包装；二是一些现场可以观察到的完整但破损的器物，按照小件处理，方便后期室内整理时的拼对和修复。小件提取之前需先做完整的测量、拍照记录。

4. 完整的人类和动物遗骸

未经扰动的墓葬、祭祀坑等会保留有完整的人类或动物遗骸，对这类遗存也应全部采集。提取前应首先完成测绘、拍照记录。提取时应事先准备好完整骨骼的简图，按照部位提取并标注在简图上，以防止遗漏。头骨、长骨等较大的骨骼需要单独包装，并附相应标签；指骨、趾骨等小块骨骼可合并包装，标签和记录中需注明种类和数量。散落的牙齿也需要单独包装。保存状况差的，需先对骨骼进行加固处理后再提取。

5. 包装、记录要求

全部采集的遗物需要按类包装。条件允许情况下，不同质地的文物在手工拣选或筛选过程中即应分类包装。

采集遗物需有相应的记录。按堆积单位手工拣选或筛选的遗物，均按堆积单位包装、记录。记录内容包括采集方式、采集标准、采集数量等，相关信息应填写在该堆积单位的发掘记录表中。包装袋内应同时放置采样标签，并记录采样单位、种类、编号、数量、采样者、采样时间等基本信息。包装袋的外包装上也应用不易褪色的记号笔等标注与采样标签相同的内容，以便后期查找和整理。

小件需要测量并记录三维坐标和拍照，并根据材质单独包装和保管，包装的材质要注意防水、防潮、防霉。小件、完整的人和动物骨骼都需要单独的标签。

（三）堆积单位内的抽样采集

体量大且重要的堆积单位，在全部采集难以实现或者没有必要的情况时，应采用抽样采集的方式提取遗物。堆积单位通常被当作不可再分的最小地层单位，同一个堆积单位内部被认为是均质的。但实际上堆积单位内部也有差异，尤其是体量大、遗物异常丰富的堆积单位，其内部的差异往往具有重要的研究意义。因此，堆积单位内的抽样采集应有明确的研究目的，应以寻找堆积单位内部的结构性差异作为设定抽样采集方法的目标。

人类活动形成的大体量和异常丰富的堆积多数是与生产、生活中长期堆积的各类垃圾有关，如史前贝丘堆积、商周时期冶炼的炉渣堆积、历史时期瓷窑专业化生产的堆积等。对于这类堆积的抽样采集，首先应判断堆积的性质，包括堆积的包含物的种类、密度、方向等信息，然后根据对堆积性质的判断以及研究目的初步设定抽样的方法。一些情况下，有必要事先对堆积体进行小规模的解剖，了解其堆积的层次结构，估算其大致的体量，为制订抽样采集的方案提供依据。

抽样实施过程中，需要绘制抽样单位分布图，对抽取到的每一份样品做完整的记录，抽样编号一般直接取自抽样方法。样品的包装和记录方式可参照全部采集。对堆积单位实施抽样采集，应尽快在发掘现场对抽取的样品进行初步的实验室分析，根据分析结果反馈样本的大小和数量是否能够满足研究的需要，并对抽样方案及时做出调整。

（四）其他采集

在满足堆积单位采集的基本要求之后，可考虑其他研究所需样品的现场采集。环境科学分析的样品一般需要采用柱状剖面采集法在探方、探沟或其他堆积剖面上采集；土壤微结构样品可根据需要在地层剖面或遗迹的界面线上采集；一些重要的活动面，如石器加工、铸铜等手工业生产的工作面，还可以考虑按照抽样采集的方法获取工作面上的微小遗留，如小石屑、铜液等的种类和密度，以了解其空间分布的特征；水稻田等遗迹，也可根据空间布局的特点，设计抽样采集方法获取植硅石等样品，了解农田管理系统等。

此类采样工作应尽量放在常规采样完成之后，主要是因为这些过程会对堆积或遗迹造成不可逆的破坏，一些情况下会影响其他采样工作或记录的完整性，比如摄影记录。待发掘结束至生土层后，还应对生土进行环境样品的采集，以了解遗址上最早人类活动所依托的地貌环境的特点。

除了上述遗物的采集之外，一些情况下发掘现场还需要对特殊遗迹和遗痕进行采集。在条件允许的情况下，保存完整的遗迹和遗痕可采用实验室考古中的整体套箱法；对于一些遗痕，如手印、脚印、车辙等可采用翻模的方式采集其原始形状，也可直接使用高精度三维扫描建模的记录方式替代。

对于一些原址损坏遗迹的采集，比如塌落的房顶、瓦、红烧土墙块、砖石等，为了做好后期的复原工作，在采集之前应对遗迹的碎块分别进行编号、位置测量和详细记录，必要时可借助三维激光扫描的方式记录，以便后期进一步复原和修复工作。

（五）实验室考古

受各种条件制约，无法短期内在发掘现场完成清理工作或因文物保护的特殊需要，一些重要的遗迹可采用整体切割方式搬迁至实验室稳定条件下进行清理，也称作实验室考古。此类采集需会同文物保护人员和工程施工人员协商，采用局部破坏的方式进行。由于实验室考古的采集对遗址的破坏大，因此工作流程上一般放在采样环节的最后一步完成。实验室考古采集应做好充分的预案，尽可能减少对遗址堆积的破坏。

## 五、采集技术与方法

考古发掘现场可用到的采集技术十分多样，本节主要介绍其中最常用的部分。

（一）筛选采集

堆积中各类包含物的提取方式，基本上是遵循分离物质的两个基本原理来进行，即通过对采集对象的尺寸或物质比重的差异来实现。根据采集对象的尺寸（体积），我们可以调整筛孔的大小进行分离拣选。一般田野中用到的筛网约在10—80目之间，并可根据不同研究对象进行选择。

提取采集对象的另一个原理就是根据水（液体）、土壤颗粒和采集对象比重的不同，将需要的对象以"浮"或"沉"的方式进行分离。比如在获取碳化植物遗存的浮选法中，直接使用水就能将碳化物浮选出来。然后再根据碳化植物遗存的尺寸，选择60目或80目的筛网对浮选物进行采集，即可获得供一般研究使用的碳化植物遗存。

1. 干筛

干筛法是一般保存条件下所有遗址最常用的采集方法。一般自制筛网，一人即可完成筛选。干筛通常用于全部采集人工遗物和哺乳动物等大遗存类资料，效率高，又可以用筛孔来控制一定的提取标准。

干筛中需要注意的要点包括：

第一，筛孔的选择并非越细越佳，筛孔大小选择需依据研究目标和遗存保存状态。我国大部分地区用8—10毫米的筛孔，能满足一般考古学研究所需的要求，获得相应的实物资料。第二，对不同对象和采样区域可采用不同筛网料。第三，保存条件对筛选也有特殊性，并非所有遗址或者所有发掘获得的土壤堆积都适合直接干筛。第四，筛后的土壤即时处理，避免混淆和污染；特别是不能用干筛后的废弃土再进行二次取样，因为所有提取方式和取样都是基于包含物在堆积（沉积物）中原生的保存状况来进行的。

2. 湿筛

当遇到饱水遗址或者黏土质遗址时，干筛往往就无法进行。这种情况下一般采取湿筛。湿筛的原理仍然是根据采集物不同尺寸对其进行分离，不过因为土质黏实，大部分遗物是饱水状态，需要借助水流冲刷的力量来分离土壤颗粒和包含物。

湿筛一般会用多层不同尺寸的筛网组合操作，筛孔的设计根据研究目标而设。湿筛的要点包括：第一，筛孔设计和针对性，筛子的直径尺寸和样品量的对应。由于湿筛带水非常沉，筛选量不宜太大。第二，保存条件的特殊性，在饱水遗址、南方黏土遗址等特殊遗址采样使用。第三，在水源匮乏，无法冲水的条件下，静止水源可以重复使用，但要注意避免倒灌现象。第四，筛后的处理和初步分选费时较多，因为湿筛后无法即时拣选出不同筛网上需要的实物资料，所以要等待筛选样品阴干后进行分类拣选。

3. 浮选与重选

浮选是通过碳化物比水轻的原理提取碳化植物遗存，并用湿筛法获得沉淀物中小型动植物遗存的一种常见取样技术，包括机洗法与桶洗法两种浮选模式。北京大学考古文博学院曾在邓州八里岗遗址开展过机洗法和桶洗法比较实验，在包含物的数量和多样性两项指标上，机选和桶选的结果并没有显著差异。① 故中国大部分适合机选的地区，机选和桶选的结果可以直接拿来合并分析。

浮选所需到土容量的大小由碳化植物遗存在堆积中的分布密度来决定。一般而言，狩猎采集社会利用植物遗存的整体比例较低，并且大多数仍然是非定居或半定居状态，留在聚落内部的遗存相对较少，此类情况下，越早期的遗址需要的单个浮选土样体积相对偏大，可通过预实验再决定取样量。

浮选样品的数量和来源可以根据不同遗址的发掘目标来确定。由于浮选出来的植物遗存是人类长期活动扰乱后留下的不同性质的遗留，一般很难用浮选数据直接来讨论某一出土单位的特定功能，反而是大量浮选数据更有利于说明这个时期的整体特点，也可用于

---

① 高玉、邓振华：《炭化植物遗存的提取与数据分析方法浅析——以八里岗遗址2007年浮选结果为例》，《南方文物》2016年第2期。

比较说明同一时期聚落内部不同区域间的差异。

以往研究通过实验讨论了不同性质遗迹单位内浮选样品的优劣和反映信息的差别。一般来说，灰坑填土内的浮选物相对比较丰富，信息量较大；编号为地层的堆积中通常密度略低；而特殊搬运形成的遗迹如夯土、垫土等则少见包含物。此外如在堆积中发现灰烬层、草木灰等，一般认为是有机质含量丰富，但由于已经完全燃烧，这样的堆积中几乎不见任何碳化遗留，可考虑采集植硅体。

总之，如果预先对该时期该地区遗址的浮选物包含情况有一定了解，并且对不同性质遗迹内的堆积差别也有一定认识，那么在确定浮选样品的大小，即土样量时就会更有的放矢。根据现有发掘状况，对一般居址类的采样方案，建议所有编号的堆积单位均需要采集浮选样品。

与浮选相对的重选操作即重视密度大于水的物质。重选操作流程与浮选基本类似，只是还需要将重选物中去除土壤颗粒的因素。在冶金考古领域中可用重选操作筛选出微小的矿石、炉渣以及金属颗粒，并进行实验室分析揭示古代冶金活动。[①]

（二）环境 / 土壤样品的采集

环境样品采集通常采用柱状剖面采集法。针对解决考古学问题的剖面采样，其基本原则仍然是要按照能够甄别出来的最小人类行

---

① Liu S, He X, Chen J, et al. Micro-slag and "Invisible" Copper Processing Activities at a Middle-Shang Period (14th-13th century BC) Bronze Casting Workshop. Journal of Archaeological Science, 2020, 122: 105222.

为单位进行取样。因此，考古学的剖面采样不能用水平分层法，只能严格按照人为划分的考古学地层单元分层取样。在分层中出现较厚堆积时，可以根据不同样品的采集要求在一个考古学单位内进行水平层取样（图3-4）。

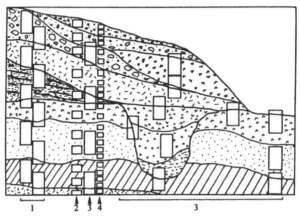

1. 用于微形态分析的连续系统取样　　2. 用于化学与物理分析的剖面取样
3. 用于微形态分析的选择性取样　　4. 孢粉/植硅石/硅藻类取样

**图 3-4　不同剖面取样方法示意图** [①]

下面介绍不同样品的剖面采用方法。

（1）土壤微形态样品

土壤微形态（soil micromorphology）研究是德国地质学家库比耶纳 Kubiena 于 20 世纪 30 年代开创的。在考古学中，微形态学研究的应用潜力很大。作为一种微观的观察分析手段，通过土壤微形态研究可对考古堆积形成的原因和结构有更明确的甄别和理解。

土壤微形态学的主要特点是研究非扰动的定向样品。因此在采

① Macphail R & Goldberg P. *Applied Soils and Micromorphology in Archaeology*, Cambridge University Press, 2017.

集时要突出注意"非扰乱"与"定向"两个特点。采样时必须标出方向，以便切片后能正确摆放观察；同时在用套盒提取的方法时，需注意样品盒内的沉积物不能松动移位，否则就丧失了"非扰乱"的特点，一般可以在密封包装前进行填充加固，而对于特别疏松的堆积可以现场进行石膏加固等处理。

（2）孢粉样品的采集

孢粉是孢子（spore）和花粉（pollen）的合称，是菌类和植物的生殖细胞，对孢粉样品的研究属于微植物考古的重要组成部分。这类自然遗存在遗址内外的堆积中均广泛存在，是研究区域环境和景观变化、植被覆盖和生态群落、人类季节性活动以及土地和植物资源利用等方面的重要指标。

影响遗址堆积中孢粉的种类和浓度的首要因素是不同孢粉的传播方式。传播方式的差异也决定了遗址中发现的孢粉究竟是反映的区域性还是本地性甚至是现代生态系统的内容。通常遗址上发现的孢子的数量要少于花粉，这是基于孢子不像花粉需要依赖其他个体完成生殖过程，传播能力相对较差。此外遗址中保存孢粉的数量还取决于取样点附近不同植物的丰度、孢粉产量、生殖周期的频率以及当时的沉积速率、湿温度等多种因素。

遗址的形成过程也会在很大程度上影响堆积中孢粉的含量。孢粉中孢粉素的存在，使得孢粉能够较长时间地保存。但是微生物扰动活动、土壤中的物理过程以及化学环境会对孢粉的含量产生重要影响。最利于保存孢粉的沉积环境是低水动力、酸性和还原环境，这也是湖沼沉积物中孢粉保存好的原因。

基于上述孢粉形成、传播和沉积的特点，结合遗址的堆积过程，考古遗址上孢粉的来源主要有五个方面：一是风媒传播，由"花粉雨"而来；二是由人类搬运的货物运输到遗址；三是建筑材料中带来，如用于铺垫地面的泥土、用于覆盖屋顶的植物等；四是人和动物的排泄物；五是反复的再堆积和再利用过程。

考古遗址中孢粉样品的采集应注意以下事项：

第一，制订有效的采样方案。由于考古遗址堆积中孢粉来源的复杂性，在遗址上采样进行孢粉分析，需要明确研究的目的和具体采样的对象。因此需联合相关专家共同讨论方案的可行性和具体的实施措施。

第二，对比样品提取。应同时考虑在遗址内和遗址外分别取系列样品和对比样品，在复原区域植被景观和准确认识遗址堆积性质的基础上选择取样对象。

第三，防止污染。孢粉取样应尽量避免在大风、植物授粉的季节进行。在剖面上采用柱状剖面取样时，应采用自下而上依次取样的顺序，避免上部样品对下部的污染。

第四，密封保存。所取样品应采用密封包装的方式，一般可采用塑料保鲜膜将样品包裹严实，尽量隔绝空气，并放置在坚固的包装盒中运输防止损坏。孢粉样品需要放置在冰箱中冷藏存储。

（3）植硅体样品的采集

植硅体又称为植硅石（phytoliths），是一种硅化的微植物遗存。蕨类植物、裸子植物和被子植物都可产生植硅体，它是通过植物根系从土壤中吸收硅元素并沉积在根、茎、叶、种子、果实的表皮细胞中而形成，一些单子植物的花瓣也产生植硅体。除了能够提供基本的形态学鉴定特征之外，很多植硅体还可以用来区分单子植物与双子植物，草本植物的叶子、茎与花瓣，植物的野生与驯化情况等。

植硅体位于细胞壁之间，通常能够呈现出植物细胞的形态，因此一些情况下可以利用植硅体鉴定木材和植物纤维。一些植物的植硅体在形状、大小上的变化特征还可以用以鉴定其驯化的程度。

相对于其他微植物遗存，植硅体属于无机质，即使是被火烧或腐烂的情况下也能保存，故更容易在考古遗址中保存下来，这就大范围扩大了其在植物考古中的应用范围。通过对一些农作物特殊部位的植硅体鉴定还能研究作物加工行为的空间分布特征。因此，植硅体在考古遗址的研究和取样中有广泛的应用。

尽管植硅体较容易保存，但并不代表植硅体保存不受遗址堆积过程的影响。首先，不同植物、同种植物的不同部位产生植硅体的能力不同。然后，不同保存环境下受不同理化机理作用下的植硅体降解的程度也不一样。研究表明，在碳酸盐饱和或高碱（pH 值大于 9）的环境下植硅体保存极差，而在氧化环境和 pH 值在 3—9 之间的地区植硅体保存情况较好。植硅体与孢粉不同，在被其他动物吞食之后也不会被消化掉，因此粪便中也可发现。风和水动力对植硅体的搬运作用影响不大，相反遗址上发现的植硅体大都与人类活动相关，例如人类在遗址外的采集、放牧等活动，尤其是食草类动物的粪便中保存有大量的植硅体，这对于研究畜牧生产和动物驯化具有重要的价值。除此之外，植硅体还可附着在器皿、工具的表面，为研究它们的具体功用提供便利。

遗址中植硅体样品的采集应注意如下方面：

第一，与孢粉不同，植硅体具有原地保存的特点，因此遗址上植硅体样品采集应有明确的研究目的并针对不同的堆积类型。植硅体样品的采集要依据人类活动的堆积单位而非简单的剖面采集。如果研究特定器皿或工具的用途，用植硅体做残留物分析，还需要采集比对样品。

第二，植硅体采样应尽量避免污染，每次采样之前需清洗采样工具，样品需密封包装，包装袋内不能直接放置纸质采样标签，以防污染。

第三，用于碳十四测年和稳定同位素分析的植硅石取样，应严格按照无菌程序，使用无菌设备，以尽可能减少污染。

（三）特定研究目的样品的采集

田野发掘中会经常因特定的研究目的而采样，最常见的包括碳十四年代样品、残留物和包含物分析样品、古 DNA 样品的采集。

1. 碳十四年代学研究样品

年代学是考古学的基础，尤其是碳十四测年样品的采集在现今考古发掘工作中已相当普遍。年代学采样对于满足后续的考古年代学研究是最重要的基本前提。在传统的物质文化史研究阶段，碳十四年代学的主要目标是建构考古学文化的谱系，因此在单个遗址上采集的数量和质量都不高。但进入以聚落形态为研究方法和复原古代社会为目标的学科发展阶段，年代学研究的重点转向以完整建立一个遗址或发掘区堆积形成过程的年代学框架为最终目标。要实现这个目标，就需要保证采集碳十四测年样品的数量和质量。

影响碳十四测年的不确定性的因素主要有如下三个方面：

第一，样品的年代与地层堆积形成年代的关联性问题。由于文化堆积中普遍存在的各种扰乱现象，晚期单位中混入早期遗物的情况较为常见，作为测年对象的有机质也不例外。一些堆积的形成时间较长，需要充分考虑地层堆积形成过程与其中包含物的等时性问题。

第二，样品本身的寿命问题。由于碳十四测定的是生命体的死亡年，因此需要考虑人类对遗址上发现的不同有机体的利用问题。比如，树木生长周期长，用木材测年需要考虑所测样品是木材的芯部还是树皮等问题。

第三，一些特殊环境下，需要考虑环境所导致的测年数据偏老的问题。比如，研究表明我国南方石灰岩洞穴中采集的水生动植物遗存的碳十四测年受环境影响明显偏老。

由于受到上述原因的影响，发掘中碳十四测年样品采集方案设计时，需要特别注意以下几个要点：

第一，保证所取测年样品的质量，尤其是样品本身的年代单纯。例如尽量选择短年生的动植物样品做加速器测年（AMS），并减少常规测年方法因使用大量样品而可能造成的不同年代样品混合的情况。

第二，尽量选取包含物年代单纯的堆积采集样品。比如，遗址上打破生土的单位，其包含物的年代单纯，能够避免晚期单位混入早期遗物的情况。

第三，对于同一个堆积单位，尽量多的采集测年样品，并采集不同类型的样品如人骨、动物骨骼、碳化种子等同时测年，以降低异常值出现的概率。

第四，对于存在地层序列关系的情况，可以按照地层关系选取系列样品。系列样品不仅可以依据地层关系，有效排除异常值，减少每个堆积单位的采样数量，而且后期分析还可以设置恰当的边界条件，提高校正年代的精度。

第五，充分参照与采样堆积相关的各种考古背景信息，并做好样品采集的各项记录。

在采样过程中，为避免外来含碳物质污染，采集样品应使用清洗干净的金属材质工具，如手铲、镊子、剪刀等。在采集微量或估计年代老于3万年的样品前，工具应用酒精和去离子水清洗干净，彻底清除油污，并干燥后使用。

采集考古遗址出土样品，需要确定样品的堆积单位，按堆积单位采集所有可测年样品，并记录样品出土位置及与其他遗物的共存关系，每个样品应单独记录、独立包装和编号。采集馆藏样品时，应详细了解并记录藏品的保护修复加固情况，并宜在未施用过保护加固修复剂的部位取样。在施用过保护加固修复剂的部位取样，应了解并记录所用保护加固修复剂的名称、型号和施工工艺，以备设计样品预处理方案时使用。

采集墓葬棺椁、古建筑木构件等大型木构件样品时，宜在其树轮截面的外轮部位取样。利用树轮序列进行碳十四年代测定，应采集木构件的完整树轮截面，并按年轮系列采样。

2. 研究残留物 / 包含物的采样

残留物 / 包含物的采样主要用于对发掘出土器皿或特殊遗迹的残留物 / 包含物中的淀粉、植硅体、植钙体、脂类、寄生虫等微遗存的提取和分析，从而确定器皿或遗迹的功用。

影响残留物 / 包含物分析有效性的因素主要在于确定分析对象是来源于器皿 / 遗迹还是周围的埋藏环境。因此，用于研究残留物 / 包含物的样品采集应注意以下要点：

第一，注意采集样品的清洗和包装问题，避免清洗或过度清洗导致残留物的遗失，也要避免包装不慎导致包含物的结构在运输过程中遭到破坏。

第二，除了器皿 / 遗迹本身的残留物 / 包含物的采集之外，应特别注意对样品周围土样、其他器皿或遗迹、使用面和非使用面的比对样品的采集。一般情况下，只有比对样品的差异量达到 10 倍以上的情况，才能说明这些残留物 / 包含物属于本器皿或遗迹而非来自周围的环境。

3. 古 DNA 样品的采集

古 DNA 分析已经可为人类起源、人群迁徙、族属融合等问题提供了解决途径。由于 DNA 分解较快，随着时间的推移，DNA 逐渐被破坏，所以提取和分析古 DNA 是一项非常具有挑战性的任务。随着技术的发展，古 DNA 分析研究已经取得重要突破。在采集古DNA 样品时，主要需要防止现代源的污染。

采集骨骼作为样品时，宜选择表面完整无破损且光滑致密的样本，放入一次性塑封袋中，并贴上样本标签。对于特别珍贵的样本，可在骨骼局部位置用小型电锯切下一小块骨片（约 2 克），或用小型电钻钻取适量骨粉（约 2 克）。切割骨片或者钻取骨粉前，应先用毛刷清理骨骼表面的泥土或其他沉积物，并用 5% 次氯酸溶液擦拭骨骼表面，以除去骨骼表面的外源 DNA 污染。

采集牙齿样品时，使用拔牙钳将牙齿从上颌骨或下颌骨中拔出，放入一次性塑封袋中，并贴上样本标签。对于特别珍贵的样本，可用牙钻在牙根部分钻取适量牙粉。钻取牙粉前，应先将牙齿置于 5% 次氯酸中浸泡 15 分钟，以除去牙齿表面的外源 DNA 污染。

采集毛发样本时，如果有毛囊应连同毛囊一起拔取数根，放入一次性塑封袋中，并贴上样本标签。采集肌肉、皮肤以及脑和内脏等器官样本时，应用手术刀切取或医用剪子剪取部分样本，用镊子夹取放入一次性塑封袋中，并贴上样本标签。

## 六、采样中的记录要点

### （一）采样记录的重要性

田野发掘中的采样过程实际上也是将样品脱离原有环境并转运至实验室进行研究的过程。由于室内整理和实验室工作的研究者多数不是田野发掘者，因此采样记录就成了后续研究者了解样品的考古背景和取样过程信息的主要途径，因此采样记录本身即是样品信息的重要组成部分，是连接样品与现场堆积的桥梁，记录要点也是构成采样系统有效性的必要因素之一。

样品的处理过程也需做好记录。在实际工作中，同一批样品可能由不同的研究者处理。尽管样品处理的标准和流程是统一的，但每个人的具体处理方式可能有所区别，也可能会产生处理过程中的系统误差，样品处理过程的记录在必要情况下可以帮助我们发现异常、修正错误，甚至会改变我们对样品处理结果的认识。

（二）采样时的记录

采样时的记录是采样过程中形成的各种记录，也是在田野工作中完成的记录。

1. 采样记录的形式

采样记录与采样同步进行，贯穿遗址发掘的全过程，主要的形式有采样标签、采样记录表、采样示意图和采样照片。此外与采样相关的记录也会同时体现在探方日记和发掘记录表中。

（1）标签

标签是对采集样品的标识，标签的内容包括：样品类型、探方号、堆积单位号、样品编号、数量、位置、采集者和采集日期。标签内容有限，只记录核心信息，以方便对样品的整理、存储、运输和管理。标签必不可少，一旦标签丢失或信息缺失会导致样品来源信息的丢失，造成不可挽回的重大损失。

（2）采样记录表

采样记录表是对采样内容的最详细记录，主要包括样品类型、样品编号、探方号、堆积单位号、取样点坐标、采样比例、样品规格、取样方式、样品体量、取样工具、天气状况、包装方式、样品污染方式、包含物、所在堆积性质、文化性质、取样目的、相关考古问题、送样地点、取样者、取样日期、采样点示意图等信息。

采样记录表一般按堆积单位填写，与发掘记录表共同保存。采样记录表的主要内容在发掘现场填写，送样后的内容由负责鉴定分析的实验室继续填写。

（3）采样示意图

全部采集一般无须绘制采样示意图。但完整人骨和动物骨架的采集，需按照示意图标识采样位置和保存状况。

抽样采集，判断抽样可直接将抽样位置标注在采样记录表上，随机抽样、系统抽样、分层抽样需要单独绘制抽样示意图。抽样示意图应以堆积的实际形状为底图，绘制抽样区，标注抽样编码以及被抽取的样本。抽样示意图上还应有辅助的文字，标注抽样方法、样本大小和抽样比例。

（4）采样照片

全部采集无须拍照，抽样采集、柱状剖面采集和其他特殊采集需有照片记录。拍摄照片应放置说明牌、比例尺和方向标。重要小件提取、实验室考古采集的套箱全过程等还应拍摄记录。

2. 采样记录的内容

（1）采样位置

记录采样位置便于我们后期研究中了解研究对象在原先堆积中的空间分布状况。全部采集中筛选采集无须记录采样位置，小件记录三维坐标，抽样采集和柱状剖面的采集需要明确采样位置。

采用随机抽样、系统抽样、分层抽样等方法采集时，需要绘制采样示意图，并将采样位置标注在图上；采用判断抽样采集时，需要文字说明所采样品位于堆积体的哪个具体的部位。柱状剖面采集除了需要记录采样点所在剖面的位置之外，还应详细标注每个样品距地表的高度信息。除了文字记录之外，采样过程中还应采用拍照的方式记录采样位置。

（2）采样比例

采样比例即样品所占整个堆积体的比例。记录采样比例可以帮助后期研究估算整个堆积甚至整个遗址堆积中研究对象的丰度。

随机抽样、系统抽样、分层抽样需要确定抽样的比例，而抽样比例又取决于样本大小和样本数量的需求。比例可通过前期的抽样预研究来确定，或依照已经修订的抽样方案施行。判断抽样需要人工估算堆积体的体量和样品的体量。

（3）采样方式

采样方式记录了样品采集的现场操作信息，包括采样方法、采样工具、采样流程等内容。此外还需根据全部采集还是抽样采集方法记录不同的信息。全部采集所使用的方法、筛网大小、土壤预处理模式；抽样采集所使用的方法，样本大小（样品规格）、抽样比例等均需记录。此外，采样的工具、系列样品采集的顺序、采样的工作流程等也需详细记录。

**（三）样品处理时的记录**

田野中采集的一些样品需要在野外进行预处理后再送至实验室开展进一步分析研究，比如采集用于碳化大植物遗存研究的土样，需要在发掘现场完成浮选工作。在考古工作现场对样品的预处理需要做完整的记录，尤其是要准确记录样品的大小和提取方式。

（1）样品大小

样品大小对于了解研究对象在堆积中的密度至关重要，必须做好准确记录。以浮选土样为例，在浮选之前需要利用简易的工具对土样进行体积的称量，如自制带有刻度的小水桶。虽然在田野发掘取样时已经对取样的数量有了基本的要求，但实际操作中往往存在较大误差。因此在样品浮选前还需要准确测量土的体积并记录结果。

（2）提取方式

样品的提取方式也需要做详细的记录。例如浮选操作是使用"机选"还是"桶选"方法，桶选每次冲洗的土量、冲洗的次数，是否增加了清洗剂等辅助材料以及应用了其他辅助方法，处理样品的人员等。样品提取方式也需要记录在采样记录表中。

# 第四节　资料整理[①]

## 一、概述

完整的田野考古工作主要包括田野调查、勘探、发掘、资料整理和资料刊布等几个方面。考古资料的整理作为田野考古工作的重要组成部分和关键环节，不仅是对田野已发掘工作的检验和发掘资料的梳理，更是编写田野考古发掘报告的基础。

新中国成立初期，我国的考古发掘项目相对较少，从业人员基本可以满足发掘所获资料的整理和刊布工作。但随着改革开放的进

---

① 本节部分内容参照赵辉、张海、秦岭：《田野考古学》，北京大学出版社2022年版。

行，大量与基本建设有关的抢救性考古发掘项目接踵而来，而从事考古学研究工作的从业人员却未能赶上考古发掘的速度，因此造成了大量发掘资料的积压，考古资料的整理工作压力也变得异常巨大。也正是在这一阶段，一批未经过系统理论学习和实践工作的技术工人参加了由北京大学等单位举办的田野考古发掘技术培训班、绘图培训班等不同专业技术的学习培训。他们也逐渐成为 21 世纪初田野考古发掘和资料整理队伍中重要的成员。如开始于 20 世纪 90 年代的"三峡考古大会战"，集中了全国 64 支考古队伍参与抢救 829 处文物遗址点的工作，这既是文博界一次规模空前的考古发掘，同时也是对参与"会战"的所有工作人员的一次大培训。即便如此，发掘资料挤压与整理人员缺乏的矛盾依然突出。

然而，随着出生于 20 世纪 60 年代前后那一批老技术工人年龄的不断增长，他们开始逐渐退出考古发掘和资料整理的队伍。而由于物质保障、工作环境等多方面条件的限制，参与考古发掘和资料整理的年轻人却越来越少。这就导致原本人员缺乏的考古发掘和资料整理队伍又陷入了青黄不接的境地。反观考古发掘项目，却是只增不减，这无疑又使得更多的考古资料被积压。尽管在 21 世纪初，国内开始有研究者提出探索成立专业化考古公司的建议，但最终也未能实现，反而在考古勘探、发掘现场资料的数字化采集等领域实现了商业化运营。

为解决田野考古发掘和资料整理等问题，国内成立了多家专门的文物保护专科学校或在专科学校内设立文物考古的相关专业，目的在于吸引更多的年轻人参与到这一事业当中，增强本行业的力量。

如由陕西省文物局主管的陕西文物保护专修学院，该学院依托西安文物保护修复中心、陕西历史博物馆、秦始皇陵博物院、陕西省考古研究院等文博单位，开设文物保护与修复、考古发掘技术、考古绘图、摄影等专业，旨在为文物保护领域培养实用性、高技能人才。又如上海城建职业学院，在其建筑与环境艺术学院下设文物修复与保护专业，与苏州市考古研究所、上海大学、复旦大学等20余家单位联合开展合作，旨在培养与文博行业有关的专业性人才。尽管有较多类似的文物专修学校或专业设置，但从事田野考古等相关工作的力量并未得到很好的加强。究其原因，一是在学校进行学习的学生参与实践的经历较少，不能很好地满足某一考古机构的紧迫需要，因此在对人员的选择上会淘汰一部分；二是现有的田野工作所提供的物质保障不能很好地满足从业者的需要，再加上田野工作所处的自然环境和相关要求使得部分从业者望而却步，这就导致大量经过专业训练的年轻毕业生选择从事其他行业，这也是目前该行业人员流失的主要原因。

党的十八大以来，党中央、国务院高度重视文物考古工作。从2020年9月28日，习近平总书记在主持中共中央政治局第23次集体学习时强调"建设中国特色、中国风格、中国气派的考古学"，到2021年10月17日，习近平总书记致信祝贺仰韶文化发现和中国现代考古学诞生100周年，再到2022年5月27日，习近平总书记在主持中共中央政治局第39次集体学习时强调"中华文明源远流长、博大精深，是中华民族独特的精神标识，是当代中国文化的根基，是维系全世界华人的精神纽带，也是中国文化创新的宝藏"。习近平总书记就文物考古工作作出的一系列重要论述，科学地回答了事关文物考古事业长远发展的一系列重大问题，也为新时代考古学科赋予了新的历史使命。我国的考古事业发展突飞猛进，进入了蓬勃发展的新阶段。在中央编办、地方各级编制部门的大力支持下，各级文物保护和考古机构编制持续增加，仅 2022 年的前三个季度，全国 71 家考古机构编制数增加 1500 余个，极大地补充了考古队伍的人员。同时，文物考古事业单位的职工野外工作津贴标准也有了较大的提高。这就为该行业的从业人员提供了更好的物质保障，也为扩大人才队伍建设提供了良好的契机。

## 二、考古资料整理的内容

考古资料主要分为两类。一类是发掘过程中人工记录的资料，主要有图文资料和影像资料。图文资料包括发掘过程中的文字记录和绘图资料，影像资料则是在发掘过程中针对发掘的遗迹现象、遗物以及工作场景、周边环境等进行的影像记录。人工记录资料是在发掘过程中对遗迹现象或遗物的实时记录和客观描述，具有实时性的特点，是资料整理过程中需经常翻阅和查看的基础资料。同时，由于在进行实时记录的过程中受到记录者认识的差异，因此又具有一定的主观性。完整的人工记录资料应是对遗迹和遗物的客观描述，辅之以有理有据的推断，而非简单的结论性描述。为了更好地对遗迹和遗物进行更深入的研究，大量影像资料就成为不可或缺的一部分。因为发掘过程是不可逆的，一旦发掘结束就不可能再回归到原有的环境当中，这就需要借助大量的影像资料进行可逆的模拟研究。

另一类主要是在发掘过程中出土的与人类活动有关的遗物，包括各种容器、工具、货币、食物、装饰品、丧葬用品、交通用品、武器等，以及受人类活动影响而产生的动、植物、年代等的采集样品以及影响人类活动的环境采集样品等。第一，由于这类资料是受到不同时期人类活动影响下产生的，因此遗物本身具有浓厚的时代特征，这也是对遗物本身进行年代划分的重要依据。第二，遗物本身是对人类社会活动多方面的体现，因此又具有种类丰富、形态多样的特点。第三，除墓葬出土资料外，其余出土资料大多是不同时期人类活动产生的废弃物，具有不完整性的特点。第四，任何出土资料都是独一无二的，具有不可再生性。

### 三、考古资料整理的要求和原则

整理人工记录的资料时，应认真核对文字记录、绘图资料和影像资料，保证遗迹、遗物等编号的统一。所有人工记录资料按年份、发掘区、单位分别放置，杜绝出现混淆放置的情况。

出土资料的整理应遵循以下两个原则：一是严格按照堆积单位进行整理，即将一个单位全部资料整理完成后，再进行另一个单位的整理。这里所指的堆积单位，可以指一个完整的遗迹单位，也可以指某一个遗迹单位内的小的堆积单位。如一个堆积较丰富的遗迹单位 H1，内部可以分为堆积较厚、遗物较丰富的 5 层，则其每一层均可作为该单位内的一个小的堆积单位。二是严格按照地层关系，从最早的堆积单位开始整理，严格遵循由早到晚的整理顺序。

## 四、考古资料整理的流程和技术要点

资料整理包括检阅核对调查发掘记录和绘图、照片，清洗出土遗物，修补复原、挑选典型器物标本和典型地层，遗迹单位进行分类排队，分析文化性质、断代定年等一系列工作。

（一）整理流程

根据 2009 年版《田野考古工作规程》第十八条规定，发掘资料整理工作的主要任务包括：按照一定的技术要求对考古资料进行整理，并建立资料库。同时，运用地层学、类型学方法分析考古资料，确认遗存的相对关系。主要分为以下几个方面：

第一，全面核校发掘期间的记录资料。严禁改动原始记录，如原始记录有误，须另纸勘误。

第二，根据原始记录清点遗物，按单位整理、修复遗物。

第三，遗物整理的记录有文字、实测绘图（临摹）、影像、拓片等形式。文物标本应制作器物卡片。

第四，根据需要对发掘取得的人类学标本、动植物遗存、环境样品、文物标本等及时进行分析和检测。

第五，根据类型学原理检验发掘期间对遗迹单位相互关系的判断。

第六，按遗迹单位将各种资料整理记录和发掘记录汇总，建立资料库。为便于档案的管理、查询和进一步研究，可建立电子数据库。

（二）技术要点

1. 人工记录资料的核校

检阅核对人工记录的目的在于纠正遗漏和出现的错误。同时，通过检阅核对，可以对调查发掘资料有一个全面的了解。人工记录资料是进行资料整理的基础，只有系统的对人工记录进行梳理和核校，才能对其他资料的整理做到有的放矢。人工记录资料包括图文资料和影像资料两部分。

图义资料具体应包括单个遗迹的资料、探方资料和发掘总资料三部分。多数情况下，单个遗迹单位应由多个堆积单位组成，因此每一个遗迹单位的完整资料应是由多个堆积单位的图文资料构成，如堆积单位的文字描述、遗物登记表等。最终形成了单个遗迹单位发掘日记、发掘记录、发掘记录表、遗迹平剖面（视）图、细部结构图、遗物及采样登记表等。如墓葬、灰坑、窖穴、窑址等，均作为单个遗迹单位，但其内部结构可能又由多个不同的堆积单位构成。以探方为单位的资料由一般将特殊的单个遗迹单位除外，主要包括探方发掘日记、探方总记录、探方各层下遗迹单位分布平面图、探方四壁剖面图、探方总遗迹分布平面图、探方各堆积（遗迹）单位关系系络图、出土遗物登记表、采样登记表等。发掘区总资料则是指整个发掘区的发掘日志、发掘总记录、发掘区总平、剖面图、发掘区地层关系系络图、发掘区照相登记表、发掘区遗迹编号登记表、发掘区出土遗物登记表、发掘区出土遗物入库登记表、发掘区采集样品登记表等。

影像资料的核校是以图文资料为基础进行的，主要是对影像资料按以上三种不同资料类别进行归类即可。同时在进行归类过程中，二者也可进行互校，以保证资料的可靠性。

2. 出土资料的清点和清洗

清点出土资料就是利用已核对的人工记录资料对出土资料进

全面的检视工作，包括发掘过程中出土的各类不同质地的遗物，在发掘过程中采集的动、植物样品，采集的环境样品以及需要进行测年的样品等。在清点过程中若发现有遗物收纳材料、样品采集容器等破损的情况，应及时对收纳容器进行更换。若发现有采集样品容器破裂而产生样品混淆的情况，应及时放弃该样品，并进行补充记录和说明。出土资料的清点以每一个遗迹单位作为一个独立的检视单位（每个探方也作为一个独立的检视单位），对照发掘记录、遗物登记表、采集样品登记表和影像资料等进行一一核对，核对过程中将每个遗迹单位内的堆积单位作为最小核对单位，然后根据类别进行核校。如遗迹单位 H1，单位内部可分为 5 层。即该单位内有 5 个堆积单位，进行资料核对时应从相对年代较早的第⑤层开始，核对内容根据遗物的质地进行，如陶器、铜器、石器、木器等，然后核对该堆积单位是否采集有动植物标本、环境样品或测年样品等。在核对过程中若发现有出土资料与人工记录不符的情况，应及时查找问题，找出根源所在并及时进行记录。每个遗迹单位的出土资料核对完成后，该单位全部出土资料应放于同一区域，以便于资料检索。

由于大多数出土资料长期深埋于地下或水中等不同的地理环境当中，遗物表面会附着有影响观察其特征的其他附着物，因此对出土资料进行清洗是必要的，而且这一环节也可在某一个遗迹单位发掘结束后开展。

由于出土资料本身质地不同、保存环境不同，也就导致对其进行清洗时应采用不同的方法。从整体上来看，经考古发掘出土的大量遗物均适合用水洗的方法，如陶器、瓷器、石器等。但同时也要注意火候较低和带有彩绘的陶器清洗时应使用较软的清洗工具，如软毛刷等。其他金属制品、漆木器、纺织物、纸张类制品等应交由相应行业的专业人员进行处理。需要注意的是，若出土资料在表面或内部残留有人类活动的其他遗存，如器物内壁残留的附着物、墓葬器物中保存的液体等，应在对以上残留物进行充分提取、采样后进行清洗，若附着物或残留物较多的可暂时不对其进行清洗。出土资料清洗时，应严格按照资料整理的原则，按照独立的堆积单位进行清洗，每一个堆积单位要有独立的收纳容器和唯一的编号。如在对独立的遗迹单位 H1 出土资料进行清洗时，应以该遗迹单位内的 5 个独立的堆积单位为清洗单位，如对 H1 内第⑤层遗物清洗完后，将该堆积单位内的遗物放置于单独的区域，编号应为 H1 ⑤；将 H1 内第④层遗物清洗完后，再将该堆积单位内的遗物放置于区别与 H1 ⑤层的区域，编号应为 H1 ④。将 H1 的 5 个堆积单位的遗物全部清洗完成后，所有遗物应统一放置于某一区域，但每个堆积单位之间互相分开。若在清洗过程中发现有标签损坏的情况，应及时补充标签。遗物干燥后，也应按堆积单位进行收集，然后将单个遗迹单位的所有遗物统一置于某一区域，以便于资料检索。

3. 出土资料的分类、统计和标写单位号

（1）分类、统计

分类，是通过比较事物之间的相似性，把具有某些共同点或相似特征的事物归属于一个不确定集合的逻辑方法。这也是我们认识纷繁世界的一种工具，它可以将杂乱无章的事物条理化，使得杂乱无章变得井然有序。分类一般有两种方法，一种是人为的分类，依据事物的外部特征进行分类，如商品的分门别类，称之为外部分类法；另一种则是根据事物的本质特征进行分为，如鲸，体型像鱼却又不属于鱼类。由于其是胎生、哺乳且用肺呼吸，具有哺乳动物的特征，因而将其划为哺乳动物类。这就是一种本质的分类，称之为本质分类法。

考古发掘出土的资料数量大、种类多、形态不一，且出土时各类资料常混杂在一起，要想对其有系统的认识，就需要进行分门别类，使之条理化后，才能使研究者有更清晰的认识。同时，对出土资料的分门别类也有利于对出土资料的保存和管理。

对出土的考古资料进行分类时，一般采用外部分类法。即从肉眼观察可获取的信息入手，如遗物的材质、颜色、形制、大小等。在进行分类统计前，应制定出统一的分类标准和体系，保证所有遗迹单位或堆积单位的遗物均按照已制定的分类标准进行。出土遗物本身还具有很多内在的特征，如遗物的功能、遗物本身保存的制作痕迹、使用痕迹等，均需要进行系统的分析和研究才能得出更可靠的结论，因此这些"隐形"的属性特征一般不作为资料整理阶段进行分类的首选标准。当对出土资料进行深层次的研究时，更多的则是围绕这些"隐形"的特征来展开，这也符合人们认识事物由浅入深、由表及里的认识规律。分类标准设定以后，可以在大的分类体系下设计其分类层级。如以按照材质将遗物可分为陶器、铜器、金器、铁器、石器、木器、骨角蚌器等，而在陶器分类中又可按陶质分类的标准，将出土的陶器分为夹砂陶器和泥质陶器，夹砂陶器下又可根据掺合料颗粒的大小分为夹粗砂陶器和夹细砂陶器等，在夹粗砂和夹细砂陶器的分类层级下又可根据掺合料种类的不同进行更小层级的划分。

对出土资料进行分类后，可在资料的不同属性间建立关联，便于研究者考察其关联性。例如在陶质的分类层级下，可以设计纹饰或器型的分类，就可以获得器型或纹饰与不同质地的陶器的关系方面的认识。而这种不同属性之间的分类所得到的关联性，又是分析一个遗址内不同遗迹单位或堆积单位之间关系的重要参考依据。

除了对出土遗物进行分类之外，对出土实物资料的计量和统计又是研究者深入研究遗物所蕴含的社会、历史意义的重要手段。计量和统计是对已进行分类遗物进行数量的统计。对于某一个遗址内出土的全部遗物的计量，也需要制定统一的量化标准，并将其贯穿整个遗址出土资料的统计当中。在遗址发掘过程中常采集到一些体量极小的陶片等遗物，在出土遗物较丰富的情况下可将体量极小的陶片或碎石屑等不计入统计的数量当中。制定计量统计标准的目的在于后期对不同遗迹单位或堆积单位统计数据之间的比较研究。

同时，对出土遗物的计量、统计不仅是指对遗物数量的统计，还应包括遗物的重量。譬如厚重的大型陶器，破损之后的碎片数量可能会远少于一件轻薄小巧的遗物所产生的碎片数量。因此在统计陶片数量时，就会产生小型陶器的碎片与大型陶器碎片数量比例的错觉。假设二者之间碎片数量的比例是 25∶50，就会给人完整的小型陶器数量是大型陶器一半的错觉。而真实的情况则可能是大小陶器数量的比例是 1∶5，两者的数量相差并不多。若根据出土的完整器物分别了解到它们各自的重量，也就可以通过出土残片的称重来估算遗址上大小器物的个体数。

计量、统计工作的另一个不确定因素是通过残片对各类器物数量的估算，即通常讲的器型统计。具体有以下几种情况：一是器型和数量均十分明确，统计数据就不存在问题。二是器型明确，但数量不确定。如一个堆积单位内出土的同一器型且不能拼合的口沿，出土的多个鬲足或鼎足等不能确定是否为同一件器物。三是器型不明确，数量则更难统计。如某一堆积单位内出土一批器物口沿，而在该堆积单位所在的时间段内所有容器如罐类、鼎类、鬲类的口沿形制均相同。在无法对器物进行复原的前提下，该堆积单位内器型的数量是无法进行准确统计的。

（2）标写单位号

对出土资料的单位号进行标写主要是出于两方面的考量：一是资料整理需要一个相对较长的过程，在整理过程中需要重复多次对出土资料进行分析、对比，难免会出现将不同堆积单位或者遗迹单位的遗物混淆的情况。因此，将出土资料按照一定格式进行编号并标写后，就可以在出现混淆的情况后将不同堆积单位的遗物进行捡分。二是出于对出土资料进行长期保存的需要。资料整理完成后要将发掘出土的全部资料进行刊布，而刊布的资料在一定程度上会带有整理者或报告编写者的主观思想。出土资料的长期保存可以使更多的研究者对出土的实物资料进行快速检索，以便对出土资料进行再次认识。

出土资料单位号标写时要将编号写在遗物上不起眼的位置，如完整器物的底部、陶片的内壁、石器的侧面等，字体要小且工整，便于识别。标写编号时应根据遗物质地的不同采用不同的书写工具，保证标记不褪色。标写单位号时要使用完整的编号，如 2023 年发掘的陕西省宝鸡市周原遗址探方 T0101 第③层，书写编号应为：2023SBZT0101 ③；如发掘的灰坑 H1 第⑤层，书写编号应为：2023SBZH1 ⑤。如果作为 H1 第⑤层采集的第 1 件小件器物，其层位编号后应加注小件的序号，如 2023XBZH1 ⑤：1。

使用字母容易出现重复，也可以直接写文字。

4. 出土资料的拼对、修复

一件完整的器物所包含信息和反映出来的特征能使研究者更直观地进行判断，人骨或动物的骸骨也是如此。但由于遗址性质和保存环境的不同，出土资料的完整性也是千差万别。从遗址的性质进行区别的话，墓葬出土的遗物较其他聚落性遗址出土的更为完整。同时，出土资料的完整性还受到保存环境、遗物本身材质等多方面因素的影响。出土资料的拼对不仅是对出土陶器、铜器、金器、石器、木器和骨角蚌器等遗物的拼对，还应包括对人骨、动物骨骼的拼对。

以陶器为例，陶器破损之后，从理论上讲其绝大部分碎片应散落在遗址上，只要发掘面积足够大、拼接过程足够仔细，遗址内出土的陶片应是可以全部复原的。但在实际操作中，这种情况是可遇不可求的。

陶片的拼对仍然以分类过后的各堆积单位为最小对象，因为已进行分类的陶片已经完成了陶质、陶色、纹饰等多角度的认识，而同一件完整的陶器本身的碎片特征应是一致的。因此在对已完成分类的陶片进行拼对时，就显得事半功倍。陶片的拼对应从遗迹内地层关系最早的堆积单位开始。因为拼对复原一个探方的陶器时，也应从地层关系最早的遗迹单位开始。拼对地层出土的陶片，应是按照探方的划分进行。但是，一个地层的范围可能很大，其分布可能不止一个探方，因此在拼对时不能只局限在一个单独的探方中，同时要注意相邻的探方。

完成一个单位的拼对工作后，再转入下一个年代稍晚的单位。此时需要注意的是，由于地层之间存在扰乱与被扰乱关系，晚期单位出土的遗物中可能存在本应属于早期单位的遗物，有时甚至在稍晚的堆积中有相当一部分是早期的遗物。因此，在对稍晚的堆积单位进行拼对时要注意是否与早期单位中的遗物有相似的特征，如果出现晚期单位中的陶片和早期单位中出土陶片可以拼接的，应将拼接完成的陶片归入早期单位中，并进行记录。因此，在器物进行拼对时，往往会对发掘过程起到一定的检验作用。

由于发掘者长期承担繁重的发掘任务，往往会将陶器的拼对等任务分派于一些技术工人或实习学生。但陶片拼对本身其实是对陶器进行认识的一个重要过程，在这个过程中，拼对者会对每一片陶片进行细致的观察，而这一观察过程则会对陶器的面貌有一个概括性的认识，这是把握一批陶器特征的重要手段。如同对标本绘图一样，器物图是对某一件标本特征的再现，只有充分把握遗物的特征，才能绘制出准确的器物图。因此，陶片拼对和标本线图绘制是一项非常重要的工作，研究者应对其亲力亲为。

能够拼合的遗物应采用适应其粘接的材料将其拼接起来。以陶器为例，若某一件破损的陶器经拼接后，已完成了口沿、肩腹部和底部，该器物就具备了可以进行复原的条件。此处注意的是，有部分器物可能在残缺处未见像器耳、局部纹饰等特征，但其完整的器物可能存在。因此对这类器物的复原仅是对器物形态的近似复原，而非完整复原。

同时，对拼对完成且完整性较高的器物，在暂不进行陈列展览的情况下，可保留其破损处。这样更有益于研究者观察遗物的制作工艺等特征。可供复原的器物是进行深入研究的重要标本，拼对完成后要将其进行编号。一般情况下其编号序列号位于小件器物之后。如 H1 第⑤层在发掘过程中出土了 3 件小件，如石刀，编号 H1 ⑤：1；石球，编号 H1 ⑤：2；石磨盘，编号 H1 ⑤：3。第⑤层修复完成作为标本的器物应依次编号为 H1 ⑤：4，依次类推。

5. 挑选标本

从理论上讲，一个遗址内发掘出土的遗物经过拼合应是能对其进行复原的。但实际情况却与理论大相径庭。一个遗址内能够拼合的遗物往往很少，而更多的则是一些残破的碎片（墓葬内残破的遗物大多数是能拼合复原的）。尽管如此，在残存的大量碎片当中仍有一部分遗物具有明显的器型特征或纹饰特征，在某种程度上讲，一件形态特征明显的遗物碎片与一件完整器所蕴含的价值几乎是相同的。因此，在对出土资料进行进一步研究时，这类遗物也是着重研究的对象，也就是所谓的"标本"。标本不仅是发掘过程中采集的小件遗物、拼对修复的完整器，还应包括一些具有明显形态特征的残片。

从广义的角度来看，凡是能判断出形制特征的遗物碎片均可作为标本。如陶瓷器的口沿、肩腹部、器物的底足、錾耳、把手以及典型纹饰等。这些部位往往是器物本身最复杂和富于变化的部位。还有金属器残损的特殊部位，如鼎耳、鼎足、破损的铜镜碎片等，残损的石器、木器、骨角蚌器和建筑构件等均可作为进一步研究的标本。除此之外，经过体质人类学家和动物考古学家整理分析的资料中，带有敲砸、切割、炙烤等痕迹的以及带有遗传学和病理学特征的人和动物遗骸等，也都是进行研究的标本。

挑选的标本应具备广泛的代表性，即无论从形态上或质地上，挑选出来的标本都应覆盖出土遗物的所有类型。具体的挑选方法无严格的规定。以陶器为例，一般的做法是把陶片中等于或大于 1/4 圆周的口沿残片选做标本。若出土的陶器遗存数量不丰富，小于 1/4 圆周的口沿也会被选入标本。如果是一座新石器时代早期的遗址，陶器十分罕见，遗址中出土的形制不可辨的陶器碎片也应作为标本。但如果发掘的遗址内出土资料异常丰富，如两宋时期的瓷窑遗址或一座汉唐时期的大型建筑遗址，出土了重以吨计的瓷器碎片或建筑材料如瓦当等，在完成所有出土材料的分类统计之后，只需要挑选数量适当且具有代表性的完整标本即可。

标本的编号前文已述，与拼合复原后的完整器一致，编号的序列号应依次顺编在出土小件的编号之后。需要注意的是，标本的编号尽量满足同类器顺编的顺序（小件的编号是随其出土时间进行编号）。如 H1 第⑤层在发掘过程中出土了 3 件小件，编号依次为：石刀，H1 ⑤: 1；石球，H1 ⑤: 2；石磨盘，H1 ⑤: 3。该层经拼对修复和标本挑选，共挑选出2件罐形器、2件盆钵类器。其编号应顺编为：罐形器，H1 ⑤：4，H1 ⑤：5；盆钵类器，H1 ⑤：6，H1 ⑤：7。

6. 标本的观察和记录

（1）观察

标本挑选完成后，要对其进行细致的观察，以便进行全面的记录。同时，观察也是对遗物本身和遗址进行进一步研究的基础。标本的观察在对遗物进行清洗、分类和拼对修复时已经展开了。

在传统的田野考古资料整理中，对标本器物的观察也是同样必要的。如在当时的登记卡上一般会设定几个栏目为必填项目，如材质、颜色、制作技术、形制、尺寸等。这就要求记录者对出土资料有一定的观察。当代考古学以复原古代社会为目的，希望从资料中提取尽可能多的历史信息，就要求观察者对标本进行细致入微和全面的观察，而不是只强调器物的形态特征。为获取更多关于遗物本身的信息，就需要设定一个观察的程序，即以遗物的"生命过程"为观察的过程，分为制作、使用和废弃三个阶段。每个阶段内可能还包括不同的小的阶段。如一件陶器的制作过程，至少又可以分为原料的制备、器物的制作成型、器物烧制等几个不同的工艺环节，而每一个环节有可能会在器物本身留下痕迹。如一件早期的陶器，通过断茬首先可以看到这件器物本身使用的原料是什么，是否使用掺合料；然后是观察这件器物是使用捏塑成型还是泥条盘筑的方法成型的，成型以后是否在陶器内壁和外壁进行过抹平的工作；器物成型以后，就可以通过器物外壁的烟炱痕迹来判断这件器物是通过什么样的烧制方式烧成的，如平地堆烧或窑烧；烧制完成后是否对器物进行纹饰的装饰等。除了对其进行肉眼的观察外，还可以借用现代科学技术手段进行分析和验证。通过这样的模式，就可以将遗物本身所包含的信息最大程度地提取出来，以便于研究者更好地认识遗物本身和遗址。

对石器、金属器等其他质地遗物的观察道理也是如此，但由于遗物本身制作方法、功用等方面的不同，观察者的角度也应有所变化。如对一件旧石器时代遗址中出土的石片的观察，需要从打制石器的操作链的角度去探讨它是制备石核、修正台面、打制粗坯还是精加工阶段的产物。对一件打制石器，则要仔细辨认遍布器表的石片疤痕的前后关系，以获得修整这件石器的技术手法，还要仔细观察刃部的崩缺、擦痕、磨光等使用痕迹。而对于一件青铜器的观察，就需要对合范缝、纹饰模缝、浇筑口等特有的部位进行观察。对遗物的观察还应借助现代科学技术，如金属的金相学分析、荧光光谱仪、CT 等。

标本的观察对观察者本身有较高的要求，需要观察者本人具备深厚的专门知识。以陶器为例，陶器表面的纹饰有两种形成过程。一是使用陶拍拍打成型的过程中留下的工具痕迹，陶工在制作完成后未将其消弭，可能也是将其作为一种纹饰装饰。另一种是纯粹的装饰性纹饰。经过仔细观察，不同纹饰的施纹技术、施纹工具也有所不同。施纹时的顺序，如从上至下或从左到右等，也都是陶器制作技术的一部分。这就需要观察者熟悉古代陶器的资料，有深厚的经验积累，同时也要了解民族学调查研究中关于陶器制作的资料，还有陶器制作的模拟实验考古。其他不同质地出土资料的观察也应如此。

（2）记录

标本的记录和观察应是同时进行的。对每一件标本的观察结果都应记录在案，记录的方式主要有文字、绘图、临摹和制作拓片、影像等。

① 文字记录

对标本的文字记录主要通过填写器物登记卡完成。2009 年版《田野考古工作规程》附件中推荐有关于陶器标本的器物登记卡，在使用过程中根据标本本身的特征对其内容进行适当的修改即可。文字记录由于语言表达的局限性，对标本某些特殊部位的描述就显得艰涩难懂或描述不准确，因此就需要以绘图的方式来展现，以表现出其更直观的特征。

② 绘图记录

标本图的绘制与美术素描不同，考古器物的测绘图是正投影图，其基本原理和机械制图相同。不同之处在于，机械制图是拟制造产品的设计图，而考古制图则是对成品的实测图。正投影图是把一个三维物体投影成二维平面，其轮廓和实物完全相同，从而避免了美术作品中要考虑视觉习惯而以焦点为中心构图带来的描写对象的形变，符合科学记录的客观性和原真性要求。

考古标本图的绘制中，大多数情况下仅用一张图立面投影就可以达到全面表达其轮廓形态的目的。如果标本左右或前后不对称，如打制石器的两面要分别实测，陶三足器也需要两个角度的实测方能表现出全部特征。还有一些器物可能需要俯视图或仰视投影表达底部、口部和肩部的特征。在对一些带有耳、鋬、嘴、流等的器物进行实测绘制时，一般将这些部位放在侧面，还可以考虑就这些部位进行局部的正视投影图。此外，还有一种按照正投影原则绘制的展开图，以表现容器曲面上的纹饰带等。如一件元青花人物罐，在表现罐体表面的人物图时，要按照正投影原则将人物图展开绘制。整体来看，一件器物需要绘制几张图，应视器物本身的特征而定，目的在于将器物本身特征表达完整。

考古器物图的绘制，在完整表达器物特征的前提下，应尽量精简图幅数量。如容器类标本，其完整的器物图信息应包括外轮廓、器表的纹饰和内部特征、器表或内壁的制作痕迹、口腹部及底部的厚度等。因此在绘制该器物图时，一般的做法是以一张立面实测图上的中垂线为界，一侧表达轮廓线和轮廓线内 1/4 器表的情况，另一侧是器壁剖面内轮廓线之内 1/4 内壁表面的情况。国内的习惯方法是，图右侧表达器表、左侧表达器里，国外则相反。多数绘图者习惯在剖面轮廓线内填阴影线或涂黑，前者多用于陶器、石器剖面，后者主要用于瓷器、金属器的剖面。需要注意的是，容器的断茬处可以观察到许多迹象，如陶瓷器的泥坯受拍打挤压的泥纹、器底器足的拼装痕迹，青铜器足、耳等附件的焊接痕迹等。根据在有限图幅内表达最多内容的要求，可将这部分观察结果表达在图中剖面的位置。

关于考古器物图的绘制技术，国内一般的做法是绘制出标本 1/4 比例的图，大型器物可选用 1/6 或 1/8 的比例，小型器物可用 1/2、原大或放大 2 倍的比例。现代的绘图一般要求采用原大尺寸，以更完整表现标本的形态特征和器物的细部特征。关于如何绘制一件标本，原有的方法一般是以中垂线为界，将器物一侧测量的轮廓转移到另一侧，形成一个左右完全对称的器物图。这种方法对于绘制已经进行专门化生产的遗物时显得事半功倍，如瓷器的绘制。但往往有更多的出土遗物不具备左右对称的特征，特别是制作技术处于手制阶段的产物。因此就需要对器物进行完整的实测，以绘制出更准确的器物图。

③ 临摹和制作拓片记录

临摹是指按照原作仿制书法和绘画作品的过程。临，是照着原作写或者画；摹，则是用薄纸（绢）蒙在原作上面写或者画。广义的临摹，其对象不一定是字画，也可能是碑、帖等。考古出土材料记录中的临摹一般是对石窟寺壁画、画像石、摩崖石刻以及岩画等的记录。

拓片的制作较为广泛，凡是器表凹凸起伏用的文字或纹饰，如碑刻、画像石、画像砖、瓦当、甲骨、陶器、青铜器、玉石器、钱币等上面錾凿、模印的文字或纹饰，都可以采用制作拓片的方法进行记录。器物拓片主要用于表现器物表面或里面的纹饰、符号、制作痕迹等。拓片须注明所处器物的部位。其方法是一般采用熟宣纸浸润后紧密贴附在器物表面，为防止贴附的纸张干燥后脱落，传统做法是用中药白芨熬水，由于白芨水稍带黏性，可以将其充当黏合剂，纸张干燥后不会在器表留下痕迹，反而形成一层保护层，在一定程度上避免了拓墨渗入的污染。拓墨技术分为干湿两种。干拓又称擦墨拓法，采用较软的固体蜡墨块在敷纸表面抹擦，器表凸起纹饰等即被涂擦成黑色。湿拓是以拓具蘸上少许墨汁，在器物表面敷纸上轻轻扑打，纹饰文字等逐渐浮现于纸上。湿拓用墨有浓淡之分，前者又叫乌金拓，多用于大型碑刻；后者叫蝉翼拓，其用墨寡淡，多用于小型器物表面浅细的纹饰。

④ 影像记录

影像记录的优点在于可以真实再现遗物的色泽、质感等特征，这是文字描述和绘图所不能体现的。因此一件器物完整的记录应包括影像记录在内。

文物摄影是一门专业的技术，对美学效果、用光等要求较高。在对文物进行拍照时应注意以下几点：首先，由凸镜组成的光学镜头只在底片中心聚焦，围绕这个焦点的成像不可避免地越靠近边缘的部分形变就越大。镜头焦距越短、视野越大，形变就越大；镜头焦距固定，相机越靠近被拍照物体，形变越大。为了尽量减少形变，应采用长焦距镜头，离开被摄影物体一定的距离拍照。其次，器物的照片并非必须要正投影图。扁平的器物如石器、碑刻、甲骨、钱币等，采用平面摄影的方式俯拍，立体的如容器等，需要有正面拍摄的照片，拍摄时角度一般略高于器物，形成类似于斜射的俯拍。如果器物有耳等部件，应拍摄局部特写。近年来的 3D 技术可以对器物本身进行三维数据的保存，能够在最大程度上保存器物的特征。第三，器物拍摄时必须放置比例尺。根据不同的器物属性、颜色等，选择适合拍摄的背景。

7. 送检样品

遗址的文化堆积中除了保存有各种遗迹外，还有大量人工遗物和与当时人群活动息息相关的各种自然遗存。现代考古学研究的目的是人与社会，因此需要对出土遗迹、出土遗物本身和遗迹遗物所处的环境所包含的信息进行更深入的挖掘。

基本的方法是运用多学科的现代科学技术手段，对遗存进行综合考察。如碳十四年代测定、热释光年代测定、体质人类学分析、动植物标本鉴定、分子生物学研究、土壤植物孢粉分析、陶瓷器成分与结构分析、金属成分分析、宝石制品成分分析等。主要是通过委托专业实验室或专家进行样品检测。

8. 类型学分析判断文化面貌、检验发掘工作

人类制造的产品及其形态是因时因地而变化的，小到生产工具、生活器皿，大到建筑物等。相应地，通过形态的比较就可以找出不同形态遗物的先后关系，也即相对年代关系。考古类型学专注于对考古遗存的形态变化的过程开展研究，由于其主要的着眼点是遗存的形态特征，因此又称为考古形态学或考古标型学。

无论是古代抑或现代社会中，人工制品的形态是受时空的影响而变化的。而关于物品形态变化的原因，一般有以下几种：第一，受不同自然环境的影响，导致人工制品在种类、形态和风格上有所不同，如新石器时代潮湿环境为主的南方地区很少见地穴或半地穴式的房屋建筑和仓储设施，生活器皿的塔器多以圈足、三足将器物垫高起来。反之，同时期的中国北方地区则以半地穴式或窑洞式建筑等为主，陶器器皿也不见圈足等，多以平底器为主。第二，人群所从事的经济生活决定了一些人工制品的有无。如农耕社会与游牧社会在生活用具上和生活习俗上的差异。第三，受地域环境的限制，造就了一方水土养一方人的特征。久在一地生活的人群在血缘传承、

相互依存的社会生活中形成共同的风俗习惯、审美情趣、社会心理和精神信仰等，并以某种方式在其物质创造上留下印记，从而区别于另一方水土中的人群。例如良渚文化流行的玉器，尤其以精细刻画的神人兽面神徽的玉器为代表。这一鲜明的文化特征在良渚文化长达千年的时间里一以贯之，而在除良渚文化以外的同时期其他文化中，这类玉器却几乎不见。再从良渚文化社会内部的演化看，这种玉文化的信仰又经历了从形成到繁荣再到盛极而衰的过程。第四，新技术和新材料的发现，也会对人工产品的种类和形态等产生重要的影响。如陶器轮制技术产生以后，陶器的风格会产生很大的变化；随着金属冶炼技术的发明，社会生产将注意力转移到金属制造领域，而传统的陶器生产就被冷落，产品反而不如新石器时代晚期的陶器精美，但随着技术难度低于金属冶炼的瓷器制作技术及其原料的可获得性的提高，陶瓷制造业很快又盛行起来。

　　人工产品形态上的变化是在时间和空间两个维度上同时进行的。时间上的变化是随着生活方式、所处环境以及社会结构等多方面因素的变化而产生的，而空间上的变化则是由于不同区域不同人群在生活方式、社会结构等方面的不同发展方向而发生的。还应注意，不同的人工制品其变化的速率也是千差万别的。不同人工产品发生变化的速率取决于其能够产生变化的机会。一般情况下，易损坏、使用寿命短的器物发生变化的速率要快，如陶器。正因为寿命短，其重复生产制作的需求就多，不断制作的过程就有可能产生形态的变化。相应的，使用寿命长的人工物品发生形态变化的速率就会小，比如居住的房屋建筑、青铜制品等。形态复杂的人工制品的变化速率要大于形态简单的物品，如陶器表面纹饰的变化速率往往大于陶器器型本身，因为复杂就意味着可以发生变化的部位多。因此对于年代学的研究而言，变化速率快的器物或纹饰就更具有年代标识性。

人工产品的形态往往是多种多样的，主要是为满足不同功用的需求。因此一件人工产品在多数情况下是和不同形态的器物共存的，这就构成了一个器物群。一般意义上讲，一个器物群是对某一遗址文化面貌的最好反映。但实际情况却要复杂得多。因为共存的器物意味着它们经过流通、使用、破损、再利用等一系列环节后最终被放入同一个堆积单位，这个共存关系的形成是一个历史事件。但类型学关心的和用以判断器物相对年代的是器物形态，形态却是在它们被制作的时候就被决定的，这又是另一个历史事件。也就是说，器物类型学意义上的年代和作为地层单位形成的年代之间可能存在距离。如果若干器物共存，它们也有可能分别制作于不同时间，从而可能导致它们从制作的一开始就产生了时间差。因此类型学把共存关系中位于式别序列上最晚新的式别所代表的时间看作是最接近这一共存关系形成的时间。

类型学分析的对象是遗物，因此要通过挑选具有代表性、可靠性的遗迹单位作为分析遗址的对象，即典型单位。典型单位要具备以下几点要求：一是单位内地层关系清楚，保存状况良好，发掘过程准确。二是单位本身在形成过程中及形成后未对早于其的堆积进行影响。即便有影响，但可以将不同时期的遗物分辨出来。三是单位的形成过程较短，最好是一次形成。这就意味着单位内的遗物是一次性形成的，就不会存在较大的时间差。四是单位中出土的遗物较丰富，能够满足类型学分析的需要。

在进行典型器物分类排比过程时，就要运用类型学分型分式排比，在分型分式时，首先要根据器物的诸特征，如陶器的器形大小、高矮，器体的粗细、肥瘦，口沿的方圆、凹凸，侈口或敛口，以及纹饰等特征的不同，来分出不同的型式。习惯上是把同类器物中具有平行关系者叫型，具有上下（先后）发展关系者叫式。型式区分出来之后，再进行排比，以确定一种文化发展的编年序列。

对于没有文字记载的史前时期，除依靠地层学和器物类型学断代外，还需要借助自然科学方法。在自然科学的断代方法中，应用最广泛的有放射性碳素断代、热释光断代、古地磁断代、钾–氩法断代、树木年轮断代等。自然科学各种断代方法的应用，不仅为第四纪以来人类进化史的研究提供了年代依据，也为建立史前考古学的年代体系奠定了基础。

对于历史考古学领域内的断代，则有内证和外证之分。内证是依据实物资料本身的年代标志，如墓志、题记、铭刻、简牍等的纪年而断定其绝对年代。外证是以平行考古材料和文献记载来断定年代，利用平行考古材料作为外证，是比较有力的证据之一。例如，从器物类型学的研究，已知殷墟出土的商代铜器的器形、组合、纹饰等特征，那么，从其他地方出土的青铜器，如果具有同样的类型特征，就可以推断出它属于商代晚期遗物，这种断代一般不会出现大的偏差。

运用地层学和类型学可以初步对遗址的文化堆积的分期和文化面貌进行一定的认识。但是尺短寸长，考古地层学和考古类型学皆有各自的优势和短板。类型学在处理出土遗物少、形制变化不明显的资料时就显得力不从心。类型学对资料分析提炼出的是考古资料形态演变的形式逻辑过程，而对这个形式逻辑过程的追求中，漠视了共存关系中丰富多彩的时间，譬如两个时段的遗物共存于一个单位的现象。地层学也存在有局限性，如仅凭地层学的分析常常无法对遗址上缺失直接地层关系的遗迹作出准确的年代判断，而这种缺失地层关系的现象又屡见不鲜；仅凭地层关系只能了解前后关系，而不能判断出远近关系；一个遗址的地层关系仅限于该遗址，不能有广泛的借鉴意义。也正是由于这些先天的缺陷，因此在进行年代学整理时，就需要进行相互验证。

验证方法是对比每个遗迹的单位在地层学和类型学两套分期中的年代位置，即地层关系的系络图和给予类型学分期基础上的遗迹分期表。是检验那些在各自分期体系中年代位置不清晰的遗迹单位，寻找发现有无一座单位在两套分期登记表中有矛盾的情况。如果一组地层关系的层序记录和类型学排比的相对年代序列吻合，就无需再讨论。若出现不吻合的情况，就要具体分析，是发掘过程中层位关系的混乱还是类型学排比的问题。

经过地层学和类型学两套年代资料的汇总和互检，获得的遗址发掘资料应是较为全面和缜密的。同时还应注意到，针对文化面貌的类型学分期和从堆积形态上进行的分期毕竟是两件事情。在本质上，地层堆积之所以可以进行分期，是背后的人们行为模式的变化造成了堆积形态的变化。器物群面貌变化的原因可能与之完全相同，也可能部分相同或毫无关系。如果两者原因相同，则文化分期和堆积分期是吻合的，如果两者原因不同，其分期就可能难以对应。因此，经过类型学补充和纠正过的文化堆积的分期和经过地层学检验的文化面貌的分期都应当分别给予保留，以便将来不同研究领域利用。

9. 数据库建设和资料管理

（1）数据库建设

① 全面核实、清点库房中的各类遗物及相关文字、照片和线图资料。按遗迹单位汇总各类资料整理记录，统一器物的相关资料统一汇总，同时及时汇总各类统计表、鉴定检测结果、《器物登记表》、《单位出土器物（标本）编号表》、照片、拓片等以及整理工作总结。

② 按照遗迹单位统一汇总所有田野发掘记录和资料整理记录，形成完整的档案资料，并统一按照"遗迹单位—探方—发掘区—年度"的顺序整理建档，形成资料库，并将所有资料电子化，建立电子数据库。

③ 数据库的内容应基于田野工作的各项文字、测绘和影像记录。其中，表格记录由于格式统一，可用于构建数据库的主体；其他文字记录、照片和测绘记录应统一归类，并在数据库中建立有效链接。各表格之间应以遗迹单位编号为关键字段建立起有效关联，便于统一检索查询。

④ 由于田野考古项目的对象、学术研究的目的不同，目前尚难以形成具有普遍性的通用数据库，各项目可根据自身的需要设计不同的数据库。

（2）资料管理

① 文字、绘图、照片和实物等各类资料都是国家的科学档案，

必须由专人负责，妥善管理，严防损坏和遗失，任何个人无权私自保存。

② 实物资料应与登记表所列项目相符。文字、绘图、照片等资料应与档案袋、登记册所列项目相符。

③ 移交和接收各类资料必须有清点交接手续，并做出必要的记录。

④ 所有实物资料的处理，应在考古报告发表之后，由发掘单位提出方案，报请主管部门批准后方得进行。

⑤ 对需要长期保存的遗迹或墓葬，应及时采取必要的措施加以保护。

# 第四章　科技考古与信息采集分析

中国考古学自诞生至今已逾百年。在此期间，中国考古学不仅在实践探索与理论建设上取得了长足发展，更重要的是，研究重心发生了根本性的变化，即由构建文化序列及其时空框架转为全方位探索人类史和文明史。欲实现上述研究目标，就急需科技考古在我国考古研究中的全方面介入。

早在 1920 年，从事化学史研究的王琎率先对古代金属进行化学分析，探讨了中国古代的冶金技术。这可以称为中国科技考古的开始。自此之后的一百余年，科技考古逐渐成为我国考古学中最为活跃的门类之一（近期已被列为考古学的二级学科之一）。科技考古就是以考古学的研究目标为指引，聚焦考古学研究的问题，应用自然科学等相关学科的方法和技术，对考古遗址进行勘探，对遗址所在区域进行调查和取样，对出土的多种遗迹和遗物进行观察、鉴定和测试，对各类与考古研究相关的资料进行定性分析和定量统计，以获取更加丰富、更加全面的古代人类活动的信息；在考古学研究思路的指导下，经过归纳、分析和探讨，从整体上拓展考古学研究的领域，深化考古学研究的内容，提高考古学研究的科学性，体现考古学研究的价值。今天，能否在考古学研究中更加全面、更加系统、更加科学、更加有效地应用科技考古，已经成为衡量一个国家考古学研究水平的重要标尺。

# 第一节　科技考古在当代考古学中的可行性和必要性

## 一、科技考古的可行性

1954 年，克里斯托弗·霍克斯就指出，用考古材料解释人类行为存在一个递增的难度等级。技术是最容易的领域，而经济、社会和政治结构乃至于意识形态则表现出急遽上升的难度。[①] 这个说法后来被简称为"霍克斯难度等级"。在霍克斯所处的时代，除了类型学和地层学以外，还没有多少利用其他学科方法对考古资料进行研究的成功的实例。在考古学研究中，如果实物证据太少，单单依靠各种推测而得出的结论，往往难以得到普遍的认同。因此，要深化考古学研究，必须开辟采集各类信息的新方法，从多个角度进行各种探讨，强调多重证据。这样，在认识古代社会的过程中，除了依据人工遗迹和遗物的物质形状特征，确定一个遗址、一个类型、一个文化在时空框架里的位置及探讨其他问题以外，考古学界广大研

---

① Christopher Hawkes. 1954. Archaeological Theory and Method: Some Suggestions from the Old World. *Anthropologist*, 56: 155–168.

究人员十分关注从科技考古的角度如何获取发掘出土的各种信息，如何对各种信息进行分析和研究，提出类型学、地层学等研究以外的多种实证性认知。

论及在考古学中应用科技考古的可行性，首先要提到的是科技考古秉承"将今论古"的理论。这个理论最早出自英国地质学家莱伊尔于 19 世纪提出的"均变说"。他认为"地球的变化是古今一致的，地球过去的变化只能通过现今的侵蚀、沉积、火山作用等物理和化学作用来认识。现在是认识过去的钥匙"①。这个理论的核心是认为自然界的物质形态、结构、性质和运动规律从古至今都是相同的，这是"将今论古"科学性的重要保证。

考古学的研究对象是古代的物质遗存。这种物质性特征是我们能够在考古学中应用科技考古的前提条件。科技考古涉及的自然科学等相关学科大致包括物理学、化学、生物学、地球科学、统计学、农学、医学等。这些学科分别探讨特定物质和生物的形态、结构、性质、运动规律及空间形式和数量关系，他们具备系统、严谨的科学原理及丰富的研究结果。这些原理和成果充分证明了他们各自的科学性。现在我们将这些学科的方法和技术与考古学有机结合，运用物理学和化学的方法探讨遗物的年代、结构和成分，借鉴生物学、农学和医学的方法全面研究古代的人、动物和植物，通过地球科学的方法探讨当时的自然环境，借助统计学的方法对各种资料和测试、

---

① ［英］莱伊尔：《地质学原理》，徐韦曼译，科学出版社 1959 年版，第143—152 页。

鉴定结果进行统计分析。需要强调的是,我们对各种研究的设计及结果都要从考古学的角度进行思考,保证科技考古对各种古代遗迹和遗物进行研究时,实现方法上的科学性、思路上的逻辑性、应用上的可行性,最终确保结论的可靠性。

科技考古各个领域的研究和物理学、化学、生物学、地球科学、统计学、农学、医学等自然科学相关学科的研究主要有四点共性。一是使用同样的仪器设备;二是依据同样的分析原理;三是运用同样的技术手段;四是对由同样的物质形状、结构和成分组成的对象进行分析。然而,它们之间也存在三点区别。一是分析的材料存在时间上的差异性,前者的材料肯定属于古代,后者的材料则包括现代和古代;二是对研究结果解释方法上的不同,前者要考虑研究对象的考古背景,关注古人活动造成的影响,后者基本上是就事论事;三是研究目的不同,前者主要考虑如何解释古代人类的行为,探讨当时的历史,属于人文学科的范畴,后者则是认识物质的形态、结构、性质和运动规律,完全属于自然科学。综上,可以看出,科技考古与自然科学在整个实验操作过程完全相同,仅仅是在研究对象所属的时间、对研究结果解释的侧重点和研究的最终目的上有差异,所以我们可以肯定,只要真正做到考古学与自然科学等相关学科的有机结合,在考古学中开展科技考古研究是切实可行的。

## 二、科技考古的必要性

关于在考古学中应用科技考古的必要性,我们认为,考古学发展到今天,其研究的内容已经由原来通过发掘出土的人工遗迹、遗物的形状确定一个遗址、一个类型或一个文化的年代早晚、文化特征，建立完整的古代物质文化谱系，逐步扩大到全面探讨古代社会的各个领域。任何一个区域、任何一个遗址的考古学调查和发掘，都是为了全面或部分地展现在一个特定时间跨度和空间范围内的自然环境状况，人的体质特征、古人的生存活动、生活方式、制作工艺、社会组织、礼仪制度、丧葬习俗、祭祀特征、文化交流等各个方面。当代考古学研究内容的巨大变化要求我们必须全面强化科技考古在考古学中的应用。

当年，通过对人工遗迹和遗物形状的研究可以形象地再现其当时的原貌，从时空框架上把握考古学文化的特征。现在，通过考古勘探、年代测定、环境考古、人骨考古、动物考古、植物考古、食性分析、**DNA** 分析、残留物分析、物质成分和结构分析等科技考古研究则可以科学地再现考古学文化的绝对年代，当时的自然环境状况、演变及古人与之相适应的互动关系，居住在不同地区的人群的体质特征和风俗习惯，包括动植物在内的各个时期古人的食物种类、数量，利用采集、狩猎、种植和家养等一系列获取食物资源方式的演变过程及原因，当时人进行随葬和祭祀活动时使用各种动植物的种类、数量和不同时期的特征及形成原因，古人制作各种器物的方法、原料、发展过程及对社会发展进程的影响，与礼制的构建相关的内容，涉及劳役、战争等方面的作用，文化与文化之间一些特殊因素的交流，等等。同时，科技考古研究还能进一步提高考古调查、发掘和研究的科学性。

在考古学中应用科技考古主要在两个方面发挥出巨大的作用。

一个方面是对遗迹和遗物进行采样、鉴定、测试和分析，开辟了以往的考古学所不能涉及但又必须涉及的多个研究领域。另一个方面是确认遗址、遗迹的位置、面积、布局，对各类考古资料进行定量统计和分析，极大地提高了考古学研究的科学性和精确度。在科技考古研究基础上形成的考古学综合研究成果才真正符合当代考古学发展的要求，也才能真正如夏鼐等所言，考古学成为历史科学的重要组成部分。①

## 三、科技考古的特征

科技考古的五个特征如下：其一，从多个特定的角度对具体遗址、遗迹和遗物进行探讨，开拓以往的考古学研究中无法涉猎的多个领域，具有创新性；其二，秉承"将今论古"的原则，各个研究领域的方法都是在自然科学等相关学科的技术和方法的基础上建立的，具有可行性；其三，研究对象均出自考古发掘或与考古发掘相关，同时又分别具有物理学、化学、生物学、地球科学、农学、医学等学科的属性，具有跨学科的特点；其四，各个研究领域的鉴定、测试结果都可以进行重复验证，具有科学性；其五，各个研究领域的研究标准和研究结果分别适用于全国各个地区乃至于整个世界的考古遗址出土的同类遗迹和遗物的比较研究，具有普遍性。这五个特征概念清晰、范围明确、逻辑严谨、结论科学。

---

① 夏鼐、王仲殊：《考古学》，中国大百科全书总编辑委员会《考古学》编辑委员会、中国大百科全书出版社编辑部编：《中国大百科全书·考古学》，中国大百科全书出版社 1986 年版，第 1 页。

## 四、小结

综上所述，在考古学研究中进一步强调和发展科技考古是时代向考古学提出的必然要求，是考古学本身发展的必由之路，也是当代考古学不断走向成熟的重要标志。经过多年的努力，在考古学中开展科技考古研究，经历了一个由逐步应用到全面推广的过程，这个过程正在给考古学研究带来一场革命性的变化。其深远意义和学术价值将在今后考古学研究的发展进程中不断体现。

# 第二节　科技考古的分析原理

科技考古研究大致可以分为数字考古、年代测定、环境考古、人骨考古、动物考古、植物考古、同位素分析、古 DNA 分析、残留物分析、冶金考古、陶瓷器科技考古、玉石器科技考古十二个研究领域。这里简述各个领域的分析原理如下：

## 一、数字考古

数字考古可以分为两个部分：其一是在计算机技术支持下，在考古学研究中集成运用现代测绘、遥感、三维重建、地理信息系统、虚拟现实、数据库和网络通信等技术，充分采集和运用考古现场各种空间信息进行综合分析和研究。[1] 其二是借助遥感及地球物理探

---

① 刘建国：《数字考古研究进展》，《中国文物报》2020 年 8 月 7 日。

测设备，认识暴露在地面或埋藏于地下的遗迹或遗物的形状、种类及线索。

## 二、年代测定

新石器时代考古、夏商周考古和历史时期考古研究中年代测定的方法主要有两种，即碳十四（$^{14}C$）测年法和树木年轮定年法。碳十四测年法是依据碳十四的放射性特征，采集古代遗址中出土的含碳样品，对其中的碳十四含量进行测定，并通过氮十三（$^{13}C$）、树轮和系列样品拟合等进行校正，最后得到高精度的日历年代数据，获得遗址、具体文化层或遗物的绝对年代。树木年轮定年法是通过对某一气候区特定树木的年轮进行分析和研究，建立长序列的树木年轮年表，对这个地区考古遗址中出土的同类树种的木质遗物进行精确的定年，为确定遗址和遗物的绝对年代提供参考依据。

## 三、环境考古

人类社会的历史为众多因素的合力所造就，这些因素交织而成一个庞大的自然—人文—社会的系统。自然环境在这个系统中发挥了重要的作用。自然环境既为人类的生存和发展提供了物质基础，又为人类进行各种活动提供了一个舞台，人类的各种行为和认识在根本上都与其所处的具体环境密切相关。人类在认识、利用和改造自然的过程中，对自然环境造成各种影响，从而形成了复杂多样的文化景观。正因如此，认识古代人类社会就必须研究自然环境与文化之间的互动关系。环境考古研究的目的是为了全面、具体地阐述和解释古代的自然环境和人类行为的相互作用。其研究主要包括两个部分：重建古代的自然环境；探讨古代的人地关系。

要实现环境考古研究的目的，就必须首先了解古代的自然环境状况和人类行为。其中，古环境的重建有赖于各种地貌、沉积现象以及环境代用指标的提取，这构成了环境考古研究的基本任务。而相关的古代人类行为不仅包括古代人类具体的生产和生活方式，更重要的还有他们自己对所处自然环境的认识。这些资料大部分可以通过田野考古调查和发掘以及多种自然科学方法的应用而获知，有些则需要包括环境考古在内的考古学研究做进一步的探讨。[①]

## 四、人骨考古

人骨考古的研究对象来源于考古发掘出土的人类化石或骨骼。通过测量性状及非测量性状的研究、牙齿人类学研究以及古病理、古 DNA、碳氮稳定同位素、锶同位素等各种研究，全面探讨古代人群的各种状况。其内容包括人群的种族形态、饮食、营养和健康、社会身份、风俗习惯和古人口统计学以及遗传学等方面。人骨考古与人类的生活方式、文化、技术、行为和经济模式的变化具有密切的联系，对研究不同时期人群的形成、分化、发展过程、体质特征、营养健康、社会风俗以及遗传特征等具有非常重要的作用，是全面复原古代人类社会的历史面貌中不可或缺的重要组成部分。

---

① 王辉：《环境考古》，中国社会科学院考古研究所：《科技考古的方法和应用》，文物出版社 2012 年版，第 45—63 页。

## 五、动物考古

动物考古学属于考古学的研究范畴，其研究目的包括认识古代存在于各个地区的动物种类、推测当时的自然环境及探讨古代人类与动物相关的各种行为。

动物考古学的研究对象包括考古遗址出土的无脊椎动物和脊椎动物这两种动物遗存。考古遗址中出土的无脊椎动物主要包括贝类的两大类，即属于腹足纲的螺类和属于瓣鳃纲的贝壳，而脊椎动物则主要包括鱼类、爬行类、鸟类和哺乳类四种。分布在各个地区、各个时期的考古遗址中出土的包括贝类的螺壳和贝壳以及鱼类、爬行类、鸟类和哺乳类等在内的动物骨骼，都是被当时居住在那里的人们食用后废弃或有意识地摆放动物后遗留的。动物考古研究根据均变论的"将今论古"的原则研究古代动物遗存。根据动物分类学的原理认定动物种属、组成及演化关系；根据动物解剖学的原理判断动物的形态特征；对照动物地理学确定各种动物的分布范围；根据动物生态学的原理判断各种动物的多种行为特征。而埋藏学和文化生态学则为我们探讨古代动物遗存的出土背景、研究古代人类与动物相关的各种行为提供科学依据和社会学的启示。在此基础上，结合考古学的文化背景进行探讨，认识古代人类是如何利用动物资源，研究动物在古代人类的物质文化和精神文化中的作用和地位，构建人与动物同行的历史。

## 六、植物考古

植物考古学的研究目的是认识和了解古代人类与植物的相互关

系，复原古代人类生活方式和解释人类文化的发展与过程。

植物考古学的研究对象是通过考古发掘出土的、与人类生活直接或间接相关的植物遗存。所谓与人类生活直接相关的是指那些根据人类的不同需求被人类利用的植物，如食物、燃料、建筑材料、工具及用具等，所谓与人类生活间接相关的是指那些影响到人类生活的植物，如依附于人工生态环境的杂草和人类活动范围内的自然植被等。

在考古发掘中最有可能发现和获取的古代植物遗存有五大类，即大植物遗存（未炭化和炭化）、木材（未炭化和炭化）、孢粉、植硅体和淀粉粒。大植物遗存主要指古代植物的块根和块茎、硬果壳核及植物种子。孢粉是指植物的孢子（苔藓、蕨类的繁殖器官）和花粉（种子植物的繁殖器官）。植硅体是指高等植物根系在吸收地下水时也吸收一定量的可溶性二氧化硅，经植物的输导组织输送到茎、叶、花和果实等处，在植物细胞间和细胞内沉淀下来的固体非晶质二氧化硅颗粒。淀粉粒是指植物的葡萄糖分子聚合而成的长链化合物，以颗粒的形式贮藏在植物的根、茎及种子等器官的薄壁细胞中。大植物遗存和木材的体积相对较大，借助放大镜或体视显微镜就可观察分析，因此被称为大植物遗存。孢粉、植硅体和淀粉粒均是微小物质，体积以微米计量，必须要在高倍光学显微镜下方可观察到，因此又被统称为微植物遗存。大植物遗存和微植物遗存的研究具有互补作用。

## 七、同位素分析

当前的同位素分析主要分为碳氮稳定同位素分析和锶同位素分

析两种，以下分别阐述。

（一）碳氮稳定同位素分析

食物是人类和动物赖以生存的物质基础。生物体在光合作用、生物固氮以及生态系统的营养级上升过程中，C、N 稳定同位素将发生不同程度的同位素分馏。依据"我即我食"（You are what you eat）原理，人类（动物）组织（包括骨骼和牙齿）中的 C、N 同位素比值，直接反映了其食物来源（陆生、海生、淡水）和营养级级别（动物类食物与植物类食物的大致比例）。故此，通过考古遗址出土人骨和动物骨骼的碳十三值（$\delta^{13}C$）和氮十五值（$\delta^{15}N$），就可以揭示古代人类和动物的食谱，探讨其形成的内在原因，认识人的行为特征，了解人类社会中人群结构的组成和分化。

（二）锶同位素分析

锶同位素分析即通过测定样品中的锶同位素比值确定其所包含的地质环境特征。应用锶同位素分析的方法，对考古遗址出土的人和动物遗存进行分析，可以帮助我们科学地确定考古遗址中出土的人和动物是本地的还是外来的，再进一步探讨其形成的原因。

## 八、古 DNA 研究

DNA 研究利用分子生物学技术，从古代生物遗存中获取 DNA 序列，然后运用系统发育分析、多维尺度分析、主成分分析和群体遗传学分析等方法进行分析，研究人类的起源、演化、发展与迁徙，揭示古代人类的性别鉴定、母系和父系血缘、群体之间的遗传关系（包括族属）及古病理。DNA 研究还包括古代动植物的种属和性别鉴定，动植物群体的历史遗传结构变化、家养与驯化研究等。[①]

## 九、残留物分析

先民在加工和利用生物资源的过程中，一些有机物质可残存或沉积在相关器物内、土壤中或遗迹上。在长期埋藏过程中，虽经受到物理、化学和生物作用的影响，但仍然或多或少地保存下来。这些残留至今的有机物质统称为有机残留物。有机残留物可分为可见残留物（如液体、炭化物等）和不可见残留物（如陶片吸附的脂类、酒石酸和树脂酸，还有包括植硅体及淀粉粒在内的植物微体化石等）两种。可见残留物在考古发掘中出土的实例相对较少，而不可见残留物则广泛存在于石器、陶器和青铜器上，这是残留物分析的主要对象。[②]通过对这些残留物的分析，可以辨别其主要来源（动物资源、植物资源等），了解古代人类对各种资源的开发和利用。

## 十、冶金考古

金属是人类最为重要的发明创造之一。青铜是铜和锡的合金，有时还含有铅。作为中国古代文明的象征之一，中国的青铜器以其美轮美奂的造型和高超的制作技术闻名于世，青铜冶铸技术也促进

---

① 蔡大伟主编：《分子考古学导论》，科学出版社 2008 年版，第 1—84、181—201 页。

② 杨益民：《古代残留物分析在考古中的应用》，《南方文物》2008 年第 2 期，第 20—25 页。

了中华早期文明的发展进程。铁器虽其貌不扬，但因其比青铜有更好的使用性能及更高的技术要求而得以开创一个新的时代。特别是中国古代发明的生铁冶炼及利用生铁制钢的技术，不仅是世界冶金史上的一大创造，也为秦汉帝国的建立提供了物质基础。对青铜器、铁器、金银器和其他古代使用的金属及其制作技术进行研究，不仅可以了解中国古代金属技术的发展历程，而且可以探讨有关不同地区的文化交流、技术传播以及社会发展的问题。

制作金属器是一个复杂的包含多种工艺的过程，如青铜器铸造的典型工序流程包括多个步骤：矿石开采和冶炼；制作模范芯形成铸型；熔炼合金浇注；铸后修整或补铸、纹刻、镶嵌和彩绘等，最后完成整个工序。因此冶金考古既需要对其中各种工艺过程、遗留物和产品进行分析，也需要对金属产品的社会属性进行探讨。典型的研究方法主要为对采矿、冶炼遗址进行田野考察和发掘，对矿洞、采矿工具、矿石、炼渣、木炭、冶炼炉或坩埚等遗物进行分析，研究金属矿的采选和冶炼技术；利用铅、锡等同位素分析和微量元素分析，探讨矿料来源和产地；通过铸造遗址的田野调查和发掘，以及铸范、熔炉、炉渣和鼓风管等铸造遗物的分析，研究铸型材料的选择和制作工艺、合金熔炼等问题，并通过铸型（石范、陶范和金属范等）与金属器具的对照观察，结合理化分析技术，复原金属器具的铸造工艺，研究表面加工技术等；利用现代无损和微损分析方法，考察金属制品的合金配制、制作工艺等问题；最后，还要把冶铸遗址、遗物的实地考察，现存传统工艺的调查与实习，文献资料的考订以及古代工艺的复原研究有机地结合在一起，形成一种研究工作的模式。总之，注意把技术的发生、发展、传播和影响的过程与考古学文化的发展过程紧密结合起来，置于历史发展的动态中进行观察和认识，找出它们的内在联系和因果关系，从而解释物质文化生产和社会发展的相关重大问题。①

## 十一、陶瓷器科技考古

中国陶瓷器具有连续不断、长达万年的工艺发展史，它的发展过程蕴藏着十分丰富的科技与文化内涵。陶瓷器科技考古研究主要是借助现代材料观测、分析手段和数据处理系统，对古陶瓷进行系统的年代、组成、结构、物理性能、成型工艺和呈色机理等的测试分析，阐释古陶瓷产生与发展的技术支撑、资源条件，以及工艺特征和发展脉络，阐明新石器时代陶器的发明和使用对人类生活产生的影响，瓷器的发明与不断创新对社会进步起到的作用，再现古陶瓷蕴含的丰富的科技与人文信息，为这些文化资源的传承、保护和利用奠定基础。

## 十二、玉石器科技考古

石器是考古遗址出土的主要遗物之一，对石器的选材、制作、使用及功能的分析是考古学，尤其是史前考古学研究的重要课题之一。它能够为我们认识古代人类文化的各个层面，特别是生产技术

---

① 孙淑云、柯俊：《冶金史研究方法的探索》，《广西民族学院学报（自然科学版）》2004年第2期，第6—10页；刘煜：《青铜器研究》，中国社会科学院考古研究所：《科技考古的方法与应用》，文物出版社2012年版，第172—194页；陈建立：《中国古代金属冶铸文明新探》，科学出版社2014年版。

领域的各个方面提供十分有价值的资料，并开展有针对性的比较研究，探讨与生产力相关的考古问题。

与石器类似，对玉器材质的鉴定和制作工艺的探讨，是从科技考古的角度分析玉器的主要焦点。从原料和工艺的角度开展研究，是认识当时生产状况的重要内容，最终目的是解决社会性质问题。

# 第三节　科技考古的研究案例

本节通过主要介绍科技考古各研究领域的1—2个具体研究案例，展示科技考古在全面揭示我国人类发展史与文明发展史的重要研究成果。

## 一、数字考古

在此仅以江汉平原史前人地关系研究为例进行阐述。[1]

江汉平原位于长江中游湖北省的中南部，西有鄂西山地，北部大洪山，东北为大别山丘陵，东南为江南丘陵。自大溪文化开始，江汉平原周边地区的史前文化至屈家岭、石家河文化时期达到巅峰阶段。刘建国运用无人机拍摄了该区域的22个聚落遗址，对生成的1米分辨率数字表面模型以及约30米分辨率的SRTM1数字高程模型等数据进行综合分析，并结合田野考古调查和发掘资料，探讨史

---

[1]　刘建国：《江汉平原史前人地关系研究》，《南方文物》2022年第6期，第27—34页。

前聚落遗址的微地貌特征及其形成过程，提出了该区域史前先民认识与改造自然环境的方式和人地关系模式。

根据 22 个重要史前聚落的分布特征，该研究将江汉平原中聚落分布区域分为四个区域（华容隆起地带、荆山南麓、大洪山南麓、大别山西南），构建了不同区域聚落的数字表面模型，揭示了不同区域内遗址的海拔和地理分布状况。研究结果表明：第一，不同遗址具有不同的功能。部分遗址具有防洪功能且修筑了防洪设施，部分遗址则通过拦截流域面积不大的河流，彻底改造了周边环境，合理调控水利资源为居民生存和农业种植创造了最佳的条件。第二，多个聚落似乎具有双重环壕结构。这种结构可能存在年代早晚的差异，反映了聚落不断发展扩大的变化过程，但也有可能属于聚落内部的不同功能分区。第三，屈家岭聚落群和石家河聚落群对环境的适应有所差异。屈家岭聚落群位于完整而封闭的山前冲积平原，水源充沛，通过修建拦水堤坝合理调配水源，避免水患的侵扰，先民在河谷冲积平原耕种农作物。而石家河聚落群则地处岗地与湿地、湖沼交汇地带。显然，此时史前居民改造环境、治理水源的理念、方式已经发生明显变革。

## 二、年代测定

在此以二里头文化年代的确定为例进行阐述。

二里头文化是青铜时代早期一支以中原腹地为核心分布区的考古学文化，二里头文化的年代学研究事关该文化的族属、文化内涵与夏商分界等重要的学术问题，因此一直是学术界关注的核心课题之一。

夏鼐曾根据四个测年标本的碳十四数据推断二里头文化的年代约自公元前 1900 年至前 1600 年。[①] 仇士华等则统计了 33 个碳十四数据之后，又将二里头文化（按：原文为二里头遗址，但从行文来看，应为二里头文化）的年代下限推至不晚于公元前 1500 年。[②]

夏商周断代工程启动后，对二里头遗址进行的重新研究验证了之前的结论，同时又将二里头文化的年代上限和下限分别推至不早于公元前 1880 年、不晚于公元前 1520 年，并对二里头文化一至四期的绝对年代进行了细化：一期为公元前 1880 年至前 1640 年，二期为公元前 1740 年至前 1590 年，三期为公元前 1610 年至前 1555 年，四期为公元前 1560 年至前 1520 年[③]。

中华文明探源工程启动之后，研究人员把新砦、二里头、二里岗遗址新测得的数据与已发表的数据进行系统分析，以基于考古学文化及其分期得到的相对年代为先验条件建立系列样品拟合模型，得出二里头文化绝对年代大约介于公元前 1750 年至公元前 1530 年或 1520 年的结论。[④] 其中，最直接的证据来自对二里头遗址二里头

---

[①] 夏鼐：《碳 -14 测定年代和中国史前考古学》，《考古》1977 年第 4 期，第 217—232 页。

[②] 仇士华、蔡莲珍、冼自强、薄官成：《有关所谓"夏文化"的碳十四年代测定的初步报告》，《考古》1983 年第 10 期，第 923—928 页。

[③] 张雪莲、仇士华：《关于夏商周碳十四年代框架》，《华夏考古》2001 年第 3 期，第 59—72 页。

[④] Zhang X, Qiu S, Cai L, Xu H, Zhao H, Chen G: $^{14}$C dating of the Erlitou site, *Radiocarbon*, 2022 年第 64 卷第 4 期，第 819—832 页；夏商周断代工程专家组：《夏商周断代工程 1996—2000 年阶段成果报告》，世界图书出版公司 2000 年版，第 79 页；夏商周断代工程专家组：《夏商周断代工程报告》，科学出版社 2022 年版，第 500—508 页；张雪莲、仇士华、蔡莲珍、薄官成、王金霞、钟建：《新砦—二里头—二里冈文化考古年代序列的建立与完善》，《考古》2007 年第 8 期，第 74—89 页。

文化一二期之交与二期提取的 18 个木炭样品的碳十四测定。研究者根据测试结果提出二里头文化二期的年代上限为公元前 1705 年，并认为如果按照每期 50 年推测二里头文化的年代上限不早于公元前 1750 年，如果将二里头遗址和新砦遗址数据按照文化分期进行拟合，二里头文化一期的年代上限则为公元前 1735 年。[1]

2015 年，仇士华先生对二里头遗址年代数据进行了系统的梳理，并结合新砦、郑州商城等相关遗址，采用系列样品拟合模型，认为二里头文化四期的年代分别为公元前 1750 年至前 1680 年、公元前 1680 年至前 1610 年、公元前 1610 年至前 1560 年、公元前 1560 年至前 1520 年。[2]

## 三、环境考古

这里以河南省巩义市双槐树遗址和山东省胶东半岛贝丘遗址的环境考古研究为例进行阐述。

### 1. 河南省巩义市双槐树遗址

河南省巩义市双槐树遗址以仰韶晚期（5300—5000a BP）遗存最为丰富，发现了该时期三重环壕体系、大型夯土建筑等代表聚落较高等级的重要遗迹和遗物。宏大的规模和高规格的遗迹遗物表明，双槐树遗址已经成为古国时代一座重要的区域都邑性聚落，被称为

---

① 张雪莲、仇士华、蔡莲珍、薄官成、王金霞、钟建：《新砦—二里头—二里冈文化考古年代序列的建立与完善》，《考古》2007 年第 8 期，第 74—89 页。

② 仇士华：《$^{14}$C 测年与中国考古年代学研究》，中国社会科学出版社 2015 年版，第 101 页。

"河洛古国"。然而,该遗址的规模和等级在龙山文化早期(5000—4500a BP)开始衰退,逐渐失去作为区域中心聚落的地位,最终被废弃。

胡秀等对该遗址开展了系统的环境考古研究,以了解该聚落的兴衰历程。[①] 研究发现:1)在靠近南北两侧岸堤处,发育两条东西走向的线状地裂缝,与壕沟的走向平行;2)内壕表面1.9米以下地层5—27层发生液化,受液化影响,地层发生不同程度的非对称性的褶曲,形成倾斜的和倾伏褶皱,未见碟状构造;3)靠近南侧岸堤处,在中壕地层29之上保存有崩塌楔堆积;4)考古发掘揭示居址区的第二期地基,为小型房址的地基,上覆盖厚约1米的建筑碎屑,广泛分布在居址区内,局部仍保留墙体残余,局部地面保留大量破碎的成簇碎屑陶片堆积。

此研究揭示了双槐树遗址区域在约5.0cal ka BP发生一次大于Ms5.9—6.0的古地震。此次古地震诱发内壕的沉积物发生液化变形,引起中壕内南侧岸堤发生崩塌。同时,在双槐树遗址居址区内也发现了由地震引起的房屋倒塌和墙体破裂。大面积建筑物的突然倒塌和居址区地裂缝的存在表明,地震引起的强烈地震动导致人工建筑结构失稳,可能造成居址内的人员伤亡。受到地震的影响,尽管双槐树聚落在震后仍然存在,但聚落规模在震后减小。三重环壕和许多其他的大型设施在龙山文化早期被废弃,这一过程与古地震发生

---

① 胡秀、鲁鹏、李有利、莫多闻、顾万发、刘晴日、郭爱伦、陈盼盼、王辉、田燕、汪旭、胡亚毅、张吉钦、王振、罗全星、许俊杰:《史前地震加速早期中国"河洛古国"的衰落》,《中国科学:地球科学》2023年第5期,第1—13页。

时间一致。据此推测此次古地震事件对双槐树遗址内大量建筑崩塌具有主导作用，并在一定程度上加速了遗址衰落。这一推论与中国早期著名史书《竹书纪年》的记载"地裂，帝陟"相对应。随着龙山晚期王城岗、古城寨等其他都城聚落的兴起，双槐树遗址被最终废弃。

2. 山东省胶东半岛地区贝丘遗址

胶东半岛南北两岸的地质构造、地貌形态为史前人类的活动提供了新的舞台，同时也对当时人类的活动形成一定程度的制约和影响。在此仅以该地区贝丘遗址的环境考古为例进行阐述。[①]

袁靖通过野外调查发现胶东半岛的全部贝丘遗址在地貌上基本有一个模式，即遗址周围的三面往往是丘陵或山脉环绕，另外一面则是低洼地。低洼地有的直接或稍有曲折地通向现在的海岸，有的则顺河谷沟壑蜿蜒延伸至现在的海岸。当年海侵时，海水高出现在的海平面4米左右，进入陆地，在河谷沟壑处海水则顺自然地势逆流而上。当时的海岸与各个贝丘遗址间的距离均在3公里以内。可见当时人在海边建立居住地，其获取海产资源的活动半径普遍都在距离遗址3公里之内。当时人在居住地的选择上，充分考虑到适应海侵形成的自然地貌变化特点及获取海产资源时需要耗费的往返路程。

研究还通过对胶东半岛各个贝丘遗址的关键柱、采样小方采样

---

① 中国社会科学院考古研究所：《胶东半岛贝丘遗址环境考古》，社会科学文献出版社1999年版。

的结果进行分析，发现不同遗址出土贝壳的种类特征组合有所不同，且表现出一定的分布规律。最典型的如南岸的贝丘遗址中不见蛤仔，北岸的贝丘遗址中不见泥蚶等。究其原因，贝类的生态特征是问题的关键。各种贝类对各自的生存环境有特定的要求，且反应十分敏感，一旦环境发生变化，贝的种类就会跟着变化。比如泥蚶适宜生存于气温较高、底质为泥沙混杂的环境里，这正好与海侵时海水进入陆地，特别是在南岸顺河谷进入陆地形成浅湾溺谷地区的地理环境相符。另外，南岸的气温也高于北岸；牡蛎对温度的要求没有泥蚶那么明显，但其需要泥沙混杂的底质，其遗址周围都能找到这样的环境；蚬是生存于河水与海水相交的环境里的一种贝类，它所存在的烟台市福山区邱家庄遗址正好位于大姑莱河的入海口；而砂质海岸的环境一般适宜蛤仔、文蛤、多形滩栖螺等生存。这些贝类各自的生态特征决定了其必须生存于胶东半岛南岸和北岸的不同自然环境。贝丘遗址中出土的不同贝壳种类，正是当时的人们仅能获取居住地附近的海边所能提供的特定贝类资源作为食物的表现。微小地貌的不同决定了居住在不同区域的人所获取的贝类资源的不同。

## 四、人骨考古

在此仅以大口遗址人骨的系统研究为例进行阐述。[①]

砣矶岛大口遗址位于山东省烟台市蓬莱区（原长岛县）砣矶镇大口北村，地处渤海与黄海交汇处。依据出土陶器可将大口遗址划

---

① 张旭、王明辉、李佳伟、詹芃、杜振远：《山东砣矶岛大口遗址人类颅骨测量性状研究》，《华夏考古》2023 年第 6 期，第 83—89 页。

分为两个文化期，第一期文化属于山东龙山文化阶段，第二期文化或已进入岳石文化阶段，且两期文化之间存在着先后继承发展的可能性。中国社会科学院考古研究所科技考古中心的研究团队利用古人口学、人体测量学、古病理学、同位素分析、古 DNA 分析等多学科方法与手段，对采集自砣矶岛大口遗址的 19 例人骨（一期 10 例，二期 9 例）标本进行了全面系统研究。研究结果如下：

1. 古代居民人骨信息。19 例人骨标本中性别明确者 17 例（男性 12 例，女性 5 例）；死亡高峰期均为壮年期（24 至 35 岁）。两个文化期居民整体平均预期寿命为 34.62 岁。19 例人骨标本中男性居民颅型特征为长颅型、高颅型结合狭颅型、中额型、偏低的中眶型、阔鼻型、中颌型、中上面型和较大的面部扁平度；女性居民为长颅型、偏高的正颅型结合狭颅型、偏阔的中额型、中眶型、阔鼻型、突颌型、阔上面型和大的面部扁平度。

2. 古代居民的生业模式。将大口遗址古代居民的龋齿率、前后部牙齿磨耗等级差异以及碳氮稳定同位素作为判定指标，对大口先民进行食物结构的探讨，推测该人群的生业模式。综合研究表明，大口遗址古代居民应具有相对成熟的农业经济，同时采集—渔猎经济活动也占有一定的比例，所持生业模式属于混合经济。

3. 龙山文化期古代居民种系源流。经与国内已发表的先秦时期六大人种类型代表组、山东地区大汶口及龙山文化时期代表组的颅骨测量性状进行欧氏距离（$D_E$）、马氏平方距离（$D_M^2$）、修正后马氏平方距离（$D_{CM}^2$）计算后发现，大口遗址龙山文化期人群的颅面形态特征应归属于先秦时期古华北类型，与山东龙山文化时期的鲁北的呈子遗址、鲁中北的丁公遗址出土人骨的颅面形态较为近似，但不同于大汶口文化时期古代人群的古中原类型的颅面特征，也与龙山文化时期的鲁西北西吴寺组人群颅面形态不同。此外，结合古DNA 研究成果，发现人群间的基因交流造成了大口遗址龙山文化期古代居民不同于大汶口文化时期山东先民近似古中原类型的颅面形态，而更接近于古华北类型颅面形态的主要原因；同时，或许这种基因交流也是以山东为中心的海岱地区不同地方类型的龙山文化居民呈现出不一致的颅面形态特征的原因所在。

## 五、动物考古

在此以代表性物种——猪（本土驯化动物）和绵羊（外来驯化动物）的起源研究为例进行阐述。[①]

### 1. 猪

家猪发现于河南省舞阳县贾湖遗址，距今大约 9000 年。主要有八条证据：一是齿列排列不正常，在下颌骨上发现存在齿列扭曲的现象，这是比较典型的家猪的特征；二是全部臼齿中线性牙釉质发育不全的标本占较高比例，处于人工饲养的家猪种群的线性牙釉质发育不全所占的比例之内，明显高于野猪所占的比例；三是牙齿几何形态测量的结果显示其接近家猪，而与野猪差距很大；四是 2 岁以下的猪占全部猪的 81%，年龄结构偏年轻，不同于野猪种群的年龄结构模式；五是个体数量占全部哺乳动物的 25% 以上，远远大于

---

① 袁靖：《中国动物考古学》，文物出版社 2015 年版。

自然状态下野猪种群在全部哺乳动物中的比例不超过 10% 的现象；六是在墓葬中随葬猪的下颌，在后来的数千年里的众多遗址中发现的随葬家猪的现象，与其是一脉相承的；七是碳氮稳定同位素的分析结果显示，猪和属于同一遗址的人的食物结构十分相似，意味着其与人工喂养有关；八是 DNA 证据显示，其线粒体 DNA 特征与现代家猪具有遗传连续性。

数千年来，还没有一种家养动物像家猪一样，既是中国人最主要的肉食资源，同时又在精神领域里扮演了重要的角色。在历史时期，家猪的饲养技术扩散到整个东亚地区，在促进人类社会的经济生活和文化生活的发展中起到了重要的作用。

2. 绵羊

绵羊在年代距今约为 5600 至 5000 年的甘青地区的考古遗址中突然出现，而后向东部扩散，在距今 4500 年前后进入中原地区。主要有七条依据：一是在年代距今约为 5600 至 5000 年的马家窑文化石岭下类型和马家窑类型的墓葬里发现随葬羊骨。二是中原地区多个在距今约 4000 多年前的龙山文化的遗址中突然发现绵羊的骨骼，自龙山文化及以后的各个历史时期的遗址里都发现羊骨。从历时性的角度观察，绵羊的出现有一个明显的从无到有、由少到多的发展过程。三是中原地区龙山文化绵羊骨骼的尺寸大小与商周时期可以判定是家养绵羊的骨骼的测量数据十分接近。四是发现在龙山文化遗址存在多例单独捆绑后埋葬羊的现象。另外，还发现绵羊的肩胛骨上有灼痕，这种现象与古代的占卜活动有关。五是在距今约 4000 年的山西省襄汾市陶寺遗址中发现当时存在剪羊毛的证据，这是对绵羊的次级产品开发。六是多个遗址中出土绵羊的古 DNA 分析结果显示，在当时的绵羊中世系 A 占据主要地位，还存在世系 B 的绵羊，世系 A 和世系 B 的绵羊起源于西亚。由此推测，家养绵羊很可能是通过文化交流，从中国境外将已经被驯化的绵羊传入中国。七是黄河中上游地区的多个遗址中出土的绵羊的碳氮稳定同位素分析结果显示，其食物主要以 $C_3$ 类植物为主，其中也包括少量的 $C_4$ 类植物，可以认为是人工喂养了小米的秸秆等 $C_4$ 类农作物副产品所致。

家养绵羊可以给人类提供肉食及奶制品，在古代的祭祀活动中也发挥了重要的作用，羊毛还可以为人类的衣着提供原材料，提高人类抵御风寒的能力。获取羊毛和编织毛织品还带动了手工业中专门领域的发展。

## 六、植物考古

在此以我国本土驯化植物（粟和黍以及水稻）的起源研究为例进行阐述。[1]

### 1. 粟和黍

粟的野生祖本是狗尾草（也有学者认为是谷莠子），黍的野生祖本目前尚不确定。学界普遍认为这两种小米是在中国北方被驯化并最终成为该地区的主要农作物，但具体的驯化区域和时间尚不十分清晰。

在距今 12000 至 9000 年的北京市东胡林遗址发现了 11 粒炭化

---

[1] 赵志军：《新石器时代植物考古与农业起源研究》，《中国农史》2020 年第 3 期，第 3—13 页。

粟粒和 1 粒炭化黍粒，其中炭化粟粒尺寸非常小，明显呈球状，胚芽部分爆裂成 U 字形，应属于栽培品种，东胡林遗址出土的粟和黍是目前发现的最早栽培小米。除此之外，在距今 8000 至 7000 年的一些遗址也发现了炭化的小米遗存，如在距今 8000 至 7500 年的内蒙古自治区赤峰市兴隆沟遗址第一地点属于兴隆洼文化中期的大型聚落遗址里出土了炭化黍 985 粒，炭化粟 41 粒，其中黍粒在形态上保留了较浓厚的野生祖本的特征，应属于栽培作物进化过程中的初期品种，并且有可能是在当地栽培完成的。距今约 8000 年左右的河北省武安县磁山遗址的多个灰坑中堆积风化的小米。经过对小米植硅体的研究，发现黍的数量明显多于粟。距今 7800 至 7300 年的甘肃省秦安县大地湾遗址大地湾一期出土了 8 粒黍，并且在之后的仰韶文化早期和晚期都有大量黍和粟的发现。其中在仰韶文化早期是黍远多于粟，而在仰韶文化晚期是粟远多于黍。这些发现为早期栽培黍以及仰韶时期农业从以黍为主到以粟为主的变化提供了重要的实证。距今 8000 至 7000 年属于后李文化的山东省济南市长清区月庄遗址和章丘区西河遗址也出土了数量不等、具有驯化特征的粟和黍。从上述关于粟、黍两种小米的早期发现来看，除了东胡林遗址以外，基本都集中在距今 8000 至 7000 年之间，而分布范围也包括了中国北方的西辽河流域、燕山南麓、渭河上游和黄河下游地区的广大区域。

2. 水稻

我们今天俗称的水稻——即亚洲栽培稻的野生祖型是普通野生稻，栽培稻是由野生稻驯化而成。由于依据水稻植硅体探讨野生稻和栽培稻的研究尚无明确的定论，这里主要围绕稻米大植物遗存进行讨论。

近些年来通过浮选发现稻谷遗存的考古遗址数量很多，其中年代最早的应属浙江省浦江县上山遗址出土的炭化稻米。上山遗址是一处新石器时代早期的居住址。遗址内的文化堆积分为上中下三个文化层。下层文化被命名为"上山文化"，碳十四测定的年代在距今10000至8500年间；中层文化堆积属于跨湖桥文化的遗存，绝对年代在距今8000至7000年间；上层文化堆积基本等同于河姆渡文化，年代在距今6500年前后。通过对上山遗址进行大规模的采样、浮选、整理和鉴定，发现了20余粒炭化的稻米和一些稻谷基盘。这些炭化稻遗存多出土于跨湖桥文化时期的浮选样品，但也有一些出土于上山文化时期的浮选样品。除了浮选出土的炭化稻之外，还发现在上山遗址出土陶片的断面上，可以清晰地观察到在陶土中掺和了完整的稻壳。另外，在上山遗址的早期文化地层中出土的一些红烧土残块内也掺杂了大量的炭化稻壳。

虽然暂时无法对上山文化时期是否出现了稻作农业进行量化分析，但是，考虑到上山文化在制作陶器时有在陶土中掺入稻壳的习惯，以及出于某种目的而焚烧稻壳的现象，可以推测在上山文化时期当地古代先民不仅食用稻米，而且有可能在采集自然生长的野生稻的同时开始尝试种植水稻，即实施了平整土地、播种等耕作行为。上山文化时期的古代先民实施的耕作行为仅是为了提高稻的获取量，或是为了间接增加自然生长的野生稻的数量，这些早期被耕种的稻究竟是野生稻还是栽培稻，即在形态特征上和基因特性上仍然属于野生稻还是已经进化成栽培稻，目前尚不能确认。但不论如何，耕作行为毕竟是稻谷驯化的前提，也是稻作农业形成的先决条件，因此可以将耕作行为的出现称作稻作农业形成过程中的孕育阶段。上山遗址稻遗存的发现应该属于这一阶段。

目前在中国发现的明显带有稻作农业生产特点的考古遗址均为距今 8000 年前后。从地域分布来看，主要位于长江中下游以及淮河上游地区，如湖南省澧县的彭头山遗址和八十垱遗址、浙江省杭州市萧山区的跨湖桥遗址、嵊州市的小黄山遗址和河南省舞阳县的贾湖遗址等。

## 七、同位素分析

在此以广西顶蛳山遗址人骨的同位素分析和安徽欧盘窑陶工的生活史为例进行阐述。

1. 广西顶蛳山遗址先民的生存策略与健康[1]

顶蛳山遗址位于广西壮族自治区邕宁县，是华南乃至整个东南亚地区全新世最早的河岸型贝丘遗址。其中，该遗址的二三期堆积为顶蛳山遗址的主要堆积。与顶蛳山二三期面貌相同的文化遗存，广泛分布于广西和越南北部，该种文化类型被命名为顶蛳山文化。根据文化现象和已有的 $^{14}$C 测年数据，该遗址二三期的年代为距今 9000 至 7000 年前后。

---

[1] Zhu S, Li F, Chen X, et al. Subsistence and Health in Middle Neolithic (9000–7000 BP) Southern China: New Evidence from the Dingsishan Site. *Antiquity*, 2021, 95(379): 13–26.

遗址出土人和动物骨的 C、N 稳定同位素分析表明：淡水环境下的鱼类和贝类应为其主要的食物来源；肢骨和肋骨的同位素数据无明显差异，反映了先民的生活较为稳定，应与其长期定居相关。尽管骨骼功能力学的分析显示男女之间可能存在劳动分工，但两者的同位素数据相近，表明两者获取食物的途径基本相同。此外，不同葬式间人骨的同位素数据也无显著区别，暗示两者可能属于同一人群。

顶蛳山二期和三期居民的同位素分析显示，两类人群的食物结构并无明显差异，但与三期居民的 $\delta^{13}C$ 值相比，二期居民的 $\delta^{13}C$ 值的分布更为广泛，表明从二期至三期先民的食物选择更加集中。考虑到遗址三期开始出现鱼钩，有理由推断，随着捕鱼的专业化，淡水鱼类成了人类更主要的食物来源。此外，该遗址的古人口学研究表明，二期至三期先民的死亡高峰推后，平均预期寿命延长。由此，我们认为：自顶蛳山二期至三期，捕鱼技术的进步和成熟，为先民提供了更加稳定的食物来源从而延长了其寿命。

为探讨不同生存策略对人群健康的影响，将黄河流域、长江流域以及华南地区人群的人口平均寿命进行对比后发现，新石器时代中期，在渔猎采集经济下的居民（特别是女性）较之农业早期阶段下的先民具有更高的平均寿命。这表明，尽管农业的出现和发展为持续增长的人口提供了更多的粮食，但人群的健康状况不容乐观。然而，需要指出的是，由于研究样本尚不足够多，且受文化以及社会因素的影响，人口平均寿命的统计可能还不够完善。这需要今后积累更多的人口数据，以探讨不同生业模式对人口增长和人群健康的影响。

2. 安徽欧盘窑陶工的生活史 [①]

近些年来，通过考古遗址中出土人体硬组织（骨和牙）进行多稳定同位素的分析，重建个体层面上的先民生活史（如哺乳断奶、生存方式变迁、生理健康、迁徙活动等），已成为国际生物考古界新的研究热点和研究前沿。然而，目前已有的研究主要关注高等级人群（如国王、贵族等），罕见探讨社会底层的生活史。

隋唐（公元581—907年）是中国古代瓷器发展的重要阶段之一，这一时期官窑制度尚未正式形成，瓷器主要由民窑生产。欧盘窑址，位于安徽萧县白土镇欧盘村南部，属于萧窑系，烧造时代为隋至盛唐时期（公元581—755年），产品以青釉瓷为主，兼具少量白瓷。位于发掘区中部T7内，发现目前唯一一座墓葬M1，出土人骨1具和随葬品2件。针对该个体，易冰等开展了AMS-$^{14}$C测年、古病理分析以及多组织、多稳定同位素分析。

根据考古资料，该墓葬位于欧盘窑内，靠近工作坊。墓葬出土的2件瓷器，与窑址发现的瓷器极其相似。人骨的AMS-$^{14}$C测年结果，表明该个体生活于公元534—644年（校正后年代），也落于窑的使用年限范围。此外，通过人骨的病理观察，发现其椎骨与髋骨异常，患有骨关节炎，椎骨曲线异常。这些可能与其长期从事反复弯腰与负重等体力劳动密切相关。综上，基于考古学、人类学和测

---

① Yi B., Zhang J., Cai B., et al. Osteobiography of a Seventh-century Potter at the Oupan Kiln, China by Osteological and Multi-isotope Approach. *Scientific Reports*, 2019, 9(1): 12475.

年证据，我们推断该个体很可能为陶工，在欧盘窑工作，死后就简单地埋葬于此。

尤其重要的是，该个体人骨的多组织、多稳定同位素分析，揭示了其自哺乳直至死亡数年前的生活史。其肋骨和肢骨的 C、N 稳定同位素比值，表明其主要以 $C_3$（麦类、豆类）/$C_4$（粟类）的陆生资源为食；牙齿（M1、M2、M3）牙本质序列 C、N 稳定同位素则显示，该个体至迟于 2 岁断奶，在生长发育过程中发生过多次生存方式的变迁抑或较为频繁的迁徙；牙齿（M1、M2、M3）牙釉质 C、O 稳定同位素比值的变化，可能缘于其持续的北迁活动。显然，他颠沛流离的生活，与其身份和较低的社会地位密切相关。

## 八、古 DNA 研究

在此以两大地区古代人类的遗传史研究为例进行阐述。

1. 青藏高原人群的 5000 多年遗传史

付巧妹等[1] 从青藏高原不同区域 30 多个遗址中，成功捕获测序 128 例线粒体和 97 例青藏高原古代人类个体的核基因组。这些基因组数据覆盖了整个青藏高原地区，样本绝对年代跨度距今约 5100 年至 100 年，为揭示青藏高原近五千年来的人群演变与传承提供了重要的遗传学证据。通过对青藏高原不同区域人群基因组数据的分析，

---

[1]  Wang, H., Yang, M. A., Wangdue, S., Lu, H., Chen, H., Li, L., Dong, G., Tsring, T., Yuan, H., He, W., Ding, M., Wu, X., Li, S., Tashi, N., Yang, T., Yang, F., Tong, Y., Chen, Z., He, Y., Cao, P., Fu, Q. (2023). Human Genetic History on the Tibetan Plateau in the Past 5100 Years. *Science Advances*, 9(11), eadd5582.

发现了西藏人特有的遗传成分至少在距今 5100 年以前已存在于整个青藏高原各区域的古人群之中，而且具有很好的遗传连续性。其中，宗日遗址的样本是迄今发现携有青藏高原特有遗传成分的最古老的个体。该研究进一步揭示了这些独特遗传成分的来源。它们由两股不同的遗传成分混合形成，其中约 80% 的遗传成分与东亚北方 9500 年至 4000 年前的人群相关，约 20% 的遗传成分来源于一个未知的古代人群。这一结果表明，青藏高原人群的主要成分很可能与新石器时代东亚北方人群的扩张以及由此驱动的人群迁徙和混合相关。遗传分析还表明，距今 2700 年以来，青藏高原内部不同时间和区域古人群的遗传成分变化很大，这些变化与曾经在此存在过的早期区域性政治实体和吐蕃王朝的兴衰密切相关。近 5000 年来，部分高原古人群与高原以外地区的古人群有着密切联系，包括与中亚地区、东亚南部古人群存在互动等。这些遗传学证据揭示出高原内外复杂的人群交流历史，也和考古研究从物质文化角度揭示的跨喜马拉雅互动、高原丝绸之路的事实一致。

2. 河西走廊汉唐时期不同人群的混合史

文少卿等对河西走廊黑水国遗址汉代墓地和佛爷庙湾曹魏—唐代墓地出土人骨 25 例古基因组数据以及已发表的河西走廊及其周边人群的古基因组和现代人的全基因组 SNP 芯片数据进行了研究，结果表明河西走廊的人群结构在近两千年以来受到了重大历史事件的影响。在新石器时代晚期至汉代河西走廊人群至少发生了一次明显的遗传成分转变，从以齐家文化为代表的黄河上游新石器晚期祖先成分转变为黄河中下游新石器时代晚期/青铜晚期铁器时代早期的祖先成分，这种转变甚至影响到了新疆东部。这与历史记载的汉王朝向河西走廊进行大规模移民的历史事件相吻合。在河西走廊最西端的敦煌佛爷庙湾墓地曹魏时期和唐代的个体中各发现 1 例欧亚大陆东西部的混血个体，其欧亚西部祖先成分分别高达约 30% 和约 50%。这两例个体都显示出当地男性和欧亚西部女性的混合。敦煌位于欧亚大陆文化、宗教和人群交流的十字路口，出土的墓葬壁画及画像砖中可见汉人、羌人、氐人、鲜卑人及龟兹人等不同的民族形象共存。与历史时期的河西走廊人群相比，现代甘肃汉族及河西走廊特有的民族普遍受到了额外的欧亚西部人群的遗传影响。据推测，河西走廊人群欧亚西部人群和本地历史时期人群的混合时间约在距今 600—1000 年。这一时期，蒙古帝国扩张进一步拓展了东西方人群的交流，元朝政府为了充实河西走廊的户籍，也从西域迁徙大量的军民到河西走廊驻屯。这些历史事件都深刻地影响了河西走廊现今语言—民族格局的形成。该研究通过古基因组分析重构了河西走廊的遗传史，加深了我们对东西方人群交流的认识[1]。

## 九、残留物分析

在此以古代奶制品和茶叶的研究为例进行阐述。

---

[1] Xiong, J., Wang, R., Chen, G., Yang, Y., Du, P., Meng, H., Ma, M., Allen, E., Tao, L., Wang, H., Jin, L., Wang, C. C., & Wen, S. (2023). Inferring the demographic history of Hexi Corridor over the past two millennia from ancient genomes. Science bulletin, S2095-9273(23)00887-3. Advance online publication. https://doi.org/10.1016/j.scib.2023.12.031.

1. 古代奶制品的研究 [1]

杨益民等使用蛋白质组学方法对新疆维吾尔自治区小河墓地中距今 3600 年前的固体牛奶制品进行分析，发现块状物和颗粒状物质具有不同的蛋白质组成。颗粒状物质的蛋白质组成接近全奶，而块状物的乳清蛋白含量较低，主要成分是酪蛋白，说明其是奶酪。随后，他们又在奶酪中鉴定出开菲尔乳酸菌和酵母菌，并据此推断先民先酿制一种特殊的发酵乳开菲尔，再经过脱脂处理和乳清分离，最后得到开菲尔奶酪。此项研究将开菲尔的制作历史上溯到距今约 3600 年，为探讨开菲尔的起源和传播提供了重要线索依据。值得一提的是在与小河墓地同属小河文化距今 3800 年前的古墓沟墓地中，却没有发现固体奶制品，仅在一个草篓中发现酸奶的沉积物。杨益民等认为小河文化奶制品制作工艺从古墓沟到小河墓地的变化可能涉及两个原因。其一，小河墓地发现有东亚蒙古人种，由于东亚蒙古人种的肠胃不适应乳糖，因此，对奶制品的制作有更高的要求。其二，距今约 4000 年至 3500 年，气候逐渐恶化，持续变冷变干，而固体奶制品保存期长、易于携带，更适合活动范围扩大的生活方式。因此，从古墓沟墓地的先民到小河墓地的先民制作奶制品的方式出现变化，将制作液体变为制作固体，这可能是先民应对环境状况恶化的一种适应生活方式。

2. 古代茶叶的研究

范文奇等 [2] 对安徽省六安县（今六安市）北宋墓中出土的疑似

① Yang Y, Shevchenko A, Knaust A, et al. Proteomics Evidence for Kefir Dairy in Early Bronze Age China. *Journal of Archaeological Science*, 2014, 45: 178–186.

② 范文奇、龚德才、姚政权、李德文：《六安北宋墓出土炭化茶叶疑似物的鉴定分析》，《农业考古》2012 年第 2 期，第 212—217 页。

炭化茶叶进行显微鉴别和高效液相色谱—质谱联用仪检测，发现：这些炭化茶叶疑似物具有与现代六安茶中特征相似的单细胞非腺毛、簇晶、分枝状石细胞等；炭化茶叶疑似物与现代茶叶在质荷比195.00处（咖啡因）具有相同的峰，而咖啡因是茶叶的特征成分之一。结合两种观察和分析方法的结果，可以证明炭化茶叶疑似物确实是茶叶。依据古代文献记载，六安地区自唐代开始就产茶，并有茶叶市场。

吕厚远[①]等针对西藏自治区阿里地区故如甲木遗址和陕西省西安市汉阳陵陪葬坑出土的疑似茶叶的植物类残留物，进行系统的植钙体、生物标记物分析和碳十四年代学测定。研究发现：故如甲木遗址出土的植物的年代为距今约1800年，属于西藏古象雄王国时期；汉阳陵出土的植物的年代为距今2100年前后；这些古代植物样品中都含有茶叶的植钙体、茶氨酸和咖啡因等。如此，通过以上证据确认了故如甲木和汉阳陵出土的植物遗存都是茶叶，为茶的起源和丝绸之路上的植物交流提供了重要的物证。

## 十、冶金考古

在此以先民对青铜资源和锡料资源的获取为例进行阐述。

1. 青铜资源与先秦两汉时期国家治理

陈建立等[②]依据青铜器中的铅同位素比值（$^{207}$Pb/$^{206}$Pb）分为五

---

① Lu H, Zhang J, Yang Y, et al. Earliest Tea as Evidence for One Branch of the Silk Road across the Tibetan Plateau. *Scientific Reports*, 2016, 6(1): 18955.

② 张吉、陈建立：《东周青铜器铅同位素比值的初步研究》，《南方文物》2017年第2期，第94—102页。

个区间：0.860—0.875 记作 A 类，0.840—0.860 记作 B 类，0.875—0.890 记作 C 类，0.890 以上记作 H 类，0.840 以下记作 L 类。前三类属普通铅，后两类通常视为异常铅（即高放射成因铅）。通过对从中原到边疆的广域范围内进行铅同位素比值的比较，严格按时代梳理各文化区的铅资源序列，初步揭示了中原与边疆之间密切的物料联系，从青铜资源流通网络层面探讨先秦两汉时期国家治理问题。

研究表明：第一，所有商代遗址出土青铜器铅同位素数据结果的比较分析显示，高放射成因铅原料应该来自同一矿山地区铅矿。由此认为在黄河和长江两大流域彼此距离遥远的商代遗址之间，存在与青铜原料和制品的流通相关的紧密联系。第二，先秦两汉时期铅同位素比值所反映的产地变化呈现规律性，即中原地区在一定的历史时期内，集中使用了一处矿山，而在边疆地区，存在同样的周期性变动现象，只不过年代上有滞后性。第三，自晚商以来，中原—辽西—辽东存在多次规模化的青铜物料流动，辽西山地在这一交流中居于枢纽地位。由于金属资源的流转途径较为漫长，当青铜器出现在下辽河平原与辽东山地的墓葬中时，其物料可能已开采并流通数个世纪，但铅资源的使用始终不变。故此能够观测到辽东地区较中原—辽西一线的滞后性。

中原金属资源向东北南部的流动，促进了广域资源网络的形成与延伸。资源层面的稳定关联则有助于辽东各地形成对资源供给的依赖，是燕汉文化强势扩张的重要因素。而外来金属的涌入，有助于中原手工业体系向本地域迅速移植，加快了辽东山地的社会复杂化进程，从而稳定了统一帝国在辽东的郡县制统治。金属物料的流动性和功能性导致其影响范围往往大于文化传播范围。伴随辽东地区的经营和海上交通的发展，燕秦至汉初，金属物料的缓冲地从辽西外移到辽东，至西汉中晚期，又延伸到朝鲜半岛北部。以襄平和乐浪为流通枢纽的金属物料推进了长白山地和朝鲜半岛南部的社会变革，又为汉晋时期东北亚地区的新格局埋下伏笔。

总之，先秦两汉时期中原地区是青铜业生产中心，也是青铜金属资源与产品流通网络的核心。金属资源供应充足与否，成为王朝国力国势盛衰变化的指标。

2. 内蒙古克什克腾旗哈巴其拉遗址出土矿冶遗物分析

哈巴其拉遗址位于内蒙古自治区赤峰市，是中国北方地区发现的第一处包含锡冶炼的青铜时代矿冶遗址。李辰元等[1]采用微观表征方法和成分理化分析，分析了矿体开发和矿石冶炼留下的遗迹和遗物，通过金属冶炼工艺技术链条的复原并结合以往研究，讨论了本区域内的矿冶技术演进和格局。

研究的矿冶遗物来自夏家店下层文化至喜鹊沟类型考古学文化，样品来自炉渣（20 个）和矿石（15 个）。采用超景深光学显微镜进行样品的结构和物相进行分析，利用扫描电镜搭配能谱了解样品的结构和元素含量。研究结果显示：第一，存在两类炉渣。这表明该地至少进行了两种冶金生产活动。一种是由炼锡炉渣和含锡矿石代表的冶锡活动，另一种是以多金属铜矿石和砷铜炉渣为代表的砷青

---

① 李辰元、李延祥、王立新、马晟、林森：《内蒙古克什克腾旗哈巴其拉遗址出土矿冶遗物分析》，《江汉考古》2023 年第 4 期，第 122—130 页。

铜冶炼生产。第二，矿石也可分为两类。一类是矿石内的含铜矿是含铁较低的砷铜氧化矿物，另一类的含铜矿物主要为铜铁砷氧化矿物。第三，两类炉渣内的金属颗粒砷含量相差较大。这可能与不同矿石存在一定的对应性。

该遗址的冶炼技术体系反映了先民对锡料的认知和应用，体现了夏家店下层文化的先民能够精确控制锡组分的锡青铜制造技术。该遗址矿石和炉渣的组合，代表了一种较为简单的直接冶炼含砷青铜的生产过程。此外，结合该遗址的石器分析，研究反映了先民对多金属共生矿进行开发利用，特别是对金属矿中伴生的锡石进行破碎和选矿，以获取高纯度锡石矿料补充青铜制造资源。锡金属的单独冶炼表明先民已掌握了锡青铜技术体系。

## 十一、陶瓷器科技考古

在此以山东丁公及周边遗址龙山文化的白陶以及甘肃张掖西城驿遗址的陶器分析为例进行阐述。

1. 山东丁公及周边遗址龙山文化白陶的岩相和化学成分分析

陆青玉等[①]通过对山东丁公、桐林、前埠和史家遗址出土龙山文化的白陶进行岩相学和化学元素分析，尝试从陶器的微观构成方面探讨龙山文化时期鲁北地区这种奢侈品陶器的生产和流通状况。

分析结果表明：第一，龙山文化时期鲁北几个遗址的白陶包含

---

① 陆青玉、王芬、栾丰实、文德安、伊莎贝尔·德鲁克、孙波：《丁公及周边遗址龙山文化白陶的岩相和化学成分分析》，《考古》2019年第10期，第106—120页。

物多以粗砂岩、碳酸盐岩和泥岩、中基性岩屑为主，包含物粒度和分选状况等反映的陶器生产技术，存在遗址间或遗址内部的历时性差异。第二，丁公和桐林遗址龙山文化白陶生产的相对标准化分别发生在龙山文化中期和龙山文化晚期阶段。第三，在化学元素构成上，鲁北地区龙山文化白陶存在着高铝质和低铝质的二元分布格局。第四，白陶作为奢侈品，从原料来看，鲁北地区龙山文化时期同一区域或同一遗址的产品生产并未出现垄断。多数时期白陶产品生产的标准化，尤其是原料类型和粒度特征上的标准化程度不高，社会权贵阶层对此类产品生产阶段的控制并不严格。第五，丁公遗址龙山文化中期的白陶和白衣红陶采用了类型和粒度特征相同的羼合料，显示了同一生产单位可以同时生产白陶和白衣红陶。第六，根据陶器中矿物构成，结合遗址规模、遗址周边地质环境和同时期遗址的白陶成分构成分析，那些包含正长岩岩屑类包含物的白陶，应该是在桐林遗址周边区域生产。结合前埠、史家和丁公遗址相关白陶的包含物构成，可知在龙山文化时期，桐林向西经前埠、史家到丁公遗址一线，存在着部分白陶的流通现象。

最后，需要指出的是，由于人群交流带来的技术传播，以及区域间或区域内存在相似的地质环境，古代陶工会有意识地对相似的制陶原料进行添加羼合料或筛选包含物，从而可能造成陶器产品在矿物和化学成分构成上的相似性。因此在缺乏陶器中的特殊指示物或与生产相关直接证据的条件下，对鲁北地区那些包含粗砂岩类包含物的白陶，不能仅依据陶片样品岩相学和化学成分的相似性而对它们的产地妄加推测。

2. 甘肃张掖西城驿遗址陶器的科技分析

根据西城驿遗址考古发掘的地层堆积、陶质陶色及表面纹饰特征等，郁永彬等[①]选择出土单位明确的172件陶器样品进行化学组成和显微结构分析，揭示西城驿遗址制陶手工业技术特征，以此解读该遗址社群构成和文化交互状况。

结果表明：第一，西城驿遗址各文化因素陶器的钙和镁含量均普遍较高，CaO含量均值在2%—6%之间，MgO含量均值在3.5%—5.5%之间。这与甘肃地区黄土和第三纪红黏土化学组成特征相似。第二，西城驿文化、四坝文化夹砂陶和夹砂彩陶与马厂晚期夹砂陶的显微特征相似，夹杂颗粒种类多样、大小不等，磨圆度差，棱角分明，与风成黄土矿物组成比较接近。齐家文化夹砂陶夹杂颗粒尺寸较大，磨圆度较好，与马厂晚期夹砂彩陶相似，其胎料可能经过筛选处理后再掺入"羼合料"。第三，泥质胎陶器原料均经过筛选处理。西城驿文化泥质胎陶器与马厂晚期相似，到四坝文化时期，胎料细腻程度降低；齐家文化泥质陶胎料更为细腻均匀。考虑到部分样品中有钙质矿物结核，推测陶工可能使用红黏土或红黏土掺和一定比例的黄土制作陶器。

研究结果显示，马家窑文化马厂类型进入河西走廊后，其制陶工艺出现了变化。筛选处理陶土使其细碎均匀，再添加"羼合料"的工艺，被齐家文化继承；使用夹杂各种原生矿物的陶土直接或稍

---

① 郁永彬、吴小红、崔剑锋、陈国科、王辉：《甘肃张掖西城驿遗址陶器的科技分析与研究》，《考古》2017年第7期，第108—120页。

微处理去除大颗粒，再进行制陶的工艺，被西城驿文化继承，并延续至四坝文化；西城驿文化与齐家文化陶器各自代表的人群可能均有独立的制陶手工业，齐家文化与西城驿文化，甚至与马厂晚期以及四坝文化之间可能存在制陶技术、陶工的交流。

## 十二、玉石器科技考古

在此以妇好墓玉器以及虢国墓地出土玉器的科技分析为例进行阐述。

1. 妇好墓玉器的加工工艺

叶晓红等[①]通过对殷墟妇好墓出土的典型片状玉器和圆雕玉器进行数码拍摄、无损的微痕复制、扫描电子显微镜下的微痕观察和对比分析，从开料、减地和打磨、阴刻、钻孔、透雕和掏膛等角度对当时玉器工艺技术开展分析和讨论。主要认识如下：

第一，上承中原地区玉器数千年的技术传统，殷商玉器仍以锯片切割为主要开料技术，但多数器形呈减小趋势，反映了大型锯片切割技术的应用对比早商和之前阶段表现出减少趋势。打磨与钻孔技术均未出现明显变革。妇好墓出土圆雕玉器的加工工序大致为：开料、减地（或透雕辅以减地）、粗磨至圆雕器物毛坯成型、精细打磨、阴刻纹饰和钻孔。片状玉器的加工工序大致为：开料、外形轮廓的制作（透雕或减地）、粗磨至片状器物毛坯成形、精细打磨、阴

---

① 叶晓红：《妇好墓圆雕玉器工艺研究》，《中原文物》2018 年第 2 期，第 65—76 页。

刻纹饰和钻孔。

第二，阴刻工艺在殷商玉器技术体系中极为突出，玉工通常在器物打磨修整之后才进行纹饰的精雕细琢，说明这一锦上添花的工序极受工匠重视。根据各类玉器表面阴刻纹饰的微痕观察，此阶段携带解玉砂的旋转砣具基本取代了延用数千年之久的手持石制工具，但旋转砣具并未出现在其他工艺中。这是商代玉器最为重要的技术变革。

第三，各类工艺中使用的解玉砂发生了明显变革。根据微痕观察，以往所使用的石英砂或以石英为主的砂，后被某种硬度更高的砂替代。同时，解玉砂在使用前需要经过仔细筛选，粒度小而均匀。

第四，某种金属"线锯"出现，其携带着硬度较高、粒度均匀的解玉砂进行切割，在二次加工方面的应用可谓殷商时期玉器工艺的创新之一。此类技术广泛应用于减地和透雕等工艺，对比早期所使用的砂绳切割、砺石打磨等技术的效率和准确率都有极大提高。

第五，钻孔技术在圆雕玉器二次加工上的创造性应用，主要体现在减地和掏膛工艺，这对于突出器物立体感和制作容器内膛，起到了事半功倍的作用。

妇好墓出土玉器是我国玉器高峰阶段最为重要的代表。从工艺层面考察，旋转砣具、解玉砂及"线锯"等关键性技术的出现、革新以及钻孔技术的创造性应用，均为此阶段重要的技术支撑和发展基础。从社会文化层面看，随着青铜器崛起，玉器的社会功能和需求发生演变，促进了玉器艺术风格突变。殷商时期玉器工艺技术变革与玉文化的繁荣发展，对后世玉器和玉文化产生了极为深远的影响。

2. 虢国墓地出土玉器的科技分析

虢国墓地位于河南省三门峡上村岭，共发掘墓葬250多座，出土了33000余件（套）珍贵文物，是一处规模宏大、等级齐全、排列有序、保存完好的西周晚期至春秋早期虢国国君及贵族墓地。该墓地出土玉器的材质和沁色的系统研究结果表明：①

第一，出土玉器绝大部分为软玉，包括白玉、青白玉、青玉、墨玉四个品种。此外还有云母玉、大理岩、孔雀石、玛瑙、绿松石、料珠、贝壳等材质文物。出土玉器沁色有四种类型：白色沁、黄褐色沁、黑色沁和红色沁。

第二，出土玉器按其功能分为服饰用玉、瑞玉和丧葬用玉。服饰用玉中，发饰、耳饰玦和组玉佩都采用品质上好的白玉，项饰采用品质一般，尺寸较小的软玉、料珠、玛瑙和贝壳。在瑞玉中，除玉璧和玉圭各有2件白玉，其余都为青白玉。在丧葬用玉中，玉覆面的五官用玉采用白玉，握玉和琀玉采用品质上好的青白玉，足端玉采用品质一般的青白玉。由此可见，在瑞玉中白玉的使用非常严格，虢仲为诸侯国西虢国的国君，主要使用青白玉。在服饰用玉和丧葬用玉中，白玉的使用相对宽松，但仍以青白玉为主。

第三，虢国已发掘墓葬中有四座第一等级墓葬，分别为M2001国君虢季墓（男性）、M2009国君虢仲墓（男性）、M2011太子墓

---

① 鲍怡、叶晓红、辛军民、张菁华、袁靖、郑建明、朱勤文：《虢仲墓出土玉器的科技分析与相关问题》，《文物》2023年第4期，第72—85页。

（男性）和 M2012 国君夫人梁姬墓（女性）。四座第一等级墓葬玉材的使用比较统一，主要使用软玉的青白玉和青玉，白玉的使用比较少，其他材质为佩饰。服饰用玉主要起装饰作用，组玉佩的玉璜数量能够反映主人身份地位。瑞玉中玉璋更为贵重，仅在国君墓中有带纹饰的玉璋出土，且每个墓中仅出土 1 件。丧葬用玉中玉覆面只在国君墓出土，造型复杂，形制相对统一。整体而言，国君墓玉器的数量更多，形制更复杂，工艺更精湛；西周晚期的用玉制度已经比较完善，但在使用中还保留一定的个性。

# 第四节　河南洛阳二里头遗址的科技考古研究

学术界一般认为二里头遗址是夏王朝晚期的都邑。1959 年以来，历经半个多世纪的田野考古发掘与研究工作，充分揭示出了二里头遗址宫室、城墙与道路系统为代表的聚落形态，青铜器、陶器、玉器、绿松石器等遗物表现出的文化面貌，墓葬、祭祀坑、卜骨等所展示的宗教观念等。自"夏商周断代工程"开始，就聚焦二里头遗址的绝对年代开展研究，后来的"中华文明探源工程"各个阶段的研究，也一直把二里头遗址作为重点。碳十四测年、环境考古、人骨考古、动植物考古、同位素分析、古 DNA 研究、冶金考古、陶器科技考古、玉石器科技考古等科技考古诸多领域都介入二里头遗址的研究之中。二里头遗址是公认的迄今为止中国考古学学科范畴内科技考古各个领域的研究介入最多的一个遗址。这样全方位的系统研究，极大地拓展了学术界对于二里头遗址的绝对年代、周围资源与自然环境、人群构成、生业经济、手工业技术、文化交流等诸多方面的认识。在此对科技考古在二里头遗址已经取得的多项成果进行概述。

二里头遗址的绝对年代范围大致为公元前 1750 年至前 1520 年，其中，二里头文化一期的年代约为公元前 1750 年至前 1680 年，二期的年代约为公元前 1680 年至前 1610 年，三期的年代约为公元前 1610 年至前 1560 年，四期的年代约为公元前 1560 年至前 1520 年。[①]

环境考古的研究结果证实，二里头遗址所在的伊洛河流域多次发生洪水，其中公元前 2000 年前后的洪水事件属于特大洪水。洪水过后，这里出现了广阔平坦的泛滥平原，平原上由洪水形成的冲积土，土质肥沃，有利于农业的发展。泛滥平原上多为积水的洼地，有利于稻作。洪水还促成了古洛河的决口和改道，从而导致洛河在二里头以西流入伊河，并造成二里头北侧的洛河断流，成为废弃河道，这个地区一改先前两河相夹、地域狭小的封闭状况，在二里头遗址以北形成一个统一的冲积平原。二里头遗址正好位于冲积平原最南端的一个高地，伊洛河水从高地南侧流过，从高地一直向北，则是连绵起伏的邙山，这种从宏观上呈现出来的依山傍水的地势，大有王者之气，是王朝建都的首选之地。二里头遗址当时的气候比

---

① 仇士华：《¹⁴C 测年与中国考古年代学研究》，中国社会科学出版社 2015 年版，第 101 页。

较温暖湿润，遗址附近分布有以栎树为优势种的落叶阔叶栎林，有少量的针叶树侧柏和圆柏等。野生动物群包括贝类、鱼类、爬行类、鸟类和哺乳类等。这些自然植被及野生动物，为当时人的生活提供了丰富的野生动植物资源。[①]

二里头遗址曾经发掘了400多座墓葬，但是由于保存状况不佳、早年的发掘和采集工作尚有一定的局限等原因，经过系统研究的人骨总共为76个个体，基本出自小型墓。男女性别比例为0.52∶1，呈男性明显少于女性的特征，这种状况属于极少出现的现象。新石器时代墓地的研究结果往往是男多女少，比例为1.5∶1左右。当时男性平均年龄约为28岁，女性约为30岁，整体表现为年龄相当年轻。这也是一种少见的现象，新石器时代的墓地中男性平均年龄是35—38岁，女性比男性略小1—2岁。二里头遗址居民头骨表现出的体质特征以"古中原类型"为主，头骨的形态介于现代蒙古人种的东亚类型和南亚类型之间。[②]河南地区的仰韶文化、王湾三期文化的居民以及殷墟中小型墓中出土的个体都是"古中原类型"占主体。对22个个体的人骨样品进行了碳氮稳定同位素分析，有20个样品明显地是以 $C_4$ 类植物为主食，即以吃小米为主，有2个个体的食物明显与主体人群不同，其中一个以吃水稻为主，另一个则可能

① 夏正楷、王辉、宋豫秦、王树芝、袁靖、李志鹏、杨杰：《自然环境》，中国社会科学院考古研究所编著，许宏、袁靖主编：《二里头考古六十年》，中国社会科学出版社2019年版，第26—51页。

② 王明辉：《性别年龄鉴定》《形态学研究》，中国社会科学院考古研究所编著，许宏、袁靖主编：《二里头考古六十年》，中国社会科学出版社2019年版，第243—248页。

曾主要以海洋性食物为食。这 2 个个体是从外地迁入的可能性较大。对 18 个二里头时期的人骨个体进行了锶同位素分析，其中本地个体为 11 个，其余 7 个为外来个体，外来人口比例高达 39% 左右。[1]这也从一个侧面反映出二里头作为都邑性城市，曾经汇聚了来自各地的人群。通过线粒体 DNA 分析，有 28 个个体分别属于 7 个单倍群，呈现出母系来源多样的特点。[2]复旦大学科技考古研究院的 DNA 研究团队曾经对属于仰韶中期庙底沟文化的陕西省西安市杨官寨遗址墓地出土的 85 例人骨进行古 DNA 分析，发现其中母系来源的多样性极高，父系遗传结构稳定，当时社会是以父系亲缘关系为纽带，距今 5000 多年的杨官寨遗址已出现男性为主导的社会组织关系。[3]二里头遗址古人的线粒体 DNA 研究结果与杨官寨遗址的结果十分相似，这虽然不能作为二里头遗址是男性为主导的社会组织关系的直接证据，但是至少给我们一个重要的启示。

二里头遗址的农作物种类包括粟、水稻、黍、小麦和大豆，以粟和水稻为主，稻谷遗存的出土数量相当多，其出土概率也相当高，与粟的出土概率不相上下。这反映出两种可能性，一种可能是在二里头遗址周边曾经大规模种植水稻，另一种可能是反映了特殊的社会现象，即这些稻谷是从其他种植水稻的地区调入，供贵族食用的，

---

[1] 张雪莲、赵春燕：《食性研究》，中国社会科学院考古研究所编著，许宏、袁靖主编：《二里头考古六十年》，中国社会科学出版社 2019 年版，第 253—258 页。

[2] 赵欣：《古 DNA 分析》，中国社会科学院考古研究所编著，许宏、袁靖主编：《二里头考古六十年》，中国社会科学出版社 2019 年版，第 258—261 页。

[3] 复旦大学科技考古研究院：《而今迈步从头越》，《中国文物报》2018 年 1 月 11 日。

因为植物考古的浮选样品的采样区主要是在贵族居住区。研究者认为，既然二里头遗址是一座具有一定规模的都城遗址，考虑到当时的农业生产力水平，要想保证人口相对集中、消费水平相对较高的古代都城的粮食需求，仅依靠都城周边地区即后代所称京畿地区的农业生产是远远不够的，还必须从远距离的臣属地广泛征集谷物，即《尚书·禹贡》所记载的土贡制度。如是，二里头遗址浮选出土的农作物所反映的就不完全是当地的农业生产状况，而应该是二里头都城遗址当时居民的粮食消费情况。[①] 当时如果已经存在土贡制度，是开历史时期土贡制度的先河，意义非同一般，在二里头遗址今后的研究中必须给予重点关注，探求真相。

在二里头遗址中可以确认的家养动物有狗、猪、羊（包括山羊和绵羊）和普通牛。家养动物在全部动物中一直都占有相当高的比例，野生动物始终没有超过 25%。羊和普通牛的数量自二里头文化一期至四期有逐渐增多的趋势，家猪的比例相应地逐渐减少，而狗的比例基本上没有变化。普通牛、绵羊和山羊等食草性牲畜的数量在家畜中所占的比例逐步增加，表示当时的居民逐步以食草性动物来开发草本植物这种新的生计资源，推动了当时家畜饲养业规模的扩大与多畜种的家畜饲养方式的发展。在宫城里发现猪牲，与统治者的祭祀行为相关。通过线粒体 DNA 分析，普通牛中谱系 T3 占统治地位，绵羊则为谱系 A，这些谱系最早都起源于西亚地区，由此

----

① 赵志军、刘昶、王树芝：《植物资源的获取与利用》，中国社会科学院考古研究所编著，许宏、袁靖主编：《二里头考古六十年》，中国社会科学出版社 2019 年版，第 208—225 页。

证明，中原地区饲养的普通牛和绵羊均不是本土起源的物种，而是中外文化交流的结果。食性分析证实，猪、狗和普通牛总体上都表现出以 $C_4$ 类植物为主的食谱类型，反映了粟作农业对这三种家畜饮食的影响，它们应以人工喂养为主。绵羊的食物以 $C_3$ 类植物为主，$C_4$ 类植物为辅，表明绵羊的饲养方式主要为野外放养。锶同位素研究发现普通牛和绵羊中都有少量外地输入的个体。除把家养动物作为肉食资源之外，当时已经出现剪羊毛的行为。[①] 尽管在二里头遗址尚未见用普通牛祭祀的遗迹，但是以龙山时期的山台寺遗址和平粮台遗址发现祭祀用牛为例，结合甲骨文和《诗经》中的相关记载，证明普通牛是王或统治者阶层祭祀祖先或神灵的重要动物。《史记》有两条非常重要的记载："尧乃赐舜缔衣，与琴，为筑仓廪，予牛羊"和"（舜）归，至于祖祢庙，用特牛礼"。这两条记载显示了五帝时期（可能为距今 4500—4000 年前），在中国北方地区，部落联盟的领导者从其上任那里接受了黄牛和绵羊等重要财富，并将普通牛作为牺牲奉献给祖先的历史。领导者用这种方式巩固其在部落联盟中的地位。在二里头时期，普通牛在精神领域里是否也发挥了重要的作用，还有待于今后的考古发现和研究。

对豫西晋南地区采矿和冶炼遗址的研究证实，在这个地区采矿在山上，冶炼靠近河流，二里头遗址只进行铜器铸造活动，铜、锡、

---

① 袁靖、李志鹏、杨杰：《动物资源的获取与利用》，中国社会科学院考古研究所编著，许宏、袁靖主编：《二里头考古六十年》，中国社会科学出版社 2019 年版，第 225—242 页；李志鹏、赵海涛、许宏：《河南偃师市二里头遗址宫殿区 1 号巨型坑出土猪牲的鉴定与初步分析》，《考古》2015 年第 12 期，第 35—37 页。

铅等合金元素具有各自单独的供应源，当时已经形成长距离的由采矿、冶炼和铸造分别构成的完整的铜器制造产业链，这也从一个方面显示出当时政权的强大控制能力。从二里头文化一期到四期，铜器中纯铜所占的比例不断减少，青铜的比例不断增加，铜器材质与器类有一定的对应关系，比如红铜制作的器物以生产和生活工具类居多，而青铜合金的制品中，包括工具类、武器类以及礼器等。[①]二里头遗址的先民在新石器时代晚期就已经具备的控制高温和制模翻范技术的制陶知识积累基础上，迅速地吸收、消化并改进提高传入的青铜冶炼技术，创造了辉煌的青铜器陶范铸造技术。[②]青铜礼容器和组合范铸技术在二里头遗址的出现，构成了中原地区冶金术划时代发展的核心内容，也使中原地区成为当时中国的冶金技术中心。[③]铸造青铜器是当时一门可以称之为高科技的产业，由二里头遗址的统治者所控制。

二里头文化一至四期的陶器制作技术的主体比较相近，羼合料均为岩石矿物。成型方法以泥条筑成为主，模制为辅。主要以还原气氛烧制陶器。从微量元素、痕量元素的组成上看，日常用陶器和个别属于一期至二期早段的陶礼器属于一组，二期至四期的陶礼器及原始瓷器属于另一组，还有一件属于四期的陶礼器单独成组，显

<hr />

① 刘煜、陈建立、梁宏刚、孙淑云：《铜器制作技术》，中国社会科学院考古研究所编著：《二里头（1999—2006）》叁，文物出版社 2014 年版，第 1500—1543 页；陈国梁、刘煜：《铜器》，中国社会科学院考古研究所编著，许宏、袁靖主编：《二里头考古六十年》，中国社会科学出版社 2019 年版，第 140—155 页。

② 陈建立：《中国古代金属冶铸文明新探》，科学出版社 2014 年版，第 477 页。

③ 梅建军：《冶金术研究》，《中国文物报》2009 年 8 月 21 日。

示出胎土来源的不同。二里头遗址宫城区出土的陶器在原料精细程度、制作技术指标、标准化程度等方面都要高于贵族居住区和一般居住区，宫城内分布的陶器以宴飨类器具为主。二里头遗址可能存在多个有各自较为固定的制陶原料来源的制陶作坊。二里头遗址的陶礼器生产可能是在王权或贵族的控制下，由专门的陶工进行的，当时的制陶业中存在专门为王族和贵族服务的技术人员。二里头遗址出土的白陶不是在当地生产的，而具有岳石文化风格的器物则是在当地制作的。二里头遗址大部分原始瓷和印纹硬陶可能与二里头遗址与南方地区的考古学文化存在交流相关。①

二里头文化中的玉器以闪石玉为主，其制作工艺是以片切割技术生产毛坯，然后采用了琢制、锯切割、管钻穿孔和研磨抛光等技术。完全使用片切割技术生产毛坯，没有发现任何线切割痕迹，这是二里头遗址玉器制作工艺的一个特色。成熟的大型开片技术代表玉器切割技术的根本性变革，可以制作为彰显王权和军威的大型玉礼器和玉兵器，可见生产工艺提高了一个层次。二里头遗址发现了用绿松石嵌片制作的牌饰。绿松石嵌片毛坯的制作使用了打制、研磨和锯片切割技术，嵌片的长宽仅有几毫米，厚度仅有1—2毫米。管珠毛坯的制作可能使用了打制、锯片切割、研磨和实心钻孔等技术。二里头遗址的绿松石制作工艺相当精湛，当时应该存在由统治者控制的专门化的制作机构。二里头遗址出土的绿松石可能来自

① 赵海涛、彭小军：《陶器》，中国社会科学院考古研究所编著，许宏、袁靖主编：《二里头考古六十年》，中国社会科学出版社2019年版，第131—140页。

鄂豫陕绿松石矿的北矿带，显示出当时从国家层面对绿松石来源的控制。①

被二里头遗址居民利用的石料种类达 32 种，几乎所有的石料类型都可在伊洛河两侧露出的地层及岩体中找到。当时对于石料的开发是有选择的，主要集中于几种石材，以砂岩为最多，安山岩次之。这一现象反映了二里头遗址的居民对石料特性已经有了比较清楚的认识，并能够加以充分利用。他们充分结合石材特性和石器功能，一种石料往往用于制作一种或者几种主要的石器工具。石器中以收割工具数量较多。当时的石器制作技术比较成熟，以磨制为主。石刀、石铲和石斧等器类的专业化制作程度较高，石镰和石钺次之。②

在骨器制作上，二里头遗址的居民以普通牛的骨骼作为骨器加工最主要的骨料，在加工骨角器时的切割痕迹具有明显的分布规律，由此可以推测当时加工骨、角和蚌器的技术已经比较成熟。当时已经普遍使用具有一定流程的切割法，可以保证按照取料人的意图截取骨角料，而且可以有效地利用原料。二里头文化时期的卜骨，无论原料的选取，还是加工制造的方法，与中原龙山时期的卜骨都是一脉相承的，但同时也有自己的创新之处。比如，在卜骨原料的选取上，二里头文化时期除牛、羊和猪三种动物的肩胛骨外，还发现

①　邓聪、郝炎峰、叶晓红:《玉器》，中国社会科学院考古研究所编著，许宏、袁靖主编:《二里头考古六十年》，中国社会科学出版社 2019 年版，第 155—186 页。

②　钱益汇:《石器》，中国社会科学院考古研究所编著，许宏、袁靖主编:《二里头考古六十年》，中国社会科学出版社 2019 年版，第 186—205 页。

有鹿科动物的肩胛骨。①

综上所述，二里头遗址的绝对年代大致为公元前 1750 年至前 1520 年。当时的气候温暖湿润，二里头遗址的居民在土质肥沃、距离邙山不远的伊洛河的二级阶地上建立居住地。当时人的主体为"古中原类型"，健康状况较好。持续发展的多品种的农业生产能够为社会的稳定发展提供粮食保障，多品种的家畜饲养也保证了肉食来源，当时可能还存在对绵羊进行次级产品开发的行为，从一个特定的方面扩大了对于资源的充分利用能力，可持续发展的农业是社会发展的最为重要的经济基础。当时可能已经存在土贡制度。另外，有的家畜还成为统治阶层巩固礼制的牺牲。金属资源的开采、冶炼及长距离的调控方式已经形成，创造出青铜器组合范铸技术，金属器制作工艺开始成熟，属于王专门掌控的生产部门。陶器制作的规模化生产进一步稳定，出现专门用于礼仪或王及贵族专用的陶器生产部门。制作玉器的技术更加专业化，可以进行规模化生产，其产品是为贵族专用的。当时已经能够做到依据石器的功能特征选择合适的石材制作石器。制作骨角器的技术具备规范化的特征。手工业生产部门的专业化、规模化和规范化不仅可以极大地提高统治阶层及居民的物质生活水平，青铜器、陶礼器

---

① 陈国梁、李志鹏、袁靖:《骨、角、蚌、牙、贝、螺质遗物》，中国社会科学院考古研究所编著，许宏、袁靖主编:《二里头考古六十年》，中国社会科学出版社 2019 年版，第 206—208 页；陈国梁、李志鹏:《骨、角、蚌、牙、贝、螺质遗物》，中国社会科学院考古研究所编著:《二里头（1999—2006）》壹，文物出版社 2014 年版，第 136—148 页。

和玉石礼器还成为礼仪和等级制度的重要象征物品，这些生产部门的组织架构和运行能力在完善上层建筑的统治中发挥了特殊的作用。

总而言之，二里头遗址的科技考古综合研究丰富了我们对于二里头这一广域王权国家的认识，实证了二里头文化高度发达的经济状况、控制网络和统治文明。二里头遗址的科技考古工作模式为科技考古全方位介入考古遗址的发掘与综合研究提供了一个精彩的案例，值得在全国范围内推广。

## 第五节　中国科技考古发展的若干思考

当年从自然科学中引入地层学和类型学，建立了考古地层学和考古类型学，为确立中国考古学科奠定了坚实的基础。如今科技考古各个研究领域的确立和完善，正在全面丰富、充实和拓展考古学的研究思路、研究方法和研究内容，推动中国考古学研究进入一个崭新的时代（当代考古学）。

经过我国科技考古研究人员的不懈努力，我们取得了众多出色的重要科研成果。但是，欲真正在建立中国特色、中国风格、中国气派的当代考古学的过程中充分发挥科技考古的作用，依然需要我国科技考古工作者的共同努力。在此提出今后需要引起大家关注的八个方面。

## 一、科技考古要融入考古学研究之中

我们要进一步强化科技考古与考古学的融合过程。考古学的研究目的是探讨古代文化和人类社会的发展过程及规律，科技考古在拓宽考古学的研究领域和深化考古学的研究内容方面可以发挥重要的作用。考古研究人员与科技考古研究人员要以此为前提，不断充实和完善自己的研究思路和知识结构。在实践过程中，考古研究人员和科技考古研究人员要共同聚焦考古问题，树立课题意识，深入开展研究。经过多年的探讨，我们对于考古学文化的绝对年代、自然环境状况、不同时空范围内古人的体质特征、生业状况及手工业状况形成了总体性认识。在对具体遗址开展包括科技考古在内的发掘和研究时，首先要全局在胸，从已有的认识出发，提出科学问题，做好课题设计，在实践中形成和完善自己的认识。反之，如果在发掘工作开始前，考古研究人员和科技考古研究人员还没有具体的问题意识，从空白开始，没有制定切实可行的技术路线，依靠摸索前行，最终可能仍然会陷入所谓两张皮的尴尬。

## 二、用区系类型的思路指导科技考古研究

因为我们从事的每一项科技考古领域的研究，首先都是针对具体遗址出土的遗迹、遗物开展基础工作。我们的第一步认识都是通过研究特定遗址的具体对象提出自己的看法。以区系类型的思路为指导，可以帮助我们把自己对特定遗址的科技考古某一领域的具体看法，放到这个遗址所属的由多个遗址组成的一个考古学文化的层

面上去认识。如果属于同一个文化的其他多个遗址已经开展了科技考古相关领域的研究，那么我们要把自己的新认识和从其他多个遗址里已经得出的认识进行比较，把握它们的同一性和差异性，以求更加客观、更加全面地归纳自己的研究成果。而如果其他遗址还没有做这方面的研究，或者做的遗址数量还不多，我们则要努力去加强这方面的研究。在系统总结一个考古学文化科技考古某一领域研究的基础上，还要开展不同时期、不同地区的文化与文化之间在这个方面的比较研究，从中归纳它们之间是否存在连续性、关联性、变异性、差异性等，以求在全国范围内全面认识科技考古某个研究领域的研究结果。如果其他考古学文化还没有做这方面的研究，或者做的力度和深度还不够，我们则要努力去开展这方面的研究。

## 三、进一步调整思路和完善方法论

调整思路和完善方法论是每一个科技考古研究领域都必须认真思考和实践的问题。比如，遥感考古和物探考古要逐步建立适合不同地区、不同堆积状况的遗迹和遗物的探测方法。随着系列样品测年技术的逐步推广，炭化的 1 年生小米种子、年龄为 1 岁左右的家猪骨骼都是理想的测定年代的对象，有助于进一步提高碳十四测年数据的精确度。环境考古要注重围绕考古遗址当时及遗址废弃之后的河道或湖泊状况开展有针对性的研究，这是探讨古代人地关系的重要内容。人骨考古和动物考古在做好形态学及定性定量研究的同时，要积极开展同位素分析和 DNA 分析，做到全方位地提取个体的信息，开展系统的科学研究。植物考古要注重对同一遗址分别开展大植物遗存、植硅体和淀粉粒的研究，要注重比对这些不同研究方法得出的结论的同一性和差异性，真正凝练反映当时实际状况的认识。通过对人骨和动物的骨骼进行氢、氧稳定同位素的研究，认识气候状况及人和动物的个体迁徙；利用序列稳定同位素分析的技术，对动物的牙齿进行取样、测试和分析，探讨特定动物食物结构的季节性变化等都是同位素分析中新的研究方向。在有机残留物分析中，对陶片吸附的脂质研究需要加快推进；对考古遗存的蛋白质分析研究的深度和广度有待提高。人工制品科技考古要注重探讨各类制品的制作工艺流程和技术进步过程，认识生产力的发展在社会发展中的作用。

## 四、深入开展古 DNA 研究

这是一个我们在当前和今后数年内要努力开拓和不断完善的研究领域，所以在这里单独列出来强调。自 21 世纪以来，对于人骨和动物遗存的 DNA 研究给我们带来了全新的认识。这些认识一反过去依据人工遗迹、遗物的形状及动物骨骼的出土状况推测社会结构、文化交流的模式，直接依据 DNA 的研究结果，重现当时的社会结构和历史真相。当前，随着古 DNA 高通量测序技术和全基因组分析手段的建立和推广，我们对于古代人类和动物的认识会更为全面、对于谱系的掌握会更加系统、对于个体的把握会更为精准，而新的认识对于探讨众多考古学文化类型发展演变的实质、把握古代人群之间交流的脉络、研究亲缘关系、界定社会形态、分析各种家养动物的驯化过程，意义重大。对考古遗址出土的人骨和动物骨骼开展全方位的古 DNA 研究，必定会给中国考古学研究带来一个全新的观察视角，其作用可能会与当年碳十四测定年代给考古学带来的革命性变化相媲美。

## 五、开展全方位的科技考古研究

现在，任何一个区域、任何一个遗址的考古学调查和发掘，都是为了全面或部分地展现在一个特定时间跨度和空间范围内的历史，诸如自然环境状况，人类社会的生存活动、生活方式、制作工艺、社会组织、礼仪制度、丧葬习俗、祭祀特征、文化交流等多个方面。科技考古研究可以科学地再现遗址的绝对年代，当时的自然环境状况及古人与之相适应的互动关系，人群的体质特征和风俗习惯，包括动植物在内的古人的食物种类、数量，采集、狩猎、种植和家养等一系列获取食物资源的方式，当时人进行随葬和祭祀活动时使用各种动植物的种类和数量，古人制作各种器物的方法和原料，文化与文化之间一些特殊因素的交流，等等。这些都是探讨一个遗址蕴含的历史中不可或缺的重要内容，对于全面深化考古学研究、丰富考古学文化的内容而言，意义重大。总之，对于每个遗址的考古发掘和研究，都必须全方位地应用科技考古，这样才有可能获取更加系统和全面的认识。要真正做好遗址与遗址、类型与类型、文化与文化之间的比较研究，也必须建立在这样全方位探讨的基础之上。

## 六、加强科技考古的学科规范

学科规范主要指规范化和加强计量统计。规范化的具体工作之一就是建立科技考古各个领域的标本库、数据库。多年来，发掘出土的人骨、动植物遗存、冶金遗存、陶瓷遗存、玉石器遗存、纺织物遗存等数量骤增。这一大批文物蕴含着古代中国境内各个地区、各个时段的人类个体的基因信息、健康状况、疾病状况，动植物的种类信息、基因信息，古代多项科技工艺流程的信息，等等。放眼整个世界，没有一个国家拥有如此重要、珍贵、系统和丰富的文物科技资源。对这一大批资料要做到科学整合、安全保护、合理利用以及全面共享。经过近百年的研究，科技考古各个领域都积累了近乎海量的数据，发表了数千篇研究报告和研究论文，设计好一个考虑全面、归类科学、用途广泛、大家认可的 ArcGIS 数据库，将全部资料分门别类地输入进去，是一项重要的工作。这样的数据库既可避免每位研究人员各自从原始报告中查找资料的重复劳动，保证获取资料的科学性和准确性，也可为比较研究、集成创新搭建一个平台。建立标本库和数据库，都面临着规范化的问题，近年来，科技考古多个领域都建立了各自的操作规范，我们要进一步完善和执行这些规范，在统一的基础上开展深入研究。科技考古各个领域研究结果的特征之一是定量化，我们要关注统计学，做好计量统计，增强我们研究结果的科学性。

## 七、加强中国科技考古与国际学术界的交流

放眼国际学术界，我们可以看到，科技考古各个领域的研究方法和技术是相通的，各个领域面对的具体研究材料的属性是一致的，研究方法、技术及研究材料的属性不会因为文化和地域的差异而存

在隔阂。尤其是研究方法和技术，其科学性和可靠性是建立在各国学者普遍认同的基础之上的。国际科技考古领域的诸多前沿研究对我们深入开展中国科技考古的相关研究是十分有益的启示。我们要加强国际合作研究，吸引国际上的一流学者关注中国的科技考古研究，包括参与到中国科技考古研究之中。我们要认真思考和借鉴国外学者的思路、技术路线以及研究成果，从中启发思路、完善研究方法，做好我们的科技考古研究。同时，我们也应该在加强国际交流的过程中，把中国科技考古的最新成果推向世界，讲好中国故事。

## 八、强化科技考古人才的培养

目前，国内多所高校的考古专业都为本科生和研究生开设有科技考古课程，我们要推动更多设有考古专业的高校做好这方面的教学工作。我们要全面、系统地对考古专业的本科生和研究生讲授科技考古的思路、方法和实践案例，既要强调科技考古研究方法的科学性、独特性、可行性和实用性，又要始终突出考古学的研究目的和人文社会科学的本质属性，提升科技考古的教学质量，推出科技考古精品课程。要引导学生在田野考古发掘中实地认识与科技考古相关的研究资料的出土过程及采集方法，指导学生围绕考古遗址出土的遗迹和遗物开展科技考古各个领域的研究，培养更多掌握科技考古某个或多个领域研究方法的人员，同时也要考虑培训和引导从事田野考古发掘和研究的人员掌握某项甚至多项科技考古技能，塑造一专多能的复合型人才，更好地适应中国考古学发展的需要。

# 第五章　考古材料整合、理论阐释与历史重建

　　伦福儒与巴恩在其经典教材《考古学：理论、方法与实践》中指出，在重建人类的过去时，要注重以下三方面的关系：（1）问题、观念和理论；（2）研究方法；（3）田野发现。三者的研究史共同构成了考古学史。① 换言之，考古学研究的目标在于历史重建，就需要在理论的指导下，进行方法论设计，对田野中发现的材料进行充分的阐释。本章将从阐释模型构建出发，探讨如何利用理论与方法揭示考古遗存背后的人类行为与社会发展，并以三大战略课题——人类起源、农业起源和文明起源为例，系统论证如何实现"透物见人""重建古史"。

---

① 科林·伦福儒、保罗·巴恩：《考古学：理论、方法与实践》（原书第八版），陈淳、董宁宁、薛轶宁、郭璐莎译，上海古籍出版社 2022 年版。

# 第一节 阐释模型构建

## 一、考古学与历史学、人类学

历史学从其词义和研究传统而言，基本上是将人类发生的事件按年代学序列加以编排，而研究的对象都是文字记载的史料。历史学家们一般认为，没有文字资料也就没有真正的历史学。①

人类的发展已有 300 多万年的历史，而文字记载的历史不超过 5000 年。在世界许多地区，这段时间往往更短。像美洲印加和阿兹特克帝国由于没有书写系统，也处于历史学研究的范畴之外。于是，以文献为基础的历史学研究仅限于一小部分的文明社会，而且其时间跨度也相对有限。即便像中国这样文献记载十分丰富的国度，中华民族历史发展的许多细节和复杂性也不可能全部从文献来予以全面了解和重建。

史前史和史前考古学是针对编年史之外的时期或历史材料的研究，这门学科主要通过一套技术和方法，从人类过去遗留下来的物质遗存入手来独立了解历史。由于在这段时间里仅仅是人类的"物质文化"被保留至今，因此史前史的重建关键在于对文化遗存与人类行为之间关系的了解，也即所谓的"透物见人"。

---

① 布鲁斯·特里格：《如何探究史前史》，陈淳译，中国人民大学出版社 2023年版。

　　在传统的文化历史考古学中，人类的历史证据是过去人类生产和使用的器物和它们所处的相关背景，考古学家就是对这些物质遗存和现象的观察和分析来了解人类的活动和社会的形态。考古记录的主要缺点是：（1）碎片化和残缺不全，考古发现的文化遗存仅仅是人类活动的一小部分，相当部分的物质文化因各种保存原因和扰动而无法保留至今，即使保留至今也已面目全非。（2）非直观性，许多文化性质如社会关系和意识形态等文化特征必须从物质遗存来进行间接的推断，即使是经济和技术形态从考古记录上观察有时也并非一目了然。因此，英国考古学家戴维·克拉克将考古学定义为这样一门学科，它的理论与实践是要从残缺不全的材料中用间接的方法去发现无法直观的人类行为。[①]

　　由于从物质材料来观察人类行为和重建历史的难度，于是在相当长的时间里，考古学家的研究与文献探讨主要集中在发掘技术和对考古材料的分类处理上，而避免对文化历史的性质做贸然和草率的解释。同时，在 20 世纪 50 年代之前缺乏有效的断代技术，考古材料的断代工作已经耗去了学者们的大部分精力，使他们无暇顾及其他深层次的问题。

　　在历史记录比较丰富的文明古国，如埃及、美索不达米亚、印度和中国，考古学更容易被用来作为对文献研究的补充和说明，因此考古研究有可能变成对文献研究的一种补充。其实像埃及古王国时期以前和中国秦汉之前，由于文字资料的贫乏，这段时间也很难

---

① Clarke, D. L., Archaeology: the loss of innocence. *Antiquity* 1973, 47: 6–18.

用真正意义上的历史学方法来加以研究，而必须主要依赖考古学的探索。

考古学本身的发展也经历了一个不断进步和提高的过程，我国目前采用的范式相当于文化—历史考古学的范式，主要用类型学建立的考古学文化来建立史前文化的谱系和序列，以此补充文献记载的编年史。由于考古材料中的各种信息提炼不够，因此这样的一种文化发展序列只是一种器物或物质文化的发展史，很难被看作真正的历史重建。

著名的法国历史学家布罗代尔（F. Braudel）提出过三种层次的历史研究。首先是表面层次，是他称之为个人时间的历史事件。在这些表面事件之下是较为缓慢的律动，包括经济学家所分辨的、也许以几十年为衡量期限的循环。最后，在这些律动之下是基本的、往往最终取胜的长期趋势。[①] 由此可见，中国考古学除了对地下出土文字资料如甲骨文、金文、简牍帛书、碑刻墓志、陶文封泥等积累，以及将器物和遗迹的研究来补充文献以外，也应该注意大历史和历史发展规律的探索。

中国拥有丰富的文献记录是考古学和历史学研究的福气，无疑对于我们了解历史有极大的帮助。但是，我们不应当不加鉴别地根据它们的表面价值全盘接受。我们也不应忘记文献信息保存下来的偶然性以及一个社会中文献的特殊作用与背景。偏重文字记录的最

---

① Braudel. F., *The Mediterranean and the Mediterranean World of the Age of Philip II*. Vol. 2. New York, Harper and Row Publishers, 1972.

大危险在于它们会将其自身的观点和偏颇影响我们，甚至左右我们的探索方向和思路。① 从某种意义上说，文献对于考古学家不过是一类特殊的研究材料而已，它们的作用仅仅是一种对分析和阐释过程有帮助的依据。有文献的帮助，考古学研究可以做得更好。

几十年来，随着大量考古材料的发现和积累，阐释的问题已经刻不容缓地摆到了中国考古学家的面前。科林·伦福儒（Colin Renfrew）把考古学阐释定义为"把问题讲清楚"②。这些需要阐释的问题包括谁、何物、何时、何地等特殊性问题，也包括如何及为何等一般性问题。只有努力将这些问题讲清楚，考古学才能真正做到历史重建的任务。因此，考古学家必须努力创造新的理论方法，从堆积如山的考古材料中去提炼人类行为和社会文化的信息，将无言的物质遗存转变成大家可以理解的经验知识。而且，考古学关注和提供的知识和文献知识可能很不相同，考古研究涉及的是历史学很少述及的环境、人口、生计、贸易、手工业等内容。考古学家必须通过独立的工作来寻找只有考古学家才能分析和解读的材料，以自己独特的证据来提供新的认识和新发现，这种历史重建不再是帝王将相和改朝换代的编年史，而是一种自下而上的大历史。

考古学的重构国史也不应该理解为简单用考古发现来补充历史记载不详的细节。考古学的探索也应该涵盖布罗代尔所指的缓慢律

① 科林·伦福儒、保罗·巴恩：《考古学理论、方法与实践》（中文第二版），陈淳译，上海古籍出版社 2015 年版。

② Renfrew, C., Explanation revisited. In Renfrew, C., Rowlands, M. J. and Segraves, B. A. eds. *Theory and Explanation in Archaeology*, New York, Academic Press, 1982, 5–23.

动和最终取胜的长期趋势。这个研究目标显然不是考古材料的积累以及与历史文献的相互印证就能达到，而是一种需要有科学理论指导的社会发展规律研究。夏鼐先生指出："作为一门历史科学，考古学不应限于古代遗物和遗迹的描述和系统化的分类，不应限于鉴定它们的年代和确定它们的用途。历史科学应该是阐明历史过程的规律。"①

就在我国的考古报告或研究文献里对史籍和考古材料处理方法来看，还应该加强从物质文化中来提炼人类行为信息的努力，也应当努力探讨社会发展一般性法则和规律。因此，重建中华大地上的文明发展史，阐释中华文明起源和发展的特殊动力和原因，是中国考古学能为世界社会科学作贡献的最大亮点。

实质上，20 世纪 60 年代欧美发生的新考古学思潮是对考古学目的、方法和发展方向的有益探索和深刻反思，主要表现在：探讨史前考古学的理论结构；系统探讨考古资料阐释的科学规则；摸索和开辟新的方法。新考古学对史学导向的传统考古学的批评主要集中在以下几个方面：（1）研究目的仅限于处理区域考古学文化的序列，并了解文化和器物类型的时空分布；（2）对考古现象依赖常识性解释；（3）信奉传播论，局限于从外部原因来解释文化的异同和演变；（4）研究的基本目的仅是解释个别事件，而不是对社会发展的普遍法则做规律性的总结。

虽然考古研究有时可以用古代文献的帮助来破解考古发现中的

---

① 夏鼐：《什么是考古学》，《考古》1984 年第 10 期。

历史之谜，但是对于有300万年的人类发展史而言，5000年不到的成文史与之相比连百分之一都不到。因此，有文字的历史只是"一出长剧的最后一幕"。

在史前研究中，历史记载的帮助十分有限。考古学理论方法的发展主要是在史前考古学领域里发展起来的，正是文献记载最为薄弱的北欧和北美，成为科学考古学原创理论和方法的摇篮。而在考古学发展的初期，其研究方法主要采取各种民族志类比，将我们所不知的东西与我们所知的东西比较。

很久以前，地下出土的磨光石器和陶器在欧洲人的认识和收藏中被放在矿物和化石的范畴之中，常常被认为是从地下长出来或从天上掉下来的东西，就如人们所见的流星，所以中外都有"雷石"和"雷斧"的描述。16和17世纪是西欧展开环球航海的大探险时代。航海家们在美洲、非洲和大洋洲见到了石器时代的各种狩猎采集者和原始农人。这些土著仍然在使用和他们在地下发现的石器非常相似的工具。这一发现促成了史前研究最重要的进展，即意识到欧洲出土的石器工具是人类制作的，并非自然或超自然的起源。

除了确认史前石器工具是人工制品外，人类学和民族学的贡献就是为古代社会的形态和进化阶段提供类比的蓝图。美国人类学家路易斯·摩尔根提出的蒙昧、野蛮到文明的三期文化进化论，为人类社会直线进化规律提供了一种普遍性阐释。摩尔根的蒙昧阶段大体对应旧石器时代和中石器时代，经济特点为狩猎和采集。野蛮时代对应于新石器到铁器时代，出现了农业和家畜，发明了陶器和金属工具。文明时代以文字出现为标志。①

1960年，美国人类学家萨林斯和塞维斯根据同时性民族志材料中所见的社会结构的性质差异，用游群、部落、酋邦和国家概念，建立起有别于摩尔根的四阶段社会进化模式和历时性直线发展序列。②其中，定义部落和酋邦的性质是太平洋地区土著社会的详尽知识，特别是美拉尼西亚头人社会为定义酋邦提供了模型。

中国考古学的史学定位，常常令我们偏好从文献中记载来定义社会发展的阶段和过程，如古国、方国、王国和帝国。人类学和历史学术语和研究方法还是存在区别。第一，前者强调特殊，而后者注重一般。如文献中的古国和方国一般是具体有所指的历史对象，而部落和酋邦则是抽象术语，没有特指的对象。第二，游群、部落和酋邦是根据人类学和民族志观察提出的概念，有着现代土著社会在技术、经济、社会结构和意识形态诸多方面不同层次的参照蓝图，可以用来作为与考古材料对比时的依据。而古国和方国却缺乏可供类比的具体参照特点，难以为考古学家判断社会发展层次提供具体的类比蓝图。第三，文献中的古国和方国只是一种称谓，不像部落和酋邦的术语有比较严谨的科学定义。中国考古学者和历史学者在谈及发展规律时，也偏好采用马恩和摩尔根的经典术语，将古代社会的性质贴上苏联进化模式的标签，并没有社会发展动力和原因的探索，以及对不同阐释理论的检验。

---

① 路易斯·亨利·摩尔根：《古代社会》，杨东莼等译，商务印书馆1997年版。
② Sahlins, M. D. and Service, E. R. (eds.) *Evolution and Culture*. Ann Arbor, MI, University of Michigan Press, 1960.

路易斯·宾福德（Lewis R. Binford）对传统考古学主要依赖直觉、经验和常识来解释考古材料持批评态度，认为考古学在用物质遗存重建人类的过去时普遍缺乏可行的方法论，因此极有可能扭曲对过去真相的了解。为了克服这个问题，宾福德建立了所谓"中程理论"，即采用"民族考古学"的观察在静态的物质现象与动态的人类行为之间构建一种带有普遍意义的解读密码或"罗塞塔石碑"。考古学家带着理论进入现生土著社群，观察他们人工制品的类型与功能、屠宰技术、生计形态和社会结构，收集必要的信息，以便能够从考古材料中推断那些非物质方面的特点。因此，民族考古学的目的是为考古学家提供民族志的蓝图，或以考古学为目的展开生计技术方面的民族志研究，以及从文化整体的民族志背景来解释考古学材料。①

因此，民族学和人类学无论在解读史前物质遗存还是社会形态上为考古学阐释提供了重要的蓝图，就像动物学为古脊椎动物提供了重建其形态和行为的蓝图一样。张光直呼吁中国考古工作者要熟读民族学，指出民族学是考古学透物见人的途径。熟知各种习俗制度蓝图的考古工作者，便有可能根据这些残迹来复原古代的习俗和制度，对各种器物和图像提出新的解释。②

## 二、理论与方法

从研究方式上说，考古学更像是自然科学的探索而不同于历史

① 尼·戴维、卡·克拉莫：《民族考古学实践》，郭立新等译，岳麓书社 2009 年版。
② 张光直：《建议文物考古工作者熟读民族学》，《考古人类学随笔》，生活·读书·新知三联书店 1999 年版。

学的考证，这是因为绝大部分的考古材料并没有伴生的文字记载，也无法从现有的文献中找到对应的答案与线索，必须独立进行研究。像大部分的自然科学一样，考古学也不能仅仅停留在收集材料和对现象的外在描述上，它也必须揭露事实的成因、本质和内在的发展规律。如果考古学研究并不囿于物质文化的类型学和地层学分析，而要将表象的因果关系作为探索的目的，那么考古学必须重视理论建设。比如，农业起源和文明起源的探索不仅要确定时间和地点，也必须在理论探索的基础之上来解释其产生的原因。理论是对材料和现象的阐释依据，是对研究客体的科学认识。理论开辟对某种未知事实的探究方向，提出我们认识某种现象的阐释方案。理论是人们从感性认识向理性认识的升华。另一方面，理论又是研究的向导和感官识别的判断基础。它指导田野发掘、采样和分析程序，并做可行的研究设计，以便使研究向预先设定的目标前进。缺乏理论思考的考古发掘，表现为发掘之前没有一定的目的，挖到什么就收集什么材料。对材料的解释往往根据直觉和常识性的判断。具有理论指导的发掘是有目的和带着问题的发掘。有了解决特定科学问题的目的，发掘的范围、如何发掘、所要采集的样本种类，以及分析的内容和步骤都需要做仔细的设计。所以，带有理论思考和研究目的的考古发掘和研究，是为了分析特定的材料和寻找问题的答案而收集科学证据。

　　伦福儒把考古学研究分为相互交织的三个方面，一是问题、观念和理论，二是研究方法和技术，三是田野考古发现和考古材料。问题和理论主导着采用的方法和技术，并且指导寻找哪些考古材料或样本；方法和技术根据设计要求，为解决特定问题来分析各种材料和提炼信息；田野发掘则根据需要解决的问题以及方法和技术的要求采集样本。[①] 这三个方面都是彼此衔接，相互依存的。如果没有特定的问题意识，方法的选择和好坏就没有标准，再先进的技术也无用武之地，只能是挖到什么就收集什么材料。这样的发掘往往以典型、罕见、精美和完整的器物为目标。有了理论和问题的指导，采用哪种方法以及创造新方法就有了明确目标，而且田野发掘也对寻求和收集的材料有了明确的选择和要求。

随着考古学的发展，科技手段越来越受到重视。高新科技手段的应用和信息提炼，有时对考古学重建历史发挥着举足轻重的作用。中国考古学面临的一个迫切问题是，如何像当代欧美考古学那样，像过去的类型学和地层学方法那样，将各种科技手段作为常态或规范研究程序来解决各种科学问题。这样科技考古不再是考古学的一个分支，而是成了考古学的规范程序。

考古材料的分析包括两个方面：一是我们肉眼所见的所有物质遗存和分布现象，也即所谓的显性材料；二是在这些物质材料中隐藏的所有信息，也即所谓的隐性材料。因此，考古材料作为一个整体，其研究应当包括显性材料与隐性信息的整合。认识到考古学在所有历史科学中很可能是最难研究的领域，对于如何用最佳方式来解决那些极具挑战性的问题是基本的第一步。考古学实践在本质上

---

① 科林·伦福儒、保罗·巴恩：《考古学理论、方法与实践》（中文第二版），陈淳译，上海古籍出版社 2015 年版。

是科学研究。考古研究是进行细致的观察，并以不同方式加以证实，然后用其他业已确认并与新的观察相一致的观察进行解释。这才是好的考古研究。①

考古学的多学科研究不仅包括对显性材料的细致观察及论证，而且也包括从隐性材料中尽可能提取各种信息。但是，这种学科交叉的研究却为缺乏整合的现实而受损，即并未将从各种材料中获得的所有信息整合到一起。比如，环境考古目前已经成为国内田野分析的常态，但是器物分析仍囿于类型的描述和分类，缺乏文化生态学理论的问题导向，没有将物质文化看作是对环境的一种功能性适应来分析，因此难以解释人地关系的互动与文化变迁的原因。

西格弗雷德·德·拉埃指出，考古学正在成为一门真正的科学性学科，这需要对事实真相的锲而不舍的、系统的研究，并且为重现过去的整体面貌，在研究中采取历史批判主义的原则，审视所利用的一切材料，对原始材料的价值和可靠性做不断的检验。今天，考古学已成为如此广阔的天地，以致考古学多数部门都趋于专业化。实际上，没有一个人，没有一支团队能够涉及所有方面。因此，当合作研究需要完全不同的学科参与时，这样的协作就会出现困难。理论上说，学科交叉是一项集体的任务，但是考古学的综述则总是一个人的工作，尽管这种综述是建立在集体研究的基础之上。一个有能力的考古学家不仅必须精通本专业的方法，而且必须受过历

---

① Weiner, S., Archaeology, archaeological science and integrative archaeology. *Israel Journal of Earth Science*, 2008, 56: 57–61.

史学家的训练，并且对共同合作的其他学科有充分的了解，以便在自己的阐释和综述中，正确地、批判性地运用这些学科提供的研究成果。①

随着研究理论和方法的发展，考古学家对考古证据的局限性和考古学采样方式有了更为清醒的认识。他们意识到，考古研究的对象还不是古代人类行为的绝对证据，能被考古发掘所找到的材料仅仅是在各种偶然因素中得以保存的有限幸存物。而且大部分考古材料是古代社会废弃的垃圾，要从这些物质遗存的废弃方式来了解它们生产和使用的社会背景，对我们来说显然是一个巨大的挑战。

考古学阐释所面临的挑战，迫使考古学家必须以更为细致和谨小慎微的方式来收集各种材料，包括以前所忽视的、不起眼的材料，并且以数理统计来分析这些材料时空上的量变和质变。人们意识到，没有一个问题可以仅仅通过对单一遗址的发掘就能解决。考古学的田野发掘从邂逅的运气，转向问题指导和精心设计的探索。它需要细致和全面的区域调查和采样，并带着问题选择遗址，寻找能够证实某种阐释理论的实物证据。

问题指导的考古学探索，是将考古资料视为检验科学阐释的依据。这使考古学开始从以前简单的材料归纳和记录转向假说和演绎。因为考古现象纷繁复杂，究其原因也有种种不同的可能性，考古学所要解决的问题也涵盖了从技术经济到社会结构乃至意识形态的各

---

① 西格弗雷德·德·拉埃:《考古学和史前学》,《当代学术通观——社会科学与人文科学研究的主要趋势》(第二章),上海人民出版社 2004 年版。

个层面。为了了解造就和产生考古现象的原因，考古学家就必须像侦探一样对现象和事物的因果关系进行梳理，并对材料的解释提出各种不同的可能性假说，而考古发掘的实践就是要寻找种种证据来排除和减少各种可能性的数量，最后通过严谨的逻辑论证得到比较可信的结论。这种以问题和检验假说为导向的发掘与研究，将考古学推进到一个新的境界。每一个新发现的材料片段，不仅有助于完善对历史的重建，而且能够用来检验以前的设想。正确的阐释和理论必须经受新的考古材料的反复检验才能得以保留，疑虑和分歧也通过这一过程被消除，我们对历史事件和社会发展进程的认识就能不断完善和深入。

## 三、田野考古与科技考古的关系

现在我国考古学面临着田野考古和科技考古成果难以契合的"两张皮"的困境。近几十年来，科技考古迅速发展，不但专业人员迅速增加，而且社科院考古所和各省的考古所及高校都大力建设科技考古实验室，并有大量成果发表在国内外的刊物上。然而，虽然科技考古蓬勃发展，但是似乎对以田野工作为基础的研究和历史重建并没有带来明显的改观。这需要我们克服学科间的隔阂，加强多学科的整合，否则考古学的历史重建将成为一句空话。

中国有句古话叫"皮之不存，毛将焉附"，田野考古与科技考古用"皮"和"毛"的关系来剖析可能更加形象。所谓的"皮"就是考古学的范式，而"毛"就是考古学的方法。换言之，我国考古学方法超前而范式滞后的现状，导致科技方法在研究文化—历史考古学的问题上毫无用武之地。在 20 世纪上半叶，考古学的范式是用类型学和地层学来构建区域文化年表和构建文化关系，这两种方法基本上都是用来进行相对断代的。50 年代末，碳十四测年技术的发明，将考古工作者从繁琐而费力的断代工作中解放出来。而另一方面，经过几十年的发现，欧美的田野工作也建立起比较完善的史前区域文化年代框架。这样，从 60 年代起，首先在美国，继而在英国开始了考古学范式从文化—历史学向功能—过程考古学范式的转变。

这个转变最初以美国考古学家罗伯特·布雷德伍德（Robert Braidwood）的新月沃地和理查德·麦克尼什（Richard MacNeish）的特化坎农业起源探索为代表，两者都是采用多学科方法，从环境变迁来探索西亚地区和中美洲的农业起源。这两位考古学家邀请了各个学科的专家，包括地质学家、动物学家、植物学家、土壤学家和体质人类学家等参与这个项目的各个专题分析，以重建两地自全新世以来气候环境、人类生计和适应，以及技术和聚落形态的变化。布雷德伍德和麦克尼什的农业起源项目，开创了考古学多学科交叉和科技考古的先河。

20 世纪 60 年代新考古学是这个方向的进一步发展。新考古学又称为"功能—过程考古学"，考古学功能分析可以这样来描述——了解某一时期的人群是怎样生活的。这需要重视水平发掘，完整揭露居住面，仔细清理工具、房屋、窖穴、神龛或庙宇、作坊、墓地等一个社群的不同活动地点，以了解某个时期的社群是如何生活和组织起来的，以及他们的技术、经济、社会结构甚至意识信仰。而工具、房屋、窖穴、作坊和墓地就是一个社会功能性特征的反映。

如果是狩猎采集社会，那么通过一个临时或季节性营地的居住面发掘，就可以了解这个游群的规模、技术工具、食物类型以及移动方式。如果是农业社会，那么一个村落的水平发掘就能了解这个村落的家户结构、经济方式、技术水平、人口规模和社会发展层次，以及属于平等社会还是等级社会。如果将一个区域基本同时期的村落遗址分布放在一起观察，那么我们就能知道，某个时段这个地区社会文化的发展水平和社会结构。

过程分析就是对某个利用时间较长的遗址做仔细的垂直发掘，以揭露不同时期各社群的居住面和功能特征。通过从下到上不同时代居住面的比较分析，我们就可以了解这个遗址不同时间段的社会文化发展情况，以及史前或历史时期这个遗址社会文化的动态变迁。

我国目前的田野发掘还是文化—历史考古学范式为主导的方式，即以地层学和类型学为一个遗址断代和分期，并确立其文化性质。这种分期也比较粗糙，一般分三四期或早中晚三期也就可以了，要求并不严格。而水平发掘也不在意居住面和遗迹遗物的功能关系，能够记录一些小件和精美物品、灰坑、房址和墓葬的分布就很不错。但是，基本上并不从出土遗物和遗迹来观察某时期社群的适应功能和人地关系。

正是因为要从功能观的角度来分析某个层位里面出土的人工制品、动植物、花粉、人骨等各种器物和生态物，所以需要不同学科的专家来分析这些出土材料，使得田野工作者能够详细了解这些材料所反映的生态背景、技术、经济、社会结构以及人类寿命、营养条件以及性别分工等状况。这些材料分析的结果，提供的是某个时期人群生活活生生的动态图像，而不是过去那种坛坛罐罐、见物不见人的静态描述。

对于一个延续栖居了几百年乃至几千年的遗址，如果结合仔细的水平发掘和有控制的垂直发掘，便能揭示多个重要时期和阶段的居住面，那么我们就能从水平／功能与垂直／过程的角度重建这个遗址的历史乃至社会复杂化过程。所以，科技考古只有在为考古材料功能—过程分析中才能真正发挥它重建历史的作用，离开了这个目的，科技手段并无本质上的价值。

因此，科技手段原来是依附在功能—过程考古学范式这张"皮"上的"毛"。引入科技手段后，由于我国田野考古仍然是原来文化—历史学的范式，所以科技考古的"毛"难以依附在这张"皮"上，造成了现在这样的困境。这也是田野工作者和科技考古学者缺乏交流和很少来往的原因。两群人各开各的会，最多将科技成果作为附录放在考古报告的后面。尽管科技考古看上去成果斐然，但是对考古学重建人类历史并无关键贡献。

为此，科技考古首先需要田野工作者的发掘要有问题意识，这就是了解遗址人地关系的功能问题，和观察考古材料垂直变化的过程问题。而科技工作者也需要了解遗址的性质以及重建历史的关键问题和所需材料和信息。田野工作者和科技工作者必须密切合作，以共同的视角和问题来指导采样和材料分析。而且，为了观察和比较文化发展和各种差异，各种材料都必须采取量化分析，这样才能帮助我们仔细观察社会文化变迁的速率和原因。

## 四、考古学与史前学

在《如何探究史前史》(*Beyond History: The Methods of Prehistory*) ①
的序言中，布鲁斯·特里格（Bruce Trigger）开宗明义地指出，20
世纪 60 年代美国考古学自我意识的不断发展，产生了一股方法论
思潮来审视本学科的基本前提。这本教材正是在新考古学方兴未艾
的背景中撰写的，反映了作者对文化历史考古学传统范式的反思，
以及用过程论来解释文化变迁的尝试。1973 年，英国考古学家戴
维·克拉克（David L. Clarke）在《考古学纯洁性的丧失》一文中提
到了考古学从"意识"到"自我意识"再到"批判性自我意识"的
发展过程。② 有"意识"的考古学主要依赖经验，凭借彼此的默契和
个人的直觉对材料和现象作出判断和解释。有"自我意识"的考古
学认为，必须有明确的理论和方法来处理材料。对讨论的各种术语
抽象化，上升到概念的层次，并赋予明确的科学定义，并加以一定
程度的量化。由于考古学解释的复杂性，历史重建应该提出材料解
释的各种模型，并通过不同理论的互补和新材料的检验而不断完善。
否则考古学解释将永远停留在个人观点的表述上，难以构建考古学
科的知识体系而做到真正的历史重建。这种自我意识是在过程考古
学的发展中体现出来的，它有力地促进了理论和方法的发展，使得

①　布鲁斯·特里格：《如何探究史前史》，陈淳译，中国人民大学出版社 2023
年版。

②　戴维·克拉克：《考古学纯洁性的丧失》，中国历史博物馆考古部编：《当代国
外考古学理论与方法》，三秦出版社 1992 年版，第 130—132 页。

考古学从单一的类型学方法和考古学文化概念转向多学科的交叉研究，摆脱传播论的简单思维，从功能论、系统论和过程论来解释社会文化的变迁。"批判性自我意识"是在 20 世纪 70—90 年代与后过程考古学一起发展起来的，它对考古学解释的主观性和社会偏见有了更加深刻的认识。

20 世纪 50 年代，英国考古学界倾向于将史前考古材料的采集和解释加以两分。材料的收集和初步分析被看作是田野考古学家的工作，但是对材料的解释和综述则是史前学家的任务。尽管同意考古材料的整合与综述是两种不同类型的操作，但是美国学界在两者之间并没有明确的划分，而是将材料采集和解释看作是理论、方法和实践的一体化过程。[①] 戈登·柴尔德被看作史前学家的杰出代表，他在《回顾》一文中提到，他对史前学最富原创性和最为有用的贡献不是出色的发掘，也不是从博物馆藏品中发现新的材料，更不是构建精密的年代学框架或提出富有创见的文化定义，而是阐释性的概念和解释的方法[②]。像美国和其他许多国家一样，我国在这两者之间并无区分，史前研究都是由考古学家自己进行的。1983 年由半坡博物馆创办的《史前研究》杂志可以被看作在考古材料阐释上作出先驱性努力的一种尝试。当下考古学的发展越来越强调田野工作要有明确的目的，要回答有关过去的特定问题，这构成了考古学理论、

---

① 布鲁斯·特里格：《考古学思想史》(第二版)，陈淳译，中国人民大学出版社 2010 年版，第 234 页。

② 戈登·柴尔德：《历史的重建：考古材料的阐释》，方辉、方堃杨译，上海三联书店 2008 年版，第 217 页。

方法和材料三个方面密切相关的学科动态本质。①

今天，中国考古学大抵还是一门侧重于发掘和器物分类的技术，以准确和规范的发掘、精确的记录和样本采集以及精致的类型学分析和描述为特点。长期以来，专业杂志要求研究报告只介绍具体发现，不提倡任何科学的解释，使得考古研究成了照章办事的刻板操作。撰写的成果也流于形式，成为罗列出土标本的目录单。还有人认为，考古学是提供材料的学科，如何进行解释是其他人的事情。甚至还有学者认为，考古学是客观的学科，考古学家不应该对材料随意作出主观的解释，应该让材料自己说话。结果，大部分考古学家所做的工作只是"干考古"的技术活而已。考古材料解释的缺位，使得我们的考古工作成为一种物质材料的积累，并未相应增进我们对过去人群、社会和文化的深入了解。

现在我们明白，考古材料的收集整理与历史解释属于不同的研究层次。考古学的田野工作涉及发现和提取各种物质遗存的相关技术和方法，在材料的分类整理和时空定位之后便需要进入解释的层面，解释的技巧和材料处理的方法有很大区别，而且难度要大得多。而较高层次的解释在我国学界被认为主观性太强，不值得提倡。由于这种历史重建的解释难度很大，于是我们便以强调研究的客观性来加以回避。如果缺乏阐释上的技能训练，考古材料的解释就只是一种个人想当然的看法，难以做到历史的重建。

---

① 科林·伦福儒、保罗·巴恩：《考古学：理论、方法与实践》（中文第二版），陈淳译，上海古籍出版社 2015 年版，第 3 页。

当代考古学的发展不再是用一套技术去寻找和发掘古代遗存和历史遗迹，它还包括一批科学概念、理论模型和分析手段。从某种意义上说，理论方法要比考古发现更重要，因为只有不断提高研究水平，拓宽研究方法，这门学科才能更好地破译文物中所含的古代社会文化信息，让无言的文物活起来，才能增进我们对历史的了解。

然而，考古材料的阐释并非易事，而是一种真正的挑战。在为路易斯·宾福德《追寻人类的过去：解释考古材料》一书所写的序言中，科林·伦福儒说，考古学最吸引人地方就是邂逅重要发现的兴奋，它给人以难以忘怀的愉悦。但是，这不是考古事业中最重要和最有趣的部分，真正的挑战是把考古材料以一种相互关联和合理方式掇合起来，从中寻找意义并作出解释。考古学实践中兴奋与沮丧是一对矛盾，丰富的材料令人兴奋，但是很难得出可靠的结论却令人沮丧。①

考古学阐释和历史重建的难度在于结论的不确定性和其他另类的可能性解释。这是因为物质文化的多样性有无数的原因，考古学文化除了可能反映族群不同外，它们也可能反映了时间上的差异，有的则是环境背景、可获资源、当地手工业生产和装饰传统、贸易方式、地位竞争、性别身份、群体间通婚方式以及宗教信仰的不同。今天，考古学文化虽然是考古分析有用的概念，但是它日益被视为对物质文化时空差异分布方式的一种总结，而这种差异是由各种不同因素造成的。因此，用考古学文化来构建史前时空的框架不再被

---

① 科林·伦福儒：《序》，路易斯·宾福德：《追寻人类的过去：解释考古材料》，陈胜前译，上海三联书店 2009 年版，第 1 页。

看作一种解释，而是要求考古学家义不容辞对特定案例作出解释的现象。①

## 五、概念、术语与模型

解释是指在观察的基础上进行思考，合理地说明事物变化的原因、事物之间的联系，或是事物发展的规律。考古学解释是由个人做出的，有时这种解释只能被看作是个人的见解，只是立足于学者本人的经验直觉或知识背景，或者使用的概念和方法与其他学者并不相同。科学阐释是建立知识体系的工作，由科学家团体乃至公众的参与，需要有一套学界共同遵循的概念、原理和方法。没有统一标准的随意解释会引起混乱，因为没有对术语和概念的统一理解，学者们就不可能构建一种科学的知识体系。② 虽然个人观点在科学阐释中发挥着必不可少的作用，但是个人的观点会有所不同，必须加以控制，不至于成为十足的猜想。防止观点失控或鸡同鸭讲的一个关键，就是要用恰当的名字称呼事物。于是，赋予关键术语和概念以统一和准确的定义是理解的第一步。③ 有学者强调，概念是学术研究的起点。它将我们从日常生活的名词中解放出来，进入到形而上的"概念"层面。抽象化是艰难的工作，没有概念就意味着无

① 布鲁斯·特里格：《考古学思想史》（第二版），陈淳译，中国人民大学出版社2010年版，第23页。

② Watson, P. J., LeBlanc, S. A. and Redman, C. L.: *Explanation in Archaeology: An Explicitly Scientific Approach*. New York: Columbia University Press, 1971, p. viii.

③ 肯尼斯·赫文、托德·多纳：《社会科学研究：从思维开始》，李涤非、潘磊译，重庆大学出版社2013年版，第13页。

法摆脱常识，也就意味着没有学术。如果学术研究连概念层面都上不去，就更不要考虑理论创新了，因为它将什么都不是。①

我国考古学阐释中普遍存在的一个严重问题就是概念不清，对讨论对象的本质没有共识或统一的科学定义。比如，有学者不愿采用欧美学界流行的"酋邦"概念，而偏好用古国或方国的术语来取代。但是，古国或方国这类术语并没有像酋邦那样从平等社会向国家社会过渡的世袭等级社会来予以定义，所以它们并不是理论层面的抽象概念，仍然是来自古代文献的一个通俗用语。还有，在我国文明与早期国家探源中，"文明""国家"和"城市"这几个关键术语并未见有很好的讨论，并在科学定义上并无共识。虽然三者之间没有必然的对应关系，但是在讨论文明和早期国家中，这三个术语的概念往往彼此互换，或用某个术语来论证另一术语的真实性。特里格指出，这三个概念的本质是有区别的，文明一般是指文化、技术和艺术的发展层次，城市是一种聚落形态，而国家是一种政治体制。②在概念类比的分析中，我们常用考古学文化来对应族属甚至国家与疆域。比如，将二里头文化、夏文化、夏民族、夏国、一批有特色的器物分布、夏朝的疆域对应起来。实际上，这种类比并不是以实证为基础的逻辑推理，而是一种猜测。因为我们没有办法以一批器物类型特别是陶器作为前提，依次推导出夏族、夏国以及夏

---

① 胡翼青：《对于学术，概念意味着什么》，2020 年 9 月 16 日在南京大学新闻传播学院明经学堂所做的报告，明经学堂公众号，再建巴别塔，2020 年 11 月 16 日。

② Trigger, B. G. *Beyond History: The Methods of Prehistory*. New York: Holt, Rinehart and Winston, 1968, p. 52.

代疆域等结论来。因为这些概念所指对象的性质不同，彼此无法对应与契合。

在考古学阐释中，文化与社会是采用最多的术语，而且在讨论中也经常互换。以物质遗存构建的考古学文化是范围极为有限的人类行为之产物，在重建过去的社会时只能提供非常有限的证据。史前学家一般会将考古学文化等同于特定的"部落"或"人群"，比如柴尔德就认为，文化是一种社会遗产，它对应于享有共同传统，共同社会机构以及共同社会机构以及共同生活方式的一个社群。这群人可以顺理成章地被称为某人群。①

然而，特里格指出，有些考古学家，特别是对民族志材料不甚了解的考古学家会认为，在文化形态和社会系统之间很容易找到对应关系。比如，许多人认为，可以将某考古学组合对应于某社群，将某个考古学文化对应于某部落，而一批相似的考古学文化对应于一个文化区。但同样明显的是，没有一个社会或政治单位总是与单一形态的物质文化相对应。考古学文化无法以任何机械的方式与社会群体如部落、游群或民族相对应。其原因并不是技术问题，比如材料的不充分，而是因为物质文化的分布未必与社会和政治结构吻合。在对物质文化的历史意义讨论中，特里格列举了各种民族志中所见的社群与文化关系的复杂性，突显了根据不同器物组合之间式样异同的比较来定义文化和解释历史的局限性，并强调在对这种文化异同进行比较时，需要对它们在不同社会中所发挥的功能有充分

---

① Childe, V. G. Races, peoples and cultures in prehistoric Europe. *History* 1933, 18: 198–199.

的了解。①

虽然对某个议题的讨论或解释会有不同的观点，但是学者应该对他们采用的术语或概念有统一的定义或共识。在借鉴国外的术语和概念时，也应该准确了解这些术语和概念的定义以及它们的历史发展，不了解这些术语或概念的定义往往会造成误导和混乱。比如，对酋邦这一术语产生的争论在很大程度上是没有完全理解其定义以及新进化论的来龙去脉背景所造成的。同样，从望文生义来理解戈登·威利的聚落形态研究，使得我们对聚落考古的实践和讨论与他的聚落概念大相径庭。

由于考古学不是一门实验性学科，所以考古学家对材料的解释也具有一定的试错成分，就是对以前的解释需要不断用新研究和新发现来检验。有时，新发现可能完全推翻过去的解释，而新技术的运用和学科交叉的发展可以为材料解释提供更广阔的视野，并且可能获得始料未及的结果。所以，考古学家倾向于将自己的解释视为比较接近真相，但这种真相会随时修改，甚至推倒重来。对考古材料的解释需要提出一个框架，特里格将其称为"模型"。不同的解释框架构成了各种解释的"模型"。伦福儒认为，模型被用来揭示考古材料中的某种规则，并用来解释这种规则的内在机制。②比如，有些模型从文化的历史序列来进行解释，以构建年表和文化关系；有

---

① 布鲁斯·特里格：《如何探究史前史》，陈淳译，中国人民大学出版社 2023 年版，第 28—29 页。

② 科林·伦福儒：《对考古学解释的反思》，中国历史博物馆考古部编：《当代国外考古学理论与方法》，三秦出版社 1992 年版，第 335 页。

些模型则从文化生态学来进行解释，以构建文化的适应系统和人地关系的互动；而其他一些模型则可以从技术、经济、社会乃至意识形态来进行解释。构建阐释模型的重要之处，在于它有助于考古学家对文化的性质提出明确的设想，是考古学家对材料和证据进行解释的基础。由于史前考古学解释所能利用的证据往往是不完整和有限的，因此采用不同模型进行解释并相互补充，史前史的重建就能以一种累进的方式不断提高和完善。

## 六、传播迁移论

在文化历史考古学范式中，传播迁移论是解释文化演变最为流行的方法，这就是追溯文化的起源、传播与迁移。比如，最近三星堆又有新发现后，大家普遍的一个反应就是，它是从哪里来的？是来自中原人群的迁移，还是来自西亚和其他地区的文化传播？在《史前研究的方法》中，特里格对文化变迁的传播论阐释进行了详尽的讨论，提出了这种解释需要注意的许多问题。

他指出，大部分发明和创新就像生物学的突变一样是微不足道的，而且很难从考古材料来追溯。一种发明能够被社会采纳需要一定的社会背景，许多发明只有在盈利后才能普及，于是因开发代价过高而会滞后很长的时间，甚至大多胎死腹中。① 而有的重要发明则是专为贵族阶层服务的，可以不惜一切代价予以采纳。有的发明并非单一的创新，而是由许多小发明积累的产物，而有些发明可以

---

① 斯普特拉：《发明过程分析》，陈力子等译，陈淳校，《南方文物》2013 年第 4 期，第 133—140 页。

是不同人在不知道各自工作的情况下的独立创造。

传播是指意识的扩散，如果发明与突变之间有相似之处，那么传播可以被视为一种选择过程。文化特征的传播很少会将所有属性一起带过去，而且新的意识传播到了其他社会之后，因社会条件不同所发挥的作用也会不同。比如，中国发明的火药是用来放烟火的，但是传到欧洲后就被用来制造枪炮。大部分的传播是一种刺激传播，就是一种新发明的原理从一个文化传给了另一个文化，并没有附带所有技术甚至概念上的属性。比如，考古学文化概念是从欧洲传到中国的。但是，柴尔德为考古学文化分析提出的一些属性，如年代、分布和功能分析，以及构建时空框架的镶嵌模式等并没有同步引进，使得苏秉琦重新发明区系文化类型来加以补充。

迁移是指人口的移动，这个概念常常并未明确与传播区分开来。实际情况要比传播迁移的两分更加复杂，比如，人群在地理上的扩散可以没有文化传播而发生（维京人在新大陆的栖居），人口迁移是文化传播的重要因素（欧洲人到达美洲），文化可以在没有人口移动情况下传播（拉丁文化扩散到整个西部罗马帝国），还有人口迁移而没有文化的传播（移民的整体同化）。因此，在历史重建的解释中，最好从概念上将传播与迁移区分开来。

然而，证据确凿的传播与迁移在考古记录中是罕见的。为了判断不同文化之间传播迁移或共同起源，首先要排除这些器物或文化特征是趋同发展的结果。比如，极端传播论者提出的金字塔、木乃伊技术、陶器都是来自同一起源中心的说法，现在都被否定。对于判断不同文化之间的历史关系，特里格借鉴了民族学家格雷伯纳（F. Graebner）的三项标准。第一项是质量标准，如果一种文化特征愈复杂、愈相似，那么其共同起源的可能性就愈大。而且，被比较的特征必须是非功能性的。因为，许多功能性器物如刀、斧、箭镞和碾磨工具因为用途和制作材料的限制，很容易造成趋同。第二项是数量标准，即两个文化或地区之间质量上相似的数量愈多，它们之间存在历史关系的可能性也愈大。这需要从统计学来进行文化特征的比较，而不是单凭个别器物和特征来下结论。第三项标准是两个区域之间文化交流的容易程度，要证明地理位置相隔遥远地区之间相似文化特征是传播迁移的结果，那么需要在其中间地带找到连续分布的迹象，而且在年代序列上表现出早晚与先后的轨迹。

虽然，传播迁移论是文化历史考古学范式最为流行的一种阐释理论，柴尔德就是凭借这种理论来构建欧洲的史前史。但是，他也指出了滥用这种理论的危险。他说，盲目借助于外来移民或"影响"纯粹是掩饰懒惰的遮羞布。像格雷伯纳一样，他也提出了这种解释需要注意的或然性问题，强调要从分布、定量和定性等标准来加以判断。在分布标准上，某器物类型的出土地点越近，独立发明的机会就越低。如果它们在两个相距遥远的遗址出土，就需要在中间地区寻找证据。在定量标准上，两个遗址或文化之间所共有的类型愈多，它们之间的关系就越密切。在定性的标准上，一种类型越难制造，其独立发明的可能性就越小。他还指出，虽然传播可以建立文化之间的关系，但是传播机制则需要从其他考古遗存来加以推断，这种机制可能是商贸、入侵、传教、征服、联姻、殖民，等等。①

伦福儒和巴恩在回顾传播论时指出，传播迁移在过去确实发生过，但是能从考古学上加以论证的机会很少，而且在用它来解释文化变迁时被用得过头。文化与社会变迁单从传播迁移论来解释是不够的，而且这种传统解释建立在今天很易受挑战的设想之上。② 到20世纪60年代，过程考古学的发展使得考古学家更加重视内部的因素来解释文化的变迁。

## 七、历史的重建

史前考古学家的解释工作包括两个方面，一是要解释和重建古人的生活方式，二是要解释社会和文化的变迁。对于考古材料的解释来说，有三个困难的梯度，即研究技术和生计比较容易，研究社会结构比较困难，研究宗教信仰和意识形态最为困难。③ 这个困难梯度是由材料的性质所决定的，因为人类生计活动留下来的工具和动植物遗存可以用实证的办法进行比较可靠的分析和解释。比如我们从古人的工具可以了解他们的技术水平，从遗留的动植物可以知道他们吃什么。社会结构的变异范围比较大，与物质文化没有可靠的对应关系，即使有民族志的类比，仍然有很大的不确定性。比如

---

① 戈登·柴尔德：《历史的重建：考古材料的阐释》，方辉、方堃杨译，上海三联书店2008年版，第120—123页。

② 科林·伦福儒、保罗·巴恩：《考古学：理论、方法与实践》（中文第二版），陈淳译，上海古籍出版社2015年版，第446—447页。

③ Hawkes, C. F., Archaeological theory and method: some suggestions from the Old World. *American Anthropologist* 1964, 56: 161–162.

器物特征相近的同一类考古学文化并不一定代表同一批人群。而宗教信仰根本无法从物质材料中提取，是最难解释的内容。

重建史前期的生活方式涉及何人、何地、何时、何物等问题，属于技术和生计的范畴，采用实证方法相对容易解决。而社会变迁涉及如何及为何的问题，解释难度很大，这需要从考古材料来间接推断社会结构。特里格认为，跨文化的民族志类比能够为考古材料的解释提供参照，这需要对民族学研究的成果有比较充分的了解，在这方面，美国人类学家乔治·默多克的《社会结构》（*Social Structure*）一书极具参考价值，该书提供了全球 250 个土著社会结构的跨文化比较案例，其中 70 个社会来自北美、65 个来自非洲、60 个来自大洋洲、34 个来自欧亚、21 个来自南美[①]。在美洲和大洋洲，考古材料与现生土著人群的文化之间有直接的联系，为解释古代的社会结构提供了比较可靠的依据。在没有古今传承的背景下利用民族志的跨文化类比则需更加谨慎。重建社会结构和历时变迁的另一办法就是聚落考古，并以威利的《聚落与历史重建秘鲁维鲁河谷的史前聚落形态》为代表。[②]

社会变迁的解释涉及社会复杂化的研究，这是和农业起源和文明国家起源密切相关的议题。在农业起源的解释方面，特里格提到了当时比较流行的、由柴尔德和魏特夫分别倡导的绿洲理论和灌溉理论，他认为这些是带有生态决定论色彩的单因论解释。在国家和

---

① Murdock, G. P. *Social Structure*. New York: The Macmillan Company, 1949.

② 戈登·威利：《聚落与历史重建：秘鲁维鲁河谷的史前聚落形态》，谢银玲等译，陈淳校，上海古籍出版社 2018 年版。

文明起源理论方面，他提到了朱利安·斯图尔德的理论。该理论认为，随着大河流域人口的增长，对水源供应实施日强的控制变得必须，宗教约束开始发挥作用，导致神权贵族国家的产生。当人口压力继续增加，各个国家开始为土地而争斗，这逐渐使军事阶级崭露头角。[①] 他也介绍了美国考古学家罗伯特·亚当斯（Robert Adams）对美索不达米亚文明起源的解释，认为经济上各部分的发展导致了社会的日益分层和国家与文明的发展。[②]

特里格还介绍了有关国家起源动力的两种理论。一种是有机理论（organic theory），将技术和经济因素看作文明起源背后的驱动力，认为某些早期国家兴起的机制是对经济日益复杂化的反应，是不同社会经济日益相互依赖的结果。由于有机国家是应对经济需求而形成，所有它们立国的基础比较稳固，不会大起大落。另一种是单方理论（unilateral theory），将政治看作某些早期国家形成的主因，可以在经济比较简单的条件下发展起来。这种国家通常是征服型或掠夺型国家，通过地域扩张将社会变成一个组织良好的国家，其例子之一就是祖鲁王国。征服型国家可以迅速崛起，并席卷大片地区，比如蒙古帝国在一代人的时间里就从中国扩张到东欧。然而，当武力威胁的纽带失效时，这种征服型国家也会迅速解体。但是，这两类国家之间的分野也并非绝对，内部分化迅速和外贸体量巨大的单

---

[①] Steward, J. H., *Theory of Cultural Change*. Urbana, University of Illinois Press, 1955, pp. 178–209.

[②] Adams, R. M., Early civilization, subsistence and environment. In Kraeling C. H. and Adams, R. M. eds. *City Invincible*. Chicago, University of Chicago Press, 1960, pp. 269–295.

方国家，会发展出很像有机国家的经济基础。特里格认为，墨西哥、美索不达米亚和古希腊看来是在有机背景里发展起来的国家，后来靠征服而扩张。而古埃及比较像单方国家，法老被尊奉为神，拥有绝对的权力并一直下达基层。埃及起初是作为一系列小型的城邦国家发展起来的，后来融合成一个民族国家。①

在晚年著作的讨论中，特里格借鉴柴尔德对下美索不达米亚和埃及文明起源的比较研究，将早期国家分为城邦国家（city states）和地域国家（territorial states）（有人译为"广域"或"广幅"国家）。城邦国家是指一些小型政体，每个城邦由一个城市中心和环绕城市周围的小型农业聚落构成，比如古希腊、文艺复兴期的意大利和古代西南亚部分地区的早期国家。而地域国家则是由地域广袤的多层级行省组成，比如埃及和中国一般被看作是地域国家。这两类国家的区分也并非绝对，比如美索不达米亚和墨西哥的国家发展就体现了城邦国家向地域国家的转变。②

## 八、小结

我国考古学的发展已经走过了百年的历程。由于在相当长时间里与国际学术主流处于隔绝状态，加上过分强调民族特色的学术取向，使得我们的学术思维还未完成从"意识"向"自我意识"的转

---

① 布鲁斯·特里格：《如何探究史前史》，陈淳译，中国人民大学出版社 2023 年版，第 84—87 页。

② Trigger, B. G., *Understanding Early Civilizations*. Cambridge, Cambridge University Press, 2003, pp. 92–94.

变。虽然近年来科技手段和学科交叉蓬勃发展，但是考古学的理论建设和阐释层次仍然亟待提高。我们应该努力从过去主要以材料积累和证经补史的学术定位，转向以问题为导向的科学探索和历史重建。

中国考古学的定位旨在重建国史，但是这门学科研究材料的性质决定了她也是一门科学。与文献历史的研究不同，其研究时空的广阔性、材料的多样性、问题的复杂性和理论方法的重要性，使得这门学科需要极大的勇气和技巧。主流考古杂志应当发挥引领作用，从公布基本材料转向理论方法的创新和开拓性成果的推广。

中国考古学的学术定位是放在"重构国史"上。由于考古学的研究对象主要是无言的物质遗存，与历史学的文献研究差别很大，因此，考古学研究需要提高"透物见人"的能力，将堆积如山的考古材料转化为可信的历史知识。从当下比较普遍的考古工作来看，对材料的分类和分期仍是主要的方法论实践。因此，为了将无言和支离破碎的考古遗存转化为可信的历史知识，中国考古学应当努力开创以问题为指导的定向探索，注重细致的信息提炼，采用严谨的逻辑推理来整合各种信息和证据，并在文献的帮助下更好地完成国史重构的任务。

考古学作为一门学科的动态本质，不仅表现在新发现和新材料的积累，也表现在理论方法的持续更新之中。正如伦福儒和巴恩所言，考古学史首先是观念、理论和看待过去方法的历史。其次，它是开发研究方法、运用这些观念和研究这些问题的历史。其三才是具体考古发现的历史。①中国考古学过去过分注重材料的积累，如何培养和激发新的观念和理论应该是我们主流刊物积极推进的一项重要工作。

我们目前正处在一个科学界限模糊、学术前沿开放的时代，这是一个时而令人激动、时而令人困惑的时代。考古学家和历史学家、社会学家和人类学家之间共同语言不断增加，同时也伴随着人文学科每一个学科内发生分化而共同语言的减少的同步趋势。同样，考古学的发展也表现出内部探索分支的细化、学科间交叉渗透的深化以及研究问题的多元化。在这个趋势中，文献研究已不是考古学研究的导向和阐释依据，历史考古学家试图将文献作为一种"中程"手段来加以运用。换言之，历史文献中的信息就像民族考古学观察一样被用来帮助解读物质文化中的人类行为和社会信息，这种解读不是一对一的注释或考证，而是试图从典籍中对整个社会背景信息做一番重新提炼来为考古现象的阐释提供依据。文献记载一般是从上到下和具体事件的视角，而考古学可以提供自下而上和长时段的宏观过程视角。因此，这样的两重证据法可以提供全方位的历史学重建。

中国考古学与国际范式相比仍有相当的差距，为了缩短学科的差距，我们必须在理论方法上急起直追，中国考古学研究必须努力做到理论工作的前瞻性和指导性，研究设计的科学性，发掘采样的

---

① 科林·伦福儒、保罗·巴恩：《考古学理论、方法与实践》（中文第二版），陈淳译，上海古籍出版社 2015 年版。

目的性，分析手段的严密性，以及检验过程的独立性。无论是史前考古学还是历史阶段的考古学都应该去探索和解决许多科学前沿的问题，努力在理论方法上有所创新，并在解决特殊科学问题中获得重大进展，这必将对整个考古学领域和历史学领域产生重大的影响。

## 第二节　战略课题研究：人类起源

长期以来中国悠久的文化历史一直被用源远流长和一脉相承来予以形容，中国古人类学家和史前学家也一直试图用他们的发现与研究来证实中华文明的原初性和独特性，将这一文明的源头追溯到直立人阶段的元谋人和北京人。从这些一百万年和几十万年以前的远古祖先，经历了早期智人、晚期智人阶段，最后发展成今天我们的中华各民族的大家庭。

20 世纪 40 年代，中国的考古发现也揭示出远东旧石器文化和西方同类文化之间的明显差异，使美国考古学家莫维斯（H. L. Movius）提出了分割世界两大旧石器文化区域的"莫氏线"，将东亚大部划归所谓的"砍砸器文化圈"，而将非洲、欧洲以及近东和印度半岛划归所谓的"手斧文化圈"[①]。20 世纪 50 年代，随着中国旧石器文化的大量发现，使得贾兰坡在华北建立起两大旧石器传统，其

---

① Movius, H. L. Early man and Pleistocene stratigraphy in southern and eastern Asia. *Papers of the Peabody Museum of American Archaeology and Ethnology*, 1944, 19(3): 1–15.

一是以大石片砍砸器、三棱大尖状器为特征的"匼河—丁村系"或"大石片—三棱大尖状器传统";其二是以不规则小石片制造的各种刮削器、雕刻器为特征的"周口店第 1 地点(北京人遗址)—峙峪系"(简称"第 1 地点—峙峪系")或"船底形刮削器—雕刻器传统"①,这两大传统可以被看作是从文化发展的角度对古人类直线演化的考古学佐证。

虽然中国的古人类学家和考古学家努力从他们的发现来构建中华民族和文化一种线形的编史学模式,但是也有一些学者根据考古发现提出中西旧石器文化从远古开始就存在某种交流的看法,并对"莫氏线"提出了挑战。黄慰文根据汾渭地堑、汉水流域以及广西百色盆地发现的"手斧",认为旧石器初期就存在东西方文化的交流。②对于考古学来说,传播迁移论自 19 世纪以来就一直是文化演变的主要阐释途径,将文化发展的动力主要归于外来的影响。虽然文化的交流可以只是思想的传播而没有人群的流动,但是对于几十万年乃至上百万年的直立人来说,在智力和语言尚未充分完善的情况下,一些文化特征的地理扩散没有人口的移动是难以想象的。

长期以来,文化历史考古学求助于传播迁移论来解释文化的共性,但是没有充分考虑人类适应所形成的文化趋同和并行发展的机制,于是在见到一种有异于其他文化特征的现象时,就首先考虑其外来的起源。其实,弄清一种技术或文化特征是否为本土文化的独

---

① 贾兰坡、盖培、尤玉柱:《山西峙峪旧石器时代遗址发掘报告》,《考古学报》1972 年第 1 期。

② 黄慰文:《中国的手斧》,《人类学学报》1987 年第 6 卷第 1 期。

立创造其意义同样重要。于是，到底如何看待这样的问题，并如何入手来进行论证，完全成为研究人员自己价值观的体现。

于是，我们在古人类学和旧石器考古学的研究中发现了一些微妙的不和谐之处。古人类学家努力构建中国古人类直线演化的脉络，而有些考古学家则要打破区域文化的"藩篱"，挑战"莫氏线"来强调东西方文化交流的古老性和重要性，以体现成功运用传播迁移论范例的价值观。

由此可见，古人类学家和考古学家自身学科价值观的微妙差别会如何影响到对考古材料的观察、分析和阐释，这些价值观不仅受到社会意识形态的影响，而且还受到本学科传统范例的影响，这些影响直接和学者们孜孜追求的学术成就感交织在一起，因为他们认为只有这样的研究和获得如此的结论才会得到社会和学术界最高规格的认同。

自"夏娃理论"和"走出非洲"假说风行以来，分子人类学的突破也对中国的古人类学和考古学提出了新的问题。学者们现在要考虑中国这块土地上是否发生过外来人种的取代或交融，反思我们现在所习用的研究方法是否能从本土文化传统中有效地辨认外来文化传统的因素，以作为人口取代和交融的文化依据。根据最近几十年来的古人类研究和断代技术的成果，我们可以发现，中国古人类演化的复杂性显然是难以用"一脉相承"予以概括的。本节试图对目前逐渐得到公认的中国古人类镶嵌进化的观点，和"夏娃理论"为中国旧石器考古学提出的问题加以讨论，希望今后的探索能突破传统思维的框架，尽量克服一种本土和民族观念，以放眼世界的胸怀来面对全新的挑战。

## 一、直立人向早期智人的过渡

1980 年和 1981 年，安徽和县的龙潭洞出土了一具相当完整的直立人头骨和一些人骨碎片及牙齿，吴汝康与董兴仁对头骨进行了研究之后认为，和县人具有直立人的典型特征，在形态上和北京猿人相似，系统地位与较晚的北京猿人相当，是一种进步的直立人类型。[①]

1982 年，在和县西南约 50 公里的巢县银山发掘出土了一块不完整的枕骨。1983 年，对巢县化石地点的再次发掘，有找到了一块不太完整的人类上颌骨。许春华和张银运等对人骨化石进行了研究，发现产自堆积上层的枕骨代表一个青年女性的个体，骨壁较薄，枕骨圆度较直立人为大，其特征与北京猿人和和县猿人不同，而与某些早期智人相近。[②] 对同一层位出土的上颌骨进行了分析之后，许春华和张银运等认为，这块上颌骨应属于早期智人而不是直立人的一位男性个体。根据动物化石的分析，人类化石的地质年代相当于北京猿人地点 1—4 层的时代或稍晚，属中更新世。[③]

1987 年，陈铁梅和原思训等发表了对和县和巢县银山古人类

---

①　吴汝康、董兴仁：《安徽和县猿人化石的初步研究》，《人类学学报》1982 年第 1 卷第 1 期。

②　许春华、张银运、陈才弟、方笃生：《安徽巢县发现的人类枕骨化石和哺乳动物化石》，《人类学学报》1984 年第 3 卷第 3 期。

③　许春华、张银运、方笃生：《安徽巢县人类化石地点的新材料》，《人类学学报》1986 年第 5 卷第 4 期。

地点的铀系法测定数据。对和县 8 个哺乳动物牙齿样品的测试，其中 4 个封闭样品提供了 16.5 万年的 $^{230}$Th 年龄，它们的 $^{231}$Pa/$^{230}$Th 年龄与 $^{230}$Th 年龄在误差范围内一致。因此，陈铁梅和原思训等将 15 万—19 万年作为和县直立人化石层位堆积的年代。巢县银山的上部地层共测试了 9 个样品，第二层 7 个样品中三个封闭样品提供了 16.1±1.4、17.0±1.4 和 19.2±3.0 万年的结果。因此，陈铁梅和原思训等将巢县银山上部堆积的年代定在了 16 万—20 万年。[①]

铀系法的测定年代表明，和县直立人化石堆积和巢县银山早期智人化石堆积基本上是同时代的，于是张银运发表专论讨论了中国直立人和早期智人生存时代重叠的问题，并提出了三个需要探讨的问题：一是如何看待直立人与早期智人年代界限；二是直立人和早期智人之间的祖裔关系是否存在；三是直立人和早期智人的差异如何从种一级的分类学上予以确立。张银运从分类学上的角度提出了两种可行的方案，一种是根据某些国外学者的主张将直立人与智人合并，直立人降为智人种当中的一个亚种，于是和县直立人和巢县智人成了生存在同一时期的两类智人亚种。另一种是将和县直立人和周口店猿人洞上部的直立人化石并入智人种，以解决分类上的矛盾。[②]

1994 年沈冠军等发表了对巢县银山化石地点钟乳石和骨化石的

① 陈铁梅、原思训、高世君、胡艳秋：《安徽和县和巢县古人类地点的铀系法年代测定和研究》，《人类学学报》1987 年第 6 卷第 3 期。

② 张银运：《关于直立人与早期智人并存而引起的问题》，《纪念马坝人化石发现三十周年文集》，文物出版社 1988 年版，第 127—132 页。

铀系年代，他们对 8 个钟乳石及 3 个骨化石样本的 15 次 $^{230}$Th/$^{234}$U
分析和对 1 个钟乳石和 3 个骨化石的 $^{227}$Th/$^{230}$Th 法的测定后认为，
巢县人的年代上限应为 31 万年。根据新的测试结果沈冠军等认为，
新的年代有助于解决史前学家们的困惑，因为巢县人化石的年代已
经处于直立人的生存范围之内，而巢县人化石虽然有不少明确早期
智人的特征，但是也有一些无可否认的直立人性状。古人类特征的
"进步性"和"原始性"是人类演化过程中镶嵌性的反映，很难进行
定量的分析比较，而人种的谱系分类只不过是学者们为了方便而制
定的，根据我国古人类学界将直立人向早期智人的过渡定在 20 万年
的界限，因此，巢县人化石应当归入直立人[1]。然而，沈冠军等将巢
县人化石划归直立人并没有解决史前学家的困扰，因为他们仍然无
法解释进步特征较为明显的巢县人为何会比特征较为原始的和县人
早 10 万年的问题。

　　1984 年，北京大学考古系在辽宁营口的金牛山发现了一具保存
完整的古人类头骨，以及同一个个体的体骨。根据其 28 万年（后
来修正为 26.3 万年）的铀系年代数据[2]，这具化石起先被定为直立
人[3]，后来又改订为晚期直立人向早期智人的过渡类型[4]。1988 年，

---

　　① 沈冠军、房迎山、金林红：《巢县人年代位置新证据及其意义》，《人类学学报》
1994 年第 13 卷第 3 期。

　　② Chen, T. M. and Yuan, S. X., Uranium-series dating of bones and teeth from Chinese
Paleolithic sites. *Archaeometry*, 1988, 30: 59–76.

　　③ 吕遵谔：《金牛山猿人的发现和意义》，《北京大学学报（哲学社会科学版）》
1985 年第 2 期。

　　④ 吕遵谔：《金牛山人的时代及其演化地位》，《辽海文物学刊》1989 年第 1 期。

吴汝康对金牛山人头骨进行了研究，认为这具化石属于一个年龄在30多岁的壮年男性个体，并根据其头骨壁较薄、脑量之大以及其他综合特征将其定为早期智人。同时认为化石的28万年数据值得商榷。[①]

1991年，陈铁梅和张银运联名在美国《世界考古学》杂志上撰文指出，根据巢县和金牛山人年龄与晚期直立人生存年代重合的现象，说明这两种人类曾经在中国大陆共存。[②] 1993年，陈铁梅等公布了金牛山动物牙化石电子自旋共振（ESR）的测年结果，4个ESR年龄相互接近，平均值为22.8±2.1万年。这些样本同时得出的铀系年龄平均值为23.9±5.2万年，因此证实金牛山人化石层位的年龄早于20万年，并支持中国直立人与早期智人的共存。[③] 1994年，郑公望等公布了他们对金牛山遗址下部地层的热释光年代数据，出土人骨化石的第7层下部为19.46±0.34万年，确认金牛山人大约生活在20万年以前。[④]

从北京人遗址来看，这种年代和人类化石发生冲突的现象也十分明显。20世纪80年代初对周口店猿人洞进行的多学科综合研究表明，北京直立人在这里生存的年代大约从50万年前开始，到20

---

① 吴汝康：《辽宁营口金牛山人化石头骨的复员及其主要性状》，《人类学学报》1988年第7卷第2期。

② Chen, T. M. and Zhang Y. Y., Paleolithic chronology and possible coexistence of *Homo erectus* and *Homo sapiens* in China. *World Archaeology*, 1991, 23(2): 147–154.

③ 陈铁梅、杨全、吴恩：《辽宁金牛山遗址牙釉质样品的电子自旋共振（ESR）测年研究》，《人类学学报》1993年第12卷第4期。

④ 郑公望、康永洙：《金牛山人遗址下部地层的热释光断代》，《人类学学报》1994年第13卷第3期。

万年前结束。1980 年，赵树森等公布了用铀系法对猿人洞上部 1—3 层一件鹿角样品的 $^{230}$Th 年龄为 25.6 万年。[①]1982 年，夏明用铀系混合模式对猿人洞堆积物进行年代学研究，给出 1—3 层的堆积物年龄为 23 万年以前。[②] 1984 年，陈铁梅对该鹿角样品做了 $^{220}$Th 和 $^{231}$Pa 的测定，认为 25.1 万年应该为上部堆积的时代。[③] 1985 年，赵树森等再次确认猿人洞堆积顶部骨化石的年代为 23 万至 25.6 万年，因此同期生活的北京人年龄应为距今 23 万年左右。[④]

　　钱方等根据古地磁方法对猿人洞的堆积进行了推论，认为北京直立人在洞中生活从 69 万年左右开始到 22 万多年结束，有大约 50 万年的时间。[⑤] 周义华用氨基酸外消旋法对猿人洞第 3—4 层出土的动物骨骼进行测定，获得了 20 万年的结果。[⑥] 裴静娴用热释光对猿人洞堆积物测定，其中上部堆积第 4 层的两个上下层位（4-4 和 4-5）的数据分别为 29.2±26 和 31.2±28 万年。[⑦] 郭士伦等于 1991

　　① 赵树森、夏明、张承惠、刘明林、王守信、吴乾蕃、马志邦：《应用铀系法研究北京猿人年龄》，《科学通报》1980 年第 4 期。

　　② 夏明：《周口店北京猿人洞骨化石铀系年龄数据——混合模式》，《人类学学报》1982 年第 1 卷第 2 期。

　　③ 陈铁梅、原思训、高世君：《铀子系法测定骨化石年龄的可靠性研究及华北地区主要旧石器地点的铀子系年代序列》，《人类学学报》1984 年第 3 卷第 3 期。

　　④ 赵树森等：《应用铀系法研究北京猿人年代》，《北京猿人遗址综合研究》，科学出版社 1988 年版，第 246—250 页。

　　⑤ 钱方、张景鑫、殷伟德：《周口店第一地点西壁及探井堆积物磁性地层的研究》，《北京猿人遗址综合研究》，科学出版社 1988 年版，第 251—255 页。

　　⑥ 周义华：《北京猿人和丁村人的氨基酸年龄测定》，《人类学学报》1989 年第 8 卷第 2 期。

　　⑦ 裴静娴：《北京猿人洞穴堆积及其他洞穴堆积的热发光年龄》，《北京猿人遗址综合研究》，科学出版社 1988 年版，第 256—260 页。

年公布了他们用裂变径迹法对猿人洞第 4 层的年代测定，得到的结果为 29.9±5.5 万年，因此第 4 层的年代约为 30 万年。[①] 根据以上不同断代方法交叉断代的结果，学者们一般认为北京人第 5 个头盖骨的年龄应当在 23 万年左右。

1991 年，沈冠军等用铀系法对猿人洞第 1 层的钙板进行了测定，$^{230}$Th/$^{234}$U 给出的年代结果为 42 万年。[②] 1996 年，沈冠军等又用高精度热电离质谱铀系法对猿人洞 1—2 层钙板样本做年代测定，4 次结果的平均值为 41±1 万年。为此，他们认为北京直立人在猿人洞居住的时间并没有以前想象的那么长，并依此否定了亚洲直立人演化较慢和直立人与早期智人可能镶嵌并存的说法。[③]

沈冠军等的测定结果将北京人在周口店栖居的时间一下子砍去了近 20 万年，这一结论是否能得到地层学、古生物学和其他年代学方法的支持暂时另当别论。就像提前巢县人的年代来将其归入直立人一样，这至少可以从局部范围避免了化石材料解释上的尴尬，但是仍然无法解释其他古人类化石年代存在重叠的现象。看来，中国古人类演化的复杂性并不是我们来回摆弄他们的分类地位和年代早晚就能自圆其说的。

1989 年和 1990 年，在湖北郧县青曲镇曲远河口相继发现了两

---

① 郭士伦等：《北京猿人遗址第四层裂变径迹法年代测定》，《人类学学报》1991 年第 10 卷第 1 期。

② 沈冠军、金林红：《北京猿人遗址上限再研究》，《人类学学报》1991 年第 10 卷第 4 期。

③ 沈冠军等：《高精度热电离质谱铀系法测定北京猿人遗址年代初步结果》，《人类学学报》1996 年第 15 卷第 3 期。

具古人类颅骨化石，伴生动物有 18 种，从动物化石判断其年代应为中更新世早期或稍早。两具颅骨受埋藏挤压变形严重，但是在进行比较研究之后，李天元等认为郧县人与蓝田人关系较为密切，其系统地位应当处于北京人和蓝田人之间。[①] 1996 年，陈铁梅等公布了他们采用 ESR 对与郧县人颅骨同层的 9 个哺乳动物牙铀化石的测年，得出的平均值为 58.1±9.3 万年。[②] 这个年代基本上与动物化石年代的推断吻合。

1999 年，张银运对蓝田人和郧县人头骨化石进行比较研究之后认为，根据郧县人颅骨化石上的所谓直立人性状还不足以说明该人类的颅骨代表直立人。根据颅骨 II 所估算的长、宽、高，张银运认为郧县人的脑容量可能与大荔早期智人的脑容量（1120 ml）相当或稍大，远超过蓝田人的脑容量。如果蓝田人与郧县人的年代确实相当，那么这又是一例直立人与早期智人共存的现象。由此可以断言，直立人和早期智人并存的现象在中国已不再是孤例，而且不是限制在局部地区，人类演化过程的若干段落可能需要加以改写。[③]

由于人类化石形态有着地区和时间上的变异，多大程度可以被用来作为分辨不同人种的标志有时很难确定，因此直立人与智人的界限和起源问题在国际上也是一个颇有争议的问题。20 世纪 90 年

---

① 李天元等：《湖北郧县曲远河口人类颅骨的形态特征及其在人类演化中的位置》，《人类学学报》1994 年第 13 卷第 2 期。

② 陈铁梅、杨全、胡艳秋、李天元：《湖北"郧县人"化石地层的 ESR 测年研究》，《人类学学报》1996 年第 16 卷第 2 期。

③ 张银运：《直进演化抑或分支演化——中国的人类化石证据》，《第四纪研究》1999 年第 2 期。

代国际上有不少学者认为应当将直立人种（*Homo erectus*）和智人种（*Homo sapiens*）两个种合二为一，即取消直立人种，将其并入智人种。他们认为，无论在时间和形态上，直立人和早期智人都没有明确的界限。最重要的依据是，被大多数人类学家认为是直立人的印尼昂栋人头骨其年代测定只有距今 5 万年前。但是，许多学者还是认为将直立人和早期智人分开为好。直立人的年代最早距今不到 200 万年前，最晚到距今约 20 万年前。[①]

## 二、现代人的起源问题

1987 年，美国加利福尼亚大学伯克利分校的一批分子人类学家在英国《自然》杂志上发表了题为"线粒体 DNA 与人类进化"的文章。[②] 他们根据祖籍来自非洲、欧洲、近东和亚洲，以及新几内亚和澳大利亚的土著妇女共 147 人，分析了她们胎盘细胞内的线粒体 DNA，以追踪她们的遗传关系和谱系。虽然这些不同类型的线粒体 DNA 存在差异，但是根据已知的线粒体 DNA 突变速率的推算，它们的分化年代大约在距今 14 万至 29 万年前。于是，这些人类学家认为，将所有妇女线粒体 DNA 向前追溯，最后可以追到大约 20 万年前生活在非洲的一个妇女，这个妇女就是现在全世界人类的祖先。大约在 13 万年前，她的一批后裔离开了非洲，分散

---

① 吴汝康：《人类起源研究的新进展和新问题》，《人类学学报》1994 年第 13 卷第 4 期。

② Cann, R. L., Stoneking, M., and Wilson, A. C., Mitochondrial DNA and human evolution. *Nature*, 1987, 325: 31–36.

到世界各地，在全球定居下来。西方国家的媒体根据《圣经》中的说法，将我们今天50亿人的血亲和第一万代前的曾祖母称为"夏娃"，这就是轰动一时的现代人起源的"夏娃理论"或"走出非洲"假说。①

1998年，媒体披露了诸嘉祐与金力领衔的研究项目《中国各人群的遗传关系》的初步成果，以及金力与吴新智、林圣龙对这一问题交换意见的报道。中国遗传学家采用15—30个微卫星标记测试了从中国不同省份采集的28个群体（24个少数民族和4个南北汉族人群）的遗传变异，根据各群体之间的相似性构建出反映群体进化关系的谱系树。这一谱系树显示，包括所有中国各人群在内的所有东亚人群有着同一起源，并支持现代人非洲起源的"夏娃理论"。因此，我们今天的中国人与北京猿人和所有10万年前的化石人类没有任何血缘关系。②

然而，中国遗传学家的论断并没有得到古人类学家的欣然认可。针对"夏娃理论"，吴新智早在1990年的一篇文章中就重申了"中国人类进化以连续性为主，与世界其他地区之间有渐增的基因交流"的观点。他还强调，中国的古人类化石显示出一脉相承的进化脉络，与外界有一定深度的隔离。现代类型人类起源的取代论也无法得到文化分析的支持，中国的旧石器文化无论在哪个时期都看不出来自西方的文化特征和取代中国原有文化的迹象。③

---

① 吴汝康：《现代人起源的新争论》，《人类学学报》1989年第8卷第2期。

② 杨继桢：《中国人自非洲来？》，《新民周刊》1998年12月。

③ 吴新智：《中国远古人类的进化》，《人类学学报》1990年第9卷第4期。

之后，中国古人类学家发表了一系列的论文来阐述中国现代人起源的连续性，以质疑"夏娃理论"的取代说。吴新智对中国和非洲的古老智人颅骨的一系列特征进行比较研究，他认为，如果中国现代型智人与非洲的晚期智人是从共同祖先分离不久的堂兄弟，那么颅骨的诸多性状应当不会有太大的差异。吴新智选择了额骨最隆突部位、上颌颧骨的下缘和与颧骨下缘的关系、上颌颧突下缘与上颌体交接点的位置以及头骨最宽处的位置等 4 个方面进行测量和比较。结果认为，中国早期智人和晚期智人额骨最突出位置的测量指数都较非洲相应阶段的智人为低，或在其额骨的较下部位；非洲早期智人的上颌颧突的下缘与颧骨下缘的关系变异较大，在 Bodo 和 Broken Hill 1 号头骨上几乎连成一条直线，二者相交的地方没有向下的弯转，而在 Broken Hill 2 号和 Florisbad 头骨上连成一条曲线而非直线，中国早期和晚期智人都与非洲标本的后一种情况相似；上颌颧突下缘与上颌体交接点的位置在非洲 Bodo 头骨上靠近齿槽缘，但在 Broken Hill 1 号和 LH18 号头骨上则远离齿槽缘，中国的智人标本都远离齿槽缘；头骨最宽处的位置在非洲古代智人中变异较大，有的在颅骨后端、有的在颅骨中部，中国所有更新世智人的头骨化石中还未发现有最宽处在头骨后部的。

在牙齿特征比较上，吴新智根据刘武的分析数据表明东亚人群的铲形门齿百分比高达 73.5%，欧洲白人 2.3%，非洲黑人 7.3%，这样悬殊的差异令人很难想象东亚智人的牙齿特征如何能在短短的几万年时间里从非洲现代型智人发展而来。

为此吴新智指出，中国晚期智人这些形态特征表现出比非洲早期智人较狭的变异谱是由于遗传漂变。根据夏娃理论，如果这些遗传漂变发生在走出非洲之后向亚洲迁徙的人群中，那么这 4 项特征变异的一致性都有这样的巧合就难以理解。对此，现代人起源的地区连续进化学说可以作出更好的解释，这就是中国晚期智人继承了中国的早期智人的特征。中国现代人的起源可以用"连续进化附带杂交"来概括。①

在 1999 年的一篇论文中，吴新智强调了 1990 年中国古人类化石的综合研究成果，指出目前总结出的 11 项中国古人类共同形态特征在目前发现的化石，特别是较早期的化石中普遍存在，而在大陆西部地区出现频率很低，有的在欧洲几乎没有。这一系列共同特征都支持中国古人类连续进化的假说。但是，吴新智承认中国直立人和智人之间存在形态镶嵌的现象，以及马坝人头骨上与欧洲尼人相似的圆形眼眶，因此在"一脉相承"的立场上有所后退。

1996 年，刘武发表了他对第三臼齿退化的研究来论证东亚地区人类起源和演化的连续性。根据对蓝田人和柳江人第三臼齿先天缺失，这一特征在蒙古人种中有较高的出现率，而在欧洲、非洲及大洋洲的人群中出现率较低或极低的事实，刘武认为第三臼齿退化是全人类的共同特征，代表了人类牙齿演化的一种趋势。第三臼齿在以中国为代表的东亚人群中呈现时间上的连续性，并出现率自新石器时代以后明显高于其他地区人群，表明东亚地区蒙古人种在起源和演化上的连续性，并为现代人多地区连续进化的假说提供了有力

---

① 吴新智：《从中国晚期智人颅牙特征看中国现代人起源》，《人类学学报》1998年第 17 卷第 4 期。

的证据。①

1997 年，刘武从一系列特征的组合进一步论证中国古人类化石在演化过程中的连续性，他列举了矢状脊、颅骨最宽处位置、印加骨、铲形门齿、第三臼齿缺失等 12 项特征为反映东亚地区人类演化连续性的证据，这一系列相似的形态特征表明他们之间具有遗传上的密切关系。

针对非洲起源说的遗传学证据，刘武认为目前已有遗传学家指出其统计方法有缺陷，非洲地区人类线粒体 DNA 的高度变异可能是基因交流的结果，并不意味着非洲人类的古老性。目前的证据表明 10 万年前在非洲和西亚已经存在现代解剖特征的人类，由于世界各地古人类演化并不同步，因此并不能得出非洲或西亚是现代人起源地的结论。就东亚地区而言，地区连续进化的说法似乎更具说服力。②

1999 年，刘武对第四纪中国境内人类牙齿大小变化进行了分析，并将其与世界其他地区人类牙齿的测量数据进行比较，指出中国古人类演化中显示牙齿尺寸缩小的趋势，具有与世界其他地区人类不同的特点。首先，进入晚更新世之后中国古人类牙齿大小及变化特点与欧洲同期人类有明显不同，提示当时东亚和欧洲的人类是类型和体质特征上差别较大的人群。其次，中国晚期智人及欧洲旧

---

① 刘武：《第三臼齿退化及其在人类演化上的意义》,《人类学学报》1996 年第 15 卷第 3 期。

② 刘武：《蒙古人种及现代中国人的起源与演化》,《人类学学报》1997 年第 16 卷第 1 期。

石器时代晚期人类牙齿尺寸与西亚的早期人类相比差异极为明显，因此很难得出东亚和欧洲的早期现代人起源于西亚的结论。而对中国境内人类牙齿测量的数据分析显示，中国直立人与早期智人在牙齿大小尺寸上极为接近，两者的曲线几乎重合，这无疑意味着东亚地区的智人是由当地直立人进化而来的。[①]

尽管古人类学家试图强调中国古人类演化的连续性，但是以研究今人为主的体质人类学家张振标从早期智人到现代时期中国人颅骨特征变化的数理统计分析中却得出了十分令人玩味的结果。张振标指出，从颅骨面部主要尺寸时态变化趋势的比较表明，中国人类在演化的过程中，南北地区人类的颅面部尺寸的变化不一致，南北两地区人类颅面部尺寸的时态演化中呈现逆向变化的趋势。因此，早期智人和晚期智人之间在体质形态上存在不连续的演化。早期智人以高而宽的面形、眶形和鼻形以及不前突的面部为特点，晚期智人以低而中等宽的面形、眶形和鼻形以及向前突颌的面部为特点。这种体质特征的不连续性，也许暗示中国的晚期智人不一定是由同一类早期智人演化而来。虽然，张振标以推测北方的晚期智人可能源自大荔人和金牛山人，而南方的晚期智人可能源自马坝人来解释这种不连续性，[②] 但是面对"夏娃理论"的挑战，这种不连续性是否有其他的可能性解释？

蒙古人种或现代中国人的直线演化也受到了其他案例分析的挑

---

① 刘武：《中国第四纪人类牙齿大小的演化及其意义》，《第四纪研究》1999 年第 2 期。

② 张振标：《现代中国人起源的实证》，《第四纪研究》1999 年第 2 期。

战。新英格兰大学古人类学家彼得·布朗于 1998 年撰文指出，山顶洞 101 号头骨和柳江人不是现代的或新石器时代的蒙古人种，它们的测量数据以及颅骨面骨的形态特征都不在蒙古人种的变异之内，因此他们不能被认为是蒙古人或任何现代东亚人群的祖先。这一结论显然为那些坚持中更新世的中国化石人类到现代蒙古人种之间存在连续演化的人们设置了障碍。[①] 一项采用三维几何形态计量分析，并以最大限度扩大比较样本范围的研究报告认为，山顶洞人头骨与欧洲旧石器时代晚期的欧洲人相近。[②] 对距今 11510 年前云南隆林人的颅骨形态比较和古 DNA 分析表明，他虽然带有一些现代人特征，但却是一支前所未知、生存较晚，并对现代人并无明显遗传贡献的东亚古老人群。[③][④]

从目前的证据来看，中国古人类演化的复杂性超出了我们以前的想象。化石人类的个体总有一定的变异，对不同变异的观察和判断也难以避免成见的干扰，因此如何从这些特征性状的异同来分辨他们之间的关系，并重建人类在东亚地区的演化仍然是一个令人困扰的问题。面对夏娃理论的挑战，中国古人类学研究可能需要做更深入的工作来检验这一假说的可信度。中国目前缺乏距今 10 万年至

①　彼得·布朗：《最初的蒙古人种吗?》，《人类学学报》1998 年第 17 卷第 4 期。

②　Havati, K. Into Eurasia: A geometric re-assessment of the Upper Cave (Zhoukoudian) specimens. *Journal of Human Evolution* 2009, 57: 751–762.

③　王伟：《华南地区现代人化石及其时代》，《人类学学报》2024 年第 6 期。

④　Wang, T., Wang, W., Xie, G., Li, Z., Fan, X., Yang, Q., Wu, X., Cao, P., Liu, Y., Yang, R., Liu, F., Dai, Q., Feng, X., Wu, X., Qin, L., Li, F., Ping, W., Zhang, L., Zhang, M., ... Fu, Q. (2021). Human population history at the crossroads of East and Southeast Asia since 11000 years ago. *Cell*, 184(14): 3829–3841.

4万年之间的古人类化石，而这段空白地带正是现代智人在中国起源的时间。这段空白究竟是受化石材料保存条件所制约的考古学可见度的影响，还是取代论所假设的外来人种入侵的结果，无疑是让世人拭目以待的一大科学悬念。

### 三、考古与文化人类学的视野

从目前的旧石器考古学的证据来看，中国的旧石器文化还没有可以作为晚期智人被外来人种取代的确凿考古学证据。但是，这种影响很可能由两种原因所导致。一是人群的变迁可能难以从旧石器文化发展的特点上来找到确切的依据，像打制石器这样的技术其变化可能在更大程度上受生态环境、区域性石料种类的分布、生存资源和不同阶段古人类群体学习能力等因素的影响，不会囿于人群的传统和习俗而固守某一种生产方式。二是我们目前的石器研究水平可能还不足以辨认人群变迁所造成的文化差异。因此，如何从考古学分析来深入探讨分子人类学提出的新问题，是广大考古工作者应当努力的方向。

打制石器分析不足以解决人群变迁的问题在考古学上不乏其例。比如，美洲大陆印第安土著是来自亚洲大陆的蒙古人种是不争的事实，体质人类学的研究确认美洲土著在更新世末至少有4次大的迁徙浪潮，跨过白令海峡到达北美。[①] 其中除后来一次迁徙从亚洲带来了细石叶技术可以明确追溯其渊源或文化传统之外，其他几次均

---

① Turner, II, C. G. Dental evidence for the peopling of the Americas. *National Geographic Society Research Report*, 1985, 19: 573–596.

无法找到确凿的证据。特别是 1 万年前古印第安文化的克洛维斯和福尔瑟姆尖状器工艺几乎在亚洲无法找到任何传承的线索，以至于使有些考古学家到欧洲的两面器技术中去寻找其渊源，这个问题在新大陆的考古中成为很大的一个悬念。另一方面，被中国一些考古学家用来挑战"莫氏线"的手斧也未必一定来自西方，因为迄今为止限于形态上的分析与讨论，还没有说明这种并不复杂的打片技术为何不会在中国本土独立发明的理由。

1987 年，黄慰文根据中国发现的类似西方两面器技术，提出中国、东亚和南亚不缺手斧，这类器物和欧洲与非洲手斧文化的相似之处，可以填平东西方文化上的"鸿沟"，证明两大地区的文化交流早在旧石器时代初期就已经存在。[①] 作者提出这样的看法，并不是意在挑战中国古人类一脉相承的定论，而是因为传统文化历史考古学将追述某种文化现象的渊源看作是最有意义的工作。

仅根据一些文化特征表面相似来断言它们之间的文化关系，而不考虑其他种种可能性的极端传播论在西方早已受到质疑。为了要证实文化现象的历史关系，我们必须排除被比较的器物是趋同发展结果的可能性。但是，由于考古学家常常无法分辨独立发明和共同起源所导致的文化相似性，因此单分析式样和功能会使他们无法确定这两个因素到底是哪个起作用。

考古学界十分重视人类学家格雷伯纳提出的"质量"和"数量"标准作为分辨文化趋同和共同起源的依据。正如前文所言，所谓质

---

① 黄慰文：《中国的手斧》，《人类学学报》1987 年第 6 卷第 1 期。

量标准是指一种文化特征愈复杂，那么就有愈大机会来证实其共同的起源，而所谓数量标准是指两个地区文化性质上相似的数量愈大，它们之间存在历史关系的机会也愈大。特里格也指出，为了确定一种历史关系的可信度，被比较的特征必须是非功能性的，比如箭镞常被有限的几种材料制成，形状上的变异十分有限，所以它们可以被多次重复发明。此外，分辨传播和独立发展的另一个标准是分布的连续性或区域间交流的容易程度。①

现在我们根据"质量""数量"和连续分布三项标准来审视中国手斧的问题。

就质量标准而言，迄今中国发现的所谓手斧都是硬锤加工的尖状重型工具，表现为深凹的片疤、刃缘不直、轮廓不规整。虽然它们与欧洲和非洲早期的阿布维利手斧有技术上有相似之处，但是由于这类工具并不需要十分复杂的加工技巧和步骤，而且其形状在很大程度上受制于使用的功能，具有一般打制石器技能的人都可以制作。所以，仅仅根据这类工具形态上的相似，仍无法排除它们之间独立发明的可能性。

非洲和欧洲的进步手斧，或阿舍利手斧主要的工艺表现为软锤的去薄工艺，这种工艺步骤需要仔细的台面修理和敲琢，器物的片疤常横贯器身，而软锤去薄的废片很薄、台面小、打击点散漫、台面的破裂面边上有外突的唇沿。林圣龙在对中西方旧石器文化中的软锤技术进行探讨之后，认为中国的旧石器文化中软锤技

---

① 布鲁斯·特里格：《论文化的起源、传播与迁移》，《文物季刊》1994 年第 1 期。

术十分稀少。① 在对中国发现的 9 件手斧进行了比较研究之后，林圣龙描述了它们的主要特征：（1）是一种重型工具；（2）用硬锤两面打制；（3）形状不规范；（4）刃缘不规则；（5）把柄处不加工；（6）横截面厚；（7）主要使用部位在坚韧的远端。进而他认为，中国迄今仅见一件类似于西方的手斧是从地表捡的，没有地层和年代依据，因此，在中国的旧石器文化中像典型的阿舍利手斧那样的石器，即使不是完全缺乏，也是十分稀少的。中国与欧洲旧石器工业是差异很大的文化，无论在类型还是地质时代方面都看不到存在什么关系。② 林圣龙的分析应当是十分到位的，显然从质量的标准来看，要把中国的手斧与西方的阿舍利文化拉上关系似乎还缺乏有力的依据。中国的手斧只要将传统单面打制的砍砸器翻过面来加工，并打出一个尖的刃端即可。这样的发明只须改变一下打片习惯就可以做到，并不一定需要来自非洲和欧洲人类的启发。

就数量标准而言，虽然目前报道了产手斧的 3 个区域和 11 个地点，但是总的来看大部分地点出土的手斧数量比较零星，而且年代也并不一致。其中百色例外，目前发现的石器地点近 70 个，采集石制品达 7000 件，经研究的手斧已超过 100 件。通过对百谷遗址出土的玻璃陨石进行的裂变径迹法测定，得出百色旧石器的年代为距今

---

① 林圣龙：《关于中西方旧石器文化中的软锤技术》，《人类学学报》1994 年第 13 卷第 1 期。

② 林圣龙：《对九件手斧标本的再研究和关于莫维斯理论之拙见》，《人类学学报》1994 年第 13 卷第 3 期。

73.3 万年前。①

　　虽然一些学者认为百色的手斧是真正的手斧，但是单根据测量数据和形状本身的描述是解决不了趋同和共同起源的问题的，何况百色手斧也不见软锤技术的迹象。林圣龙指出，百色发现的手斧没有一件出自地层，全部是地表的采集，因此根据土壤地表下 1.2 米处采集的玻璃陨石样品得出的绝对年代不能代表手斧的年代，侯亚梅等在美国《科学》杂志上《百色旧石器》一文中提出的对"莫氏线"的挑战缺乏立论的基础。②

　　关于连续分布的证据问题，黄慰文指出东亚、南亚和其他地区都不缺手斧。比如朝鲜半岛的全谷里、爪哇的巴芝丹文化原手斧和手斧占 8.06% 和 6.32%，印巴次大陆的索安文化和马来半岛的谈边文化也存在手斧，此外俄罗斯中亚地区和蒙古高原的阿尔泰地区也有手斧。③ 但是，在没有对这些被称为手斧的标本进行仔细的分析和比较，分辨它们之间的异同，并确认它们传播路线的前提下，单单以存在形态相似的标本还不足以断言它们的共同起源。要说明手斧的西方起源，必须证实它们在某一时期在地理上是连续分布的，这种证据应当有一系列的考古遗址，并有断代依据的支持。在没有将这些凌乱的发现用时空框架的证据联系起来之前，任何有关文化关系的说法仍然只不过是猜测而已。

―――――――――

　　① 谢光茂、林强：《百色旧石器的发现与研究》，《第八届中国古脊椎动物学学术年会论文集》，海洋出版社 2001 年版，第 245—253 页。

　　② 林圣龙：《评〈科学〉发表的〈中国南方百色盆地中更新世似阿休利技术〉》，《人类学学报》2002 年第 21 卷第 1 期。

　　③ 黄慰文：《中国的手斧》，《人类学学报》1987 年第 6 卷第 1 期。

综上所述，中国的手斧仅和非洲和欧洲的早期手斧或原始手斧有些类似，但和软锤技术生产的阿舍利手斧存在本质上的不同；它们在数量上也比较零星和分散，出产手斧唯一较多的百色也多是地表的采集品；就目前中国手斧的分布来看，即使在中国大陆尚不足以确认这些不同地点之间的关系，更不要说弄清由西向东的传播路线了。因此就目前来看，把中国的手斧从趋同的角度来解释似乎更为可信，除非以后发现有更为令人信服的考古证据可以证实与西方手斧共同起源的可能性。

然而话又说回来，在中国迄今发现的旧石器中，还是手斧与西方的远古文化可以做一些对比，问题是我们目前拥有的材料、年代学证据和习用的类型学方法可能还不足以胜任这样的工作。就百色的发现而言，锤击的手斧以相当高的频率出现，表明一种有共同标准或习俗制约的生产方式。由于这些手斧都为地表分布，它们的年代就可能比较晚近，而不像有些学者认为的那样属于旧石器时代早期的遗存。如果它们的时代可以晚至和"夏娃理论"走出非洲的时代相吻合，也许就百色手斧的探讨来说不失为一种新的思路。但要检验这样的假说，我们必须进行严密的研究和采样设计。

检验中国人非洲起源的假说，也有一系列文化人类学的问题需要回答。如果说，现代中国人的祖先不是本地古人类连续进化的后代，而是来自非洲的外来人群，而且这一过程表现为取代而非融合，那么我们需要解释中国原来的居民到哪里去了。

文化人类学的人口迁徙有两种模式，一种是向无人区的扩散，如更新世末蒙古人种越过白令海峡到达美洲。这种迁徙因为新大陆没有人类，可以以非常快的速度推进。古印第安人大约在 2 万年前进入阿拉斯加，在 1 万年前已到达火地岛。但是，人群的迁徙要越过已经有人栖居的区域，情况就完全不同了。人类学家一般认为外来者很难越过已被占据的土地，特别是一种人口的完全置换。这要求当地居民在外来人口移入的过程中完全被消灭，不发生任何的基因交流。这种人群迁徙的模式仍然难以令人置信。欧洲殖民者占据美洲，使美洲土著居民人口锐减 90% 以上，除了战争与屠杀之外，天花是一个致命的因素。即便如此，欧洲人仍未消灭印第安人，而且发生了广泛的基因融合。

同样从遗传学、人类学和考古学证据来看，日本也发生过多次从大陆来的移民浪潮，现在的日本人和史前的绳纹人并无传承关系，但是绳纹人的孑遗仍然在北海道的虾夷人群之中被保留下来。史前人口的移动更有可能是小股人群的随机渗透，而非大规模的定向征服和蚕食，因此要以小吃大来完成整个亚洲人口的取代，需要有某种更好的理论依据和考古学实证的支持。

## 四、思考与启示

从目前来看，古人类学家、考古学家和遗传学家之间对于夏娃理论和中国人起源问题的讨论仍然各执己见，其中古人类学家的立场显得尤为明确。在 2000 年 1 月 17 日的美国《时代》周刊上报道了吴新智对"重写中国人史前史"的反应，他说，遗传学家不只要关心软材料，而且要对硬材料予以更多的关注。晚期智人走出非洲的理论或许对欧洲来说是事实，但是中国则完全是不同的演化过程。

现代人类在远东的演化以本地人种延续为主，外来人种杂交为辅。[①]立足于线粒体 DNA 提出的"夏娃理论"得到了根据 Y 染色体研究得出的"亚当理论"的支持。一项由 19 项信息更为丰富的 Y 染色体指标被用来揭示东亚人群父系传承的遗传学研究在美国的斯坦福大学完成。由于变异相对较小，用 Y 染色体指标来重建人群的遗传历史长期没有进展，直到一种更有效的测定方法——高性能液相层析法（high-performance liquid chromatography）被引入之后，这一领域的探索才有了进展。在过去几年里，大量 Y 染色体指标被分辨出来。通过对包括 21 个中国不同民族的人口、22 个省份的汉族人口，3 组东北亚人口，5 组东南亚人口，以及 12 组非亚裔人口在内的大量样本的分析，表明东南亚人口要比亚洲北部的人口拥有更大的变异。这意味着东南亚大陆应是东亚现代人群最早的定居点。根据 Y 染色体变异速率的推算，晚期智人进入东南亚的时间大约在距今 18000—60000 年前，紧接着开始了向北方的迁徙过程。与此同时，另有一批晚期智人群体从东南亚开始向南迁徙，进入马来西亚和印尼并到达太平洋群岛。为此，Y 染色体分析的结果与线粒体 DNA 的证据吻合，进一步证实了"夏娃理论"和东亚人口自南向北迁徙和扩散的模式。[②]

"走出非洲"或"夏娃理论"为 21 世纪的中国旧石器时代考古

---

[①]  Spaeth, A. Rewriting prehistory—A team of researchers concludes that Chinese, like everyone else, came out of Africa. *Time*, 2000, January 17, 45.

[②]  Jin, L. and Su, B. Natives or immigrants: modern human origin in East Asia. *Nature Reviews*, 2000, Vol. 2–9.

学提出了一个意义极其深远的科学难题，解决这个难题的关键地区看来不是在华北的黄河流域，而是在我们先前认为旧石器发展脉络不清的华南地区。在过去 70 年里，以周口店发掘为起点的中国旧石器考古学建立起以华北为中心的演化模式，表现为泥河湾早更新世地点为代表的直立人，经蓝田人、北京人、许家窑人、大荔人、金牛山人、峙峪人和山顶洞人为主要脉络的演进谱系。对"夏娃理论"的进一步检验也许会完全改写中国这一史前史的发展模式。

"走出非洲"或"夏娃理论"是立足于现代人群线粒体 DNA 和 Y 染色体等遗传物质突变速率推算所得出的假说，放在我们面前的任务是要用发现的考古材料来对这一假说做进一步的检验。西方学者对遗传学的研究结果和结论抱有较大的信任感，相对来说考古学分析的主观性较大，而且人类的文化变异完全不同于生物变异，给多角度证据的检验带来了一定的难度。

目前中国旧石器时代考古学在中国人起源问题上需要留意几方面的问题。

**第一，努力寻找缺环**。在早期智人和晚期智人的过渡环节上，中国的古人类化石材料还存在缺环，特别是距今 10 万年到 4 万年前的材料尤其关键。这一阶段在绝对年代测定技术上也存在一定的"盲区"。如果晚期智人首先进入华南，那么我们应当在今后的田野工作中特别留心与此相关的材料，把寻找能够检验"夏娃理论"的考古材料放在重要的地位。如果我们能够找到肯定或否定这一理论的确凿证据，那将成为世界考古学界和科学界的一项轰动成就，其影响绝不亚于北京人第一个头盖骨的发现。

**第二，提高研究水平**。在旧石器研究上采取更加细致和严谨的方法，以关注人类行为和技术的变化。过去我们所习用的文化分析线条过于粗略，根本无法观察到能够反映人类行为和适应方面的细微变化。如果要检验"夏娃理论"，就需要在石器的文化分析上取得突破和改善。就目前的旧石器研究来看，我们还不足以系统观察伴随早期智人向晚期智人过渡所发生的可能变化，人类文化具有一定的延续性和继承性，两种不同人类群体的取代应当会从他们文化传统上反映出来。但是我们也应认识到，人类的文化适应也可能使他们的技术和工具发生巨大的变化，特别当他们迁移到一个完全不同的环境里。像打制石器这样的原始工具，其形态特征可能在更大程度上取决于适应行为，而不是文化传统。

**第三，重视学科交叉**。在"夏娃理论"的检验上采取学科联合的途径，也就是希望我们的考古学家、体质人类学家和遗传学家们联手进行这项重大课题的攻关。遗传学证据是软材料，而考古学证据是硬材料，这两种材料的分析和佐证不应当对立起来，应当以力求获得共同科学结论为目标。这可能需要我们克服一种民族和乡土观念，以放眼世界的胸怀和中立不偏的科学态度来面对这个问题。

中国古人类学和旧石器考古学应该认识到理论建设的重要性，以便为基于凌乱材料的人类进化和旧石器文化发展的探索提供指导和解释。否则，我们的研究难免会一直处于认识上碎片化积累和解释上难以自圆其说的状态。理想的是，我们能够根据最充分的证据和当下可用的最佳理论框架来作出解释，比如吴新智根据魏敦瑞假设提出的"多地区起源说"。虽然"走出非洲"和"多地区起源"两大假说构成了一种论点针锋相对的两端，但是实际情况可能远没有这样简单，而杂交和渐变取代假说正逐渐得到遗传学材料的支持。正如布鲁斯·特里格所言，这种解释的准确性，需要根据它们经得起新证据积累的考验以及有关材料性质较为完善理论的发展来予以检验。新材料的发现也许会根本改变基于有限材料所做的解释，但是解释也可以因为人类学相关领域的理论进展而做出修改。史前学家倾向于把任何解释视为更加接近真相，这种真相应该随时可以修改，甚至从根本上推倒重来。①欧美学者将解释考古材料的各种概念框架称为"模型"。人类进化的"非洲起源说"和"多地区起源说"都属于解释的"模型"或"假设"。它们为古人类学家探究的问题提供突破的方向，是他们对证据做出解释的基础。但是，这种解释并非一种定论，而是需要对其"可信度"或"置信度"不断加以修正和优化的说明。由于古人类学受到化石材料有限、残缺和个体变异的严重制约，因此过于刻板地坚持某种假说难免会禁锢我们的想象力。所以，材料积累与解释的模型之间最好保持积极互动和反馈的状态，我们需要根据现有证据提出不同模型或假设去有目的地寻找和分析材料，同时也需要根据新发现和新证据不断调整甚至构建新的解释模型，这样才能不断保持这门学科的动力和活力，为人类进化的持续探索提供自己独特的贡献。

----

① 布鲁斯·特里格：《如何探究史前史》，陈淳译，中国人民大学出版社 2023 年版。

# 第三节　战略课题研究：农业起源

农业起源研究已经走过了近百年的历程，是考古学、生物学、农学、历史学、民族学等众多学科逐渐融合的漫长历史。而且，研究目的也从探究农业起源何时、何地等问题转向更广阔的领域，如起源的动力机制和各种不同过程的问题。本文简单介绍一下西方考古学农业探源主要概念的变迁，以及指导理论的新视野，以期对我国的农业起源探索有所帮助。

农业起源被柴尔德称为新石器时代革命或改变人类经济的第一次革命，[①] 并被认为是考古学探索的三大战略性基石之一。这个课题不仅是考古学所关注，也为其他学科的专家所思索。这种思索可以追溯到考古学诞生之前，比如早在 1673 年，英国政治家威廉·坦普尔（W. Temple）就曾提出，密度很高的人口会迫使人们辛勤的劳作。1843 年，瑞典考古学家斯文·尼尔森（S. Nilsson）认为，人口的增长导致了斯堪的纳维亚从游牧向农业的转变。真正从考古发掘来探索农业起源，并提出农业起源动力的假设，则以美国地质学家和考古学家拉斐尔·庞佩利（R. Pumpelly）的研究为起点。从 1903 年开始，庞佩利团队对当时俄国中亚土库曼斯坦的安诺（Anau）遗

---

① 戈登·柴尔德：《人类创造了自身》，安家瑗、余敬东译，陈淳审校，上海三联书店 2008 年版。

址进行了发掘。他的绿洲理论被柴尔德进一步发挥而在旧大陆极其流行，并被认为是考古学过程论解释的早期代表，[①] 深刻影响到后续的农业起源研究。

二战后，在英国的经济学和美国生态学方法的激励下，农业起源的考古探索开启了新的征程。并以美国考古学家罗伯特·布雷德伍德（Robert Braidwood）团队 1948—1955 年的伊拉克扎尔莫（Jarmo）项目和理查德·麦克尼什（Richard MacNeish）团队的墨西哥特化坎（Tehuacán）项目为代表。这两个项目被认为是考古学多学科探索的重要起点。[②] 1966 年，肯特·弗兰纳利（Kent V. Flannery）团队启动了墨西哥瓦哈卡（Oaxaca）河谷圭拉那魁兹（Guilá Naquitz）洞穴的发掘项目，以探索墨西哥南部高地的农业起源。[③] 这些项目代表了美国考古学家前赴后继的探索精神，他们锲而不舍的开拓和创新将作为里程碑载入考古学史册。

与这些农业起源探索同步的是理论的进展。理论既是考古学探索的指路明灯，又是不断提高对农业起源认识的必由之路。农业起源的理论与实践的互动，生动体现了考古学理论在这门学科进展和提高中的关键作用。

---

① 布鲁斯·特里格：《考古学思想史》（第二版），陈淳译，中国人民大学出版社 2010 年版，第 242 页。

② 同上书，第 283 页。

③ 肯特·弗兰纳利：《圭拉那魁兹：墨西哥瓦哈卡的古代期觅食与早期农业》，陈淳等译，上海古籍出版社 2019 年版。

## 一、主要概念

近年，随着考古新发现和研究成果的激增，农业起源再次成为国内考古界的热点。但是，目前对一些基本概念的理解和界定仍缺乏共识，给推进国内研究与国外沟通造成一定的障碍。而近十年来国际考古学界在农业起源研究的前沿突破，正是对"农业"及其相关概念的更新与实践的深入探究，并逐渐达成一种新的共识。本节想对其中最主要的概念的更新与意义作一介绍，希望对中国的农业起源研究有所裨益。生计、农业、驯化、栽培，这些是在该领域研究中常用的术语，在此我们简要回顾它们的历史沿革与更新。

### （一）生计

"生计"一般是指维持生活的手段或谋生方式。以前考古学家对生计形态的探讨仅限于食谱。实际上，在史前研究中，"生计"经常等同于社会的生产活动。在最新的研讨中，一些学者更加广义地将其理解为人类从自然中摄取维生物质的活动，这些物质不仅指用于果腹的食物，还包括制作服装或建筑材料的动物皮毛，可用作燃料、建材或工具原材料的木料，可用于编织的纤维，可用于染色的果实及根茎，甚至满足某些特殊用途如装饰品、致幻迷药的物种。可见，学界已不再将"生计"仅限于人类的觅食行为，而是把定义的重点倾向于人类为维持生存而对环境或/和物种进行干涉和改变的活动。在这个意义上，上述提及的各类实物材料进入考古学背景无疑与其背后更加广阔而复杂的人类开拓行为紧密相关，而人类主动对自然资源的多元开拓则在整个生态系统中产生了不可忽视的影响。考察生计形态，就应该把重点放在人与环境之间的互动上，考察人对环境的干涉、管理、操纵、改造，以及相关生态过程的改变。

（二）农业

该术语的使用有着深厚的历史背景。最初殖民者用其特指欧洲以禾本科作物生产为主的经济形态，以便与土著人群的"原始"状态相区别。学术界也没能摆脱这种偏见的影响，柴尔德的著作中刻意突出了大麦与小麦这两种作物对人类具有最大的贡献。这些意味着该词诞生之初就带有浓重的价值判断上的欧洲中心论倾向。另一方面，那些主要由妇女们在庭院里从事的蔬菜、花卉、香料等的种植被归为园艺，不算在农业的范畴内，这也是偏见产生的原因之一。

考古学上如何界定农业的出现经历了几番有关基本概念到操作标准的演变。当柴尔德首次讨论新石器时代革命时，驯化物种的有无成为判断农业出现的标志，也就是以实物所代表的事件作为标准。这一方法直观简便，为许多研究者采纳。随后，学术界很快认识到农业的产生是一个漫长的过程，以事件为判断标准只能是权宜之计，它无法客观全面地反映其中复杂的渐变和反复。戴维·哈里斯（David Harris）详细考察了农业发生的特征，将其定义为：农业是一种包含若干驯化物种的作物生产系统，每单位土地需要比较强化的人类劳动，尤其是系统的耕种。同时，他将尚未达到这一标准的生产活动称为"野生食物生产"[1]。根据这一定义，农业被归为人

---

[1]　Harris, D. Agricultural systems, ecosystems, and the origin of agriculture. In Ucko, P. J. et al. eds. *The Domestication and Exploitation of Plants and Animals*. Chicago: Aldine, 1969, 3–15.

类食物生产达到比较成熟和系统水平的经济形态，因此后来相当一部分研究中的"农业"一词仅指强化的农业。驯化物种在食谱中占50%以上的生计形态才被视为农业。

与此同时，林多斯（D. Rindos）将农业定义为一整套影响驯化植物生长环境的人类行为，其贯穿植物的整个生命周期。这一定义的核心在于着重表达了农业是一套行为系统，是人与其他物种之间的一种关系。[1]民族学研究中所展示的传统农业多样性有力地支持了这种观点，比如世界粮农组织业已确认的八项"全球重要农业文化遗产"就展现了多种与当今粮食作物生产所不同的农业形态，它们无一不是人类主动改造和管理环境并与其资源长期共生、相互依赖的杰作。因此一个重要的结论是，目前负责世界90%以上粮食生产量的农业形式，即已为我们熟知的禾本科草籽作物生产只是历史的结果，而非历史本身，所以农业不能局限在今天的视野范围内来界定。人类操纵环境、管理资源的行为如此丰富，与之相对应的农业也应当是一个非常宽泛的区间。布鲁斯·史密斯（Bruce Smith）指出，过去的研究往往泾渭分明地把狩猎采集和农业划分成两种对立的生计形态，实际上大量社群的经济构成恰恰处于这两者之间广大的中间地带，[2]赵志军也曾经将这类社群的生计表述为"似农非农"。[3]

---

① Rindos, D. *The Origins of Agriculture: An Evolutionary Perspective*. California: Academic Press, 1984.

② Smith, B. D. Low-level food production. *Journal of Archaeological Research*, 2001, 9(1): 1–43.

③ 赵志军：《小米起源的研究——植物考古学新资料和生态学分析》，中国社会科学院考古研究所、瑞典国家遗产委员会考古研究所编：《中国考古学与瑞典考古学》，科学出版社2006年版。

这些人群活跃地从事着多种环境和资源的管理活动，虽然驯化物种在其经济中不是主要或唯一的构成成分，但他们的行为特征符合林多斯所定义的农业，即人类对动植物物种生命周期的持续干预。

这种理解正在得到越来越多学者的支持和采纳，将农业视作人对其他物种生命周期加以干预以维持互惠互利、共同进化关系的一系列行为。驯化物种在生计经济中的比例不再被作为判断农业是否发生的标志，而更加关注人类是否有资源管理行为，尽管这些行为的实物证据在某种程度上仍存在争议。

（三）驯化

驯化指的是一种生物过程，是动植物物种在人类的选择下发生基因或表型特征的改变。它强调物种对人类控制的生物性适应，这些生物性状的改变在植物可表现为种皮或果皮变薄、果实尺寸增大、种籽落粒性减弱、成熟期渐趋一致、休眠期缩短甚至消失等，在动物可表现为个体尺寸变小、吻部后缩、牙齿尺寸减小、齿列改变、两性差异变小等。驯化物种只有依赖人类的干预才能生存，而不同物种的依赖程度有很大差异。而且驯化不一定是单向的，一旦人类停止干预，已被改变的生物性状会发生退化。尽管严格来讲，驯化的概念不包括人类行为，因此它不能与"农业"相混淆，但其核心的"生物性状变化"的发生却必须由人类的行为来触发。许多研究对驯化发生的人类行为背景有详尽的探讨，林多斯指出驯化在本质上是人与其他物种共同进化的过程。哈里斯在描述狩猎采集向农业转变的过程时，也围绕着"驯化的关系——人与植/动物的互动"这个核心要义。杰克·哈兰（Jack Harlan）指出"驯化"

（domesticate）在拉丁文中的原意是"家养化"，是将其他物种置于家养环境中，也就是人的控制之下。[1] 史密斯提出驯化包括先后相续、因果相衔的三个阶段：人类行为的改变、物种基因的改变、物种形态的改变，他用"人类生态位构建"一词强调了人对环境的影响是物种驯化最直接最关键的动力。[2] 这些看法都明确地表达了共同的理念，基因或表型性状在物种身上的改变是由人类施加的行为所导致的，因此，反过来，对驯化物种的了解也能使我们探知驯化过程中所发生的一系列人类生态与选择行为。

（四）栽培

学术界对栽培的理解比较一致，它指人类管理植物以及改造其环境的一系列行为，它与"农业"所囊括的外延基本一致。哈里斯等学者通过举例说明了栽培一词可以广泛涵盖农业从最简单到最复杂的所有阶段的人类行为，它包括多种促进植物生长的技术，如耕地、播种、种植、田间管理、除草、收获、排涝、灌溉，甚至还包括有计划的烧除活动。这些行为不仅可施于驯化物种，也可施于野生物种，而一旦如此，实际上该物种生长也就受到了人类的干预，即使其性状还未发生改变，也不能被视作纯粹的野生种了。有学者进一步把这些行为、行为的对象及其目标的总体看作一个由人类社群制约和引导的资源管理系统。在这一语境中，栽培与管理、操纵、

---

① Harlan, J. R. *Crops and Man.* Madison: American Society of Agronomy, Crop Science Society of America, 1992.

② Smith, B. D. Niche Construction and the Behavioral Context of Plant and Animal Domestication. *Evolutionary Anthropology*, 2007, 16: 188–199.

经营是同义的，这些表述都明确地体现了人类在增加资源获取上的主动性、持续性和目的性。

（五）低水平食物生产

史密斯在其 2001 年发表的文章中，首次明确地指出从狩猎采集者到农业社群之间存在着一个广阔的中间环节，他利用大量考古学与民族学资料详细描述了这些社群的特点。[①]他们往往实践着一套有效的管理环境和资源的策略，是生态系统中最活跃的因素，对系统的演替起到引导或塑造的作用。但同时他们不一定拥有具有明确驯化性状的物种，或者整体的生计形态并不倚重驯化物种，而且对驯化物种的依赖程度也可能各不相同。此外，他们的发展方向是不定的，可能会成为强化农业社会，也可能像日本的绳纹时代那样保持长期稳定，也可能回到狩猎采集状态。这种多样性为寻找合适的术语客观准确地概括这类社群造成了很大困难。史密斯建议用"低水平食物生产"一词来形容这种过渡，它既对已形成共识的常用术语（如"食物生产"）有一定程度的继承，又避免了因直接选取已被某一部分研究者习用的现成术语，如管理（husbandry）、园圃（gardening）、园艺（horticulture）、初始农业（incipient agriculture）而可能产生的误导。而后，加里·克劳福德指出，该词仍不足以涵盖人类促进物资可获性的所有目的，因为它们不仅包括食物，还包括其他用途的材料，因此他使用"资源生产"一词来表述这个中间地带。

---

① Smith, B. D. Low-level food production. *Journal of Archaeological Research*, 2001, 9(1): 1–43.

## 二、理论的进展

早在 20 世纪 20 年代，柴尔德就意识到文明进程不光是事实和物质材料的堆砌，考古学家更需要从中阐述一般性的结论和原理，[①]农业起源的动因就是其中一人课题。[②]他提出"绿洲理论"米解释农业为何发生，布雷德伍德在扎格罗斯山区的早期发掘正是为了验证这一理论。尽管研究结果否定了柴尔德的假设，但柴尔德的思考和视野为考古学家在农业起源领域的探索开辟了一条与材料积累和技术发展平行发展的理论思路，即农业起源的动力机制问题。

概括地讲，农业起源动力机制的理论框架可以分为三个角度：社会外部物质性的压力、社会内部因素、关乎人类精神世界的象征性因素，每种理论的视角在所适用的时间和空间范畴各有不相同，有的涵盖全球，也有是洲际的、区域性的，以及更小的地区范围。

（一）外部压力模型

社会外部的物质性因素是考古学家最先探讨的变量，它始于深受文化生态论影响和主导的新考古学。物质性因素一般指人力难以干涉或控制的方面，比如气候环境、资源条件、人口增长等，实际上这些变量在人类觅食系统中是互相联系和影响的，很难说某一个因素能够单独触发食物生产。因此"外部压力说"可以简化地理解为人口与资源关系的失衡导致人类开始投入强化劳力进行资源生产。在这一大的理念之下，各家主张的侧重点不同。自 60 年代以来一种流行观点

---

[①] Childe, V. G. *Progress and Archaeology*. London: Watts and Co., 1944.

[②] 戈登·柴尔德：《人类创造了自身》，安家瑗、余敬东译，陈淳校，上海三联书店 2008 年版。

认为人口增长是主要因素。博塞洛普（E. Boserup）[1]和宾福德[2]最先提出该观点，后者将此过程详细描述为，更新世末人口会在资源条件最优越的生境中快速增长，多余人口会向资源条件略差的边缘生境转移。由于边缘生境的土地载能没有核心区域高，而这里的社群又不断受到来自核心区域的人口压力，人口增长使土地载能接近临界值，食物供应紧张。正是在这种压力下，狩猎采集社群不得不逐渐加强开拓以前不利用的食物种类，比如小型动物、鱼类、鸟类和草籽，之后便出现了动植物驯化和早期农业。弗兰纳利将这一观点发展为"广谱革命"理论，认为10000年前食物短缺迫使人类强化利用一些后来成为驯化物种的草籽等资源，这一过程是农业发生的先决条件。[3]由于人口数量难以从考古遗存中直接观察，研究者开发出一些替代指标（proxy）来衡量人口压力。斯蒂纳（M. Stiner）提出从小型动物的利用可以获知农业起源前夜人类觅食广谱化与人口增长的密切关系。[4]科恩（M. N. Cohen）从古病理学材料推知史前农人的健康状况普遍比

① Boserup, E. *The Conditions of Agricultural Growth: The Economics of Agrarian Change Under Population Pressure*. Chicago: Aldine, 1965.

② Binford, L. R. Post-Pleistocene adaptations A. In Binford, S. R. & Binford, L. R. (Eds.) *New Perspectives in Archaeology*, Chicago: Aldine Publishing Company, 1968, 313–341.

③ Flannery, K. V. Origins and ecological effects of early domestication in Iran and the Near East. In Ucko, P. J. & Dimbleby, G. W. (Eds.) *The Domestication and Exploitation of Plants and Animals*, Chicago: Aldine Publishing Company, 1969, 73–100.

④ Stiner, M. C. Paleolithic population growth pulses evidenced by small animal exploitation. *Science*, 1999, 283: 190–194. Stiner, M. C. Thirty years on the "Broad Spectrum Revolution" and Paleolithic demography. *Proceedings of the National Academy of Sciences of the United States of America*, 2001, 98: 6993–6996. Stiner, M. C. & Munro, N. D. Approaches to prehistoric diet breadth, demography, and prey ranking systems in time and space. *Journal of Archaeological Method and Theory*, 2002, 9: 181–214.

觅食者差，因此他认为正是人口增长所引起的食物压力使人类饥不择食地选择食用营养价值较差的物种，如栽培草籽作物，这种以数量换质量的策略使人类走上了依赖农业生存的道路。[①]

另一些学者强调气候变化的主导作用，理查森（P. Richerson）等人发现更新世时全球气候干燥多变而且二氧化碳含量低，不适宜植物生长，只有到全新世气候改善后人类才有机会成功驯化作物。[②]气候动因的探讨集中在近东地区，赖特（H. E. Wright）注意到距今13000—10000年间气候从干冷向温暖的转变与文化演进和动植物驯化在时间上的同步现象。[③]同时，更新世末导致全球降温的新仙女木事件也被广泛认为是促使人类开始驯化动植物和从事食物生产的直接原因。[④]麦克里斯顿（J. McCristton）和霍尔（F. Hole）则认为

① Cohen, M. N. *The Food Crisis in Prehistory: Overpopulation and the Origins of Agriculture.* New Haven: Yale University Press, 1977. Cohen, M. N. Introduction: rethinking the origins of agriculture. *Current Anthropology*, 2009, 50 (5): 591–595.

② Richerson, P. J., Boyd, R., & Bettinger, R. Was agriculture impossible during the Pleistocene but mandatory during the Holocene? A climate change hypothesis. *American Antiquity*, 2001, 66 (3): 387–411.

③ Wright, H. E., Jr. Environmental changes and the origin of agriculture in the Near East. *BioScience*, 1970, 20 (4): 210–212, 217. Wright, H. E., Jr. The environmental setting for plant domestication in the Near East. *Science*, 1976, 194 (4263): 385–389. Wright, H. E., Jr. Environmental determinism in Near Eastern prehistory. *Current Anthropology*, 1993, 34 (4): 458–469.

④ Bar-Yosef, O., & Belfer-Cohen, A. Facing environmental crisis: societal and cultural changes at the transition from the Younger Dryas to the Holocene in the Levant A. In Capper, R. T. J. & Bottema, S. (Eds.) *The Dawn of Farming in the Near East.* Berlin: *ex oriente*, 2002: 55–66. Bar-Yosef, O. The role of the Younger Dryas in the origin of agriculture in West Asia A. In Yasuda, Y. (Ed.) *The Origins of Pottery and Agriculture.* New Delhi: Roli Books, 2002: 39–54. Moore, A. M. & Hillman, G. C. The Pleistocene to Holocene transition and human economy in Southwest Asia: the impact of the Younger Dryas. *American Antiquity*, 1992, 57 (3): 482–494.

当时近东经历了气候上长时间的不稳定，由此加剧的季节性变化使人类迅速耗竭了当地的野生资源，从而导致农业发生。[1] 最近，这类主张气候主导文化演变的观点正在受到严格的检验和反思，马厄（L. A. Maher）等指出现有材料并不表明气候与文化演变之间有很好的对应关系，两者的同步性应当比所有已知的阐释更复杂，因此进一步的探索需要更加详细精准的测年数据、分辨率更高的古环境数据序列，以及更精细的模型才能将古环境资料与史前人类的行为整合起来。[2]

第三种观点着眼于人类生存环境中资源结构的变化，布赖恩·海登（B. Hayden）借鉴生态学家常用的描述生物繁殖策略和生长模式的分类方式，把资源分为 K 选择策略型和 r 选择策略型，K 型物种由于觅食回报率高而被优先纳入食谱，他认为随着人类捕猎技术变得越来越有效，K 类资源到旧石器时代晚期已几近耗竭，人类面对资源基础恶化而引发的粮食危机，不得不大量利用以小型动物和草籽为主的 r 型选择物种，动植物的驯化很可能就是强化利用这类资源的结果。[3] 芒罗（N. Munro）的研究发现，近东的纳图夫（Natufian）社会即使在环境改善和人口减少的条件下仍有持续的资

---

① McCorriston, J. & Hole, F. The ecology of seasonal stress and the origins of agriculture in the Near East J. *American Anthropologist*, 1991, 93 (1): 46–69.

② Maher, L. A., Banning, E. B., & Chazan, M. Oasis or mirage? Assessing the role of abrupt climate change in the prehistory of the Southern Levant. *Cambridge Archaeological Journal*, 2011, 21: 1–29.

③ Hayden, B. Research and development in the Stone Age: technological transitions among hunter-gatherers J. *Current Anthropology*, 1981, 22: 519–531.

源压力并采取强化利用的策略，这种资源压力可能暗示了农业发生的原因和途径。①

外部压力模型的解释强调人类对客观物质环境的适应，这虽然充分考虑到环境和资源条件对人类生存和社会发展的制约，但是却忽略了人类无处不在的改造环境、控制自然资源的能力和主动性。这些观点都潜在地将人类对自然的适应策略视作危机与穷途胁迫下的被动反应，如果考古解释一味遵循这些模型，就容易落入环境决定论的窠臼，这是外部压力模型最大的弱点所在。

（二）内部动因视角

社会内部动因模型一般强调群体内外互动与竞争的关系。在讨论群体内关系时，驯化物种的生产一般被认为是有野心的领袖人物用来控制劳动力和社会资源的途径。当讨论群体之间的关系时，农业起源与不同地区的资源互补和交流有着密切关系。

弗兰纳利以群体间物资交换的需求来解释农业起源的过程。②在美索不达米亚地区，居住在不同海拔的人群开发不同类型的资源，他们之间通过交换来获取自己不开拓的种类，这使一些物种离开其自然原生地，开始依赖人类的照管而生存，这种关系促成了动植物的最初驯化，而成功的栽培和畜牧则又强化了自然资源在地区间的

① Munro, N. D. Zooarchaeological measures of hunting pressure and occupation intensity in the Natufian: implications for agricultural origins. *Current Anthropology*, 2004, 45 (Supplement): S5–S22.

② Flannery, K. V. The ecology of early food production in Mesopotamia J. *Science*, 1965, 147 (3663): 1247–1256. 肯特·弗兰纳利：《美索不达米亚早期食物生产的生态学》，潘艳译，《南方文物》2008 年第 4 期。

流动和专门生产。

本德（B. Bender）认为农业是强化食物生产的一种形式，这种强化的需求（区别于非主食的、小规模的食物生产需求）如何产生才是农业起源的核心问题，她强调狩猎采集群中社会关系的变化——而非技术或人口因素——是导致农业产生的深层原因。[①] 觅食中的剩余物资一方面要供社群之间的交换，另一方面要供应各种再分配活动，而这两类行为都因包含较复杂的物资流动和信息沟通而需要一定的组织，某些人会通过调节操纵这些活动来提高个人威望，控制劳力和产品。这种对物质财富的掌控加剧了社会关系的不平等，继而推动强化的生产需求，因此某些地区出现了农业。

海登的竞争宴飨理论与本德强调个人的控制欲在推动社群采纳农业中的作用有异曲同工之处。[②] 他提出，最先被驯化的物种都需要投入大量劳力和试验的成本，应当不是用于果腹的主食，而是一种奢侈品，所以只有资源丰富的环境和复杂狩猎采集社会中富有的个人或家庭才能负担得起这种经济活动。在此条件下，有野心的人会利用基于经济的竞争宴飨来控制劳力、忠诚和租赁，成为推动物

---

[①] Bender, B. *Farming in Prehistory: From Hunter-Gatherer to Food Producer*. New York: St. Martin's Press, 1975. Bender, B. Gatherer-Hunter to Farmer: A Social Perspective. *World Archaeology*, 1978, 10 (2): 204–222.

[②] Hayden, B. Nimrods, piscators, pluckers, and planters: the emergence of food production. *Journal of Anthropological Archaeology*, 1990, 9: 31–69. Hayden, B. Models of domestication. In Gebauer, A. B. & Price, T. D. (Eds.) *Transitions to Agriculture in Prehistory*. Madison: Prehistory Press, 1992: 11–19. 布赖恩·海登：《驯化的模式》，陈淳译，《农业考古》1994 年第 1 期。

种驯化的力量。

尽管这种从个人能动性出发的理论视角独特，但漏洞非常明显，它们都基于已经历了漫长复杂化过程和已经成为农业社群的民族学材料，对于用来解释考古材料中的起源问题，还是存在许多疑点。布鲁斯·史密斯提出用现有的实际证据检验竞争宴飨假说，[①] 如果理论是合理的，那么实证材料应当与以下两个推论不矛盾。第一，最初驯化的物种应多为需要投入强化劳力的非主食物种，而不是平淡无奇的日常口粮。但目前出土的早期驯化物种——如近东的大麦、豆类，东亚的稻米、小米、豆类，北美东部的藜——几乎都出现在史前人类的日常食谱当中，而且民族学和实验考古学证据表明最初栽培它们并不需要十分强化的投入。此外，有些驯化种如狗和葫芦是作为工具被驯化的，而非食用。第二，最早驯化物种的出现应当与社会经济不平等和社群结构复杂化同步，但考古学材料显示，在大多数地区，贫富分化和社群内部分层的出现要比农业起源晚得多。基特（I. Kuijt）也提出类似的质疑，他举例论证，复杂狩猎采集者中的储藏和以竞争为目的的宴飨在农业起源以前并不常见，即使存在，规模也很小，它们反而是在农业出现以后快速增长。[②] 由于实际材料与理论预期有所抵牾，从社会内部因素解释农业起源动因的模型仍然停留在缺乏实证的假说阶段。

---

①　Smith, B. D. Low-level food production. *Journal of Archaeological Research*, 2001, 9(1):1–43.

②　Kuijt, I. What do we really know about food storage, surplus, and feasting in preagricultural communities? *Current Anthropology*, 2009, 50 (5): 641–644.

## （三）象征性与后过程视角

后过程考古学的观念主义观强调社会关系与物质性之间的密切联系，物的象征性是这种关系的外在表现，"象征主义充满意识形态地改变了生产关系"[1]。伦福儒[2]和伊恩·霍德（Ian Hodder）就是从实物证据所表现出的象征体系演变入手，揭示早期农业的产生机制以及与之关系密切的定居生活。霍德认为在社群规模扩大的漫长过程中，人与人之间、人与环境之间时空感的变化使人的意识和认知也相应产生渐变。[3]个人的身份认同与社会关系的强化会在生活实践和物质投入中表现出来，物质投入越多，社会关系就越复杂和强化，反过来又会刺激更多物质投入，最终物质关系与社会关系两者间的牵连就变得难以分割。在霍德看来，驯化物种是物质性表现的重要方面，它的出现是社会关系复杂化过程中的伴生物。更确切地说，农业的从无到有实际上渗入了社会结构复杂化乃至社会秩序重组的过程，它是物质性与社会关系两者互为因果、互相刺激乃至不可分割的自然结果。霍德的观点与本德以社会关系为切入点来剖析农业产生的内在机制不谋而合，不同的是，他以象征性来解释物质在社会关系中的功能，深刻揭示出社会关系复杂化的动因。

---

[1]　伊恩·霍德、司格特·哈特森：《阅读过去》，徐坚译，岳麓书社 2005 年版。

[2]　Renfrew, C. Symbol before concept. Material engagement and the early development of society. In Hodder, I. (Ed.) *Archaeological Theory Today*. Cambridge: Polity Press, 2001: 122–140.

[3]　Hodder, I. Çatalhöyük in the context of the Middle Eastern Neolithic. *Annual Review of Anthropology*, 2007, 36: 105–120. Hodder, I. *The Leopard's Tale: Revealing the Mysteries of Çatalhöyük*. London & New York: Thames & Hudson, 2006.

　　法国学者考文（J. Cauvin）强调近东在旧石器时代末就出现了女性小雕像和牛头，它们应该分别代表女神和男神，祖先崇拜也几乎与村落生活同步出现，逝者的遗骸由埋入地下墓葬转为供奉在较为醒目的公共场合，由此可以肯定对拟人化神祇的崇拜先于驯化物种和农业经济的产生。[①] 因此，人类物质行为的革命源于象征系统的革命，如果把栽培行为看作人类对其他物种主宰欲的外在表现，那么这种基于人类认识到自身操控外界能力的象征系统为农业的产生提供了必要条件。但是，这个信仰与象征系统模型有很多缺陷。其一，先于农业经济出现的因素有很多，为什么是象征性而非其他因素成为最核心的必要条件呢？其二，即使上述演绎足够令人信服，那么象征系统或人群心理的改变最初又由何而起呢？还需要指出的是，象征性模型都不同程度地受到社会内部动因模型的启发，霍德和考文都提到了本德、海登理论中所倚赖的宴飨和社会复杂化等因素，但其最重要的差别在于，前两种象征性模型强调物质上的强化是出于一种下意识行为和群体的心理状态，后两种模型则突出个体行为的刻意性和主动性。[②] 后过程模型还关注谁是主要驯化者。由于女性在觅食活动、家庭生活、社群联姻、家族传承等事务中的角色定位，她们被认为比男性更多介入环境管理和照料的工作，特别是在小型的园艺活动中，也与植物的象征性联系得更加紧密。因此，

---

　　① 　Cauvin, J. *The Birth of the Gods and the Origins of Agriculture*. Cambridge: Cambridge University Press, 2000.

　　② 　Hodder, I. Symbolism and the origins of agriculture in the Near East. *Cambridge Archaeological Journal*, 2001, 11(1): 107–112.

女性很可能是物种驯化和农业起源的主导者。[①]

纵观纷繁多样的农业起源模型，我们可以发现理论阐释目前存在两种趋势。一是由于新材料的涌现，原先那些可以涵盖全球范围的理论框架受到挑战，其普适性越来越有限，信息详细多元的倾向限制了考古学家在解释时的自我发挥和想象空间，避免了随意附会，提高了准确性和可检验程度，现在的解释框架更多是区域性适用或仅限于遗址的个案。二是以某一因素所代表的主动力模式受到了广泛质疑，研究者更加热衷从物质、社会、象征性多种因素综合来演绎农业出现的过程。

综上所述，如果把布雷德伍德的田野发掘和柴尔德的思考看作考古学研究农业起源在实践和理论上的两个源头的话，那么在近一个世纪的探求中，是否真的存在理论与实践的分野？毫无疑问，今天的研究的确存在二元分化的倾向。一些研究者思考的宏观问题是超越地区范围的、较复杂的文化演变问题；另一些研究者则关注某地域、某物种的驯化历史。两者与其说不同，不如说互补。前者看似凌驾于实物材料之上，但它实质上立足于后者所提供的事实，实物证据越丰富越可靠，理论演绎也越有说服力。但是，理论并不应当局限于实物证据所支持的范围，对于其中尚未与实物证据建立明

---

[①]　Watson, P. J. & Kennedy, M. C. The development of horticulture in the Eastern Woodlands of North America: women's role A. In Gero, J. M. & Conkey, M. W. (Eds.) *Engendering Archaeology: Women and Prehistory.* Cambridge: Basil Blackwell, 1991: 255–275. Hastorf, C. A. The cultural life of early domestic plant use. *Antiquity*, 1998, 72: 773–782. Fritz, G. J. Gender and the early cultivation of gourds in Eastern North America. *American Antiquity*, 1999, 64 (3): 417–429.

确联系的部分，或者尚未被现有研究范式充分检验或顾及的部分，我们不能轻易否定。

## 三、国外经典实践

农业起源的研究集中体现在个案研究中，本节将重点简述四个案例，包括庞佩利的安诺遗址项目、布雷德伍德的扎尔莫项目、麦克尼什的特化坎项目和弗兰纳利的圭拉那魁兹遗址项目。

### （一）安诺遗址

安诺遗址与庞佩利的名字联系在一起。庞佩利（R. Pumpelly）是美国地质学家、矿物学家和探险家。1861 年，他应日本德川幕府的邀请，前往北海道进行地质考察，并在北海道大学传授采矿技术。1863 年，庞佩利应清政府的邀请，参加我国的地质研究和煤矿勘探。1864—1865 年他考察了戈壁沙漠和长江流域，之后取道蒙古和西伯利亚前往彼得堡。1866 年他成为哈佛大学的教授，1905 年任美国地质学会的主席。

庞佩利对安诺遗址的发掘深受他 1863 年考察的影响，他对中原肥沃土地与蒙古贫瘠沙漠之间的强烈反差印象深刻。他从中国的地图上得知，戈壁沙漠有的地方称为旱海，意味着这里过去很可能是很大的内陆湖，这使得他希望能够通过地质学和考古学的探索来解决冰后期环境和人类适应的巨大变迁。[①]

---

① Pumpelly, R. Preface. In: R. Pumpelly ed. *Exploration in Turkestan, Expedition of 1904. Prehistoric Civilization of Anua*. Washington, D. C.: the Carnegie Institution of Washington, 1908, Vol. 1, pp. XXIII–XXVII.

安诺遗址位于中亚土库曼斯坦的阿什哈巴德（Ashkhabad）附近，北部离伊朗边界不远。安诺遗址包括南北两座土丘，当地称为库尔干（Kurgan），之前由俄国考古学家进行过发掘，出土了公元前3000年前彩陶和人类栽培谷物和驯养动物的证据。1903年，庞佩利得到俄国政府的许可，在新成立的卡内基基金会赞助下，前往中亚寻找当地农业起源的最古老证据。

1903—1905年，庞佩利以近古稀之年率领第一支中亚科学考察队前往土库曼斯坦。该项目成员可谓最早的多学科团队，其中庞佩利本人研究地质环境及文化的变迁、柏林皇家博物馆的资深德国考古学家赫伯特·施密特（Hubert Schmidt）教授对遗址进行地层学发掘和年代学研究、瑞士联邦理工大学植物学家舍伦贝格（H. C. Schellenberg）教授鉴定炭屑和谷物种子、柏林大学动物学家杜尔斯特（J. U. Duerst）研究遗址出土的动物化石、庞佩利的儿子韦尔斯·庞佩利（R. W. Pumpelly）从事地貌学和地文学研究、苏黎世人类学研究所的莫里森（T. Mollison）博士和体质人类学家塞吉（G. Sergi）研究出土人骨。此外，庞佩利还请其他专家分析了遗址出土的石器、陶器和金属工具的化学成分。值得一提的是，考古学家施密特是谢里曼的学生，曾参与过谢里曼对特洛伊的发掘，整理和研究过特洛伊出土的藏品，并对欧洲和地中海的考古材料有精深的研究。庞佩利团队的先驱性工作建立了一种用考古材料研究农业起源的基本方法，1908年出版的安诺遗址两卷本多学科研究报告，其分析和论述的科学、细致和严谨今天读来仍然令人叹服。

安诺遗址包括南北两个土丘，北侧土丘含有新石器时代和铜石并用时代的遗存（安诺 I 和 II 期），而南侧土丘属于青铜和铁器时代（安诺 III 和 IV 期）。安诺 I 期（约公元前 5000—前 3300 年）最下层 10 英尺处只见野生动物的骨骼，表明主要依赖狩猎为生。该期后段出现了驯化的牛、猪和两种绵羊，表现为栽培与畜牧的一种混合经济。陶器手制，饰有几何花纹。安诺 II 期（约公元前 3300—前 2800 年）为安诺 I 期晚段文化的延续，但有新的发明，出现了手制的灰陶。铜器比较流行，较大的工具都用金属制作，并引入了天青石和玛瑙。生计延续一种农业和畜牧的混合经济，但出现了新的驯化物种，包括山羊、骆驼、狗和短角羊。安诺 III 期（约公元前 2800—前 2000 年）为发达的铜石并用时代，与土库曼斯坦的早期城市发展有关，技术和经济都有很大进步，铜器丰富，并采用铅和砷制作合金。刻有人、动物和几何花纹的石印章十分流行。大理石和雪花石被用来制作器皿和装饰品。绵羊和山羊成为主要的家畜。安诺 IV 期（约公元前 900—前 650 年）保存很差，以 8 英尺厚的侵蚀物质与安诺 III 分开，陶器和金属（铜器、青铜器及铁器）与中亚铁器时代的器物相当。

植物学家舍伦贝格根据安诺北侧土丘出土的炭屑、泥砖和陶片来鉴定植物遗存。他从炭屑鉴定出了双子叶灌木，可能是蔷薇科或豆科植物。他从一块 8 厘米 ×6 厘米的泥砖里发现了大量麦壳、麦芒和秸秆碎片，有的只是谷物的印痕和空腔灰烬，分别属于一种小型普通小麦（*Triticum vulgare*）和两棱大麦（*Hordeum distichum*）。此外，从发掘基准面以下 23—24 英尺处出土的陶片羼料中也鉴定出麦子及其印痕，其中主要是两棱大麦，小麦很少。其他层位出土的陶片中也含有不等的麦粒印痕。[①]

　　动物学家杜尔斯特分析了安诺遗址出土的动物群，发现安诺北侧土丘约公元前 7800 年的最下层位不见任何驯化动物，主要有野牛、野马、大角野山羊和羚羊。然后在离底部 12 英尺的层位，出现了猪以及最早驯化的绵羊，其形态很像较早层位出土的大角绵羊。之后，这类绵羊的角变得越来越小。此外，牧羊犬和马也开始饲养。到安诺 II 期，突然出现了新的驯化物种，包括骆驼、无角绵羊和短角山羊。该时期羊和猪数量增加，马的数量不变，但是牛明显减少，而骆驼的引入可能表明气候的变化。杜尔斯特讨论了德国学者穆克（J. R. Mucke）的理论，即狩猎者不可能驯养动物，反刍动物如牛和羊等的饲养应该晚于谷物的栽培。杜尔斯特指出，安诺最原始的人群的器物中不见箭镞等狩猎武器似乎证明了这点，虽然尚无法证明后一个观点，但是从安诺土丘的情况来看，家畜饲养者应该已经栽培谷物。[②]

　　根据安诺遗址的出土材料，庞佩利提出一种"绿洲假说"来解释中亚的农业起源。他说，随着内陆湖泊和生存区域的缩小和野生动物的减少，人类被迫聚集到残存的绿洲附近，并采取新的生存方式，开始利用当地的植物，其中包括生长在旱地和沙漠河口湿地的

① Schellenberg, H. C. Wheat and barley from the north Kurgan, Anau. In: R. Pumpelly ed. *Exploration in Turkestan, Expedition of 1904. Prehistoric Civilization of Anua.* Washington, D. C.: the Carnegie Institution of Washington, Vol. 2, 1908, 671–672.

② Duerst, J. U. Animal remains from the excavation at Anau. In: R. Pumpelly ed. *Exploration in Turkestan, Expedition of 1904. Prehistoric Civilization of Anua.* Washington, D. C.: the Carnegie Institution of Washington, 1908, Vol. 2, pp. 435–438.

各种草籽。随着人口和需求的增长，他们学会了栽培这些草籽，通过有意或无意的选择，迈出了谷物驯化的第一步。①

在 1928 年出版的《最古老的东方》（*The Most Ancient East*）一书中，柴尔德采用了庞佩利的绿洲理论来解释农业的起源。②该理论在 1927 年由皮克（H. J. Peak）及弗勒（H. J. Fleure）合著的《时间的走廊》（*The Corridors of Time*）③一书出版前不久就引起了大家的关注，后来，柴尔德对这个理论做了进一步发挥来解释农业在美索不达米亚的起源。④但是在 1928 年，认为粮食生产首先在西南亚起源的说法尚未得到支持，这个理论后来成为布雷德伍德于 1948 年启动伊拉克扎尔莫项目的主要动机。

（二）扎尔莫项目

1948—1955 年，美国考古学家罗伯特·布雷德伍德在伊拉克进行的扎尔莫项目被认为是考古学从器物类型学和年代学转向生计聚落研究的转折点，该项目意在了解近东从旧石器时代晚期向新石器时代的转变，检验柴尔德有关农业起源的绿洲理论。扎尔莫遗址位于伊拉克北部恰姆恰马勒（Chemchemal）镇附近的库尔德山（Kurdish hills），该遗址由伊拉克文物管理局发现，主要为前陶期的

---

① Pumpelly, R. The hypothesis of the oasis world. In: R. Pumpelly ed. *Exploration in Turkestan, Expedition of 1904. Prehistoric Civilization of Anua.* Washington, D. C.: the Carnegie Institution of Washington, 1908, Vol. 1, pp. 65–66.

② Childe, V. G. *The Most Ancient East.* London: Kegan Pau, 1928.

③ Peake, H. J. and Fleure, H. J., *The Corridors of Time.* Oxford, Oxford University Press, 1927.

④ Trigger, B. G. *Gordon Childe, Revolution in Archaeology.* London, Thames and Hudson, 1989, 61–62, 71–72.

一处遗址，而且看来已经明显定居。布雷德伍德之所以对扎尔莫深感兴趣，是在于它刚好位于近东"新月沃地"侧翼的丘陵地带，这片高地有足够的降雨而无需灌溉，是非常适合驯化动植物野生祖先活动的栖息地。他认为，在这些驯化种祖先生活的地方应该可以找到最早农人和牧民的考古遗存。布雷德伍德在学生期间深受柴尔德后更新世农业革命理论的影响，对这一问题非常着迷，认为这是考古学迫切需要加以论证和填补的空白。[①]

1932 年和 1933 年，布雷德伍德分别于密歇根大学获得学士和硕士学位，之后受聘于芝加哥大学东方研究所，从 1933 年到 1938 年作为一名田野助理在阿穆克（Amuq）遗址为东方研究所的叙利亚探险队工作，1938—1942 年在芝加哥大学远东语言与文学系的亨利·法兰克福（Henri Frankfort）教授指导下获得博士学位。1945 年，布雷德伍德成为东方研究所和人类学系的考古学教授，直至他 1978 年正式退休。

"二战"结束后，布雷德伍德希望重返叙利亚。当时因为伊拉克的政局要比叙利亚稳定，比较适合长期的考古田野工作，于是他在 1948 年启动了伊拉克北部的扎尔莫项目，其中包括发掘两处较早的遗址，一处是帕勒高拉（Palegawra）岩棚，另一处是旷野遗址卡里姆·沙赫尔（Karim Shahir）。1950—1951 年的田野工作由布雷德伍德的同事布鲁斯·豪（Bruce Howe）和地质学家赫伯特·赖特（Herbert Wright）加盟，然而 1954—1955 年的田野季节，在美国

---

[①]　Watson, P. J. Robert John Braidwood, 1907–2005. *Biographical Memoir, National Academy of Science*, Washington, D. C. National Academy of Sciences, 2006, 9–10.

国家基金会的赞助下，布雷德伍德得以组织起第一支多学科团队来探索近东的农业起源。除了地质学家赖特以外，这个团队还包括丹麦古植物学家汉斯·赫贝克（Hans Helbaek）、动物学家查尔斯·里德（Charles Reed）、陶器与放射性碳断代专家弗里德·马特森（Fred Matson），以及包括他妻子琳达·布雷德伍德（Linda Braidwood）和布鲁斯·豪在内的四位考古学家和四位营地主管。

扎尔莫项目的研究确认，石镰、切割工具和碗等加工和储藏食物等工具证实了农业活动的存在。扎尔莫村民种植单粒小麦和二粒小麦，一种原始的大麦和小扁豆。他们的食谱还包括许多野生物种，如豆、橡子、长豆角籽、开心果和野生小麦。驯化动物有羊、绵羊和狗，猪的驯化稍晚，并伴随着最早陶器的出现。

1958 年夏，由于伊拉克政局动荡，扎尔莫团队移师伊朗，改称伊朗史前考古项目。1959—1960 年，年轻伊朗考古学家埃扎特·内加班（Ezat Negahban）加盟，他在 50 年代初是东方研究所的研究生。考古队在伊朗几处地点同时展开发掘，并在数个村落展开民族考古学调查。在扎格罗斯山区几处湖泊进行的孢粉学研究取得了重要进展，分析结果彻底改变了对全新世气候和环境的认识，不仅是新月沃地，甚至包括整个近东。

1963 年，布雷德伍德和土耳其伊斯坦布尔大学史前学系的哈蕾特·坎贝尔（Halet Çambel）教授组建了史前考古合作项目，在土耳其东南部展开田野工作，将重点放在一处重要的大型村落遗址卡约努（Çayönü）。该遗址要比扎尔莫还早几百年，但是在建筑和人工制品组合上更加独特。布雷德伍德和坎贝尔在卡约努的工作一直延续到 1989 年坎贝尔退休，她的一位学生、伊斯坦布尔大学的梅米特·厄兹多干（Mehmet Özdogan）教授接任合作项目的领导工作。

扎尔莫项目及后续的近东田野考古是布雷德伍德自密歇根大学学生时代开始就孜孜以求的一个梦想，并毕其一生的努力来探索柴尔德有关农业革命的真谛。柴尔德提出，西亚的农业革命为美索不达米亚的城市革命和文明起源奠定了基础，而布雷德伍德则用考古发掘来解决这两次革命是在何时、何地、如何及为何发生的。虽然布雷德伍德团队在伊拉克、伊朗和土耳其的工作并没有为这些问题提供最终的答案，但是他们的研究至少证明了绿洲理论并不成立，从而激励了全世界的考古学家来共同探索这个战略性课题，由此大大推动了考古学理论、方法的进步以及对人类历史这两件革命性事件的了解。[1]

伊朗史前考古项目的另一重要成果是由两位团队新成员弗兰克·霍尔（Frank Hole）和肯特·弗兰纳利取得的，他们当时是布雷德伍德的学生，自 1961 年起在伊朗西南部德赫洛兰（Deh Luran）平原启动了他们自己的研究。弗兰克·霍尔和肯特·弗兰纳利对德赫洛兰阿里科什（Ali Kosh）遗址的三年发掘提供了早期农业和动物饲养的证据。[2] 他们对农业起源研究作出了突破性贡献，这就是率

---

[1] Watson, P. J. Robert John Braidwood, 1907–2005. *Biographical Memoir, National Academy of Science*, Washington, D. C. National Academy of Sciences, 2006, 11–16.

[2] Hole, F. and Flannery, K. V. The Prehistory of *Southwestern Iran: A Preliminary Report*, Proceedings of the Prehistoric Society, 33, 1968.

先采用浮选技术来提取肉眼无法发现的碳化植物种子和微小动物化石。在第一年野外发掘季结束后，弗兰纳利认为阿里科什的植物遗存很少，基本没有农业的迹象。在后来两年里，他们采纳了考古学家斯图尔特·斯特鲁弗（Stuart Struever）的建议，对发掘的泥土进行浮选，从遗址各文化层中发现了40000多颗种子，提供了该遗址惊人完整的植物利用史，显示了二粒小麦和二棱大麦的利用日趋重要，以及灌溉对农业所发挥的作用。植物学家汉斯·赫贝克分析了阿里科什三个居住期出土的种子，证实它们是近东最早和最丰富的农业生计证据，尽管就目前所知近东其他地方动植物的驯化比阿里科什更早。浮选法为史前的植物考古研究带来了革命性的影响，为农业起源研究奠定了技术和方法论的坚实基础。[1]

（三）特化坎项目

特化坎河谷位于墨西哥城南面约150英里的普埃布拉州南部和瓦哈卡州最北端的墨西哥高地中心。由于年降水量低于600毫米，所以非常干旱，适合有机物的保存。1960年，麦克尼什考察了特化坎河谷，在科斯卡特兰附近的一处岩棚的探坑中发现了原始玉米棒，令他感觉已经找到了梦寐以求的地点。在国家科学基金会和洛克菲勒基金会的资助下，麦克尼什启动了特化坎植物考古学项目，组织起一个多学科团队。除了考古学家之外，他邀请了6位植物学家分析植物，两位专家研究灌溉，他的研究生肯特·弗兰纳利研究动物

① Fagan, B. M. *In the Beginning: An Introduction to Archaeology.* Boston, Little, Brown and Company, 1981, 338–340.

遗骸。①

　　在前三年的勘察中，麦克尼什团队发现了 392 处史前遗址，包括临时营地到城市废墟。他们对其中 30 处遗址进行了探掘，其中的 12 处遗址揭示了很厚的地层堆积，从这些地层堆积中分辨出 140 处居住面。这 12 处遗址中 5 处是旷野遗址，7 处为洞穴和岩棚遗址。麦克尼什在谈及特化坎项目的目的时说，农业的发展是村落和都市生活的基础。如果能够在中美洲找到农业起源特别是玉米驯化的证据，那么我们就能够了解中美洲文明是在哪里和如何起源的。②

　　从 1961 年到 1968 年，特化坎项目揭示了从古印第安时期到西班牙征服时期长达 12000 年的连续文化发展序列。与布雷德伍德在伊拉克扎尔莫项目一样，特化坎项目证明了农业起源在新旧大陆起源要比柴尔德推测的要早，而且生计转变过程也更为缓慢。③1949 年，麦克尼什在芝加哥大学获得博士学位。同年，他从正在发掘的墨西哥东北部塔毛里帕斯山（Sierra de Tamaulipas）遗址的文化层里发现了几千年前的原始玉米棒。这一发现激励他将探索新大陆农业起源作为自己毕生的事业，这项发现也令他意识到多学科交叉方法在断代和信息提炼方面的重要性。于是，他在特化坎项目中邀请考古学科之外的专家参与发掘，利用所有相关科学领域的技术来共同

---

　　① Flannery, K. V. and Marcus, J. Richard Stockton MacNeish, 1918–2001. *Biographical Memoir, National Academy of Science*, Washington, D. C. National Academy of Sciences, 2001, 1–27.

　　② MacNeish, R. S. Ancient Mesoamerican civilization. *Science*, 1964, 143(3606): 531.

　　③ 布鲁斯·特里格：《考古学思想史》（第二版），陈淳译，中国人民大学出版社 2010 年版，第 283 页。

分析这些遗址的出土材料。

由于特化坎河谷极为干旱，所以 5 个洞穴中 55 个居住面上的所有东西都保存了下来，统计和编目的标本数量达 75 万件，包括食物、粪便、易朽的人类遗骸和人工制品。这些材料不仅有助于重建古代先民的生活方式，而且能够为生计、食物习惯、食谱、葬俗、祭祀、气候变化，甚至洞穴栖居的季节提供大量的证据。

麦克尼什将特化坎河谷的文化序列分为七个时期。最早的是阿惠雷亚多期（Ajuereado），约公元前 10000—前 7200 年前，这一时期主要以小游群为代表的狩猎采集经济，该期早段狩猎和诱捕目前已经绝灭的动物如马和羚羊，后段都是现生的小型动物，如兔子、囊地鼠、老鼠和龟。花粉和动物群表明，更新世末的气候要比今天稍冷，并比较湿润。植被主要为旱生类型，但是不像现在的特化坎河谷，而是一种牧豆草地景观。工具主要为打制石器，以两面加工的刀和尖状器、端刮器、雕刻器以及粗糙的柱状石核和石叶为代表。不见磨制或碾磨石器。

后续是古代期的埃尔列戈期（El Riego），相当于旧大陆的中石器时代，约公元前 7200—前 5200 年。这一时期人群的生计延续之前的狩猎采集，人口有所增加。栖居形态也有变化，分为以家庭为单位的小游群旱季营地，和延伸家庭组成的雨季大营地。该时期的先民可能经常利用后来被驯化的植物，如西葫芦、辣椒、鳄梨，并可能采集和食用野生玉米，还有采集棉花。打制石器包括多种两面尖状器或矛头，许多大型的平—凸刃刮削器和砾石砍斫器。前一时间的石叶、雕刻器和端刮器仍然制作和使用，但是磨制石器和敲琢器大量出现，石杵和石臼尤其丰富。并首次发现编织的网、篮子和飞镖。该时期最重要的发现是存在人牲的丧葬形式，老人、儿童和妇女尸体和头骨有被焚烧、烘烤和敲碎的痕迹，表明信仰和仪式的复杂化。

接下来的科斯卡特兰期（Coxcatlan）年代为约公元前5200—前3400年。这个时期的人群延续以前的生计，早段利用野生玉米、辣椒、鳄梨和葫芦，中段利用苋菜、豆子和西葫芦，并见证了植物驯化的开始。石器工具包括各种打制的两面尖状器和矛头、制作较为标准的石叶，还有新式的刮削器和砍砸器。真正的石磨盘和磨棒取代了石杵和石臼。该时期随着对农业依赖的加大，使得萨满在栽培、收获和生死仪式的活动中作用日益增大。

再后面是阿贝哈斯期（Abejas），约公元前3400—前2300年。该期的栖居形态发生了巨大变化，坑穴屋（pit house）出现。洞穴仍然被小游群用作旱季营地，河谷阶地则是大游群的营地，由5—10个坑穴屋组成，有的看似全年栖居。这种定居因粮食生产更为有效而成为可能，除了以往利用的动植物外，增加了驯化的刀豆、南瓜、含墨西哥类蜀黍基因的杂交玉米。人们也利用棉花，并驯化了狗。尽管有这些驯化物种，但是人类粪便分析表明，他们的食谱70%仍然依赖野生动植物。人工制品变化不大，但也出现了一些新的类型如石碗、石锅、黑曜石长石叶等。该时期代表了墨西哥的"新石器革命"，但是人口并没有明显增加。

下面的是普隆期（Purron），约公元前2300—前1500年。该时期的重要发现是出土了早期三排颗粒的玉米棒和非常粗糙的陶片，形制模仿石碗和石锅。虽然这是中美洲最早的陶器，但可能受到其他地区更早陶器的影响。该时期的生计、栖居形态和社会结构与前期基本相同。

后续的是阿哈尔潘期（Ajalpan），约公元前1500—前900年。该期的先民已是完全的农人，他们种植早期的杂交玉米、西葫芦、南瓜、瓢葫芦、苋菜、豆子、辣椒、鳄梨和棉花等，住在木骨泥墙茅舍的村寨里，大约100—300人。没有祭祀建筑。存在女性塑像和女性富墓可能暗示母系的社会结构。石器生产延续以前的式样，但是制作的素面陶质量改善。

圣塔玛利亚期（Santa Maria），约公元前900—前200年。这时期的先民是全职农人，利用以前所见的各种植物，但是产量更高，可能开始采用了灌溉技术。出现了一些新的打制和磨制石器，陶器制作良好，多为单色的白陶或灰陶，少量为双色陶。该时期中美洲开始分为两个单位，各自有独特的文化发展。一是低地的刀耕火种农业，二是高地的灌溉农业，继而发展出城市文明，特化坎河谷属于后者。

帕罗布兰科期（Palo Blanco），约公元前200—公元700年。该时期人群都是全职农人，系统利用灌溉。除了以前的作物外，开始栽培西红柿、花生、利马豆，并且驯化了火鸡。人们住在木骨泥墙房屋的村寨里，出现了祭祀中心，比如位于山顶的石筑金字塔、广场、球场和其他建筑。该时期可能是瓦哈卡河谷蒙特阿尔班 II 期的扩展，国家形成，是中美洲的古典期。

最后的文塔萨拉达期（Venta Salada）年代为约公元700—1540

年。该时期最后部分为西班牙征服期。当时的经济为灌溉农业，并与各地区存在广泛的商贸来往，当地制盐和棉花产品是用于出口的物产。政治上，河谷内已经分成一系列小型的王国，每个王国有都市中心，农民居住在周围的村寨里。他们制作彩陶、各种棉花植物、树皮布、打制石器和箭镞。①

特化坎河谷的研究表明，新大陆农业、定居、磨制石器和陶器生产的起始时间并不同步。从埃尔列戈期开始驯化植物到阿贝哈斯期定居村落的出现大概用了 5000 年的时间，但那时人类的食谱主要还是依赖野生资源。陶器出现比定居要晚 1000 年，而真正的农业经济还要晚 1000 年左右。

（四）圭拉那魁兹遗址

弗兰纳利提到，他的圭拉那魁兹项目是布雷德伍德扎尔莫项目和麦克尼什特化坎项目的延续，没有这两位先驱性的工作，这项研究无从谈起。他发掘圭拉那魁兹的目的在于检验有关农业起源的理论，其中包括气候变化说、人口压力说、广谱适应说、共同进化说，还有就是他自己的多变量模型。他的团队包括考古学家、地质学家、生态学家、植物学家、孢粉学家、动物学家、营养学家、石器专家和电脑模拟专家。在分析中，弗兰纳利采用了自己擅长的系统论方法，借助电脑模拟来检验各种变量的互动，以了解农业如何起源的问题。

对圭拉那魁兹获得的炭屑进行的放射性碳测定结果表明，其前陶

---

① MacNeish, R. S., Ancient Mesoamerican civilization. *Science*, 1964, 143(3606): 532–537.

期居住面从大约公元前 8750 年延续至前 6670 年。公元前 8750 年这个年代，对不同层位出土花粉样本的分析，提供了荆棘、橡树和松树等当地植被波动的变迁序列，以及大约从公元前 8000 年以降利用栽培植物的可能，并伴有从该序列开始就存在的野生植物资源的采集。

出土的小动物群如啮齿类、鸟类、蜥蜴和陆生蜗牛与当地现生代表做了比较，以求搞清前陶期的环境，除了人为引起的变化外，那时与今天并无很大差别。因此，现在的景观可以用来对古代情况做出解释。出土的可鉴定植物遗存超过 21000 件，主要是橡子、龙舌兰、豆荚和豆子，还有十几种数量较少的其他物种。因此，尽管有各种可食植物可获，但是先民只选择少数几种作为主食。橡子很可能在秋季采集后被储存起来，以便在食物短缺时利用。因为此地生活的一个主要特点是，可获的不同食物有极大的季节性差异。研究发现，每层植物遗存反映了从几平方米到数百平方米面积的收获。

遗址里出土的一些西葫芦籽，从形态上看已驯化，用加速器质谱法直接断代为距今 10000—8000 年前，这要比中美洲其他驯化物种如玉米和豆类等早了数千年。圭拉那魁兹出土的两件玉米棒子用加速器质谱法得到的年龄在 6000 年前。至少有 360 件可鉴定骨片来自作为食物狩猎和陷阱捕捉的动物。用骨片数量和最小个体数进行统计，主要肉食资源来自白尾鹿和棉尾兔等。

从前陶期地层中出土了 1716 件打制的石制品，至少有 1564 件不见任何加工。这意味着，大部分石制品不做进一步加工就直接使用。几乎每层活动面上见有剥片的证据——石核。仅见 7 件矛头，考虑到动物骨骼的证据，表明洞穴居住季节狩猎并非主要活动。边刮器和石刀很可能被用于屠宰和皮革加工。对石料来源的调查显示，大部分石器所用的粗糙石料在几公里之内可获，质量较好的燧石偶尔要从 25—50 公里外获取。

大部分碾磨石估计与植物加工有关。一些编织物如网、篮子和绳索也残存下来，还发现少量木器、茅草或仙人掌，包括取火和器物装柄的材料。圭拉那魁兹的遗址域（catchment area）分析表明，植物食物需要 5—15 公顷以上的面积；鹿至少要 17 公顷；优质石器原料来自 50 公里以外。[①]

圭拉那魁兹研究的一个创新之处是，根据材料最丰富的四个居住面出土、包括石制品和动植物遗存在内的 17 种主要废弃物的空间分布，电脑专家罗伯特·雷诺兹（Robert G. Reynolds）设计了一个程序，模拟一个四口之家分别在干旱和潮湿年份里可能采取的觅食策略。模拟表明，该模型群体的觅食策略与遗址出土材料所反映的特点基本吻合。在干旱季节，采集群的觅食策略比较保守，而在多雨年份会尝试西葫芦和菜豆的栽培，动机主要是减少觅食的步行代价。模拟进而调整变量，比如分别让气候变得更干或更潮湿、气候保持不变、人口增加，结果发现这些因素变化都没有加快农业发展的过程。因此弗兰纳利认为，农业起源是一种无意识的偏差放大过程，并不存在气候或人口压力的驱动因素。[②]

---

① 科林·伦福儒、保罗·巴恩：《考古学理论、方法与实践》（中文第二版），陈淳译，上海古籍出版社 2015 年版，第 479—482 页。

② 肯特·弗兰纳利：《圭拉那奎兹：墨西哥瓦哈卡的古代期觅食与早期农业》，陈淳等译，上海古籍出版社 2019 年版，第 361—417 页。

弗兰纳利强调，要想发现最早驯化的玉米棒子或体现其他重大突破的最早发明是徒劳的。农业起源从"如何"起源来研究比较合适，而探索"为何"起源的问题，则带有目的论的缺陷。农业起源漫长的过程说明，这完全是一种无意识和无目的的随机渐变过程，而且影响该过程的因素和互动极其复杂，无法用简单的因果关系来进行解释。弗兰纳利采用系统论来探索这个问题，将中美洲前陶期的觅食系统分为七个子系统，以时间安排的策略来对这些觅食子系统进行调节，这些子系统相互依赖，彼此影响，维持着系统的运转。然后他从正反馈和负反馈来观察系统的运转，负反馈对外界的波动和影响进行自我调节，从而保持系统的平衡；而正反馈会引起整个系统不可逆转的变化。野生资源会因季节性和干湿年份出现波动，觅食者则以"抵消偏差"的负反馈来维持系统的正常运转。之后，或因某种资源减少，或因某些资源采办成本较高，人们无意识对某些植物进行干预，导致了某些植物如西葫芦、玉米和豆类的遗传变异。比如玉米棒变大、颗粒变多或豆荚变软，产量增大或易于收获。于是，人们逐渐加大对这些植物的依赖。某个采办子系统发生了变化，最终导致整个觅食系统发生不可逆转的正反馈，作物栽培开始启动。因此，弗兰纳利指出，农业起源或其他任何发明创新都是以偏离原先形态的一种偶然和微不足道的方式发生，以至于难以察觉其端倪。因此考古学的真谛在于探究这类微小的偏差放大在引起史前文化重大变迁中的作用和因果关系。①

---

① Flannery, K. V. Archaeological systems theory and early Mesoamerica. In B. J. Meggers, ed. *Anthropological Archaeology in the America*. Anthropological Society of Washington, USA: American Anthropological Association, 1968, 67–87.

从农业起源研究来看，理论假设和田野探索密切相关。理论指导着田野实践，而田野研究又不断更新理论，提出新的阐释框架。纵观目前纷繁多样的农业起源模型，我们发现理论阐释存在两种趋势。一是由于新材料的涌现，原先那些可以涵盖全球范围的理论框架受到挑战，其普适性越来越有限，信息详细多元的倾向限制了考古学家在解释时的自我发挥和想象空间，避免了随意附会，提高了准确性和可检验程度，现在的解释框架更多是区域性适用或仅限于遗址的个案。其次，以某一动因所代表的主动力模式受到了广泛质疑，研究者更加偏好从物质、社会、象征性多种因素综合来阐释农业出现的过程。

再之，由于现代技术发展带来的农业起源研究的新材料和信息激增。大植物遗存的发现与统计分析、植硅石、淀粉颗粒分析等多方面的杰出工作的进展，无疑冲击着我们对农业起源格局的传统认识与后继的实践工作，它们除了提供崭新的实物证据以外，也在某种意义上使我们了解到人类行为在这一过程中的主导作用，人类生计策略的多样性和复杂性不亚于环境和物种的多样性和复杂性。因此我们认为，国际学界在农业起源理论与实践中获得的开拓性成果，对探讨中国的农业起源的理论与实践大有助益。

从安诺遗址到圭拉那魁兹四项经典实例的回顾，凸显了以问题为导向的农业起源探索的意义。庞佩利从气候变迁来解释农业起源，提出了绿洲理论的解释。该理论被柴尔德充分发挥而极其流行，这个假说激励布雷德伍德组织扎尔莫项目来对其进行检验。该项目研究的结果并不支持绿洲理论。花粉证据表明，西亚的农业起源于一种与现在气候相同、仅有 10% 地表适于旱地农业的地区。那里从未有过丰沛的降雨和茂盛的植被，以及在冰后期发生干旱的情况。[①]

麦克尼什在特化坎进行的农业起源探索则发现，新石器时代的农业起源并非一场革命，而是极为漫长的生计转变，中美洲史前人群对驯化作物的依赖从 5% 增加到 75%，整整花了七千年的时间。[②]弗兰纳利对圭拉那魁兹的研究证明，在植物栽培开始的前陶期，瓦哈卡河谷人口很少，食物资源丰富，并没有明显的人口压力。因此，人口压力并不能解释中美洲的农业起源。[③]

目前，因现代技术发展带来的农业起源研究的新材料和信息激增。大植物遗存的发现与统计分析、植硅石、淀粉颗粒分析等多方面的杰出工作无疑冲击着我们对中国农业起源格局的传统认识与后继的实践工作，它们除了提供崭新的实物证据以外，也在某种意义上使我们了解到人类行为在这一过程中的主导作用，以及形态的多样性和复杂性。因此，我们认为，这些国际学界对这些基本概念的重新认识和由此获得的开拓性成果，有益于探讨中国农业起源新的理论框架。即以人类对环境的利用和改造与对资源的管理为核心来寻找实物证据和阐释途径。于是，人们从过去"农业是否存在"或

---

[①] 肯特·弗兰纳利：《美索不达米亚早期食物生产的生态学》，潘艳译、陈淳校，《南方文物》2008 年第 4 期。

[②] MacNeish, R. S. Reflections on my search for the beginning of agriculture in Mexico. In G. R. Willey ed. *Archaeological Research in Retrospect*, Cambridge, Massachusetts, Winthrop Publishing Inc., 1974, 207–234.

[③] Stark, B. Origin of food production in the New World. In D. J. Meltzer, D. D. Fowler, and J. A. Sabloff eds., *American Archaeology Past and Future*, Washington, D. C., Smithsonian Institute Press, 1984, 227–321.

"农业何时出现的"这一非此即彼的极端问题转向"农业如何发生"这一过程问题的探讨，这种转化与"农业起源"的核心内涵是一致的。综上所述，农业起源研究已从过去以人类适应环境变迁的被动模式，向人类行为为主导的理论模式转变，并成为当前学术探讨的主流，中国的农业起源研究可以充分学习和借鉴这一理念，一方面促进对中国史前文化的深入理解，另一方面也是用中国的案例检验这一理论框架，使中国农业起源的课题更好地与国际接轨，并为世界农业起源的课题作出自己的贡献。

## 四、中国农业起源机制的研究

中国地域辽阔，在纬度意义上，包含了从热带雨林到寒温带森林在内的植被类型；从经度意义上，跨越了沿海到内陆的降水差异地带。多样的水热条件对各个地区的史前狩猎采集者提供了各异的资源背景，并对其技术发展施加了各异的限制条件。限于篇幅，本节不能对各个生态区的农业起源过程与机制进行详细的阐述，但可以从农业的起源与不起源视角进行管窥。前者以长江下游稻作农业起源为例，后者以东北地区复杂狩猎采集者适应为例。二者均位于沿海地区，受有效温度的影响，在人口压力增大的情况下，长江下游需要转向植物资源的密集利用，而东北地区则不得不转向水生资源的开发。

（一）长江下游稻作农业起源的探索

目前我国稻作起源研究存在两个缺陷：其一，即使考古发现将炭化稻谷时代追溯得再早，也不能告诉我们农业起源的原因。其二，稻作起源的实证研究容易变成植物学家或农学家的技术性鉴定工作，不能将它作为人类生存策略研究的一部分，很好地与环境考古及生产工具或遗迹分析结合起来，了解农业如何一步步发展成熟，以及它在推动社会发展中的作用。

应该把农业和栽培区分开来。农业是指人类生存主要依赖栽培或驯化作物的一种经济形态；栽培是指人类开始操控某些有用物种的繁殖。一看野生稻出现变异性状就认为是农业起源的证据是不恰当的，因为许多耕作和栽培方法并不能改变植物的性状，即使有些情况下这种性状发生了变化，我们也不知道它的发生需要经历多长的时间，近年来对是否能够通过形态学来分辨野生和驯化作物仍然存在争议。

从墨西哥特化坎河谷的农业起源研究来看，从人类开始栽培作物到这些作物在人类的食谱中占到 45% 的比重，经历了 3000 多年的漫长岁月。在栽培植物出现和缓慢增长的阶段里，人类的生存主要还是依赖狩猎采集，因此不能将这种微不足道的少量栽培植物来定义农业经济。

长江下游稻作农业的酝酿和发展可以分为三个阶段。第一阶段自全新世初开始到新石器时代的崧泽文化时期，稻子开始在野生资源富饶的环境里被驯化和栽培，但是它在人类食谱中的比例很小，狩猎采集仍然是主要的经济形态。第二阶段是良渚文化时期，由于社会复杂化的原因开始强化稻作生产，并开始取代野生资源成为主要的粮食来源。第三阶段，随着良渚酋邦的解体，强化稻作生产的社会机制消失，马桥文化的先民又倒退到以狩猎采集为主的经济形态。下面我们从考古发现来观察这一曲折的发展过程。

**经济背景**　长江下游地区的许多史前遗址均发现了稻谷遗存，在这些遗址中都同时存在大量的野生动植物遗骸。从目前发掘报告所提供的信息来看，动物群利用的资料相对于植物比较完整，下面对各主要阶段的重要遗址动物统计资料进行一番比较。

河姆渡遗址出土了大量野生动物骨骸，计有各类动物 61 种，其中哺乳类 34 种、鸟类 8 种、爬行类 6 种、鱼类 10 种、软体动物 3 种。利用最多的为各种鹿类，数倍于猪的数量。①

跨湖桥遗址也出土了大量动物骨骸，计有各类动物 33 种，其中哺乳类 15 种、爬行类 2 种、鱼类 3 种、鸟类 12 种、蟹 1 种。其中鹿类和水牛的数量最多，它们的总数占所有哺乳动物的 54%。从哺乳动物的数量变化来看，各种鹿类动物的利用呈上升趋势，从早期的 30% 到中期的 33% 增加到晚期的 37%。水牛和狗的数量显示先扬后抑的利用趋势，水牛从早期的 13% 增长到中期的 20%，到晚期下降到 16%。狗从早期的 4% 增长到中期的 12%，到晚期下降到 8%。猪的利用则呈下降趋势，它从早期的 27% 下降到中期的 10%，到晚期变为 9%。在这些哺乳动物中狗和猪被鉴定为驯化物种，而它们的数量在经济发展中并不呈持续上升趋势，家猪的数量甚至表现为持续的下降，和鹿类利用的增长正好相反。从遗址动物群总体数量统计来看，猪等家养动物占 12%，野生动物占 88%。②

---

① 浙江省文物考古研究所：《河姆渡——新石器时代遗址考古发掘报告》，文物出版社 2003 年版。

② 浙江省文物考古研究所、萧山博物馆：《跨湖桥》，文物出版社 2004 年版。

马家浜文化的圩墩遗址发现有各类动物 20 种，其中哺乳动物 9 种、爬行类 5 种、鸟类 1 种、鱼类 4 种、贝类 1 种。猪等家养动物占 15%，野生动物占 85%。

上海崧泽遗址出土的动物计有 9 种，其中哺乳类 7 种、爬行类 1 种、鱼类 1 种，猪等家养动物占 26%，野生动物占 74%。[①]

属于崧泽文化晚期到良渚文化早期的苏州龙南遗址，出土的动物有 12 种，其中哺乳类 7 种、鸟类 1 种、鱼类 1 种、贝类 3 种。其中猪等家养动物占 70%，野生动物占 30%。[②]

上海闵行马桥遗址中良渚时期出土的动物计有 13 种，其中贝类 4 种、鱼类 2 种、爬行类 1 种、哺乳类 6 种。其中猪等家养动物占 56%，野生动物占 44%。马桥时期出土动物 19 种、其中哺乳类 12 种、爬行类 1 种、鸟类 1 种、鱼类 3 种、贝类 2 种。猪等家养动物占 21%，野生动物占 79%。[③]

**水稻** 稻谷的形态学分析也可以看出一些端倪。河姆渡的稻子处于形态变异和分化的初期，表现为类籼、类粳及中间类型的原始混合体。跨湖桥遗址出土的稻子中大约有 50% 出现有别于野生稻的变异，但是仍然是颗粒小、结实率低的原始栽培稻。在马家浜和崧泽时期，稻谷的形态仍不稳定，有偏籼型、偏粳型、亦籼亦粳型、非籼非粳型等多种形态，说明在很长时期里人类对水稻的产量和选

---

① 上海市文物保管委员会：《崧泽——新石器时代遗址发掘报告》，文物出版社 1987 年版。

② 浙江省文物考古研究所、萧山博物馆：《跨湖桥》，文物出版社 2004 年版。

③ 上海市文物管理委员会编著：《马桥》，上海书画出版社 2002 年版。

种并不非常在意。到了崧泽末期与良渚早期，水稻的颗粒开始增大，形态趋于稳定。说明人类加大了选种、驯化和栽培的力度。稻谷形态的这种转变需要多长时间目前不能肯定，但是从野生小麦和大麦从野生到栽培的转变可能在 20 到 200 年之间就可以完成来看，栽培稻的出现大概也不需太长的时间。从袁隆平培养高产稻种的科学实验来看，培育一种新型稻谷完全可以在一代人的时段内完成。这反过来也可以证明，在新石器时代早中期的数千年里，水稻形态一直处于不稳定的状态，显然是因为人类干预力度不够。

**生产工具**　生产工具可以折射农耕技术的水准。河姆渡遗址出土石器不多，加工也不精致，多为斧、锛和凿，它们主要用于砍伐和加工木头，可能并非农耕工具。跨湖桥的石器磨制较好，主要是锛、斧和凿等加工木头的工具，这和这些遗址出土大量木器以及干栏建筑相符合。河姆渡出土相当多用大型哺乳类肩胛骨制作的骨耜，被认为是稻作的工具。但是，有人认为这种骨耜也可能是建造干栏建筑的挖土工具。马家浜和崧泽阶段的斧、锛与凿等石器数量也不多，可能主要用于砍伐和加工木器，兼能从事一些农耕。

良渚时期，不仅石器的数量增多，而且出现了石犁、耘田器和石镰等功能确凿的农耕工具。良渚时期的石犁不仅数量多、种类全，且有的器型极其硕大。一般来说，功能专一的器物只有当其使用频率变得非常高时才会出现。石犁的使用，一方面说明土地的利用开始趋于精耕细作，以提高稻谷的产量。另一方面，石犁是一种连续的翻土工具，一般用于大面积的耕耘，可以提高生产效率并需要劳力的协作。

马桥时期，石器种类较多，但是数量最多的是锛、刀、镰和镞，犁极少。锛个体比较小，应是一种加工木器的工具。刀和镰可用于收割和采集，但从明显缺乏耕土工具来看，马桥时期的稻作生产，显然不是良渚时期的那种组织劳力的精耕细作。良渚和马桥农业工具的显著差别和植硅石分析十分吻合，马桥遗址中的水稻植硅石分布显示，良渚时期水田中的植硅石含量非常高，而马桥文化早期植硅石含量明显偏低，一直到后期才有所增加。①

**稻田与耕作**　对苏州草鞋山马家浜文化遗址的发掘表明，稻田面积最大不超过 16 平方米，灌溉系统为水塘和水井两类。而对澄湖甪直崧泽文化晚期稻田遗址的发掘，显示稻田已有低田和高田之分，低田的灌溉系统有池塘、水沟、蓄水坑、水口组成，高田灌溉为水井，最大的稻田面积达到了 100 平方米以上。② 马桥时期的环境分析表明水域扩大，森林草原拓展，农田萎缩。

我们想从农业起源的理论对长江下游稻作农业的发展历程进行一番分析，加深对稻作农业起源动因的认识。从目前的考古证据来看，长江下游的稻作栽培的酝酿阶段比较符合竞争宴飨说或富裕采集文化说。从 9000 至 7000 年前的跨湖桥和河姆渡文化开始，人类开始栽培稻子并不标志着农业的起源，因为人类的主要经济形态还是狩猎采集，栽培的稻子在人类食谱中所占比例几乎微不足道，而且很可能不是用来果腹。那么为什么当时不愁吃穿的人们要栽培劳

---

① 上海市文物管理委员会编著：《马桥》，上海书画出版社 2002 年版。
② 丁金龙：《长江下游新石器时代水稻田与稻作农业的起源》，《东南文化》2004 年第 2 期，第 19—23 页。

力支出大、产量低的稻子呢？根据海登的解释，早期谷物的栽培很可能是用来酿酒的。他认为，像玉米和其他谷物在史前期用于酿酒要比果腹更重要，酒类在富裕社会中的宗教仪式和劳力调遣中发挥着重要的作用。这一说法最近为贾湖的发现所证实，中美考古学家从遗址出土的陶器沉淀物中鉴定出由稻米、蜂蜜和水果酿造的酒类残渍。[①] 当时贾湖遗址和长江下游的环境条件十分相似，野生资源非常丰富。因此，贾湖米酒的证据也为水稻在长江下游悠久的栽培历史提供了一种可能性解释。

农业经济成为史前社会的主要经济形态，可能与社会复杂化关系密切，这一考虑比较符合社会结构变迁理论的解释。良渚时期长江下游进入了早期文明的复杂社会——酋邦，社会等级分化加剧，资源的积累、消耗与分配以及大规模劳力的调遣成为酋邦运转的重要特点。我们可以从大量玉器的生产与消耗，以及大规模土墩祭坛的营造上，窥视到当时社会运转的规模。这样的复杂社会对剩余产品的需求显然要远远超过自给自足的部落社会，而酒类也可能成为社会祭祀活动不可或缺的消费品，因此强化粮食生产自然成为经济发展的一个趋势。我们从稻作生产和家畜的饲养规模上，看到良渚阶段比较成熟的农业经济。这一显著的变化应该与良渚贵族阶层对财富和权力的追求密切相关，因此农业经济的成熟与社会结构的复杂化关系更为密切。

到了马桥时期，良渚的大型酋邦解体。社会结构又退回到了比

---

① 蓝万里：《我国9000年前已开始酿制米酒》，《中国文物报》2004年12月15日。

较分散的部落社会，原来施加在百姓头上的强化剩余产品生产的社会机制已不复存在，于是在自然资源仍然比较富裕的环境里，温饱无虞的人们无须再多费劳力来进行密集农耕以增加剩余产品的产量。于是我们看到，尽管马桥先民仍然栽培稻谷，但是他们的生活又返回到了以狩猎采集为主的经济形态之中。虽然生态环境的变迁和自然资源的逐渐减少可能对人类经济形态的变化也有一定的影响，但是史前期的长江下游应该是自然资源十分富庶的地区，良渚时期农业经济与其前后阶段的文化有如此大的反差，从社会复杂化的角度来找原因可能更加合理。

因此，用"发现论"来看待稻作农业的起源已无法解释这一重要历史进程。受"发现"或"发明"思维以及现代化农业优越性的影响，会使人们把农业看作是比狩猎采集来得优越的一种技术和经济形态，一旦这种技术和经济形态被发现和发明出来，它的优越性就会显示出来，并会保持持续的发展，自然而然地成为推动社会发展的动力。

然而，我们从史前稻作农业的发展过程来看，它更多显示的是人类群体生存策略的一部分，在富裕的自然环境里，人们更多地倾向于利用野生资源而不是费时费力的农耕经济。这在民族学和人类学的研究中也得到了大量的佐证，像大洋洲、美洲大盆地和非洲卡拉哈里的土著人，他们即使在政府和传教士的鼓励下，面对工业化社会产量很高的粮食生产，也是最迟缓和最勉强的接受者。

长江下游在良渚时期农业生产达到了一个高峰，稻作生产成为社会经济的支柱。这一发展显然是受社会复杂化的推动，可能并不是人们自发或乐意从事的结果。一旦施加在粮食生产上的社会压力消失，只要自然条件许可，人们又会退回到相对悠闲的狩猎采集经济。农业生产最终成为社会经济的主要命脉可能是在人口增长、野生资源减少和社会发展不可逆转的复杂进程中由多种因素共同作用的结果。我们从新石器时代各时期遗址中出土的野生动物来看，自早至晚显示出种类和数量的持续递减。虽然稻作生产在马桥时期出现暂时的倒退，但是随着人口增长和社会演进的长期趋势，农业便不可逆转地最终成为人类经济的主要形态。

因此，我国农业起源的研究应该摆脱一味寻找最早栽培谷物和确定最早起源时间和地点的陈旧模式，从史前文化适应和环境互动的角度来观察人类经济形态在长时段中的演变，以便更深入地了解农业起源的原因和历程。

### （二）东北地区水生资源的利用

小南山玉器的发现暗示着中国东北（更广阔的说法是泛贝加尔—黑龙江流域）可能是玉文化的起源之地，而玉器为代表的社会技术可以透视出生计技术的变革。在小南山所处的时代，正值旧—新石器时代过渡的时期，也就是从觅食到农耕的过渡时期。有意思的是，东北地区的农业很大程度上来自华北的扩散，而非自身生计演变的结果。

中国东北与欧洲北部都属于高纬地区，在全球意义上可以归为广义的北极地带。北极地区民族志资料显示出生活在高纬的狩猎采集者需要维持更为复杂的设施和使用更为精致的工具，以保障衣食住行等生活基本需求在安全的阈值之内。罗伯特·凯利（R. L.

Kelly）比较了卡拉哈里均夸人（Ju'hoansi）和阿拉斯加努纳缪特人（Nuvugmiut）的技术产品，最明显的莫过于技术的复杂程度。① 在其他条件都相同的前提下，与生活在低纬地区的人群相比，高纬的居民面对着风险更高的生活，低下的地表生产力与更强的季节性要求狩猎采集者通过提升技术的专门化与精致性来抵御资源的不可预测性带来的生存危机。从全球范围内现存的狩猎采集者民族志数据出发，宾福德也注意到高纬地区更为复杂的设施——在纬度 42.6° 之上（即有效温度低于 12.75 ℃）区域，狩猎采集者需要更多依赖陆生动物资源（如果有条件，也依赖水生资源）来维持生计。② 另外，他也注意到随着纬度的增高和有效温度的下降，资源分布更为不均匀，集食者（collector）可以通过任务小组的形式把不同的资源运到中心营地，并通过储备来抵御与季节性相关的资源不平均带来的风险。③ 这种以后勤组织作为应对关键资源分布不平均的策略的生活方式与低纬地区盛行的采食者（forager）模式很是不同。

需要注意的是，狩猎采集社会并不总是平等社会（egalitarianism），非平等（nonegalitarian）狩猎采集者也存在。人类学家通常采用简

① Kelly R. L. *The lifeways of hunter-gatherers: the foraging spectrum*. Cambridge: Cambridge University Press, 2013.

② Binford L. R. *Constructing frames of reference: an analytical method for archaeological theory building using hunter-gatherer and environmental data sets*. Berkeley: University of California Press, 2001.

③ Binford L. R. Willow smoke and dogs' tails: hunter-gatherer settlement systems and archaeological site formation. *American Antiquity*, 1980, 45(1): 4–20.

单、非丰裕以及复杂、丰裕来形容这两种类型的觅食社会。①② 现存的非平等狩猎采集社会主要生活在北美西北的太平洋海岸，考古材料表明欧洲的中石器（Mesolithic）遗存和日本的绳纹（Jomon）时代也可能具有类似的社会组织形态。这些社会最显著的共同点包括定居的生活方式、较高的人口密度、较强的资源防御性，以及具有社会等级性质的储备，而这些条件需要在充足的水生资源保障下才能实现。定居的生活方式使得通过时间消耗才能制作出来的艺术品成为可能，社会等级的构建使艺术品的流通具备了社会条件。近北极地区原住民的衣物和设施上繁复的装饰也支持这样的推论，包括生活在东北亚地区的诸多族群，如西伯利亚的楚克奇人（Chukchi）和雅库特人（Yakut），以及中国东北的鄂伦春人和鄂温克人。

可惜的是，由于长时间的文化变迁与人口流动，目前很难通过直接历史法来评估玉器在东北亚文化系统中所起的作用。小南山所处区域的狩猎采集社会几乎很难找到，鄂伦春人的生活方式已经受到了现代化的强烈影响。不过，宾福德所构建的"参考框架"为探索狩猎采集者的文化生态学提供了新途径。本节尝试利用模拟了当今和末次盛冰期环境下东北亚狩猎采集者的生活方式的路径思考东北亚玉器起源的文化生态学背景，由于篇幅所限，不会在方法论上做过多扩展。简而言之，将狩猎采集者的宏观生态学方法、古环境

---

① Price, T. D., J. A. Brown. Prehistoric hunter-gatherers: tile emergence of cultural complexity. Orlando: Academic Press, 1985.

② Grier, C., J. Kim, J. Uchiyama (eds.). *Beyond affluent foragers: rethinking hunter-gatherer complexity*. Oxford: Oxbow Books, 2006.

变化和人工制品的技术组织结合起来，可以展示出与玉器起源相关的背景条件。

西伯利亚和欧洲北部类似，长期存在与农业起源并行的觅食社会，呈现出丰裕的狩猎采集形态。库兹明（Я. В. Кузьмин）和奥尔洛娃（Л. А. Орлова）把距今 1.2 万年到 6000 年的西伯利亚称为旧石器时代末段或中石器时代。由于泛贝加尔—黑龙江流域显示出定居和水生资源的利用，本节将采用"中石器时代"的称呼。此地区旧石器时代晚期晚段和中石器时代的过渡表现如下：从使用细石叶技术生产装备细石叶的武器（尤其是久克台文化［Dyuktai culture］中用涌别技法生产从楔形石核上产生的细石叶）转向使用压制石叶技术生产用石叶加工而成的武器和工具（尤其是苏姆纳金文化中棱柱状石核压制石片技术）；中石器时代出现了早期陶器；高度流动的生活方式转向定居或半定居；从狩猎主导的生计转向包含狩猎和水生资源开发的混合经济。

本文重点考察 4 个变量，分别为有效温度（ET）、生长季节（GROWC）、投影下的生计侧重（SUBSPE）和一倍拥挤条件下投影所得生计侧重（D1PSUBSPE），并把前两个变量放到末次盛冰期和当今气候条件下来模拟末次冰期到间冰期的环境变化及其对狩猎采集者行为的影响。11.53 ℃（亚极地瓶颈）和 12.75 ℃（陆生植物利用阈值）在间冰期均北移，表明气温升高必将对狩猎采集者产生相应的影响。同时发生的是此地区生长季节的延长，极短的生长季节区域缩小，标志着初级生产力和次级生产力的恢复。有效温度的增加和生长季节的延长势必会改变猛犸草原的植被状况，为狩猎采集者提供更多的食物资源。如果人口密度增加，直至出现拥挤（packed）状况，生活在间冰期的狩猎采集者的生计策略会发生生计侧重的变化。宾福德用狩猎、采集和水生资源利用三种生计侧重来表示。在出现拥挤的情况下，以狩猎为生计侧重的地区会发生转变——高纬转向以水生资源利用为主，而中低纬则转向以植物资源利用为主的趋势。小南山所在的地区会转向水生资源利用为主，此处既是东北亚最早出现陶器的区域，也是细石叶演化成压制石叶的区域。

现有的证据表明，尽管此地区史前的觅食者维持了包含狩猎和渔猎以及少量的采集的混合经济，有效温度的增加和生长季节的延长表明苔原的缩小和湿地的增大。气候改善和植被恢复为能够高效率利用水生资源的狩猎采集者提供了崭新的生态位，这导致人类通过填充生态位的方式移居到先前人口稀少的地区，而资源丰裕的地区人口密度增加。同时，封闭景观和大型动物的绝灭也可能推动了技术变化，从细石叶技术转变为可以加工成小型尖状器和刀具的石叶技术，形成了适应当地环境的技术辐射。优质石料资源的分布也有助于形成更广泛的社会网络，促进信息和人员的交流，可以在对黑曜石的溯源研究中找到证据支持。[①] 在早全新世，更为定居的生活方式的兴起既代表了以细石叶为代表的石器生产来抵御风险的策

---

① Kuzmin, Y. V. Obsidian as a commodity to investigate human migrations in the Upper Paleolithic, Neolithic, and Paleometal of Northeast Asia. *Quaternary International*, 2017, 442: 5–11. 刘爽：《中国东北地区旧石器时代晚期遗址黑曜岩制品原料来源探索——兼论检测联用技术在文物产源研究中的应用》，科学出版社 2019 年版。

略的萎缩，也代表了向更为定居的生活方式的转变。陶器的发明既可以认为是流动性下降的结果，也可以认为是水生资源利用增加的结果。不过，这些观点至今还只是需要后续研究去检验的假说，包括石器技术组织（细石叶和棱柱石核技术生产的石叶）、石叶工具的技术（狩猎、渔猎和/或食物处理）、陶器的使用（炊煮、储存和/或食物处理）等专题研究。玉器成系统的利用正是在这一系列气候和文化变迁过程中出现的，虽然目前还未能建立确切的和细致的因果联系，但似乎可以窥测其中的相关性。

## 五、小结

近来，中国农业起源研究成果斐然。突出表现在最早驯化物种——如稻、黍、粟——的发现，不仅将已知的农作活动年代大大提前，而且出土遗存数量多，分布区域广。此外，方法与技术也日渐成熟与普及，有些还达到了同类研究中的国际领先水平。但是，将国外的实践与国内的进展做一比较，我们仍可发现整体性的差距。比如，虽然浮选法成果频见于各类遗址报告，但是并没有像国外那样成为一种发掘研究的常规操作程序。更重要的是，相关的理论建设亟须跟上材料的激增。更高的追求是，理论的思考和认识还需随大量新材料的分析、琢磨、推敲、反思而推进（近年来更多旧—新石器时代遗址的发现有望提供更多的证据，如四台遗址、上山遗址），以及对狩猎采集者行为演化的系统研究。这样，我们才能将农业起源探索的理论与实践更紧密而有机地结合起来，将我国北方旱地与长江流域农业起源研究，以及其他地区的经济转变过程研究提高到新的层次，以我国本土实践的真知灼见来为这个全球性的课题作出应有的贡献。

## 第四节 战略课题研究：文明起源

早期人类学家泰勒和摩尔根，都将"文明"安排在"蒙昧"和"野蛮"两个阶段之后，构成了人类社会进化序列。柴尔德在写作《历史发生了什么》（1942 年）①一书时，把文明引入到考古学叙事之中。他汲取深受达尔文影响的卢伯克的观点，把"蒙昧"等同于旧石器时代的狩猎采集者，把"野蛮"等同于新石器时代的食物生产者，把"文明"等同于青铜时代及其之后的社会，这个观点在他1950 年的论文中得到了强化——从"蒙昧"到"野蛮"是"新石器革命"，从"野蛮"到"文明"则是"城市革命"。这种语境中的"文明"具有动词（to civilize）的意思，即"使之摆脱野蛮状态，在生活艺术方面进行指导，给予启迪和完善"②。

考古学者面对的材料是物质遗存，只能直接感知物质遗存展示出的特征，再根据这些特征，追溯遗存的演变及其文化背景。在 20世纪四五十年代，有些特征也被用来规定古代文明。柴尔德在 1950年的论文《城市革命》中，从考古学的角度，设立了识别最早城市

---

① 戈登·柴尔德：《历史发生了什么》，李宁利译，陈淳校，上海三联书店 2008年版。

② 译自《牛津英语词典》（*Oxford English Dictionary*）。

的十条标准：较大的规模与高密度的人口、人口构成与功能的分化、赋税、纪念性的公共建筑、庙宇与神职人员、记录系统与实用科学、文字的发明、艺术表达、长距离贸易，以及专职工匠的存在。[①]1958年，芝加哥大学东方研究所举办关于近东文明起源的研讨会。人类学家克拉克洪提出，一个社会若称为文明，必须满足以下"三要素"中的两个：城镇人口达到5000人、存在书面语言和拥有纪念性的仪式中心。[②]盖尔布（I. J. Gelb）则认为，书写是文明的必备要素，加上城镇人口和纪念性仪式中心二者之一，就可以称作文明。[③]

夏鼐在《中国文明的起源》一书中提出，文明指的是社会进入有国家组织的阶级社会的发展阶段，有城市作为政治、经济、文化各方面活动的中心，发明文字和能够利用文字作记载，知道冶炼金属，并格外指出这些标志中以文字最为重要。[④]他明确提出了城市、文字和金属这三个认定国家的标志，即文明的"三要素"。夏鼐书中提到英国考古学家丹尼尔的著作《最早的文明》（1968年）。正如李学勤讲过的，对文明要素的归纳，应是受到曾经风行一时的该书的

---

① Childe, V. G. The Urban Revolution, *The Town Planning Review*, Vol. 21, No. 1 (Apr., 1950), pp. 3–17.

② Kluckhohn, C. The moral order in the expanding society. In *City Invincible: A Symposium of Urbanization and Cultural Development in the Ancient Near East*, edited by Kraehling, C. and R. McC. Adams, pp. 391–404. University of Chicago Press, Chicago.

③ Ignace J. Gelb 的看法见 Kraehling, C. and R. McC. Adams (ed.). *City Invincible: A Symposium of Urbanization and Cultural Development in the Ancient Near East*. University of Chicago Press, Chicago 的 introduction 部分，第3—60页。

④ 夏鼐：《中国文明的起源》，文物出版社1985年版。

影响。

　　文明要素的研究方法本质上是带有功能论色彩的文化历史学研究方法，通过由考古材料的文化特征凝练出的"要素"制定社会变化的标准。此方法的缺陷，是各地文化发展和文明演进百花齐放，难以用若干要素概括。与之相对，文化过程研究法，侧重要素（特征）背后的系统或结构，弥补了这一缺陷。不论秉持过程考古学对系统的研究，还是秉持马克思主义考古学对结构的研究均是如此。前者如弗兰纳利和马库斯对人类不平等的起源的研究，[1] 后者如柴尔德的后继者对人类历史革命性事件的研究。例如亚当斯就在 1958 年会议上提出了文明起源的三条标准：阶级分层，以对主要生产资源的所有权或有差异的控制程度不同为特征；在管理有领土组织的国家方面，政治和宗教等级制度相辅相成；复杂的劳动分工，既有全职工匠、仆人、士兵和官员，还有大量的初级农耕生产者。[2] 这三条标准具有很强的社会人类学色彩。这些观点在特里格的《理解早期文明》（*Understanding Early Civilizations: A Comparative Study*）一书中得到了发展。[3]

　　在谈论人类起源、农业起源和文明起源这"三大起源"问题时，

---

[1]　Flannery, K. and J. Marcus. *The Creation of Inequality: How Our Prehistoric Ancestors Set the Stage for Monarchy, Slavery, and Empire*, Harvard University Press.

[2]　Adams, R. McC. Early Civilizations, Subsistence and Environment. In *City Invincible: A Symposium of Urbanization and Cultural Development in the Ancient Near East*, edited by Kraehling, C. and R. McC. Adams, pp. 269–296. University of Chicago Press, Chicago.

[3]　Trigger, B. G. *Understanding Early Civilizations: A Comparative Study*, Cambridge University Press, 2003.

应注意到起源的本质是从一种系统状态向另一种系统状态的变迁，行为和文化系统之变革是本质，当然必会表现出一些可识别的特征（如前文提到的文明起源的要素），但这些都是本质变革的产品或副产品。系统状态的变迁可能由微小变化导致的反馈系统的改变引起，也可能是不同子系统之间的冲突从量变到质变所引发的。对应变化进程，可以有渐变论和革命论这两种理论解释，各自针对不同的时间尺度，有不同的侧重点——前者侧重长期的、进化的和无意识的变迁，后者侧重短期的、社会的和有意识的变革；前者侧重环境与物质遗存的互动，后者侧重社会与物质遗存的互动；前者侧重适应与耦合，后者侧重建构与重组；前者侧重群体决策，后者侧重个体行动。需要注意的是，这两种理论解释可以在长时段—中时段—短时段的时间尺度内进行有效调和，并构成文化中生计—社会—意识三个子系统的互动，而风格则横贯三个子系统，维系着身份认同和日常生活实践。因此，对标志性要素的提出要依据对运转方式和机制的研究，由静态的物质观转向动态的历史观，对历史的变迁的阶段进行划分和解释。

欧美考古和人类学界从 20 世纪 50 年代以来进行过多次学术争论，对长久以来的许多预设进行过多轮反思，导致对文化和文明的阐释框架出现了多次更新。在文明起源研究领域，一个重要转变是对文明与国家起源的研究让位于更为中性的社会复杂性（social complexity）研究（在国内"社会复杂化"的说法更盛行），并在近些年也兴起了对社会不平等的起源的研究。这些研究不仅充分利用了科技考古提取出的肉眼不可见的数据，利用严格的定量方法进行跨区域跨文化比较，而且充分吸收政治经济学、文化人类学、史学理论、社会学等领域的知识与智慧对文明的兴衰进行多角度的阐释。这些都是透过要素，对社会发展实质的深入探讨。

"二战"之后，尤其 20 世纪 60 年代以来，随着对种族主义和对西方中心论的反思，倡导道德与进步论的解释框架让位于科学框架。这是考古学继以人类古老性建立为标志的与神学分道扬镳后的第二次重大变革。在此背景下，单线进化论被多线进化论所取代，"更科学更人类学"的过程考古学兴起，对文化和文明多样性的阐释成为潮流，并结合文化生态学对各地区文化和文明的轨迹进行"历史的"解释，而不是泛泛归入单线进化和文化相对主义的框架中。文明的标准也日益丰富，以与各地区的考古资料和独特发展道路相适应。

总之，在中华文明起源研究和制定文明标准的"中国方案"时，我们不妨追根溯源，了解欧美学界在这些问题上关注点的变化，也不妨关注最新国际学术进展，发展出更为完备的中国特色、中国风格、中国气派的考古学理论与方法论。

## 一、历史回顾

探究世间万物的来历是人类的本性。古希腊哲学家就把国家和文明起源作为探讨的对象。在中世纪，西方文明起源是通过《圣经》而表述的，它使得进化思想没有立锥之地。

启蒙运动提倡进化的视野。在考古学领域，丹麦学者汤姆森从技术发展来构建人类的史前史，导致了三期论的诞生。在社会科学方面，18 世纪的法国思想家奥诺莱·加里布埃尔·米拉波（Honore-

Gabriel Mirabeau）首次用"文明"形容社会发展的最高层次。19 世纪，摩尔根提出了经典的直线文化进化论，将人类社会分为蒙昧、野蛮和文明三个阶段。① 摩尔根的论述对马克思和恩格斯产生了很大的影响，促使他们探索国家的成因，并努力以进化思想来构建前资本主义的社会发展模式。根据摩尔根和马恩的论述，苏联学者提出了一种人类社会直线进化模式：原始社会、奴隶社会、封建社会、资本主义社会、社会主义和共产主义社会。

18 到 20 世纪初，文明探源大体上是一种规律性的研究，而且带有明显的单线进化论色彩。20 世纪上半叶，博厄斯学派开始占据学界的主导地位，它否认人类社会的发展存在普遍规律，反对社会进化学说。在历史学领域里，兰克学派主导着国际史学潮流。它强调用史料来重现历史，反对规律性阐释。

"二战"后，以莱斯利·怀特和朱利安·斯图尔德为代表的"新进化论"开始在美国流行，将总结社会发展规律看作是人类学的主要目标。美国人类学家萨林斯和塞维斯运用民族志材料，提出游群、部落、酋邦和国家四阶段的社会发展序列。

由于中国具有漫长的编年史，因此重考证而缺乏规律性的探索意识。许多学者对文献记载深信不疑，缺乏怀疑和思辨精神。中国考古学家也深受传统国学的影响，以考古发现能够证明文献记载为最具成就感，学者们也没有设法构建有效的理论和方法从考古证据来独立提炼社会信息以重建古史。

---

① 路易斯·亨利·摩尔根：《古代社会》，杨东莼等译，商务印书馆 1997 年版。

## 二、理论与方法

在 20 世纪上半叶，柴尔德的自发论和魏特夫的水源论是两个影响很大的文明起源理论。柴尔德将技术经济发展导致的剩余产品增长看作是文明起源的动力。随着剩余产品的增长，贸易和私有制就会出现。于是社会管理、维护私产和地位的努力就会导致财富、地位和权力的形成。魏特夫认为，早期文明起源的一些主要地区都存在大规模的灌溉农业，水源作为一种重要的自然资源使得大规模的农业灌溉需要集中控制的管理和协调。一旦这种管理机构发展起来，就会产生具有国家水平的专职管理人员，形成特殊的利益集团。

20 世纪 60 年代起，美国新考古学强调科学实证论和社会规律探究的重要性，于是，文明和国家探源也不再局限于何时何地的问题，也要探究其形成的原因和孕育的过程。因此，文明探源开始用"社会复杂化研究"来表述。美国学者麦奎尔用"异质性"和"不平等"两个概念来定义社会复杂化，前者是指社群构成和职业分化，后者是指社会内部财富和地位的分化。这两个变量代表了社会横向和纵向的特化。美国学者罗思曼则用"分异"和"集中"来定义社会复杂化。分异指分工和专门化程度，集中是指社会控制的关联程度。分异和集中程度愈高，社会的复杂化程度也就愈高。这一时期，西方比较重要的国家起源理论有卡内罗和哈斯的战争或冲突论、拉斯杰的贸易论、弗兰纳利和雷德曼的系统论等。这些理论表现从强调水源、人口、战争、贸易等某一原因，转向文明起源多种原因互动的探究。

在我国，文明和早期国家探源主要是由历史学家和考古学家来从事的，视野比较狭窄。因此，我们应该采取历史学（文献研究）、考古学、社会人类学和其他学科相互结合或交叉的途径。下面介绍各类学科的互补优势：

古代文字可以告诉我们早期国家的具体年代、地点、国王的称谓及世系，但也有几个缺点：（1）文字的出现大多晚于原始国家的诞生，而有的文明和国家则没有文字，而且文字并不能告诉我们国家是如何形成的。（2）许多早期文字只是与宗教活动相关的记载。（3）历史文献是由古代文书所撰写，受制于当时的社会条件和笔者的立场和知识面。许多早期国家的统治者在记载当时事件时，都会扭曲和隐瞒事实真相，渲染和夸大自己的功绩。（4）古代文献中的称谓不能作为当代科学定义的依据。比如，古代文献中的王或国，是否能等同于当代社会科学所定义所的君主和国家，需要根据具体证据来判断。（5）古代文献并不告诉我们早期国家的社会制度，需要我们根据它们的经济基础、生产关系和政治制度来判断。

考古材料是古代社会的直接证据，但最大缺点是残缺不全，而且并非不言自明。我们要避免简单的推论，比如看见随葬品多少就断言是贫富差异的证据，进而推断剥削和阶级出现。或见到大房子就推断为宫殿，是政府和国家形成的证据。或见到殉葬现象就断言其为奴隶，是奴隶制度的证据。或见到围墙，就认为是城市出现的证据。

美国考古学家威利开创的聚落考古，被公认为是探究社会复杂化的一种有效方法。聚落形态可以从个别建筑、社群布局和区域形态三个层次对史前社会做微观到宏观的研究。个别建筑可以了解人们对气候环境的适应、建筑技术、家庭结构、财富和等级差异、手工业专门化、宗教活动、政治体制乃至世俗品味。社群布局与环境与资源相关，也与血缘关系、族群差异、阶级分层、贸易或生产专门化、宗教活动和宇宙观念有密切的关系。区域形态是从聚落的区域布局来了解人类的生计和经济形态、生产与贸易、政治结构与统治方式、战争与防御、宗教与宇宙观。从这三个方面来整合研究史前社会的各个方面的历时变迁，就能为社会复杂化和文明起源提供非常有价值的洞见。

　　加拿大学者特里格列举了判断政府体制形成的多学科方法，有助于我们判断社会复杂化层次。（1）人口学。据民族学研究，村落人口超过五百就会分裂，于是社群超过一千到一千五百人，就需要行政机构来实施管理。一般而言，简单部落人口的上限为五千到六千，酋邦为一万到一万二，小国在一万到十万，国家在十万人以上。当然，单凭人口密度的增长也不一定导致城市和国家的形成。（2）物质文化。这是考古学较擅长的工作。复杂社会中，贵族拥有奢侈品、豪宅、墓葬和标志地位身份的物品，从而与平民有别，标示社会的等级差异。但也必须和其他标准一起综合考虑。（3）社会学。有些证据肯定能够推断一个国家的存在：A. 强化劳力的建筑物，如宫殿、庙宇和墓葬；B. 全职的工匠、官吏、士兵和侍从；C. 人殉和人牲。但是，这些特征在简单的早期国家中可能并不明显。（4）地理学。宫殿、庙宇、仓储、军营、会议大厅等的分布研究，能够提供社会政治结构的信息。（5）肖像学。在一些早期文明的统治者会有一种高度程式化的"权力肖像"。虽然中国早期文明缺乏这种肖像题材，但是青铜器和玉器也是衡量权力和地位的符号。文明探源还有一个很有价值的方法就是比较研究。比较不同文明之间的特殊性和相似性，可以帮助我们了解文明形成的独特轨迹以及社会发展的普遍规律。

## 三、作为进程的文明起源

在相当长的时期里，考古学在对文明和早期国家的研究中将其起源或发生看作是一种事件，具体研究也采用了接近于历史编年学的方法，以判定文明与早期国家于何时何地发生为终极目标。于是，建立判定的标准，寻找起源的证据便成为考古学的主要目标。

自 20 世纪 70 年代起，文明和早期国家的研究发生了重大的变革。考古学家的注意力开始从结构和事件转向发展进程，从努力发现特定文化现象的开始转向了解它们演变，从较难对这些事件进行重建的考古学观察角度转向其他更敏感的考古学材料。比如，美国考古学家肯特·弗兰纳利就提出，长期以来被民族学家和考古学家认为是文明和国家起源原动力的灌溉、贸易和战争不应被过分强调。文明和国家的起源是由多变量的因素所造成，而起源的动力机制则由特定社会环境所面临的压力进行选择，并经过一个缓慢的演变过程向前演进。同时，弗兰纳利摒弃了用诸如国王、军队和官僚等结构特点来定义国家的方法，他采取系统论，把国家起源从内部亚系统不断分化和控制权日益集中的角度来加以分辨与定义。①

---

① Flannery, K. V. 1972. The cultural evolution of civilization. *Annual Review of Ecological Systematics*, 3: 399–426.

如果我们将文明起源看作一种过程，那么考古分析的视野需要有更强大的穿透力。著名法国历史学家布罗代尔提出三种层次的历史分析。一种是表面层次上特定事件分析，即他所谓的"个人时间"。在这些表面事件之下是较为缓慢的律动，也许以几十年和上百年为衡量期限的循环。最后，在这些律动之下是根本的、往往最终取胜的长期趋势。显然，文明进程研究的范围应当属于布罗代尔所指的后两种历史分析。

由于考古学研究的对象涉及漫长的历史阶段，因此特别适合做长时段文化演变的历时分析。但是困难之处是，考古学观察的材料多是个人时间的遗存。因此，要从表面层次上的物质文化来透视文化发展过程深层次的律动及长期趋势，需要有强大的理论和分析能力。

考古学的发现大多是器物工具、墓葬、建筑遗迹等现象，如果从习用的类型学方法来观察文明进程显然已有点力不从心。许多学者关注贵族墓葬的形制和随葬品，分析某些奢侈品如玉器的生产、使用和装饰特点，注意大型公共建筑如祭坛的规模和营造特点。这些表面层次的凌乱观察如果不是根据它们的内在联系从时空上串联起来，致力于分析它们之间的历时变化和社会内部差异，那么我们就无法观察到这些表面事件之下的律动。当然也就无从讨论主导文明进程的趋势。

我们现在习用的类型学的缺点是描述性的，而当前流行的考古学文化分析也无法胜任这种高层次的分析和观察，因为用类型学建立的考古学文化是一种静态的现象，并混杂了各种不同时段和不同原因造成的事件。因此，如果从考古学文化角度来观察和讨论文明进程，很有可能被无法理顺关系的器物和表象所困。从器物类型来分析考古学文化的方法早就为一些民族考古学观察所质疑，因为影响物质文化发展的因素是如此复杂和难以捉摸，所以考古学家几乎无法用简单的分类来揭示和说明文化历史发展的真相。

霍德对坦桑尼亚巴林戈湖地区土著妇女的装饰品进行分析，观察其分布是否和部落和氏族这样的族群单位相吻合。他发现，妇女的装饰品确实在一定程度上反映了族群的身份和标志族群的分界，但是如果再看陶器或其他物质材料，它们在族群之间的分布特点可能和妇女的装饰品完全不同。这意味着，不同的物质文化的分布和使用有着各不相同的动力机制。① 所以，通过将考古材料一锅煮的方式来观察和分析考古学文化是难以了解历史发展进程的。

当前一种系统论的方法颇受青睐，它借鉴了总体系统论中开放系统、封闭系统、生态系统、分布系统、平衡系统、热动力系统、形态发生系统和控制论的反馈系统等概念，将考古学文化看作由不同功能部分组成的运转系统。将物质文化看作是这种运转系统中不同的功能部件，可以观察到文化系统运转的特点。比如，伦福儒从系统论角度来分析爱琴海克里特岛米诺斯文明的起源，他将文化系统分成生存、金属、贸易、手工业、象征和社会 6 个亚系统，并从控制论角度分析各亚系统之间的运转和相互关系，从而全面重建起

---

① Hodder, I. 1982. *Symbols in Action*. Cambridge: Cambridge University Press.

这一地区青铜时代早期文明的演化进程。①

采用系统论来研究文明进程为考古学提出了新的问题和开辟了新的途径。系统论概念使我们把研究目标从墓葬、宫殿、城址这些个别现象转向回答导致国家产生渐进过程的问题。这自然会令考古学家日益关注史前社会的结构，并深入了解这些社会结构运转的差异。②

如果我们用系统论来分析长江下游的文明进程，那么不同的物质遗存也可以放到不同的文化亚系统中去进行分析，观察它们的功能以及和其他亚系统的关系。比如良渚文化的玉器显然属于象征亚系统，它的运转和陶器和石器等生产工具并不处于同一个亚系统，必须分开进行研究。当然后者是前者存在的经济基础，两个亚系统之间会有某种互动关系。

如果从系统论来分析早期文明的迹象和发展进程，也许可以为我们提供一些新的视野。比如山东大汶口的花厅遗址发现了良渚文化的玉器，引起了考古学者的极大兴趣，有学者提出了良渚将士远征山东而客死他乡的假说。良渚文化作为当时的一种发达文明具有强势文化的各种特点，它必然会以自己的影响力对周边文化发生冲击。不管这是一种主动还是被动的过程，任何历史时期的强势文化一般是单向对弱势文化施加影响，而且这种潜在的文化律动不是用

---

① Renfrew, C. and P. Bahn 1991. *Archaeology, Theories, Methods and Practice*. New York, Thames and Hudson.

② Plog, F. T. Systems theory in archeological research. *Annual Review of Anthropology*, 1972, 4: 207–224.

迁移或征服就能简单予以解释的。

当代强势文化同样给人以深刻的印象：我们在没有民族交融的情况下用英语、穿牛仔裤、吃汉堡包。如果没有文字记载，后人是否会怀疑发生了人口的迁移或入侵？其实，这种强势文化的扩散在史前期也以相似的机制左右着文化的演变。只不过史前期强势文化的特点主要反映在文化的象征系统上，因为只有贵族才有可能引领时尚。而作为形成中的贵族阶层，一定迫切需要有一种新的象征体系来稳定其权力和地位。玉器得到青睐不只是它们珍稀可人，而是它们的魔力。它们并不仅仅是装饰品，同时更是一种权力、地位、不朽的象征。所以，拥有玉器的象征意义对于贵族，绝不是追求虚荣的奢侈品，而是命系存亡的必需品。

当我们在大汶口文化中发现良渚的玉器时，可以同时观察其他文化亚系统的物质文化。从目前来看，其他的物质遗存如陶器基本上具有大汶口文化的特点，而且贵族墓葬也没有像良渚文化那样营建在土墩上。这说明，在大汶口的文化系统中仅仅是象征亚系统发生了某种变化，其他生存、手工业、社会等亚系统并没有受到同等的影响。所以，良渚玉器在大汶口文化中的出现，揭示了史前文明进程受象征系统强大影响和制约的事实。早期文明的象征系统是贵族的生命线：象征系统在，文明就在；象征系统消失，文明也就消亡。当然，贵族也可以用象征系统的变化来加强其地位，我们可以从广东石峡文化和四川金沙遗址出土的良渚玉器，进一步窥视到史前强势文化对不同地区文明进程的影响和推动作用。

此外，聚落考古的观察也应超脱习用的类型学分析模式，尝试从系统论的角度来分析文化系统与环境的互动作用以及内部社会结构之间的功能关系。总的来说，类型学分析对于简单社会如狩猎采集群和早期农业群体的研究还能够勉强胜任，但是对于早期文明的复杂社会，必须采用更为细微的观察方法和分析单位，考古观察已不宜只限于分析一些典型遗址和显贵墓葬，而是要从一个区域内考古遗存的时空变化，以及从构成社会的不同功能系统的运转来了解与文明演进历程有关的重要变量，比如经济基础、社会结构和宗教信仰，分析它们的特点和相互关系，并从历时的变迁来了解演变进程的脉络。正如有学者指出的，如果不了解平民的生活就无从了解贵族生存的基础；不了解村寨的布局与功能，就无从了解城市的运转。所以，文明进程的考古学研究必须从类型学的静态观察和比较转向文化系统功能和能量互动的动态分析，探究主导社会运转和变化的原因，追溯其总体的发展趋势。

　　解释文明进程也对考古学家的阐释提出了更高的要求，对于各种纷繁复杂的考古现象实际上需要不同种类的解释。目前我们大多数的考古学分析都是将具体现象追溯到具体的原因，并没有探究现象之下的原因和深层律动。探究律动需要有一种透过现象看本质的方法论和抽象的理论思维。尽管在主观臆测和理论假说之间并没有明确的界限，但是作为检验假说使之上升为理论的过程中，研究分析所遵循的程序必须是严谨而细致的。推测永远是一家之言，它不可能为历史增进新知。而只有能通过大量观察和检验而被确立的假说，才有可以成为理论阐释的依据。了解文明发展的进程的主要任务，就是要解释考古事件和表象之下的律动和总体趋势。这种解释不会满足于了解具体现象产生的原因，而是要了解社会发展的规律性。换言之，如果我们不能提出文化发展的规律性认识，早期文明进程研究也会成为无的之矢。

## 四、研究的思路

长期以来，我国的文明探源研究表现出强烈的史学导向。夏商周断代工程就是一个典型的例子，中国拥有悠久而不间断的编年史，这在世界五大文明古国中是绝无仅有的。不可否认，古老的文字记录对于早期国家的探源工作有极大的帮助，但是正如英国考古学家伦福儒和巴恩所指出的，今天的学者不能不加鉴别地全盘予以接受。他们提醒说，史籍记载最大的危险在于它会左右我们的思路，不仅为我们设定探索的问题，而且提供问题的答案，并无意中限定我们讨论的概念与术语。

从目前长江下游的文明研究来看，由于不像黄河流域的研究那样有史料可依，文明的探源工作必须完全依赖考古学的研究，因此理论方法的创建和开拓尤显重要。英国考古学家格林·丹尼尔说过，考古科技与考古学重大发现同等重要，考古学只有当它开始研究问题时才有可能发展成一门重要的人文科学。不去研究问题，它肯定还只是一门技术，还只是材料的积累。考古发掘仅仅是考古研究的一种方法，就如自然科学中的实验，它取决于我们当代的知识水平。如果对研究问题的理路没有清晰的认识，单凭发掘是解决不了这些问题的，甚至可能连正确的观察都不可能做到。研究赶不上发掘的步伐，发掘者就好比实验离开了科学家，他只能胡乱收集一些材料，可能漏掉了许多关键的东西。没有解决问题的理念，考古学只能又回到收集古物的水平。[①]

长江下游的文明探源研究应当尽快从传统的研究模式中转向理论指导的社会形态的考古学研究。在我们能够询问的有关早期社会的重要的问题中，有一些是社会的问题。它们涉及人群和人群之间的关系，有关权力的实施以及关于结构的性质和规模。就像考古学中通常所见的那样，材料自己并不会说话：我们必须提出正确的问题并设计出能够回答这些问题的手段。

首先要了解的问题是社会的大小或规模。考古学家常常发掘的是单个的遗址，但这是一处独立的政治单位呢，还是一处较为简单的单位如一个狩猎采集群的大本营？或者从另一方面而言只是一个巨大轮子上的一段轮齿，比如像是大型政体下属的一个聚落？我们考虑的任何一处遗址必须包括它本身的范围以及供养其人口的领地范围。我们的兴趣超越了个别遗址的本地范围，而是要了解该处遗址是如何与其他遗址相处的。这个遗址在政治上是独立或自治的吗？或者，如果它是一个较大社会体制的一部分，那么它是一个主导部分（比如城或镇），还是一个从属的部分？

在了解了社会的规模之后，那么下一个问题便是它的内部结构。这是一个什么样的社会？人们是在一种相对平等关系上构建起来的？还是在社会内部地位、等级和威望有着明显的差别——也许有

---

① 格林·丹尼尔：《考古学一百五十年》，黄其煦译，安志敏校，文物出版社1987年版。

不同的社会阶级存在？职业状况又是如何，存在专职的工匠吗？如果属实的话，他们是否受一个中央系统的控制？抑或这是一种较为自由的经济，存在兴旺的自由交换，商人们可以根据他们自身的利益进行随意的操纵？

研究不同种类的社会需要提出不同的问题。比如，如果我们研究一个酋邦，那它就会有一种复杂的集中结构。而调查与分析的技巧需要按照证据的性质适当的变通。我们不可能用研究旧石器时代或新石器时代早期遗址的研究方法来予以研究。因此，我们提的问题以及回答这些问题的方法必须根据我们所应对的社会群体的种类予以裁剪。所以，必须从一开始就需要弄明白某社群的总体性质，这也就是为什么首先需要询问那些基本的社会问题。

就这一研究领域而言，这样的问题常常最好从聚落考古学来予以回答：通过聚落形态的分析同时了解个别遗址的规模和性质以及他们之间的关系。聚落形态研究的第一步是根据田野调查的结果要考虑遗址的大小，或从绝对值、或从主要中心之间距离的方面考虑以确定哪些遗址是支配性的而哪些是从属性的。这可以进一步绘制一幅地图，分辨主要的独立中心以及周围领土的大致范围。清楚的是，当考虑到聚落的等级，遗址就不能再被孤立地考虑，而应从相互的关系上来分析。这是早期政治地理学实践之一。

集中社会的本质是财产贫富，获得资源、设施和地位的差异。因此，对复杂社会结构的研究在很大程度上是研究社会等级。住宅建筑可以指示地位的显著差异。大型和壮观的建筑物或"宫殿"是许多复杂社会的特征，并可能被社会贵族人物所居住。困难的一点是证实它们确实如此。例如在玛雅，最近的研究显示所用"宫殿"一词过于一般，涵盖了功能不同的各种建筑。也许最佳的解决办法是将建筑物本身详尽的研究与民族考古学或民族史的研究结合起来。巨大的财富如果能够被推断与某个特定的人共存，就是显赫地位的清楚标志。

集中社会里社会等级最丰富的证据来自墓葬以及伴生的随葬品，可行的方法是计算和考虑建造墓葬遗迹所需的劳力投入以及社会意义。世界上最庞大和最著名的这类遗迹就是埃及的金字塔，目前现存的超过 80 座，代表了埃及社会最高等级成员——法老的财富和权力。以吉萨大金字塔为例，在胡夫法老 23 年的统治里，移动了大约 230 万块重达 2.5 吨到 12 吨的石灰岩岩块。后来，金字塔建造的减少与社会和经济资源从金字塔中心地区向周边省份的转移同步。

等级社会的墓地分析可以在社会结构的调查中大有作为。迄今，长江下游文明起源阶段墓葬材料一般或作为改善类型学的框架以完善年代学的补充，或从精美器物的分析研究工艺美术。现在，我们的注意力应当转向研究社会地位的差异。

社会集中控制的一个重要标志是存在食物和物品的永久性储存设施，它被中央机构作定期的宴飨和奖励之用，以此对其臣民进行间接的控制。于是税赋，例如以生产来补充国库的方式也会见于集中社会之中。没有它们，控制机构就无法进行财产的再分配。在酋邦社会中，"征税"会采取向酋长进贡的形式，但是在更为复杂的社会里，这样的义务一般被正式制定。

专业工匠的日益重要也是能从考古学上加以分辨的另一项标志。

全职的专业工匠留下易于确认的痕迹，因为每种手工艺品有其特殊的技术，而且可能在特定的地点生产。

集中社会之间的交流是无法单凭物品交换来进行了解的，这种接触也是社会的关系。传统上这样的接触，通常是在支配的框架中来进行观察的，应当考虑一处政治中心对周边次级中心的"影响"。但是，大部分早期文明社会之间的交往是在具有相同规模和能力的邻居之间进行，这样的交往被称为对等政体。

在早期文明社会之间经常会存在竞争，通常是在一种礼仪的框架之内。竞争最常见的特点是模仿。在此，一个社会里使用的习俗、建筑和器物会被相邻的社会所采用。于是早期文明社会会在很大的一片区域内表现出相同的文化和信仰特点，这种风格和象征性的问题在考古学上非常令人瞩目。良渚文化的玉器研究在这方面的探索上存在着巨大的潜力。

20世纪60年代开始，美国考古学在新进化论的激励下，开始强调社会演变和文明和国家起源的规律性探索。其中政治人类学家和文化人类学家从世界各地民族学研究的观察提出了原始社会发展的一种进化模式，最具代表性的就是弗里德的四阶段社会政治演化模式和塞维斯的四阶段社会结构演化模式。新进化论很快被国际考古学界所接受，于是社会复杂化研究成为考古学研究的一个热点。考古学家从世界各个文明中心的考古实践中来探索不同地区文明起源和发展是否有共同的制约机制和相似的发展轨迹。这体现了新考古学方法论疏离编史学导向而转向强调建立科学规律的探索性取向。因为，所有现代科学都十分重视通则的探究，以求建立具有预测性价值的普遍规律，国际科学界对这种永恒真理的追求看得远比重建偶然事件的真相来得重要，而这一高层次目标是和理论密不可分的。

国际考古学界在经历了二三十年新进化论模式的探索之后，在20世纪末发生了新的变化。学术进展已经偏离构建并检验有关早期国家起源一般性理论模式的导向，开始转向更加关注特定文化发展轨迹的历史学分析。这一新的趋势努力将理论与实证研究更紧密的联系起来，以一种复杂社会和政治经济的多样性的框架来解释都市化结构、手工业特化和交换的多样性。这一研究的新趋势也反映了国际学术界对新进化论和文化系统论的批判性反思，意识到这些理论模式过分强调文化进化和文化适应、过分强调演绎法所造成的忽视历史个案研究，以及囿于线性观、功能观的和环境决定论所造成的偏颇。①

## 五、中国的文明起源研究概况

早在1985年，夏鼐就总结出文明的三个普遍性特点——都市、文字制度和金属冶炼，并认为商代殷墟文化具有都市、文字和青铜器三个要素。②他还指出，文明是由"野蛮"的新石器时代的人创造出来的。这个观点与摩尔根—恩格斯的社会发展史学说提及的蒙昧—野蛮—文明三个时期相对应。夏鼐虽指出中文"文明"一词最

---

① Stein, G. J. Heterogeneity, power, and political economy: some current research issues in the archaeology of Old World complex societies. *Journal of Archaeological Research*, 1998, 6(1): 1–44.

② 夏鼐:《中国文明的起源》,《文物》1985年第8期。夏鼐:《中国文明的起源》, 文物出版社1985年版。

初见于《易经·文言》"天下文明"（孔颖达疏"有文章而光明也"），但依然使用了具有社会进化论思想，尤其是与马克思主义相符的看法。在80年代下半叶，文明起源的争论主要在苏秉琦和安志敏之间展开。苏秉琦在区系类型理论的基础上，提出了"满天星斗"理论，尤其突出红山文化坛庙冢在中华文明起源中的地位，[①] 这些观点后来演化为"古文化—古城—古国""古国—方国—帝国"，以及各地文明起源的"裂变—撞击—融合"模式和"共识的中国"。[②] 安志敏重申恩格斯"国家是文明社会的概括"的观点，"文明"指的是"一个氏族制度已然解体而进入有了国家组织的阶级社会，代表着社会发展的一个阶段"，认为史前时期的氏族公社还处在野蛮时代，并不能称之为文明。[③] 他反对"满天星斗"理论，认为这一论点缺乏充分的事实或理论根据，牛河梁神庙的存在也未必是文明的唯一标志，大地湾同样缺乏文明诞生的那些基本要素，只能表明它仍处在史前时期的原始社会。随着论战愈演愈烈，考古编辑部组织了一场研讨会，各抒己见。[④] 时任社科院考古研究所所长徐苹芳最后指出，"我们要做出科学分析，以期总结出中国文明起源的模式"。需要提及的是，美籍华人学者、哈佛大学教授张光直早在20世纪60年代就提出了"中国相互作用圈"的概念，指出它在公元前第四千纪形成，并提出它与其内各组成文化区域内部向文明时期的转变是同一发展

---

① 苏秉琦：《中华文明的新曙光》，《东南文化》1988年第5期。
② 苏秉琦：《中国文明起源新探》，香港商务印书馆1997年版。
③ 安志敏：《试论文明的起源》，《考古》1987年第5期。
④ 考古编辑部：《中国文明起源研讨会纪要（1991年11月27～30日）》，《考古》1992年第6期。

的两面的观点。① 他在写于 1990 年前后的一篇文章中论述了研究中国文明起源问题的方法论问题，指出"文明"的定义应自史料内部辨认，可以从系统论的角度看"中国文明"起源的一元与多元问题，并指出中国文明形成的动力是政治与财富的结合。

　　进入新千年后，对于中国文明起源问题的讨论进入百花齐放的阶段。张忠培将中国文明起源分为三期五段，分别为方国时期（亦可称为古国时期，可分为公元前三千年初期前后和龙山时代或尧舜时代两段）、王国时期（可分为夏商和西周两段）和帝国时期（仅及秦汉一段），② 可视为苏秉琦理论体系的发展。邵望平将礼制作为中国文明的一大特征。③ 根据新进化论思想，栾丰实将以中国史前时期的社会关系和社会内部结构的变迁为代表的社会发展进程划分为四大阶段，分别为：平等社会阶段（相当于裴李岗时代及其以前时期，距今约 7000 年以前）、由平等社会向分层社会的过渡阶段（相当于仰韶时代前期，距今约 7000—6000/5000 年之间）、分层社会阶段（相当于仰韶时代后期，距今约 6000/5500—5000 年之间）、早期国家阶段（相当于龙山时代，距今 5000 年前后）。他还将中国史前社会文明化进程区分为两种发展模式——世俗模式和宗教模式，前者以黄河流域的中原地区和海岱地区为代表，后者以环太湖地区和燕辽地区为代表。这个观点和李伯谦的看法形成了呼

---

① 张光直（Kwang-Chih Chang）：The Archaeology of Ancient China, 2$^{nd}$ edition, Yale University Press, 1968。第五章译文载于《庆祝苏秉琦考古五十五年论文集》，文物出版社 1989 年版。

② 张忠培：《中国古代的文化与文明》，《考古与文物》2001 年第 1 期。

③ 邵望平：《礼制——中国古代文明的一大特征》，《文史哲》2004 年第 1 期。

应，后者认为在距今 5500—4500 年，红山文化、良渚文化和仰韶文化都已发展到了"古国"阶段，但它们所走的道路、表现的形式并不相同——红山文化古国是以神权为主的神权国家，良渚文化古国是神权、军权、王权相结合的以神权为主的神权国家，仰韶文化古国是军权、王权相结合的王权国家。[①] 王巍将中国古代国家的形成和发展过程分为三个时期：邦国时期（龙山时代）、王国时期（夏商周）和帝国时期（秦代及以后），可以视为苏秉琦、张忠培分期方案的发展。[②] 王巍还总结出了中国古代国家的九个特点。许宏指出，探索"中国文明"有两大主线：一是科学理性、文明认知，追求的是史实复原，二是救亡图存、民族自觉，意欲建构国族认同，并指出公元前 2000 年，在这些人类共同体和后来崛起的中原文明之间，有一个"连续"中的"断裂"，倾向于以公元前 1700年前后东亚地区最早的核心文化——二里头文化，最早的广域王权国家——二里头国家的出现为界，把东亚大陆的早期文明史划分为两个大的阶段，即以中原为中心的"中原（中国）王朝时代"，和此前政治实体林立的"前中国时代"和"前王朝时代"。[③] 赵辉将早期的国家化进程分为三波：公元前 4000 年，"国"的形成，古国产生于聚落群内部的竞争，强势聚落从中胜出，也即意味着在若干血缘集体中的胜出；公元前 3000 年，国与国之间的整合，诞

① 李伯谦：《中国古代文明演进的两种模式——红山、良渚、仰韶大墓随葬玉器观察随想》，《文物》2009 年第 3 期。

② 王巍：《中国古代国家形成论纲》，《中原地区文明化进程学术研讨会文集》，科学出版社 2006 年版。

③ 许宏：《前中国时代与"中国"的初兴》，《读书》2016 年第 4 期。

生了良渚这样的大型地区国家，之后各地古国之间进行整合的国家
化进程此起彼伏；第三次的国家化进程主要是由二里头文化承担
的。① 刘莉和陈星灿强调，需要在比较视野下研究中国文明与其他
文明的区别，尤其需要认识到人们所选择的社会机制、文化决策和
自然环境的差异。② 早在 21 世纪之初，杨建华就从对两河流域的
研究中透视过中国古代文明。③ 戴向明认为文明主要指的是文化成
就，是文化发展到高级阶段的结晶，而国家是一种社会政治组织，
倾向于将"最早中国"作为一个文明共同体的形成过程的角度来
观察。④

　　关于文明起源研究，不得忽视的一条主线是严文明提出的"重
瓣花朵"及其他后续观点。这个想法早在 20 世纪 80 年代就已出现，
指的是以中原为中心，包括不同经济文化类型和不同文化传统的分
层次联系的重瓣花朵式的格局，中国史前文化呈现出分层次的向心
结构，中原、周边和最外层文化区相继进入文明时代。⑤ 这个观点
可以视作对区系类型理论的深化和对"满天星斗"理论的补充。严
文明认为，"早期中国"应该从祖国大地上最早出现国家组织算起，
到历史记载比较明确的商代晚期之前为止，即公元前 3500—前 1400
年，并认为根据已有的阶段性成果，确实存在着 5000 年左右的文明

---

① 赵辉:《"古国时代"》,《华夏考古》2020 年第 6 期。

② 刘莉、陈星灿:《比较视野下的中国文明》,《人民日报》2017 年 10 月 31 日。

③ 杨建华:《中国古代文明过程考察的不同角度及其相关问题》,《吉林大学社会
科学学报》2005 年第 2 期。

④ 戴向明:《文明、国家与早期中国》,《南方文物》2020 年第 3 期。

⑤ 严文明:《中国史前文化的统一性与多样性》,《文物》1987 年第 3 期。

史。① 韩建业认为文化意义上的早期中国植根于遥远的旧石器时代和新石器时代早中期，萌芽于公元前 6000 年前后的新石器时代中期，形成于公元前 4000 年前后的庙底沟时代，古国时代为约公元前 3500 年—前 1800 年，王国时代为约公元前 1800—前 1300 年；并指出在起源、形成和发展过程中，中华文明逐渐形成了有别于世界上其他文明的特征和特质：（1）以农为本、稳定内敛与礼器礼制；（2）整体思维、世俗观念与祖先崇拜；（3）有主体有中心的多元一体文化结构；（4）跌宕起伏的文化连续发展进程②。他认为这些特质影响到先秦儒家、道家等中、和、仁、义、孝、礼，以及道法自然、天人合一等重要思想的成成，并几乎像遗传基因一样绵延至今，并把这些特质与当代中国发展道路联系起来。

考古学者希望从考古发现中揭示中国文明的独特内涵。卜工认为古礼体系揭示了中华文明的独特内涵，礼制的出现、发展和成熟是中国古代文明的独特经历。③ 徐良高提出，融合与超越是中国文明活力源泉。④ 孙庆伟认为重瓣花朵式超稳定结构、理性化和人文化的文明路径、家国一体的文明进程这三大特质熔铸了早期中华文明基因。⑤ 冯时认为格物致知的认识论、天人合一的价值观和中和

① 严文明：《重建早期中国的历史早期中国——中华文明起源》，文物出版社 2009 年版。

② 韩建业：《早期中国——中国文化圈的形成和发展》，上海古籍出版社 2020 年版。

③ 卜工：《源远流长内涵丰富连续发展——从考古发现看中华文明自信》，《人民日报》2017 年 2 月 20 日。

④ 徐良高：《融合与超越是中国文明活力源泉》，《新华日报》2018 年 6 月 29 日。

⑤ 孙庆伟：《三大特质熔铸早期中华文明基因》，《中国社会科学报》2019 年 7 月 12 日。

守一的哲学观共同构建了中华文明的核心内涵。① 陈胜前提出"史前中国的文化基因"这个概念，认为农业历史对中国人产生了深远影响：刻苦耐劳、包容、和平（平和）、合群、雅致，② 并从考古学的视角构建了中国文化基因的起源。③ 李新伟认为，中华文明的宏大进程孕育了多元一体、协和万邦的文明基因。④ 韩建业将中国文明起源提前到距今 8000 年前，⑤ 并从考古发现看 8000 年以来早期中国的文化基因，归结为：整体思维，天人合一；祖先崇拜，以人为本；追求秩序，稳定执中；有容乃大，和谐共存；勤劳坚毅，自强不息。⑥ 他认为，习近平总书记提出的中华文明的五个突出特性（连续性、创新性、统一性、包容性、和平性）都能追溯到史前时期，贯穿文明起源、形成和发展全过程，且相互之间存在密切联系。⑦ 方辉认为，礼乐文明是中华文明的重要特质，用于维系、支撑王权合法性的信仰体系。⑧

---

① 冯时：《探寻中华文明核心内涵》，《中国社会科学报》2019 年 7 月 15 日。

② 陈胜前：《史前中国的文化基因》，《读书》2020 年第 7 期。

③ 陈胜前：《中国文化基因的起源——考古学的视角》，中国人民大学出版社 2021 年版。

④ 李新伟：《中华文明的宏大进程孕育多元一体、协和万邦的文明基因》，《光明日报》2020 年 9 月 23 日。

⑤ 韩建业：《裴李岗时代与中国文明起源》，《江汉考古》2021 年第 1 期。

⑥ 韩建业：《从考古发现看八千年以来早期中国的文化基因》，《光明日报》2020 年 11 月 4 日。

⑦ 韩建业：《中华文明的突出特性贯穿古今且相互联系》，《中国社会科学报》2023 年 6 月 13 日。

⑧ 方辉：《中华文明的连续性及其文化基因》，《中国社会科学报》2023 年 6 月 6 日。

值得重点指出的是，中华文明的起源这个问题最终还是科学问题，需要考古材料的科学获取和材料的科学分析。中华文明探源工程从 2004 年正式启动开始，已进行到第五阶段[1]，出版了一系列研究报告[2]与论文，其中涵盖了大量跨学科研究成果。针对文明探源问题，应从本体论、方法论和认识论三个角度进行科学性思考，[3]并从国际视野中思考这个世界性课题。[4]总而言之，对中华文明起源的研究应该侧重对考古材料意义的阐释和对人地关系的系统探索，要求考古学者、历史学者和科技考古工作者协同创新，探讨自然环境变迁与中华文明的历史演进之间复杂的关系。

## 六、良渚文化研究的几点思考

良渚文化是长江下游璀璨的史前文明，自发现至今学者们已经发表了汗牛充栋的研究文章，从器物、墓葬和社会发展层次等不同角度进行了探讨。从目前的研究现状来看，考古学家凭借自己经验和常识来进行的分析，要对良渚文化做出更深入的认识看来已经不那么容易。因此，开拓新的思路，开创新的研究途径，比寻找和发现新的考古证据更加显得迫切和重要。下面，我们试图从国际考古

---

[1] 王巍：《中华文明探源工程——揭示中华文明起源、形成、发展的历史脉络》，《人民日报》2022 年 7 月 4 日。

[2] 科技部社会发展科技司、国家文物局博物馆与社会文物司主编：《中华文明探源工程文集》，科学出版社 2009 年版。

[3] 陈淳：《文明探源的科学性思考》，《中国社会科学报》2020 年 12 月 9 日。

[4] 陈淳：《文明与早期国家探源——中外理论、方法与研究之比较》，上海世纪出版集团 2007 年版。

学理论和方法的进展，如何对现有的资料做更深入的信息提炼做一些思考。

目前良渚文化研究的大宗是玉器和墓葬，对玉器的生产、用途、形制、纹饰、社会文化内涵进行了多角度的分析和探讨。由于方法论的问题，这些探讨虽然涉及面广泛，但是深度还是相当有限。宾福德将人类的器物分为三类，它们分别是经济基础产品、社会结构产品、宗教意识产品。他提出，要从人类物质遗存在社会系统运转过程中所发挥的不同功能来研究这些器物文化的意义。[①]霍克斯提出过考古研究的一个难度等级，他认为从考古遗存来研究技术经济比较容易，研究社会结构比较困难，研究意识信仰最为困难。[②]从良渚玉器来看，它们属于宾福德所指的社会结构和宗教意识产品，而且位于霍克斯所指出的较高难度的研究级别上。

像冠饰和权杖等制品是代表社会地位和结构的产品，它们的出现和使用与社会结构的复杂程度相关，在社会内部起一种规范社会地位和人际关系的作用。这些制品的拥有和特征差异与人口的规模、群体间的关系和竞争、权势与财产等社会变量有着密切的关系。因此，通过对这些制品的量化分析，可以窥视到史前社会结构的形态。

像图腾、神像、氏族徽号、祭祀、殉葬体现了社会的信仰体系，属于宗教意识的产品。这些产品在史前社会中起一种象征和符号的作用，与这些社会内在的习俗和信仰体系密切相关，因此考古学研

---

① Binford, L. R. Archaeology as anthropology. *American Antiquity*, 1962, 28: 217–225.

② Hawkes, C. F. Archaeological theory and method: some suggestions from the Old World. *American Anthropologist*, 1954, 56:155–168.

究必须从象征和结构考古学的角度来分析这些器物的意义。

如果从玉器来分析社会地位和社会结构。我们需要把握不同时空框架中不同个体墓葬中所拥有玉器质和量的区别和变化。由于我们所研究的史前社会是一种"异己"的社会，也就是说我们实际上对于良渚文化社会的宗教意识和社会结构一无所知，因此对玉器的拥有和使用尽管可以作出种种推测，但毕竟是一种无法定论的假设。

为此，我们不妨将各种假设作为研究的问题提出，然后从墓葬玉器使用的方式和内部结构来进行检验。因为有的阐释框架只有在对大量材料的积累和观察的量化分析的基础上才能获得可信的依据。如果能对不同个体墓葬出土的不同玉器进行量化的比较和分析，并用图表来展示它们之间的异同和变化，有可能为我们提供单凭局部观察所无法知晓的变化规律。而这些变化规律，很可能就是当时社会结构和等级的反映。

墓葬用玉的变迁甚至可以用来窥视良渚社会的兴衰。比如像明十三陵，历位帝王陵墓反映在规模、形制和随葬品方面的劳力和资源投入可以被看作是当时国力强弱的标志。而帝陵规模、形制和随葬品的变化，无形中就是该皇朝兴衰轨迹的标记。以此来类比史前社会，如果我们能够从量化的角度来观察良渚文化贵族墓葬中用玉的历时变化，我们也许能够从贵族人物用玉的数量、玉器的质量以及生产加工的精美程度指示标志劳力和资源投入的尺度，从而发现生产力变化的迹象，进而找到社会兴衰的原因。要做到这点，我们需要发明更为严谨和缜密的分析方法和更加细微的衡量尺度，从宏观和微观两个层面来进行观察。因此，创造和发明新的研究方法和发掘新的材料同等重要。从某种意义而言，新的方法在解决难题上要比新的材料更为重要。

要进行这样的研究，后过程考古学的结构分析也许可以为我们提供一种新的入手途径。结构学派将物质遗存比做语言，它们被一套隐藏的规则组织在一起，以表述语言文字一样的含义。这些像语法一样的规则结构并不反映在器物上，而是表现在它们之间的关系和结构上，观察它们时就像读句子那样并不一定感受到语法结构的存在，而是表现在单词的搭配关系上。从这个意义上，就像我们只有懂得了语法才能读懂句子那样，我们必须了解物质文化内在的结构才能理解它们的意义。所以，结构考古学家在分析史前物质文化时，建议将它们看作有一套深层规则所主导的现象。我们想要了解文化现象，那么我们必须发现其内在的规则，正是这些规则造就了这些文化形式的变异。①

良渚文化另一个显著特点是它的土墩建筑，有学者称它们为土筑金字塔。目前，国际上流行一种被称为"建筑动力学"的途径来研究史前社会资源和劳力的投入以及运转管理（Operations Management），从而探索史前社会的发展层次和复杂化规模。这种建筑动力学方法早在 19 世纪就被用来研究社会的劳力投入，比如，在 1848 年两位美国考古学家在对美国中部密西西比河流域的土墩遗址进行观察和分析之后提出，这些土墩的建造标志一种类似于古代

---

① Johnson, M. *Archaeological Theory. An Introduction*. Oxford, Blackwell Publishers, 1999.

墨西哥那样的由祭司控制的政治结构的存在。[①] 1877 年，美国考古学家安德鲁斯对俄亥俄州南部的大型哈特曼土墩进行了研究后指出，这个土墩用 40 万立方英尺的土筑成，用原始的箩筐运输需 140 万筐土。这使我们可以想见建造这个土墩所需投入的劳力。[②] 20 世纪的建筑动力学研究主要集中在分析一个时段里的政治权力的相对结构，其中一个案例是美国考古学家阿布拉姆斯根据房屋结构的建筑动力学来分析古典玛雅帝国等级制度中社会权力的不同规格。[③]

　　在从建筑动力学来研究社会的运转管理，需要引入系统论的一种制约理论（Theory of Constraints）。这种理论认为，所有物质或服务的生产系统在某种程度上都受到有限资源的制约，而这些制约在生产的组织和社会的管理上发挥着关键的作用。制约是由多种变量构成的因素，而每种变量如劳力和时间都会对系统的运转形成制约。比如，时间安排对一个复杂社会建造一个大型建筑的肯定会是一种制约，这样的制约可以从一些运转管理和工程的决策上反映出来。而劳力制约则是社会生产能力和管理体制的反映，比如没有一个集中和强制性的中央集权，是造不出宏伟的金字塔的。[④]

---

① Squier, E. G. and Davis, E. H. *Ancient Monuments of the Mississippi Valley*. Washington DC: Smithsonian Institution, 1848.

② Andrews, E. B. *Report of explorations of mounds in southeastern Ohio*. Tenth Annual Report of the Trustees of the Peabody Museum of American Archaeology and Ethnology, Vol. II, No. 1, Cambridge, 1877, 51–74.

③ Abrams, E. M. *How the Maya Built Their World*. Austin: University of Texas Press, 1994.

④ Abrams, E. M. and Bolland, T. W. Architectural energetics, ancient monuments, and operations management. *Journal of Archaeological Method and Theory*, 1999, 6(4): 263–291.

因此像良渚文化的土墩建筑，从劳力制约条件上我们可以来判断哪些土墩的规格是一个村落或部落就能营造的，哪些土墩必须动员多聚落的劳力，而哪些土墩需要更长的时间和更大规模劳力的投入。而这样的劳力投入可以作为一个社会政体统治能力和管辖人口与疆域的参数，如果借鉴民族学的资料进行分析，我们也许可以了解良渚文化社会结构的发展层次。同样，我们如果能从空间结构差异和历时的变迁来观察土墩建筑的规模，结合墓葬的资料，也许可以发现良渚社会内部的等级规模和运转机制，并追溯社会的兴衰过程。

## 七、小结

当代文明探源不再局限在何时与何地，而且要探究其起源的原因与过程，了解史前社会为何及如何从最原始社会进化到国家的。中国文明探源也不应局限于有史可稽的夏商周三代，应该探究不见经传和满天星斗般的边缘文明。而且，这些早期文明的兴衰不是单凭两重证据法就能解决的，必须依赖多学科方法的协作。这种研究不但要了解文明起源的历史，而且要对起源的原因和动力机制作出解释。

最近，国内学界对考古学的定位有热烈的讨论。一些学者建议拓展理论方法，吸收国际学界的一些成功经验，以他山之石攻已之玉。而有些学者认为中国考古学与他国不同，她的定位还是应当放在重构国史上。

其实，拥有举世无双的历史文献是中国考古学的福气。因为在许多没有文字记载的国度里，考古学家只能依赖理论方法的创建来独立解读他们的考古材料。中国考古学能有史料的帮助既不意味着我们可以漠视国际考古学的进展，也没有必要强调自己的史学定位来与国际学界的发展主流划清界限。因为强调这种特殊性只会强化中国考古学在国际学界的边缘性位置。

其实，考古学无论定位在人类学还是在历史学都不是问题的症结，问题的关键还是在方法论。考古学材料和文献不同的信息库，能够帮助考古学家解读远古社会遗留下来的物质文化的文献资料毕竟是非常有限的，如果考古学家不能借助透物见人的理论方法来破译其中所含的信息，他就无法摆脱器物研究的窠臼，从而使考古学成为一门以人为本的学科。考古学借助人类学方法最大的助益是能够为我们提供一种从物质遗存来解读人类行为信息的途径，这种途径或方法和史料那种注释性解读是不同的，大抵上史料对于考古发现只能做局部的考究与补证，而人类学的方法是要把无言难懂的物质文化转变为可供人们理解的历史知识。换言之，真正的重构国史只有在用人类学方法将无言的物质遗存解读成历史知识后才能做到。

从长江下游的文明研究来看，它明显处于史学研究的范畴之外，文献研究对了解这个区域史前文化发展助益甚少。显然，我们必须创建和引入各种理论方法进行独立的研究。没有理论方法的拓展，我们只能永远停留在似是而非的推测上，国史的重建也难免成为一句空话。

# 第六章  考古资源的传播利用

习近平总书记在党的二十大报告中强调六个"必须坚持"，并将"必须坚持人民至上"置于首位。中国的考古事业，归根到底是人民的事业，所有的考古工作，归根到底必须将"人民至上"的理念贯彻始终。在考古学与人民群众相接之处，必然会留出"公共考古"的位置。"公共考古"在英语国家已经有相当长的历史，需要追根溯源，也需要借鉴经验为中国的社会主义事业服务。

## 第一节  公共考古

### 一、公共考古的缘起

什么是"公共考古学"？从最低层次的理解，它是指向公众宣传考古知识，了解人类的历史，认识文物的价值，提高公众保护文物的自觉性。比如，有一位美国学者将公共考古学定义为"考古活动中任何与公众有互动和可能存在与公众互动的领域"。但是，它的产生与文物保护的紧迫性联系在一起。公共考古学（Public Archaeology）最初源于 20 世纪 70 年代美国考古学家对保护考古遗存的承诺，继而很快在其他英语国家发展起来，之后慢慢扩展其范围，涉及考古学与当下社会关系的诸多方面，今天它已被引入许多非英语国家之中。1972 年，美国考古学家查尔斯·麦克基姆西（Charles R. McGimsey）在《公共考古学》一书中提出了这个术语和理念，在将公众的利益引入文物保护之外，还将担任公众代言人和利益保护者的政府包括在内。① 因此，公共考古学一定要研究如何保证政府在履行公共利益的时候能够听取公众的意见，其所作所为向公众负责。因此，从术语所指的范畴而言，公众是指非专业考古学家以外的社会群体，这两批人群有着相互交叉乃至截然相反的利益。为了保护人类的文化遗产和考古研究的可持续性，考古学界认识到，依靠他们的力量已经无法胜任这项工作，必须依赖全社会的介入，包括政府和公众。因此，公共考古学不单是面对公众的普及和提高，还要求政府的职能的提高和全面的介入。目前，"公共考古学"的概念是指由政府管理的从公众共同利益出发的考古学，即由一个形形色色而且互有竞争的大众群体以他们自己的方法来阐释过去。

为了保护文化资源，减轻各种经济活动对考古遗址的破坏，不可避免要让非专业的公众参与到考古学的服务中来，它需要这些非专业人士的支持和斡旋来说服立法者和开发商认识文化遗产保护的意义和价值。但是，考古学的这种学术定位的转变存在着种种不协

---

① McGimsey, C. R. *Public Archaeology*, Seminar Press, 1972.

调。一方面，考古学的日趋专业化使得文化遗产保护主要成为考古专家涉足的领域，而不是让公众直接参与大量的工作。另一方面，文化遗产保护的支出与收益并不对称，因此缺乏吸引主管部门、发展商和公众参与的积极性。因为，这种利益的回报并不表现为直接回报的效益和可以感受的成就，而是指向"虚无缥缈"的未来，也即"为未来保存过去"。

近年来，欧美考古学家认识到公众无法在考古研究和文化遗产保护中获得相关的利益，于是设法提高公众对这门学科与个人利益之间关系的认识和兴趣。这促使专业考古学逐渐向大众开放并努力拥抱更广泛的公众，并使考古学家开始把公众与考古的关系问题作为学术本身的课题来研究。①

公共考古学还包含了在学校、公园和博物馆等公共场所进行的考古学公众阐释，重视向公众传递考古知识和信息。20 世纪八九十年代兴起的教育考古则将这种趋势推上了更加正规化和专业化的议程。教育考古以前通常是指在正式课堂教育环境中所进行的考古知识的传递，亦可用于不太正式的教育环境。但是，教育考古学开始侧重于在非课堂环境中向普通公众传递考古信息的方法和技巧，主要是指在博物馆、遗址公园、考古展览、文保人员谈话、书籍、小册子、图片等环境和载体中所做的考古知识和信息的公众介绍。教育考古和考古的公众阐释的目的是使公众有能力参与历史和考古阐释的判断性评估，并更好地理解过去怎样和为什么与现在相关。

---

① 尼克·麦瑞曼：《公共考古学的多样性与非协调性》，周晖译、方辉校，《南方文物》2007 年第 2 期。

　　然而，在公共考古学的普及教育方式上存在许多不协调性。首先，国家代表公众话语和为公众利益服务的角色，主管公共事业机构和提供教育服务，比如博物馆和文物考古宣教。问题是，怎样才能确保国家在为公众利益履行职责时能考虑公众的意见，满足公众需求，并确保其行为对公众负责。第二，对考古而言，公众是指不以职业考古为谋生手段的极大多样性人群，他们有时有许多共同之处，但经常并没有什么共同点。于是负责宣教的政府和职能部门与广大公众在教育问题上永远存在不协调的可能，相关的机构、设施无法全面反映公众的不同意见和兴趣，不能体现所有群体的利益。特别在西方的多元社会中，不同种族和宗教信仰的人群，对于各种考古材料和知识有截然不同的认识。人们会追求他们自己不同的、与权威解释相竞争的理解过去的方式。这种意识形态的问题，自然造成了考古宣教的复杂性和困难度。①

　　在公众和考古、考古学家之间搭起了一座理解、合作的桥梁；阐释则是在公众考古实践中进行沟通的一种重要手段。要达成有效沟通的目的，考古学家必须努力理解公众的多样性，以及人们从考古材料中获取信息的方式。了解公众是理解的第一步，方法就是进行大量高质量的观众研究，通过在非考古职业的公众中进行对考古问题的理解的经验调查，并进行分析、研究。公共考古学需要

---

　　① Merriman, N. Introduction: diversity and dissonance in public archaeology. In: Merriman, N. ed. *Public Archaeology*. London: Routlege, 2004, 1–8.

认识以下几个问题：第一，考古学家通过科学研究对考古证据的阐释是初级阐释，这些阐释往往十分专业而且非常枯燥，只能在专业人员之间进行交流，无法为行外的公众所理解。所以为了普及考古发现的意义，并将研究的成果变为通俗易懂的知识，必须进行二次阐释，将只有专业人士才能理解的内容转变为公众喜闻乐见的陈列和展示。第二，考古学家和公众之间应该是对话，而非单向展示和教育。这就是说，当公众在理解考古发现或内容阐释的时候，重要的是能够通过他们对考古发现的学习和认识与自身的生活相联系而有所启发，而并非要他们接受考古学界的主流思想或阐释观念。以专家观点为主要框架的阐释，是一种"展品视角"。从公众和观众本身的兴趣和感受出发建立的阐释框架，则是一种"观众视角"。

在公共考古学的新理念指导下，英国考古博物馆改变了功能定位，从考古专家的仆人，转向以公众为中心，将吸引和沟通各社会阶层广泛的观众作为自己的任务，并对传统的博物馆展示方式进行了改革。在一种被称为"体验过去"的活动中，英国博物馆打破长期的禁忌，允许观众亲手触摸、摆弄一些收藏品。博物馆的传统功能也向外延伸，从传统的静态展示和向其他博物馆出借展品发展为观众提供动态的展览服务，前往农村、学校、社区等地提供服务，这就是"流动博物馆"的概念。另外，在遗址公园，考古学家们努力加强观众与遗址之间的有效沟通，通过展示手段、阐释方式、参观程序、互动环节等各种方法相结合的专门设计来实现。所有这些举措的非凡之处在于，他们代表了对考古学崭新的认识，不再是传统上强调公众能为考古做什么，而是强调考古能为公众做什么。①

考古学长久以来被视为象牙塔里的学问，考古学与公众的关系被忽略。然而，考古工作与百姓的生活、文物的收藏和鉴赏、博物馆知识的传播表现出关系越来越密切的趋势，于是考古学科与公众的关系成为一门专门研究的课题。2000 年创刊的《公共考古学》杂志，其涉及范围涵盖了以下主题：考古学政策、教育与考古学、政治与考古学、考古学与文物市场、种族与考古学、公众参与考古、考古学与法律、考古经济学、文化旅游业与考古学等。② 这表明公共考古学有着极其宽泛的研究范围，并不仅限于对大众的知识普及。

公共考古学是一个系统工程，需要政府和社会各界的热情支持和积极参与。其发展的前景在很大程度上取决于考古学家自身的社会责任和为公众服务的意识和作为③。这项工程的根本目的是提高整个社会大众对文化遗产的保护意识和未来保存过去的觉悟，而不是局限在考古学小众知识的普及和传播。从文化遗产保护的根本利益而言，公众确实有了解这一研究领域成果、分享探究自身历史和文明乐趣的权利。所以，要让公众了解文化遗产的价值，不但要求考古工作者有为大众服务的意识，也是对考古学家学术水平的挑战：

---

① Merriman N. Involving the public in museum archaeology. In: Merriman, N. ed. *Public Archaeology*. London: Routlege, 2004: 85–109.

② 松田明、冈村克幸：《全球公共考古学的新视角》，《南方文物》2014 年第 3 期。

③ 李琴、陈淳：《公众考古学初探》，《江汉考古》2010 年第 1 期。

未经深入，也无法浅出。把枯燥乏味的考古材料变成公众能够理解的话语和其他学科可以利用的知识，应当成为考古工作一项任重而道远的目标。

## 二、保存理念

20世纪70年代，世界的能源危机和生态危机使西方社会意识到，人类的活动已经造成并正在加剧环境的恶化和自然资源和文化遗产的枯竭，严重影响到人类自身的生存和发展，必须加大力度拯救我们的生存环境和保护人类生存所必须的资源。而地下的文化遗存被看作是和石油和煤炭一样不可再生的资源，必须为未来而加以妥善的保护和合理的利用。到20世纪80年代，欧美等发达国家以保护和管理为宗旨的"文化资源管理"已成为文物考古工作的指导方针。

在"文化资源管理"产生前后，有几个新理念的形成值得一提，它们是文化遗产保护与管理的理论基础。

第一是"保存理念"。在20世纪50—60年代，美国政府主持了几项大规模的抢救发掘，但是由于事先没有严密的研究设计，事后也缺乏高水平的分析成果。对这种结果的反思，使美国考古学界形成一种保存理念，就是要运用一切法律手段为未来保存现有的文化资源，尽量不对受到基建威胁的考古遗址进行仓促和草率的发掘。保存理念的形成是因为考古学界认识到，考古遗存是一种有限、不可再生的资源。古代遗址一经发掘就不复存在，因此应当尽可能为未来保护这些遗产，而非现在就将它们发掘和利用殆尽。因为，未来会出现新的理论框架、新的分析方法和新的研究技术，因此未来的考古学家能够从这些材料中获得比现在更多、更有价值的信息。所以，对于地下的考古遗址能不挖的就尽量不挖，为了个人兴趣而烂施发掘，破坏本来可以保存的遗址，现在已被考古学界看作是一种不道德的行为。

第二是"整体意识理念"。过去，文物保护集中于个别的器物和古建，常常将一些具有特殊历史意义的遗迹孤立地加以保护。20 世纪 70 年代形成的整体意识理念认为，这些器物或古建都是与特定的自然人文背景密不可分的，它们的价值也交织在与之共生的环境之中，因此，必须将周围的景观和历史遗迹整体地保留下来。

第三是"公众意识理念"。这就是文化遗产保护要有公众观念，国家在文物保护中投入了大量的资金，这些都是纳税人的钱，因此文化资源管理必须对公众有所回报。另外，公众对于文物保护能够发挥潜在的巨大作用，只有公众理解到保护文化遗产的重要性，各种保护法规才能有效地实施。

过去，对基建施工中发现的考古遗址遗迹进行抢救清理，这种做法比较被动。首先，在施工中发现遗迹时已经破坏在先。比如在意外发现古墓时，墓道或墓室往往已被推土机推倒或铲掉，其中的文物也会被扰动甚至损坏，因此文物和信息已无法被完整地保存下来。其次，进行抢救性发掘会影响施工进度，造成经济损失，从而激化文物保护和经济建设之间的矛盾。从应急的抢救性发掘转向文化资源的有序管理，是世界各国文物保护的发展趋势，也是解决保护与发展问题的一种有效措施。

20 世纪 70 年代之后，许多国家纷纷立法以加大文物保护的主动性，把文化遗产的保护列为基建项目审批的重要部分，将防患于未然的调查、试探与发掘抢在基建工程实施之前进行。比如日本的《文化财保护法》规定，在国家登记的遗址内进行建设，需提前两个月通知文化事务局。由文化事务局调查后，决定对遗址提前发掘，还是追加其为指定保护对象。美国也立法确立了一套"顺从程序"，规定涉及文化资源管理的有关政府部门，必须服从文物保护法规的相关要求。国家公园管理局、土地管理局、美国工兵部队等大量涉及基建的部门，都聘有专职的考古学家管理有关文物保护事宜。在加拿大，发展商或企业要买地基建，到政府部门注册登记时会被要求与考古机构联系，并签订合同，由这些机构对将征用的土地调查勘探，发现遗迹时先小规模试掘，如果该遗迹十分重要的，由文物部门鉴定后决定是否将其上报给国家注册清单，实行绝对保护，或者对它进行全面发掘。当考古机构完成这些工作后，基建工程才能开始动土。①

抢救性发掘毕竟是一种相对保护，国际社会对环境恶化和文化资源急剧减少而且不可再生的严峻现实有了更为深刻的认识。考虑到现有技术手段的时代局限，我们应当重视为未来的研究而保存有限的文化资源，在经费、技术和人力不足的情况下避免轻率的动土发掘，留待以后有更先进的技术和研究方法时再利用它们，以便充

---

① Fowler, D. D. Cultural resources management. In: Schiffer, M. B. ed. *Advances in Archaeological Method and Theory*, Vol. 5, New York: Academic Press, 1982, 1–50.

分保护文化资源的价值。更重要的是，抢救发掘不能流于一种为抢救而抢救的形式。我们应当明白，没有任何研究目的和问题的抢救发掘，写出的报告除了提供一份遗存的清单之外，可能也不会提供更多更有价值的信息。因此，只有带着特定研究课题进行抢救发掘，才可能抢救出有价值的材料来。"保存理念"正是这种认识的反映。在这样的背景下，不少国家越来越强调绝对保护的必要性，对发掘的态度可谓慎之又慎。

1990 年 10 月通过的《国际名胜古迹联合会第九次会议决议》中的一段话可以作为发展与保护问题的小结："经济发展项目是考古遗存遭受巨大威胁的首要因素。因此，必须在经济项目实施之前，考虑研究考古遗存的保护问题。务必制定这样一种法律，使经费预算保障考古研究。法律体现的原则是，完善经济发展规划，最小限度的影响考古遗存"①。

## 三、考古学的专业标准

考古学在许多国家已经从少数人从事的学术领域，正在迅速变为一个对公众日常生活有较大影响的学科。面对各种经济发展造成越来越大的土地改造和扰动，考古学家承担着为公共利益避免和补救这种发展对考古资源所造成的负面影响。对这个严峻事实的认识触及一个最关键、但是讨论很少的一个问题，这就是对抢救性考古发掘和研究的质量控制问题。在我国，随着大量基建工程的展开，

---

① 国际古迹名胜联合会：《保护和利用考古遗存的宪章》，《文物工作》1994 年第 4 期。

抢救性发掘花去了地方考古专业人员的大部分精力。文物考古部门即使全力以赴，仍然承担着难以承受的工作量，于是只能靠组织大量民工，才能仓促完成发掘任务。面对这种局面，虽然材料和数据在激增，但这种材料和数据的积累一般难以促进研究工作的提高。因为，对考古材料进行解读的关键信息往往不在于文物本身，而是有赖于对文物埋藏背景的细微观察和详细分析。

除了研究跟不上发掘外，发掘本身的成果也令人担心。为了保证发掘的科学性，各国都制定了控制发掘质量的标准，但是形式上的规定未必能带来高质量的报告和成果。许多考古学者把主要精力放在编写报告以应付上级规定的要求，而并不考虑自己主持的发掘是否有益于学术的精进。目前我国的抢救性发掘工作都缺乏事先制定的详细课题设计与研究计划，以便在发掘中有意识地去收集某些材料和观察数据，而不是仅仅按常规收集受到威胁的文物和记录国家规定需留档的内容。

在欧美，随着公众参与力度的增大，学界认识到需要制定专业操作规范和从业人员的道德准则，并对违规者采取有效的惩治。在过去几十年里，许多国家考古机构对制定高要求的专业标准倾注了大量的心血。其中值得一提的就是 1976 年美国专业考古学家学会（the Society of Professional Archaeologists）的成立，它制定了一系列操作规范和专业道德标准，以及为监督执行所设立的投诉程序。后来，美国 4 个主要专业机构：美国考古学会、专业考古学家学会、历史考古学会和美国考古研究所共同制定了考古工作者的注册登记制度，内容包括从业者的专业道德标准、专业水平以及违反规定的投诉程序。虽然其效果还有待于实践的检验，但是它对于考古学家坚持基本的职业道德和学术标准，提高文物保护与学术研究水平无疑是绝对必要的。

1976 年，美国成立了专业考古学家学会。该学会的目的是通过颁布专业伦理标准，对考古学研究和管理各领域从业者进行资质认定，并颁发合格证书。专业伦理标志定义了专业考古学家在材料采集和解释，研究成果的交流，以及与其他机构与专业人士之间关系应尽的职责。由美国考古学学会（SAA）公布的 9 条专业伦理标准如下：

**标准一　管理工作**　考古记录，即原地出土的考古材料和遗址、考古学采集品、记录和报告，是不可替代的。所有考古学家的职责就是要通过践行和促进管理工作来长期保存和保护考古记录。管理者是为了所有人的利益而对考古记录进行看管和守护。当他们对考古记录进行研究和解释时，他们应该利用所获得的专业知识来增进公众对这种长期保存的理解和支持。

**标准二　责任心**　负责的考古学研究包括各个层面的专业活动，都要有一种对公众负责的意识，并承诺尽一切合情合理的努力，真诚地与相关团体积极协商，以期建立一种有利于相关各方的工作关系。

**标准三　商业化**　长期以来，美国考古学会一贯认为，对脱离了考古背景的文物进行买卖，对美洲大陆和世界各地的考古记录造成了破坏。出土文物的商业化——它们被作为供个人欣赏或牟利的商品进行开发——导致了对理解考古记录至关重要的考古遗址及背景信息的破坏。因此，考古学家应该根据潜在会提高出土文物商业价值的代价，来仔细权衡某研究项目的效益。只要有可能，他们应该抵制并身体力行来阻止那些会提高出土文物商业价值的活动，特别是那些没有被公共机构所保管的，或可供科学研究、公共解释和展示的文物。

**标准四　公众教育与推广**　考古学家应该与其他对考古记录感兴趣的人士进行接触和合作，以改善对考古记录的保存、保护和解释。考古学家特别应该承担以下的工作：（1）争取公众对考古记录管理工作的支持；（2）解释和推动利用考古学方法和技术来理解人类的行为和文化；（3）传播对过去的考古学解释。考古学有许多公众，包括学生和教师，从考古记录中发现他们文化遗产重要内容的美洲土著和其他民族、宗教和文化群体，立法者和政府官员，记者、新闻工作者和其他媒体从业者，还有一般公众。无法直接对公众进行教育和推广的考古学家应该支持和鼓励他人从事这些活动的努力。

**标准五　知识产权**　作为通过考古资源研究产生的知识和文件所构成的知识产权，是考古记录的组成部分。因此，应该按照管理工作的伦理标准来对待它，而不应将它当作个人财产。如果有令人信服的理由，而没有法律限制或权益上的不妥，研究者可以在有限和合理的时间内优先得到原始材料和文件，之后必须将这些材料和文件供他人使用。

**标准六　公开报道和发表**　在合理的时间内，从考古记录研究中获得的知识必须通过可获取的形式（以出版或其他方式）呈现给尽可能多对此感兴趣的公众。出版物和其他形式公开报道所依据的文件和材料应该存放在适当的地方，以供永久保存。当发表和传播有关考古遗址的性质和地点信息时，必须考虑到遗址原地保存和保护的利益。

**标准七　记录与保存**　考古学家应该为考古学采集品、记录和报告的保存和长期提供各种方便而积极努力。为此，他们应该鼓励同行、学生和其他人，在他们的研究中对采集品、记录和报告负责地加以利用，以作为考古记录原地保存的一种手段，以及作为增强对已被移除并已纳入考古学采集品、记录和报告中的这部分考古记录加以关照和重视的一种手段。

**标准八　训练与资源**　考虑到大部分考古调查具有的破坏性，考古学家必须确保他们拥有足够的训练、经验、设备和其他必要支持，在他们启动任何项目时，能以一种与上述伦理和当代专业实践标准相符的方式从事研究。

**标准九　安全教育与工作环境**　考古学家在所有工作、教育和其他场合，包括野外工作和会议，有责任训练下一代考古学家。这些职责部分包括为学生和学员创造一个能给予支持和安全的环境。这包括了解他们本国和研究机构所在地涉及性骚扰和性侵、性别认同、性取向、族属、残疾人、国籍、宗教或婚姻状况的法律和政策。美国考古学会的成员应该遵守这些法律，并确保他们作为指导者在这些工作和教育场所负责任地发挥作用，以避免冒犯这些法律，并保持安全和受尊重的工作和学习环境。[1]

---

[1]　http://www.saa.org/AbouttheSociety/PrinciplesofArchaeologicalEthics/tabid/203/Default.aspx.

## 四、考古与公众

公众在文化遗产保护与管理中的重要性，越来越为各国文物部门所重视。公众参与文化遗产保护出于两方面考虑，一方面，文化遗产保护所用的经费是纳税人的贡献，应对纳税人有所回报；另一方面，公众在文化遗产的保护中能起到无法替代的重要作用。因此，充分利用文化遗产资源向公众普及考古学的知识，成为文物保护不可或缺的一环。遗憾的是，总体来说我国公众对考古学还比较隔膜，基本停留在挖宝和文物收藏的层面。而媒体新闻对重大发现的炒作也在客观上起到了推波助澜的作用。如何使"考古学是了解过去人类活动和历史发展的一门学科"深入人心，还有待于考古学家们把发现和研究转化成为公众能够理解的语言。

缩短公众与文化遗产距离的另一个途径是书籍、报刊、影视等媒体。国际上普遍的问题是，对这种途径的利用还不够充分，有关文化遗产的出版物和影视作品都相当有限。而且媒体追求新闻的轰动效应，通常是在有考古重大发现时才加以报道，并且报道时着重于渲染考古发现的历史艺术价值、神秘性和传奇性，把考古学家的科研工作简化为挖宝。这类宣传无益于公众认识文化遗产的重要性，反而会引起误导。

考古学家在普及教育中有着义不容辞的责任。丹麦国民可称是世界上最具文化遗迹保护意识的公众了，丹麦有关保护文化遗产的法律并不繁复，也没有定罪的细则，但文物犯罪极为罕见。据统计，几乎每一百个丹麦人中，就有一个订阅考古期刊。这种传统当然和该国上下酷爱文物和民族主义传统有关，但不可忽视的是，从 19 世纪现代考古学诞生初期，丹麦的考古学家就从未懈怠过向公众做考古知识的普及。从创立"三期论"的汤姆森起，历任国家博物馆馆长都以大家手笔撰写普及读物，这已成为丹麦考古学界的传统。统计数据表明，1966—1976 年间丹麦出版的考古书籍，有 34% 是普及性的。[①] 在这种持续而有力的推动下，丹麦国民人人深明保护文化遗产的大义，自然不足为奇。

除了对公众日常开放的遗迹外，还有一种现场参观，是在考古发掘进程中向公众开放。日本有这种现场参观的优良传统。早在1953 年，考古学家在冈山发掘时，就组织了一万多人次参观发掘现场，由考古学家向大家介绍考古发掘的基本要领和该遗迹的历史文化意义。参观发掘现场被称为"遗址解释会"。1992—1994 年，考古学家发掘了青森地区绳文时代的三内丸山遗址。这项工作在电视和报刊上作了广泛的报道，有几千名公众参观了发掘现场。考古学家鼓励人们前来参观，并志愿向公众做主动的介绍和解释。考古学家虽然并不认为他们有足够的政治力量来左右政府对该遗址做是否加以保护的决定，但是他们希望公众认可该遗址的重要性。于是，尽管考古学家并没有组织公众来发起遗址保护运动，他们仅仅向民众宣传这个遗址的意义，但是居住在附近的居民马上自发组织起来向新闻界写请愿信并向当地政府部门进行游说以资助遗址的保护。

---

① Kristiansen, K. Denmark. In: Cleere, H. ed. *Approaches to the Archaeological Heritage*, Cambridge: Cambridge University Press, 1984, 21–36.

他们的努力取得了成功，两个星期之后，当地政府宣布将对遗址进行保护。①

## 五、对我国遗产保护的启示

20 世纪 70 年代之前，美国的文物考古工作只是大学和博物馆里一些专业考古学家的纯学术研究。自文化资源管理法案实施后，文物考古工作发生了一种质变，即文物考古研究的重心从纯学术的研究转向文化资源管理的合同制研究，因此考古学家不但要有专业知识，而且还要有管理知识。考古学家也不能再随心所欲地发掘遗址，一些遗产必须保留作未来之用。遗址的发掘审批也更为审慎，考虑被发掘遗址的文化资源能否被最大限度地利用。② 由于配合基建工程的考古工作量愈来愈大，合同考古学开始形成一支独立的机构和专业队伍，具备专业资质的考古学家可以开设考古咨询公司，为基建部门和有关客户提供咨询、评估、调查和发掘等服务，而这种工作会采取合同招标的形式。考古学家必须有特殊的公关能力来应付商业性极强的咨询谈判业务。一些联邦或土地管理部门由于本身工作的性质与文化资源管理关系密切，直接雇用考古学家参与工作决策与评估，并在考古研究上投下可观的经费。目前，美国的考古学家中大约有 85% 的人从事与合同考古学相关的工作。这既

---

① Habu, J. and Fawcett, C. Jomon archaeology and the representation of Japanese origins. *Antiquity*, 1999，73: 587–593.

② Dunnell, R. C. Trend in current American archaeology. *American Journal of Archaeology*, 1979，83: 437–449.

提供了考古学家的从业机会，也保证了文化资源管理由专业人士主持。同时，这些进行管理工作的考古学家并未放弃科研，他们利用文化资源管理的经费与实地研究机会，深入自己的研究课题。合同考古学改变了考古队伍的性质和结构、专业力量分布和学术研究的基础。

借鉴美国文化资源管理和公共考古学的经验，对我们有重要启示的有以下几方面：

（1）制定和完善文物法的量刑功能。美国的立法在颁布后不久，会对法律条款制定和颁布相应的执行条例，以便警方和监察机关对具体案情进行执法和起诉。我国的文物法缺乏配套的具体执行条例和量刑细则，所以在具体执法中难以起到实际的威慑作用和惩治文物犯罪。因此，我国文物法应当制定相应的刑法和民法的执行条例，以便公安和监察部门能够在执法中有法可依，而非简单以文物本身的价值来对犯罪行为量刑。针对文物保护中出现的具体情况，美国的文物保护法律会在30年里进行重大修订，以应付新出现的情况。我国的文物法也应针对各种新的形势和情况，在一定的时间范围进行修订和完善。

（2）政府管理部门和主要基建单位应当直接聘用或邀请专业考古学家参与工程规划，在项目起步阶段就将遗产保护考虑在内。

（3）对全国不可移动的文化遗产进行编号，建立有全球定位系统定位的遗产分布图，并用地理信息系统构建不同时代的地面地下文化遗产分布图。以便文物管理部门的核查、管理和保护，并为所有城市规划和基建工程提供需要优先考虑的保护预案。①

（4）建立文物与遗产的价值评估体系，将文物的经济价值考虑在内。考古与文物界要抵制会提高文物商业价值的任何活动，特别是抵制和反对提高文物商业价值的鉴宝节目。政府应该加大对文物仿制和市场流通进行管理，避免赝品泛滥，冲击文化遗产的正常管理和利用。学术界应当对鱼目混珠的"国宝帮"采取相应立场，维护文物考古工作的纯洁性。

（5）从大遗址保护的观念转向考古景观的整体保护。过去以典型遗址为导向的保护理念已经过时，文化遗产在过去是在其特殊的环境和社会背景中产生的，因此我们应该尽量把文化遗产特别是地面建筑原来发挥作用的景观一起加以保留和复原，并防止现代各种破坏遗产景观的各种行为。

（6）文物是全人类的遗产，应该打破个人、单位对出土文物的垄断，使得文物能在科学研究和公共展示中发挥最大的作用。应当厘清和规范考古单位和博物馆在文物研究、拥有、利用和展示之间的关系。消除本位主义，让文物尽量为社会和广大公众服务。

（7）制定专业伦理标准，颁布从业人员资质的最低标准，确立公布考古发掘成果的期限和质量要求。发掘报告的质量应该从基础层次的材料描述上升到材料解释的层次，这样才能为公共考古学的二次阐释和博物馆展示提供深入浅出的科学依据和详细信息。

（8）未来考古学的走向是偏向保护、利用与管理文化资源。考

---

① 陈淳：《为未来保存过去：美国、加拿大的文化遗产管理与合同考古学》，《东南文化》1994 年第 5 期。

古专业的学生今后从事学术研究的毕竟是少数，实践中需要许多非学术型的考古工作人员。所以，高校考古专业的课程应当设置和加强"文化资源管理"这方面的内容和研究方向，以适应当下及未来研究、管理和实践的需要。

（9）考古学界应该把对公共考古学或公众考古学的理解从狭隘的专业知识普及中解放出来，转向考古学家与全社会的良性互动。改变大众视考古为挖宝的认识误区，以及改变媒体刻意追求考古发现轰动效应的做法，提高政府官员、媒体和社会公众对文化遗产保护意义和价值的认识，使得保护文物的理念深入人心。

## 六、高校人才培养

现今的美国考古学主要是文化资源管理考古，大部分考古学家都从事非学术的工作；即便是从事学术工作的考古学家也大量地参与到文化资源管理的工作之中。有数据显示，在 1992 年，投入文化资源管理考古的经费就已是学术研究经费的 20 倍。[①] 目前，每年投入文化资源管理的资金约 10 亿美元。[②] 20 世纪末，超过三分之二的美国考古学家是在从事文化资源管理的工作。[③] 目前，有超

---

① Green, W. and Doershuk, J. F. Cultural Resource Management and American Archaeology. *Journal of Archaeological Research*, 1998, 6(2): 121–167.

② American Anthropological Association. *Changing Face of Anthropology: Anthropology Masters Reflect on Education, Careers, and Professional Organizations*. American Anthropological Association, 2010: 2.

③ Green, W. and Doershuk, J. F. Cultural Resource Management and American Archaeology. *Journal of Archaeological Research*, 1998, 6(2): 121–167.

过85%的考古学家从事的是文化资源管理的工作。<sup>①</sup>美国考古学会（SAA）在其网站回答公众问题的部分就指出，今天的考古学家多数是从事文化资源管理工作的。<sup>②</sup>

1998年，一批资深考古学家在佛罗里达州的大沼泽公园开会，讨论21世纪的考古学教育。他们提出了考古学发展方向的几项变化：（1）职业考古学家数量激增，但是多数是在非学术岗位上工作。这些专业人士的职业一般本科和硕士就能胜任，无需博士学位。（2）公众对考古学的兴起持续增长，使得"干考古"成为更加复杂的工作，考古工作需要公众的理解和经费的支持。（3）人类活动对考古资源的破坏加剧，文物市场兴旺。（4）文化资源管理成为考古学的重点。（5）考古学以成为集科学、管理和技术为一体的学科，它不再是过去那种单一的研究型学科，已经和社会、政治、经济紧密结合在一起。<sup>③</sup>考古学家的工作还受到法律的制约，需要有一套职业的道德规范。<sup>④</sup>会议希望通过这次讨论，思考高校怎样教授考古学知识，促成学校课程的改革。他们希望高校能建立起一系列高

---

① American Anthropological Association. *Changing Face of Anthropology: Anthropology Masters Reflect on Education, Careers, and Professional Organizations.* American Anthropological Association, 2010: 2.

② http://www.saa.org/publicftp/PUBLIC/faqs/students. html#2.

③ McGimesey, C. R, III and Davis, H. A., *The Old Order Changeth; Or, Now That Archaeology is in the Deep End of the Pool, Let's Not Just Tread Water*. In Bender, S. J. and George S. Smith, G. S. *Teaching Archaeology in the 21st Century*. U. S. A., The Society of American Archaeology. 2000: 5.

④ Lipe, W. D., *Archaeological Education and Renewing American Archaeology*. In Bender, S. J. and George S. Smith, G. S. *Teaching Archaeology in the 21st Century*, U. S. A., The Society of American Archaeology. 2000: 17–20.

质量的本科、硕士和博士课程，重塑学士和硕士学位的价值，让学生有更多可选择的路，而不只是选择继续念到博士。而最重要的，是使考古教育能够符合社会实践的需要。

就业市场和专业人员知识背景的变化，使得美国高校考古专业的课程设置发生了很大的变化。考古专业不再以培养研究性人才为主，而是涉及文化遗产管理的方方面面。以这一转型做得很好的波士顿大学为例，该校在本科课程中设置了《遗产问题：遗产管理导论》《文化遗产与外交》《保护世界遗产：原则与实践》《考古遗产管理与考古收藏管理研究：策展与公众阐释》《考古道德规范与法律》等。自20世纪70年代文化资源管理开展以来，许多高校为了应对文化资源管理人才的需要，在人类学系专门设立了与之相关的硕士课程和研究方向。与我国专硕相似的"应用考古学硕士"的课程也应运而生，主要开设与合同考古和遗产管理的应用型知识。以亚利桑那大学为例，他们的应用硕士课程除了经典必修的人类学和考古学专业课程以外，还包括《文化资源管理》《专业技能与道德伦理》《与社群后裔考古》《考古学保护导论》《文化接触与殖民主义》《美洲印第安人》《人类学与法律》等。培养的专业人才主要是为文化资源管理收集考古遗址的信息；从受到威胁的遗址上重获考古资料以减少土地改造项目对它们的影响；根据历史保护法管理历史资源；协助土著群体鉴定他们的传统文化，并管理他们的遗产；通过"保存考古"的手段来创造一个稳定的文化环境。这些课程设计在考古学理论、方法、技术与文化资源管理实践之间有很好的平衡，并专门开设《职业技能与道德规范》，以训练学生在实际操作中的职业技术及必须遵守的道德规范。考古学专业训练是一个重要的问题，因为它不仅关系到每个学生，更关系到学科的未来。这个问题，不只是职权部门或教育学家需要考虑的。它需要考古学家的参与。所以，对这一领域，考古界应该予以更多的关注。①

## 七、小结

在文化遗产保护的进程中，各国的坎坷是相似的：保护与发展是文明与功利的较量，管理与研究总有貌合神离的尴尬，调查与评估得不到足够的经费和技术支持，而公众教育缺乏吸引力，无法在这个信息爆炸时代和功利社会中引起人们的充分关注。

行至今日，困难与矛盾渐渐集中在上述几个议题上。将文化遗产保护的课题置于世界的视野之中，我们就会发现我国的困扰也是各国普遍的困扰，他国的发展经验能够作为我们的镜鉴。更重要的是，我们应当以全球的视野，从文化遗产保护的发展趋势中，发现自己哪里走在前列，而哪里尚有欠缺。

从文化遗产保护的国际视野来看，我国需要在两个方面加大改革的力度。一是迫切需要完善法律制度，二是要加大对公众的教育力度，提高百姓的文物保护意识。如果百姓的觉悟得到了提高，文化遗产的保护就能事半功倍。公众自觉的参与不仅使文化遗产的保护有了坚实的群众基础，而且可以对各种违法行为进行有效的监督。

---

① 蔡经纬：《中美大学考古专业课程设置的比较与借鉴》，复旦大学文物与博物馆学系专业硕士论文，2016年。

我国的文明自上古至今未曾中断，拥有大量地上和地下的文化遗产，我们有责任善加保管。我国文化遗产是举世瞩目的瑰宝，在世界文化遗产保护体系中，我国文物保护工作也有待作出世人瞩目的贡献，既可告慰于先祖，也当无愧于子孙。这也符合"必须坚持人民至上"的要求。

## 第二节　博物馆传播利用

博物馆是通过对人类及其环境的物质遗产和非物质遗产进行搜集、整理、研究和展出，最终实现知识传播的公共教育机构。考古发掘与研究旨在以物释史、证史和说史，起到教化和启示作用。从全球范围看，考古成果传播利用的最佳途径是考古遗址博物馆和历史博物馆。

考古遗址博物馆一般依托重要考古遗址建立，除了遗址本体展示外，还包括展示和解读该遗址及其出土文物的展览。其使命是通过考古遗址、地层、墓葬、遗迹和遗物等考古资料的展示，旨在向公众传播某个特定历史文化地理单元内的重要遗址的人地关系和人的生存智慧，包括环境演变、文明演进、历史发展、人类的生存方式和经济形态状况、社会结构和社会关系以及人类的意识形态、宗教信仰等。例如丹麦的阿胡斯的维京人考古遗址博物馆、中国的二里头夏都遗址博物馆和武汉盘龙城遗址博物馆等。

历史博物馆一般展示某个地域范围的历史文化。通过考古文物结合历史文献、辅助艺术和多媒体等手段，以点穿线、以点带面，透物见史，全面系统和生动地展示某个地域范围内的人类文明与历史文化的起源和发展脉络，集中反映区域文明和历史发展的辉煌成就。鉴于各地考古出土文物都是当地人地关系以及人类文明与历史发展的产物，是特定地域范围内人民的生产、生活及其文化创造的反映，因此考古出土文物最佳的传播利用途径是融入当地的历史文化生态之中，纳入历史博物馆的陈列展览之中。这不仅是我国考古资源传播利用的传统做法，也是国际上考古资源传播利用的成功做法。

将考古研究成果转化为传播利用，让考古文物活起来，讲好中华文明故事和中国历史文化的故事是新时代考古工作的重大使命，考古工作要以此使命为导向，开展考古文物的研究和传播利用工作。

## 一、以博物馆传播利用为导向加强考古文物的信息采集

博物馆展示传播是通过文物来叙述历史文化的，文物是博物馆展览的主角。考古成果传播效益如何，与考古信息采集密切相关。一个科学的考古文物信息，不仅仅指有形的文物，也包括无形的资料；不仅仅指文物本体，也包括声像和图片等背景资料；不仅仅是青铜器、陶瓷器、玉器等珍贵文物，也包括各种遗迹。考古文物信息采集越完整和系统，博物馆展示就越能实现有效传播。我国考古成果展示之所以传播效果不好，与考古信息采集不完整、不系统密切相关。因此，为了强化考古成果的展示传播，首先必须以传播利用为导向强化考古文物的信息的科学采集。即要在考古调查、勘探和发掘过程中，从服务展示传播的角度，有针对性地采集有关遗址及其出土物的完整信息

数据。不仅仅是陶瓷器、青铜器和建筑构件等，还应包括所有考古遗址和遗迹，例如地层、器物残片、建筑遗址、动物和人类遗骸、农作物颗粒和淀粉、植物种子和孢粉等。例如：

浙江桐乡市发现的良渚文化晚期新地里遗址和姚家山遗址考古文物信息采集。两个遗址同处一个时空背景下，前者发现一处由140座贫民墓组成的墓地，后者发现了一处由7座高等级墓组成的墓地。从展示传播的角度，考古信息采集应该依次进行如下采集：1. 对两个遗址地理空间位置信息进行采集；2. 对两处遗址分别进行鸟瞰式全景照片拍摄；3. 对贵族墓和贫民墓尺寸大小比较信息进行采集；4. 对贵族墓二层台信息进行采集（贫民墓无）；5. 对贵族墓棺椁痕迹信息进行采集（贫民墓无）；6. 对贵族墓和贫民墓随葬品多少优劣比较信息进行采集。如能对贵族墓和贫民墓采用套箱截取则更佳。有了这样科学、完整的考古文物信息采集，在博物馆展示中，就能通过比较展示向观众通俗生动地讲述考古遗址反映故事——良渚文化晚期低等级墓地和高等级墓地并存，说明良渚文化晚期社会阶层已经分化。

1994 年发现的普安桥遗址考古文物信息采集。该遗址位于浙江省桐乡市屠甸镇和平村，面积近 1 万平方米。早期遗存属崧泽文化，晚期属良渚文化，发掘墓葬 41 座，房屋基址 13 座。首次发现良渚文化时期生活区与墓葬区并存，考古发掘照片拍摄应该将生活区与墓葬区一起全景评审并注明两者的距离。有了这样科学、完整的考古文物信息采集，在博物馆展示中，就能向观众通俗生动地讲述考古遗址反映的信息，这表明这一时期社会结构发生重大变化——就是大家庭向小家庭转化，人死了就埋在自己住的房子边上。这是普安桥遗址考古发现的重要意义所在。

对安阳殷墟各阶层墓葬分别进行有针对性的信息采集。商王墓代表——1001 号大墓（武丁墓）、王后墓代表——260 号墓（武丁王后墓）、贵族墓代表——武官大墓、高等贵族墓——1990 年郭家庄 M160、中等贵族墓——2004 年大司空 M303、低等贵族墓代表、平民墓代表等。这样就可以在博物馆展示中对墓葬信息进行对比展示，向公众形象通俗地传达商人视死如生的观念，对墓葬的等级和规格有严格要求。墓葬的面积、葬具、殉人、牺牲、随葬品及陪葬马车是商人社会阶层的直接反映。

郑州大河村遗址文化堆积层考古信息的采集。厚达 12.5 米文化堆积层，包含仰韶文化到商文化的遗址遗物。通过展示，可以清晰地向观众说明该遗址连续使用时长达 3300 年，贯穿仰韶文化、龙山文化、商文化。其中仰韶文化持续年代为距今 6800—5500 年，延用 2300 年，地层层层相叠、环环相扣，具有一脉相承的发展演变关系，故被冠以"仰韶文化标尺"之名。

无锡鸿山墓群考古信息的采集。鉴于鸿山墓群七座古墓大致分为大、中、小三种规格，在拍摄的照片中应安置区别大小的参照物，这样，在博物馆展示中就能区别古墓的规格。

此外，以博物馆展示传播为导向的采集还有对马家浜文化墓地中典型墓葬葬式与葬具的套箱截取，对良渚文化卞家山遗址木骨泥墙和良渚文化建筑内类似砖坯的红烧土块的截取等。

对考古文物的信息采集，绝不只是为了科学研究，更是为了展示传播的需要。对考古工作来说，除了采集出土器物外，更要从服务展示传播的视觉，有针对性地采集有关考古遗址及其出土物的信息数据。只有准确、完整地进行考古信息采集，才能为博物馆展示传播提供强大的支撑，才能形象生动地讲述这片考古遗址上的人地关系和人故事，才能大大增强博物馆展示传播的效能。

## 二、以传播利用为导向强化考古文物的阐释研究

考古文物作为历史信息的载体，蕴含着丰富的历史文化信息。作为人类社会实践活动的遗存，文物是由那个时代的人们根据当时社会生活的需要，凭借人类的生存智慧，运用当时所能获得的材料，按照一定的价值观念和审美标准制造出来的。一件文物，一个遗址，哪怕是一砖、一瓦、一木、一器，都反映着人类在生产和生活方式、科学与技术、宗教和信仰、审美和思维等领域的文化继承和创造，记录着人类自我发展、自我完善的足迹，承载着中国智慧、中国价值、中国力量和中国精神。文物，就是承载于实物之上的文化。任何一件文物或一处遗址，其背后都有历史文化信息或故事。

考古研究成果是博物馆展示传播的重要学术基础，它不仅是展览提出概念和观点的基础，也是提炼展览主题的依据，同时也是制作科学或艺术辅助展品的学术依据。如果考古研究不到位，必然严重影响博物馆的展示传播。例如 2006 年建设的成都金沙遗址博物馆，是在考古发掘不久后建设的，诸多学术问题没有研究清楚，例如：金沙先民所处的自然环境是怎样的？金沙王国的社会形态、政治制度、家庭社群、经济制度与生活方式究竟是怎样的？金沙都邑

的布局、城市形态、社会阶层究竟是怎样的？金沙遗址出土大量与宗教有关的器物，金沙先民的宗教观念究竟是怎样的？其祭典仪式又是怎样的？到底是什么原因造成如此辉煌的金沙文明失落或衰亡的？这必然严重影响博物馆展览信息的有效传播。再如，2008年建设的无锡鸿山遗址博物馆，也是考古发掘结束不久就开始建设，诸多考古学术问题尚未研究清楚，例如：鸿山墓群究竟是春秋时代还是战国时代的墓？鸿山墓群究竟是吴国墓还是越国墓？鸿山墓群的墓主是谁？这必然造成博物馆展览信息似是而非或模棱两可，严重影响博物馆展示的有效传播。

考古文物研究旨在以物释史、证史和说史。但一直以来，我国考古文物研究多局限在传统考古学和器物学范畴，多为分类、分期、尺寸、造型等的简单描述，而对文物的制造、用途以及如何用、变化以及为何变化的阐释较少。如此，只能向观众呈现一种器物形态，而无法生动地讲述文物反映的历史文化的故事。对考古遗址研究多"用类型学和地层学方法对出土材料进行时空安排"，仅对考古遗址及其出土物的区系、类型、分期等做了初步的研究，未能透物见史，对考古遗址上的人地关系、生产方式和经济形态、社会结构和社会关系以及人类意识形态、宗教信仰等进行系统深入的研究。如此，只能向观众呈现考古遗址的时空框架以及出土物的分期、分类，无法生动地讲述这一遗址上的人地关系和人的活动，导致观众看不懂、不喜欢看。

针对我国考古文物内涵与价值挖掘研究普遍不足的现状，考古文物研究要跳出传统考古学和器物学的窠臼，深入挖掘考古文物蕴含的丰富历史文化信息，揭示其反映的历史文化现象，达到透物见人、见事、见生活、见智慧和见精神。

对考古出土文物的研究，不能只停留在分期、分类和工艺的研究，而应该揭示文物反映的历史信息。例如，青海大通县出土的新石器时代舞蹈图案彩陶盆，内壁彩绘三组舞蹈图案，每组五人，舞者手拉手，头面向右前方，踏着节拍翩翩起舞，情绪欢快，场面壮观。其研究不能只停留在分期、分类和制陶工艺，而应揭示其反映的新石器时代先民的生活情景，以及绘画及音乐舞蹈的发展水平。对良渚玉器的研究，不能停留在玉器分期分类和艺术审美层面的研究，而应该揭示良渚玉器反映的核心思想——"权力与信仰"，与原始宗教、礼乐文明和国家文明的关系，与神权、王权和军权的关系。对三四千年以前的商周青铜器的研究，不能停留在分期、分类的研究或是时代、名称、尺寸和造型等的描述研究，而要透物见史，通过商周青铜器的人文解读，揭示其反映的商周王朝礼仪等级制度——为了维护奴隶制统治秩序，商周统治者制定出整套礼制，规定了森严的等级差别，一些用于祭祀和宴饮的器物，被赋予特殊的意义，成为礼制的体现，这就是所谓"藏礼于器"。对考古出土竹木简牍研究，不能停留在文字书法层面，更要揭示作为古代的典章制度的竹木简牍文书所反映的古代政权制度建设、政府行为规范和操作方式。

对某个考古遗址的发掘研究，不能停留在分期、分类或时空框架层面的研究，更要通过对遗址古地理、地层、器物及其残片、建筑遗址、动物和人类遗骸、农作物颗粒和淀粉等完整信息的采集和多学科融合研究，揭示该遗址的自然条件、人的生产和生活活动、社会关系和宗教信仰等，这样博物馆才能全景式地展示遗址的全貌，才能生动地讲述这片遗址上的人地关系和人的活动故事。例如，对良渚房屋遗址的研究，要通过考古发掘的良渚先民的房屋柱洞遗迹及其平面图、出土的榫卯结构的建筑构件等，研究和还原良渚先民的房屋形态。通过对金沙遗址出土的动物标本和植物孢粉等，研究和还原3000多年前金沙先民的生活环境。对钱塘江海塘遗址的研究，要从土塘、竹笼木桩塘、柴塘，到斜坡式石塘、直立式石塘，再到鱼鳞石塘的演变，揭示其体现的古人的生存智慧以及古人与水抗争的不屈精神。

## 三、做好考古文物故事策划与编剧

如果说挖掘考古文物背后的历史文化是"讲好文物故事"前提和基础，那么做好文物故事的策划编剧则是"讲好文物故事"的关键。考古研究是以考古遗址遗迹为核心的基础研究，而考古研究成果策划编剧则是以故事为核心、面向大众的传播利用研究。内容策划编剧是考古研究成果与博物馆传播利用手段之间的重要衔接，涉及专业化向大众化的转化。考古研究成果的策划编剧是一项既要解释考古资源意义又要激发观众兴趣的情感与思想的活动，即要将考古研究成果通俗化、科普化和大众化，转化为公众看得懂、喜欢看的文化产品和服务。术业有专攻，显然考古学家的专长不在于考古研究成果策划编剧，就如同科学家不等于是科普作家、小说家不等于是剧作家一样。我国考古类博物馆展览之所以学究气重、通俗性不足，观众看不懂，觉得不好看，没意思，一个重要的原因是考古学家主导了展览的策划。

虽然我国历史悠久、文化博大精深、文物积淀丰厚，不缺乏精美的考古文物和生动的文物故事，但我们一直不重视、不擅长考古文物故事的策划与编剧，普遍缺乏讲好文物故事的能力，不擅长对考古文物进行人文阐释，不善于利用文物串联大背景和故事，未能将考古研究成果成功转化为人民群众所喜欢的精神文化产品，其内容策划编剧大多学究气重、通俗性不足，观众看不懂；或平铺直叙，故事性和趣味性不足，难以激发观众的兴趣；或知识性和思想性不足，观众得不到收获或留不下深刻印象。多数博物馆展览是各类文物的考古学和文物学展示，主要关注的是文物外貌——造型、尺寸、装饰和色彩，或讲述文物的年代、区系、分期和分类，或聚焦某件文物鉴宝式或猎奇式的展示。这种以考古学和文物学视角的阐释方式，因为没有深入浅出地解读文物的社会文化背景，没有做到透物见人、见事、见生活、见智慧和见精神，必然让普通观众有看不懂、枯燥乏味和"千馆一面"的感觉，更谈不上对他们有什么教育意义。内容为王。为了讲好考古文物的故事，我们必须高度重视并做好博物馆展览、纪录片、动画游戏、新媒体、图书等各种内容策划编剧。

陈列展览是讲好考古文物故事的主要方式，而要做好考古陈列展览，首先要做好陈列展览的内容策划。博物馆展览的制作类似于影视剧制作。在影视剧制作中，首先是剧本的策划编写，剧本是第一位的因素。同样，博物馆展览成功与否首先取决于展览内容策划的水准。只有首先具备一个好的展览内容大纲文本，形式设计和制作师才能制造出一个优秀的博物馆展览来。一个好的博物馆陈列展览大纲，应该满足如下条件：

有明确的传播目的。博物馆展览是一种观点思想、知识信息、文化艺术的传播，任何展览都必须明确自己的传播目的，即展览想告诉观众什么？传播目的是展览的灵魂，是博物馆展览策划、设计和表现的出发点和归宿，传播目的贯穿于展览策划设计和表现的全过程。例如郑州大河村国家考古遗址公园仰韶文化博物馆基本陈列的传播目的：1. 仰韶文化是黄河文化、华夏文明的主根脉。她不仅是黄河流域、中原大地最具代表性的新石器时代考古学文化，也是中国史前分布范围最广、延续时间最长的一支考古学文化。2. 仰韶文化奠定了华夏文明之基础。她不仅奠定了华夏族群的地域范围，形成了最早中国的基本格局，而且其衣食住行及其重大文明成就也奠定了华夏文明之基础，深深影响了中华文明的发展进程。3. 大河村遗址是仰韶文化的标尺。从距今 6800 年起，直至距今 3500 年，持续 3300 年。不仅涵盖了仰韶文化从产生、发展到消亡的全过程，反映了中原核心地区仰韶文化的完整序列，而且文化发展连续不断，历经龙山文化和二里头文化，直至商文化。不仅展览的部分、单元、组、展品展项都有一个传播目的的问题，并且它们必须按照展览总的传播目的来系统组织、规划和设计，形成展览明确的传播导向。一个优秀的展览，必定是一个有着明确传播目的并且按照传播目的执行的展览，反之，没有明确传播目的或不按传播目的执行的展览必定是一个不成功的展览。

有高度提炼的展览主题。主题是展览的灵活，贯穿于展览的全过程。主题提炼的任务是要在对大量与选题有关的学术资料和文物资料研究的基础上，进行从现象到本质、从事实到概念、从具体到一般的高度概括、抽象和升华，进而从教育学和传播学的角度，提炼出一个能统领整个展览的、个性鲜明的、具有高度思想性的展览主题。展览主题提炼愈充分，立意就愈高，展览的意义、思想性和教育性就愈强。展览主题提炼的结果反映在展标（展览名称）上，例如湖北盘龙城遗址博物馆的基本陈列的名称"江汉泱泱　商邑煌煌"，以及三门峡庙底沟博物馆的基本陈列"花开中国——庙底沟与中华早期文明的发生历程"。

有清晰的展览叙事逻辑结构。一般展览结构层次分为部分、单元、组和展品4个层次，结构层次要脉络清晰，各层次之间逻辑性和连贯性强，下一级必须服从和服务上一级，紧扣上一级的主题，是对上一级的具体化。展览叙事逻辑结构及其层次越清晰，展览信息的传播力越强，观众越能看懂展览。例如安阳殷墟博物馆"文字厅"展览内容逻辑结构：

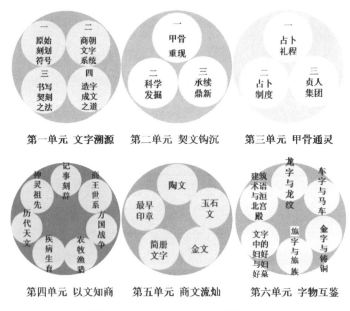

图 6-1　安阳殷墟博物馆"文字厅"展览内容逻辑结构图

有科学的展览重点亮点规划。展览需要"以点穿线、以点带面"，展览需要作秀，需要有"秀"的支撑。所谓"秀"，即是展览的重点和亮点，是展览的主要知识点和信息传播点。一个成功的展览，离不开展览"秀"的支撑。如果没有"秀"的规划，这个展览必定面面俱到、主次不分。例如义乌市博物馆基本陈列中有关上山文化桥头遗址的四个主要传播点：稻作农业、最早彩陶、东亚最早的环壕聚落、浙江第一人。

有生动的展示素材。展览内容的传播需要生动、形象的展示素材支撑，展示素材不仅包括文物标本、图片声像资料，还包括可用于创作辅助展品的故事情节资料。好的展示素材能够"透物见人、见事、见生活、见精神"，能够生动形象地表现展示的内容，揭示展览的主题。

有"信、达、雅"的文字说明。包括前言、结语，以及部分、单元、组和展品的各级标题及其说明文字。文字编写要巧妙，起到激发观众关注或引导观众的作用，例如采用提问式、鼓励参与式、吸引注意力式、指引观众式和鼓励比较式等。说明文字风格除了通俗易懂、可读精练外，还需要自然流畅、富于文采、亲切动人，要有感染力、激发性、引导性和召唤力，能引起或激发观众阅读的兴趣。

符合知识性和教育性原则。博物馆展览旨在知识普及和文化传播，服务公众教育的需要。展览要对观众有教育意义，让观众得到学识与经验、知识与信息、情感与价值上的满足和收获，起到公众教育的作用，起到促进文化交流和传播的作用。一个没有思想知识内涵、不能起到知识普及和发挥公共教育作用的博物馆陈列展览，纵然其表现形式如何花哨，也一定不是一个合格的博物馆陈列展览。

符合科学性和真实性原则。这是博物馆陈列展览前提。博物馆陈列展览的建设要有扎实的学术研究支撑，要以文物标本和学术研究成果为基础。一方面，博物馆陈列展览应以真实的文物标本为基础；另一方面，陈列展览提出的观点、思想、知识和信息都必须建立在科学的学术研究成果之上；第三方面，图文版面的设计、艺术的或科学的辅助展品的创作等，也都必须以科学的学术研究成果和客观真实的文物标本为基础，是有依据的还原、创作和重构。没有"科学性和真实性"作保障的博物馆展览，必然不是一个真正的博物馆陈列展览。

符合"观赏性、趣味性和体验性"原则。陈列展览要有较高的艺术感染力和观赏性。博物馆是个非正规教育机构，参观陈列展览是一种寓教于乐式的学习。同时，虽然陈列展览传播的观点和思想、信息和知识是理性的，但作为一种视觉和感性艺术，其表现的形式应该是感性的。一个好的陈列展览，不仅要有思想知识内涵、文化学术概念，还要符合现代人的审美需求。只有具有较高艺术水准、有引人入胜感观效果的陈列展览，才能吸引观众参观。反之，一个学术味过重、枯燥乏味，或缺乏趣味性和观赏性的陈列展览，必定难以吸引观众，必定不是一个好的博物馆陈列展览，也不符合博物馆非正规教育机构的性质。

除了展览内容策划外，博物馆传播利用的其他方式，诸如导览讲解词、动画、动漫、影片、教育项目、图书、文创产品等都需要内容策划编剧。

## 四、创新考古文物故事的传播方式

创新考古文物故事的传播方式，是构建完整的考古文物故事传播体系的最后一个环节，是讲好考古文物故事的重要突破点。

2018 年 7 月 6 日下午，习近平总书记主持召开中央全面深化改革委员会第三次会议，会议审议通过了《关于加强文物保护利用改革的若干意见》。意见强调创新文物价值传播推广体系，实施中华文物全媒体传播计划，用好传统媒体和新兴媒体，广泛传播文物蕴含的文化精髓和时代价值，更好构筑中国精神、中国价值、中国力量。

进入互联网时代，面对日新月异的大众传媒、新媒体，日臻成熟的大数据、云计算、人工智能等信息技术的发展，以及观众欣赏方式的变化，一方面为考古文物故事的讲述和传播拓宽了平台、提供多样化的方式，另一方面也要求我们适应技术和公众文化消费的习惯，不断创新考古文物故事传播的平台和方式，推动文物故事传播的知识化、通俗化、趣味化、体验化、文娱化、网络化、网感化、视频化。

2018 年国际博物馆日主题"超级链接的博物馆：'新方法、新公众'"，正是适应了新媒体和互联网时代文物故事传播的新趋势。所谓"新公众"，是指我们服务的主要对象已是 90 后、00 后这代人，他们出生和成长在网络时代，其学习和生活的方式与过去不同，更习惯于通过网络、媒体、体验、娱乐的方式获得知识和信息。所谓"新方法"，是指由于新媒体和互联网信息技术的发展，给文物故事的讲述和传播提供了更多样化的平台和方式，需要我们创新文物故事讲述和传播的方式。

尽管近年来，考古文博界在创新文物故事讲述和传播的方式做了不少探索，也取得了一些成绩，例如纪录片、微电影、APP 导览、智慧数字识别呈现、AR 和 VR 技术、文物知识"故事化"解读、文物故事"超媒体"呈现等。但面对迅速发展和日臻成熟的新媒体和信息技术以及新观众的新要求，从总体上讲，我们讲述考古文物故事的平台和方式依然缺乏创新，仍未取得重大突破。

因此，面对日新月异的新媒体以及新观众，要讲好中国文物的故事，除了传统的博物馆展览传播平台及其讲述方式外，我们应有开放的心态和合作共享的精神，广泛与有关机构合作，开拓文物故事传播新平台，共创文物故事讲述新方式，不断创新文物故事传播的平台和方式。如此，方能突破文物故事的传播方式，讲好中国文物故事，让文物真正"活起来"，发挥文物"见证历史、以史鉴今、启迪后人"的作用，传播中国智慧、中国精神和中国价值，丰富民众精神文化生活。

让考古文物活起来，是新时代我国考古工作的重大历史使命。让考古文物活起来的关键是要讲好考古文物的故事。而要讲好考古文物的故事，必须构建完整、有效的考古文物故事传播体系：第一要以博物馆传播利用为导向加强考古文物的信息采集，这是基础；第二要以博物馆传播利用为导向强化考古文物的阐释研究，做到见物见人见精神，这是前提；第三要做好考古文物故事的策划编剧，把学术性、知识性、教育性和趣味性、观赏性结合起来，"内容为王"；第四要开拓平台，不断创新文物故事传播的方式。如此，我们才能做好考古成果的传播利用，充分发挥考古文物"见证历史、以史鉴今、启迪后人"作用，讲好中华文明的故事，最终解答"我们中国人是谁""我们中国人从哪里来"和"我们中国人要去哪里"的追问，从而为中华民族的伟大复兴提供力量源泉和深厚底蕴，为增强文化自信提供坚强支撑，扩大中华文化国际传播力和影响力，促进文明交流互鉴，推动人类命运共同体构建。

# 第七章　考古资源的保护传承

考古资源是人类社会发展过程中形成的物质性遗存，同时也是当代社会铭刻历史、传承文明、凝聚力量的重要资源。结合考古资源保护的理念与技术、价值与实践、历史与未来，本章明确了考古资源的保护传承理念与遗址保护、文物现场保护等内容。考古资源的保护传承不仅需要与时俱进、前瞻的理念方法，更需要贴合实际、可行的技术手段。我国在考古资源的保护传承中积累了丰富实践经验，本章回顾了考古资源保护历程与理念，分析考古资源保护管理的规定、进展与成就，构建出我国考古资源保护管理的理念与方法；立足考古遗址的现场保护，针对考古遗址的病害类型，提出遗址本体与保存环境的治理与改善方法；围绕考古遗址中不同类型的出土文物，提出现场保护的技术方法与稳定化处理方法。

# 第一节 考古资源的保护历程与理念

本节回顾考古资源的保护历程与理念，简要梳理考古资源的基本内涵，集中于我国考古学发展中重要研究成果的梳理与分析，全面整合与比较国内外考古资源保护管理的法律规定、进展与成就，从中提炼与分析考古资源保护管理的理念与方法，指出未来考古资源在价值认知、理论方法、合作机制以及系统性保护等方面的发展方向。通过一代又一代考古学家、遗产工作者与全社会的努力和参与，我国考古资源的保护与管理取得了前所未有的成绩。

## 一、考古资源的基本内涵

"考古资源"，亦称"考古遗产"。考古资源主要指考古对象，包括考古现场（古迹遗址等）、出土文物、其他科研标本，[①]是文化遗产的重要组成部分。

该词在联合国教科文组织在 1956 年于新德里通过的《关于适用于考古发掘的国际原则的建议》中即已使用，欧洲理事会于 1969 年在伦敦制订的《保护考古遗产欧洲公约》、国际古迹遗址理事会全体大会第九届会议于 1990 年在洛桑通过的《考古遗产保护与管理宪章》，也均使用这一概念。其中，《关于适用于考古发掘的国际原则的

---

① 杜金鹏：《论考古资产保护》，《考古》2015 年第 1 期。

建议》将考古遗产定义为：从历史或艺术和建筑观点看，对其保护符合公众利益的所有文化遗存，包括具有考古意义的所有纪念物和可移动或不可移动的文物。《保护考古遗产欧洲公约》定义为：属于科学资料的主要来源或主要来源之一，从而作为历史和文明见证的所有文化遗存——实物或其他人类文化遗迹，又称为"考古物"。《考古遗产保护与管理宪章》则定义说："'考古遗产'是根据考古方法提供主要资料实物遗产部分，它包括人类生存的各种遗存，它是由与人类活动各种表现有关的地点、被遗弃的结构、各种各样的遗迹（包括地下和水下的遗址）以及与上述有关的各种可移动的文化资料所组成。"

考古资源的保护与管理，是考古类文化资源处置理性化过程的结果。它是在现代社会条件下寻求古遗址、文化景观、地点等古代社会空间遗产合理化处置的研究学科，也是文化资源管理工作的分支，主要内容包括考古资源的保护、管理以及利用等。考古遗产管理的主要任务包括：通过政策和立法（国家和国际层面上）等手段缓解考古资源威胁，减轻考古资源压力；进行考古资源调查、信息收集和信息管理；在现代建设及非法贸易情景下进行抢救性发掘；实践区域考古资源规划、整合及利用；对从业者和普通民众进行教育、培训、解说和宣传等。随着现代社会的发展，社会、政治、经济等方面的因素促进了该学科的发展，从考古发掘到"边发掘，边保护"，逐步形成了新的方法和视野。[1]

----

[1] 王巍主编：《中国考古学大辞典》，上海辞书出版社 2014 年版，第 652—653 页。

## 二、考古资源保护的历程与意义

世界范围内，保护与考古发掘的结合，至少可以追溯到 200 多年前。1816 年，丹麦哥本哈根国家博物馆的"艺术品保护委员会"所聘用的专家汤姆森就曾多次在信中谈到保护出土文物的难度和现场防止出土文物分解、破碎的技术。他的助手荷博斯特，1859 年用明矾保护出土的饱水木器，取得巨大成功。考古学或文物保护的关系相当密切，它们研究工作的对象相同，都是古代人类在社会活动中遗留下来的实物资料，即遗物与遗迹。但考古与文物保护又分属于两个门类不同、性质有别的工作。考古发掘的工作重点是文物资料及信息的采集；而文物保护工作重点则是着眼于未来如何使出土文物保存相对长的时间、保护甚至修复出土文物所携带的历史信息，为后续的考古学、历史学等研究提供更多、更完整的实物证据。从这个角度来看，考古发掘与文物保护又是前后衔接、连续不断的工作，既有区别又有联系。①

新中国成立 70 多年来，随着自然科学技术的飞速发展和改革开放政策的实施，越来越多的自然科学技术应用到考古发掘研究和文化遗产保护之中。在土质遗址和石窟寺的保护，以及金属、漆木、玉石、陶瓷、丝绸的保护工作中，自然科学技术都发挥着无可比拟的巨大作用。在学习国外先进文物保护技术的同时，我国的文保工作者也结合自身实践，探索发明了多项保护技术和方法，有力促进

---

① 梁宏刚：《考古学与文物保护》，《自然与文化遗产研究》2021 年第 6 期。

了中国文化遗产保护事业的发展。[1]

1952—1955 年，文化部（社会文化事业管理局）与中国科学院（考古研究所）、北京大学联合举办了 4 期考古工作人员训练班，每期时间 3 个月，学员总数达 369 人，国内文物考古界知名学者几乎都参与了授课。这 4 期培训班后来被称为考古界的"黄埔四期"，学员基本都成为各地方的文物考古骨干力量，甚至是领军人物，其中许多人直到 20 世纪 90 年代依然活跃在文物考古第一线。田野考古教研组除了讲授考古学通论、考古调查、考古发掘、考古记录及编写报告外，还邀请了参与考古工作多年的老技师来传授发掘工地文物包装处理、测量、绘图、照相等知识，这也是新中国考古工地文物现场保护的萌芽。同一时期，我国各大博物馆和其他文博机构吸收了各地的技术人员，开始从事文博单位内文物保护修复工作，开创博物馆文物修复先河，初步建立了文物保护修复队伍。

1. 考古遗址的保护与基本建设

20 世纪 60 年代，国家大兴基本农田建设，平原地区取高填低，山区修正梯田，丘陵地带挖山造田。在这一大规模经济建设中，古代城址、王陵被陆续发现，如琉璃河遗址和贵族墓、河北省燕下都遗址及王陵、战国中山王陵等在平原取土垦地中发现，甘肃礼县大堡子山、内蒙古宁城夏家店等在大修梯田时发现。当时部队也参加到基本建设中，如河北满城汉墓的发现等。随着基本农田建设的开

---

① 王巍：《百年考古踔厉奋发——中国考古学与文化遗产保护事业的发展》，《自然与文化遗产研究》2021 年第 6 期。

展，文物被陆续发现，文物保护和研究工作随着这些线索展开。新的考古发现不断涌现，全国考古工作处于集中大会战时期，推动了考古发掘的开展和建设，历史时期的城址多在这一阶段有了新发现新突破。考古遗址的保护和研究工作大规模被动式开展了。[①]

2. 考古学研究与考古资源保护

20 世纪 80 年代，全国重点院校设置了考古专业，考古专家基于前期基本农田建设考古成果的积累，考古学专业开展教学研结合考古学实习。考古学者不再忙于服务于基本农田建设，主动性地通过学生实习，有目的地开展探索考古学文化特点，一时间"考古学文化、考古学文化类型"等成为大遗址考古和研究的重点。[②]

基于考古学文化研究的基础上，因分文化、分期的实践，创立考古区系类型学理论。这种情况下推动大遗址考古发现的研究，如红山文化、仰韶文化、龙山文化、良渚文化，等等。在这一时期各地陆续建立了一些小型遗址博物馆，对遗址开展了尝试性展示和利用，如半坡遗址博物馆、琉璃河遗址博物馆等。开始了部分遗迹室内展陈或室内模拟展陈，遗址博物馆成为遗址保护利用的主要方式，大量的以论证考古学文化、区系类型的文章成为考古学主流。[③]

到了 20 世纪 90 年代，大规模基本建设尚未开始，特别是长江以北地区仍处在探索和观望阶段。随着改革开放走出去与引进来，

---

① 张治强：《大遗址考古遗址的保护与利用》，《中国文物报》2024 年 2 月 26 日。

② 安家瑶：《考古学研究是我国大遗址保护的基础》，《中国文物科学研究》2011 年第 2 期。

③ 谢辰生：《新中国文物保护工作 50 年》，《当代中国史研究》2002 年第 3 期。

我国考古工作者在区系类型研究的基础上，开始关注于史前人类的生业模式、思想等。基于以聚落考古的研究，以重建古史为目的，这样的一种考古学的任务，推动了我们大遗址的保护和利用。如凌家滩遗址、陶寺遗址、牛河梁遗址等，自从发现一直在开展考古工作，都是基于重建古代史的任务开展的。

3. 改革开放以来的考古资源保护

改革开放40多年来，要说最大规模的大遗址考古，就是自2000年至2010年，大规模高速公路工程开工，大规模城市扩张建设，特别是第七批全国重点文物保护单位公布后，文物的内涵和外延得到了拓展，由文物保护走向了文化遗产保护。这一时期，考古遗址保护工作仅通过考古已不能解决问题，对于考古遗址的保护需要前瞻性规划和指导。国家文物局适时提出了大遗址保护规划，通过规划提前布局，推动遗址的整体保护。中国文化遗产研究院等带领社会其他科研规划专业机构开始参与大遗址的保护，通过制定保护规划推动大遗址的整体保护。财政部和国家文物局制定了大遗址专项规划和专项经费，支持大遗址考古、保护和利用。

改革开放以来，随着经济社会的发展，我国的考古事业也在蓬勃展开，每年都有重要的考古发现展现在世人面前，为人们提供许多翔实的考古资料，为考古学、历史学和其他相关学科的研究不断补充新的内容。始于1990年的全国十大考古发现评比，每年均受到文物考古业内外人士的重点关注，成为一场宣传考古的"文化盛宴"。随着科学技术的发展，考古技术手段和多学科合作的理念不断提升，不仅仅是基于实验室分析测试的科技考古，往常多限于后期室内的文物保护修复也都逐渐提前到了考古现场，考古发掘现场文物保护越来越受到学界的关注和重视。

4. 城乡建设背景下考古资源保护

21 世纪以来，城乡的考古遗址与城市开发之间的矛盾较为突出，[①] 全社会对于考古遗址的核心价值因看不见、摸不着，无法理解。城市建设的快速发展和大遗址本体的保护和大遗址的环境之间产生了不协调。国家文物局提出建设国家考古遗址公园，并首先推出了一批 12 家示范性考古遗址公园，就是通过建设考古遗址公园推动大遗址保护，也是推动考古理念的转变与发展。

随着社会经济文化的全面发展，城镇化不断提高，以市县级为中心的城市建设与大遗址保护的协调成为考古遗址保护利用的重要任务。一些我们认为区位条件不具备建设国家考古遗址公园的重点遗址陆续进入立项和挂牌名单，考古遗址公园的区位、展示利用方式理念又得以拓展。国家文物局先后公布了第二、第三批国家考古遗址公园共 24 家。

2022 年国家文物局公布了第四批国家考古遗址公园共 19 家，突破了前三批每批 12 家的控制数量的理念。国家文物局从一批公园到四批公园的公布，体现了大遗址考古理念、保护和展示理念的不断创新。如国家考古遗址公园由城市到城乡接合部到乡野，大遗址考古由为基本建设服务，由被动考古至有计划考古，由重点考古到全面格局考古，由封闭性考古到公众考古，由为研究考古到为研究

---

① 宿白：《现代城市中古代城址的初步考查》，《文物》2001 年第 1 期。

保护利用活化的考古等。

考古遗址保护的方式有很多种，一是关于现场保护。重要遗迹面积较大时，首先要想到永久性保护利用，就要立即建设临时或永久性保护设施，防止自然和人为破坏。重要遗迹面积较小不便于野外保护时，要立即迁移到室内进行保护，再进行实验室考古。对于没有预案的考古发掘，现场不易长期暴露，在发掘保护短期不能取得一致意见的情况下，先进行科学回填式保护，如夯土基址、墓葬等。二是研究性复原的理念建设保护性设施。如大明宫遗址、隋唐洛阳城遗址等的部分保护性设施。三是诠释性的复原和基于现状恢复性复原。根据考古实际尺寸推测复原，依据遗址本体进行修复性复原。四是地表模拟展示。一种是对考古现场不好保存，回填后在原空间模拟考古发掘现场。如凌家滩、盘龙城、良渚等部分展示场所。一种是对建筑基址台明以下进行研究性复原，通过视窗的形式展示考古局部现场。如圆明园含经堂基址，元中都1号大殿等。一种是印象物、标识物的展示方式。比如大明宫遗址的仿唐木构，仰韶遗址公园栽种地柏来表达壕沟，设计玫瑰花纹碗景观等。

另外，文物保护规划设计在考古遗址保护中得到广泛应用。两者在工作对象、目的目标和使命任务等方面具有高度的同一性和互补性。考古学是文物保护规划设计工作的基础，考古学在文物保护规划设计工作中的主要任务包括明晰文物遗存构成和文化属性、评估文物保存现状及破坏影响因素、深化文物价值体系研究、提出保护建议、编制考古工作规划计划等，为划定文物保护区划、明晰保护和展示利用重点及措施等提供支撑服务。①

5. 新时代以来"让考古遗产活起来"

关于让考古遗产活起来，国家考古遗址公园管理办法明确了科研、教育、游憩三种方式。一是考古发掘活动现场开放参观。这种方式能最直观地体现考古工作者是如何工作的，因为考古工作者就是考古遗址公园的一部分。二是建设考古博物馆。各省考古研究机构存放着大量未上展线的考古发掘品，应鼓励建设省级考古博物馆。如三星堆考古博物馆、成都市考古博物馆、陕西省考古博物馆、重庆考古博物馆等，展览形式和内容各不相同，基本全面展示了考古工作的方方面面和考古遗产的发现、发掘和研究成果。三是围绕大遗址内涵开展教学研活动。如大明宫的嘉年华、三星堆数字遗产、河南的考古盲盒、金沙太阳节等，既体现考古遗址的价值，又能够吸引青少年关注遗产。四是通过开放考古发掘品数据资源，吸引社会力量开展文创产业。五是引进社会资本开展文旅体验。管理单位要在规范好、引导好，不破坏遗址本体的前提下，开展文旅体验活动。②

## 三、考古资源保护管理的现状

1. 国际对考古资源保护管理的规定

众所周知，认识和了解人类社会的起源与发展对人类鉴别其文

---

① 刘卫红、杜金鹏：《考古学与文物保护规划设计》，《自然与文化遗产研究》2021 年第 6 期。

② 张治强：《大遗址考古遗址的保护与利用》，《中国文物报》2024 年 2 月 26 日。

化和社会根源有着极其重要的作用。考古资源作为人类历史文明的重要载体，其保护与管理不仅关乎文化遗产的传承，也直接关系到全球文化多样性和历史记忆的保存。国际社会对此高度重视，通过制定一系列法规和政策，确保考古资源得到妥善保护和科学管理。

联合国教科文组织大会第九届会议于 1956 年 12 月 5 日在印度新德里通过《关于适用于考古发掘的国际原则的建议》（以下简称《建议》）；国际古迹遗址理事会全体大会第九届会议于 1990 年 10 月在洛桑通过《考古遗产保护与管理宪章》（以下称《宪章》）；还有地区保护考古遗产公约，如 1969 年制定的《保护考古遗产的欧洲公约》（以下称《欧洲公约》）和 1976 年制定的《美洲国家保护考古、历史及文物法学概论艺术遗产公约》（又称为《圣萨尔瓦多公约》）[1]等，都对考古资源的发掘、保护与管理做出了明确的规定（表 7-1）。此外，部分考古文物资源丰富的国家在考古资源保护方面也有着丰富的立法经验。例如，英国、法国、德国等国均制定了严格的考古发掘法规，要求所有考古发掘活动必须经中央政府主管部门批准，并接受其监督。这些法规不仅保护了考古资源免受非法盗掘和破坏，还促进了考古学科的发展。一些国家还通过国际合作，共同保护跨国界的考古资源。例如，埃及与邻国签订了多项协议，共同打击文物走私和非法盗掘行为，保护古埃及文明的遗产，[2]此处不作赘述。

---

[1] 联合国教科文组织《建议》、国际古迹遗址理事会《宪章》及地区性《公约》，均见国家文物局法制处：《国际保护文化遗产法律文件选编》，紫禁城出版社 1993 年版。

[2] 参见俄军编著：《文物法学概论》，兰州大学出版社 2018 年版，第 190—191 页。

表 7-1　与考古资源保护相关的国际文件、宪章与公约及其内涵

| 1956 | 《关于适用于考古发掘的国际原则的建议》 | 联合国教科文组织 | 提出考古遗产对于各个国家的文化意义，对"考古发掘"的定义、总则、国际合作、古物贸易、非法出口等作出明确规定。 |
|---|---|---|---|
| 1969 | 《保护考古遗产的欧洲公约》 | 欧洲理事会 | 认识到欧洲考古遗产对认识欧洲文明起源之重要意义，提出保护与管理欧洲考古遗产资源是欧洲国家共同义务，据此对埋藏有考古物的堆积层和遗址分别在保护管理、文化教育、国际交流等层面作出限定。 |
| 1976 | 《美洲国家保护考古历史及艺术遗产公约》（又称《圣萨尔瓦多公约》） | 美洲国家组织 | 《公约》明确了考古历史及艺术遗产的定义与类型，并规定对这些遗产进行鉴定、登记、保护和保管，以防止其非法输出和输入，从而增进对这些遗产的了解和鉴赏。 |
| 1990 | 《考古遗产保护与管理宪章》（又称《洛桑宪章》） | 国际古迹遗址理事会 | 《宪章》基于考古遗产对于全球文明的深远意义，首先明确"考古遗产"之定义，并就其保护与管理各个层级提出系列原则与要求，具体包括整体保护政策、立法与经济、调查与发掘、维护与保护、展览、信息与重建、专业资格以及国际合作。 |

通过分析上述法规、公约以及宪章的基本内容规定，从中体现的共性精神和关切问题可以概括为以下几点：

（1）考古资源的保护与管理，即如何挖掘、挖掘后如何实现有效保护与管理的问题。由于考古资源不可再生，因此必须制定科学合理的挖掘原则，在挖掘前后对遗址、遗迹、出土文物与考古挖掘历程进行综合的管理规定，并对违法行为实施惩罚。四份文件中都有相关性的具体阐释，如《建议》中总则部分第四至第九的条文规定，《欧洲公约》第二至第四的条文规定，《圣萨尔瓦多公约》第五

至第八的条文规定以及《宪章》第二至第六的条文规定。

（2）考古实践的原则与要求，即在保护管理完成后，使得考古遗产发挥更大社会作用的系列考古实践应该如何做的问题。各份文件充分认识到考古资源的保护与管理不能仅仅依靠考古学单一学科的知识与政府行政干预的力量，更需要依靠多学科的参与、社会参与以及跨国别的文化合作与交流。因此在每份文件中均设置了关于考古资源在国际合作、公众教育、文物收藏与贸易等层面的限定要求，具体如《建议》第十至第二十八的条文规定，《欧洲公约》第五至第七的条文规定，《圣萨尔瓦多公约》第九至第十六的条文规定以及《宪章》的第七至第九的条文规定。

整体而言，上述国际性宪章或者地区性公约得以形成纲领性文件并颁布，主要基于国际社会对于考古遗产及其附属资源的价值认知已经超越了物质本体的有限意义，而转向对于人类文明起源与民族文化建设的意义探寻，正如《考古遗产保护与管理宪章》导言所述："考古遗产构成记载人类过去活动的基本材料，因此，对其保护和合理的管理能对考古学家和其他学者代表人类当前和今后的利益对其进行研究和解释起到巨大的作用。"[①] 这是当前考古资源保护之基本价值和意义的国际共识。

**2. 我国考古资源保护管理工作的进展与成就**

中国考古学诞生以来，一直肩负着知我中华、振兴中华的学术使命。新中国成立后特别是新时代以来，中国共产党将马克思主义

---

① 《文化遗产监测国际文献选编》编译组编译：《文化遗产监测国际文献选编》，上海大学出版社 2020 年版，第 104 页。

理论与中国社会历史、民族文化相结合，"修国史、写续篇"，推动考古学在学科研究、管理体系、机构队伍等方面取得长足进步。迄今为止，中国在考古资源发掘、保护、管理与展示利用层面的发展主要表现在以下几个方面：

一是考古发掘工作力度不断加大。发掘项目逐年增加，从 2012 年的七八百项增加到 2022 年的一千四百多项；具有明确学术目的的主动性考古发掘比重显著增加，考古工作者更多地围绕学术研究设置课题和发掘项目。

二是重要考古发现层出不穷。"中华文明探源工程"的实施，促进了中华文明起源研究和与文明起源相关的研究，比如河南双槐树、平粮台、黄山，浙江良渚，陕西石峁、芦山峁，湖北石家河、城河，山东焦家、岗上等多个遗址的考古工作，取得大量关键性证据和资料。浙江良渚遗址更是实证中华文明有五千余年，改变了国际考古学界关于"文明"的固有标准。

三是历史时期考古工作受到重视。近十年，考古发掘遗址的时段越来越均衡，特别是唐代以后的考古发现数量显著增加。入选"全国十大考古新发现"的项目中，夏商周时期的占五分之一，秦汉以后的占将近半数，其中以前考古工作开展较少的宋辽金元明清时期的考古发现占总数的六分之一。这从一个角度反映出历史时期特别是宋代及以后的考古发掘得到重视。

四是边疆地区考古发展迅速。内蒙古、新疆、西藏、黑龙江、吉林、辽宁、云南、海南等省、自治区都有项目入选"全国十大考古新发现"，这些发现使我们对统一多民族国家形成的过程认识越来越深刻全面。

五是"考古中国"项目促进下，考古研究日益深入。近几年启动的"考古中国"项目，鼓励围绕重大课题开展跨区域、跨系统的多学科综合研究，聚焦具有战略性、前瞻性和前沿性、代表国家水平、兼具国际视野的重大考古课题，经过系统的设计、相关各省联合，极大促进了学术目的的明确和学术组织的优化，全面拓展考古学研究的广度与深度。迄今已有黄河中游、黄河下游、长江中游、长江下游和东北地区西部等区域的史前文化和夏商周时期的 18 个项目入选实施。

六是对外交流与日俱增，中外合作考古硕果累累。据统计，截至 2020 年，我国各类机构赴境外开展联合考古项目 30 余项，涉及亚洲、非洲、欧洲、美洲等 21 个国家和地区。涵盖了人类起源和现代人起源、埃及文明、玛雅文明等世界古代文明考古，佛教考古研究等诸多前沿领域和热点问题。

七是研究手段日益多样，科技考古作用显著提升。随着科学技术的发展，自然科学技术在考古学的应用取得了十分显著的进步。以三星堆遗址新一轮发掘为代表，新时代考古工作开启新模式。中国考古理念、发掘方法、研究手段和成果爆发式增长。

八是考古事业国际影响力显著增强。自 2013 年开始，中国社会科学院与上海市政府每两年举办一次世界考古论坛（上海），组织全世界的顶级考古学家评选前两年度世界重大考古发现和重大研究成果（各十项左右），迄今为止的四届论坛，我国已有浙江良渚、陕西石峁、山西陶寺、湖北石家河、江西海昏侯墓、湘鄂黔土司遗址及"中华文明探源工程"等近十项发掘或研究项目入选。世界考古论坛得到世界各地考古学家的积极支持和响应，使中国考古学从游离于国际考古学界边缘一举进入核心，提升了中国考古学的国际影响力。

九是考古走出象牙塔，逐渐走入公众视线。以央视、光明日报等为代表的媒体持续关注考古工作，点燃了民众特别是广大青少年对考古的关注。央视相继推出《国家宝藏》《中国考古大会》《中国国宝大会》《考古公开课》《寻古中国》等一批传承传统文化的精品栏目。光明日报持续跟踪报道考古发现和进展，产生广泛反响。中华先民万年稻作和粟作、八千年前的骨笛、良渚和陶寺文明遗迹、二里头夏代都城等一批重要考古发现写入了中学教科书。

十是考古遗址公园建设方兴未艾。近十年来，已有 36 个国家考古遗址公园被批准挂牌开园，另有 40 多个获批立项，还有 60 多个申请立项。考古遗址公园的建设，从根本上缓解了城市发展、旅游和文物保护之间长期存在的矛盾，极大地激发了各级政府的积极性，在城市建设、旅游与文化遗产保护三方面形成合力，使民众可以近距离地观看考古遗址发掘出土的遗迹遗物，感受其中蕴含的丰富文化内涵，是较早实现文旅融合的重大举措，也是一项意义深远的战略举措。

十一是人才培养力度加大，考古队伍后继有人。党的十八大之前，全国高校设立考古、文博或文化遗产的本科专业大约有 40 个，到 2021 年年底，这一数字已经超过 100。近十年来，20 多个高校设置考古文博专业硕士，每年培养考古文博硕士研究生的人数增加数倍，博士研究生的数量也显著增加。最近，有关部门积极落实习近平总书记重要指示精神，为全国考古机构大幅度增加人员编制，全国 71 家考古机构编制增加 1500 人，长期制约中国考古学发展的人员短缺问题有望得到解决。

## 四、考古资源保护管理的理念与方法

1. 拓展考古资源价值认知视角，从"考古资源"到"文化遗产"

进入 21 世纪，我国开始了从"考古文物保护"到"文化遗产保护"的历史性转型，原本独立发展的考古、保护、利用等领域面对共同的工作目标，在逐渐增多的工作交织中开始更多的合作。

"文化遗产"概念最初出现于联合国教科文组织于 1972 年 10 月 17 日公布的《保护世界文化和自然遗产公约》中，其中提到物质性的"文化遗产"包括文物、建筑群、遗址三个方面。[①] 2003 年 10 月 17 日，联合国教科文组织在正式通过的《保护非物质文化遗产公约》中又提出"非物质文化遗产"的定义。[②] 2005 年 12 月，国务院下发了《关于加强文化遗产保护的通知》，第一次在"红头文件"的标题上用"文化遗产"取代了使用几十年的"文物"一词。[③] 结合中国的自身实际情况，通过吸纳国际上"文化遗产"的先进理念，我国也以政府文件的形式给予"文化遗产"以界定："文化遗产"包括物质文化遗产和非物质文化遗产两部分。继古玩和文物之后，中国考古学中首次具有了文化遗产的概念。与考古学中文物相比，文化遗产概念的

---

① 彭跃辉编译：《世界文化遗产保护管理法律文件选编》，《文物出版社》2014 年版，第 367 页。

② 《文化遗产监测国际文献选编》编译组编译：《文化遗产监测国际文献选编》，上海大学出版社 2020 年版，第 59 页。

③ 国务院：《关于加强文化遗产保护的通知》，《中华人民共和国国务院公报》2006 年第 5 期。

范围在扩展，可以被作为文化遗产的对象比文物更加普遍。不仅是人类过去遗留的物质性遗存被视为文化遗产的组成部分，一切与人类的发展过程有关的工艺、技术、知识、礼仪、风俗习惯也被视为文化遗产的组成部分。而从"考古资源"到"文化遗产"也被视为是"考古遗产"的形成过程，是一个从考古学科的研究资源向社会公共文化资源转向的人为建构过程，且需要具备一定的社会经济条件（图7-1）。

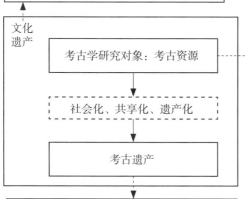

"文化遗产"与"考古资源"和"考古遗产"的概念相比，文化遗产概念的范围在扩展。不仅是人类过去遗留的物质性遗存被视为文化遗产的组成部分，一切与人类的发展过程有关的工艺、技术、知识、礼仪、风俗习惯也被视为文化遗产的组成部分。考古资源和考古遗产从定义上均包含于文化遗产的范畴之中。

文化遗产

考古学研究对象：考古资源

社会化、共享化、遗产化

考古遗产

考古资源，又有近似概念如考古材料、考古资料等，狭义上可以解释为考古学学科的研究对象，包含着人们从事考古发掘、考古研究等活动时所可利用的一切要素和对象。从"资源"词义的延伸角度上，可以解释既包括发掘的文物古迹，又包括对资料的整理得来的文字、视频、图片等所有要素，还包括考古学中用到的考古方法、逻辑思维、人们从事考古发掘、考古研究等活动时所可利用的一切要素和对象。

考古资源在一定的社会条件和背景中可以实现从考古资源向考古遗产转化的遗产化过程。这个过程既与处于动态变化中的考古学理念方法更新相关，也与社会环境与公众认知水平提升密切关联。

"'考古遗产'是根据考古方法提供主要资料实物遗产部分，它包括人类生存的各种遗存，是由与人类活动各种表现有关的地点、被遗弃的结构、各种各样的遗迹（包括地下和水下的遗址）以及与上述有关的各种可移动的文化资料所组成。"
——考古遗产管理国际委员会（ICAHM）《考古遗产保护和管理宪章》（1990，瑞士）

**图 7-1　考古资源与文化遗产的内涵范畴示意图**

人们对文化遗产的内容、其所包含的信息、价值等的认识在提高，从而使这一概念所荷载的文化与社会等意义更加普遍也更加深刻，和当今社会的关联程度更加密切。遗产已被视为社会持续发展的宝贵的战略资源，与其有关的知识、信息的传播讨论以及对其保护利用的社会参与也更加普遍。① 在这种趋势下，作为最重要遗产来源的考古资源也正在逐渐打破学科壁垒，实现自身遗产化的同时，走向了保护管理与传承利用的新阶段。

2. 更新考古资源保护理念方法，从"让文物保下去"到"让文物活起来"

随着学科发展与社会进步，我国对于考古遗产保护与管理的理念认识也在逐渐提升，追求与时俱进与实事求是。文物工作方针是我国文物保护核心理念的系统凝练，最初是八字方针②，后又提出十二字原则③与十六字方针④，到今天在文物法中新增与十六字方针配套实施的二十二字工作要求⑤，可以说是思想解放在考古文物界的一个提升。"保护第一"是前提，"加强管理"是保障，"挖掘价值"

---

① 参见肖凤春：《中国考古学视野下的文化遗产保护》，《赤峰学院学报（汉文哲学社会科学版）》2013 年第 6 期。

② 1992 年 5 月在西安召开的全国文物工作会议，提出"保护为主、抢救第一"的工作方针，还提出"先救命后治病"的观点。

③ 1995 年 9 月全国文物工作会议提出"有效保护，合理利用，加强管理"方针。

④ 2002 年《文物保护法》修订时，将方针和原则凝练成"保护为主，抢救第一，合理利用，加强管理"。

⑤ 2022 年 9 月全国文物工作会议提出"保护第一，加强管理、挖掘价值、有效利用、让文物活起来"的二十二字方针，2024 年 11 月修订的《中国文物保护法》第四条中延续了原十六字方针，在第十条中将这二十二字确定为新时代文物工作要求。

是基础，"有效利用"是路径，"让文物活起来"是目标。从"八字原则"到"二十二字文物工作要求"的转型，表明我国文物保护已经从"抢救性保护"阶段转向"预防性保护"阶段，并且融入了"价值挖掘"与"有效利用"等新的时代要求。在"让文物活起来"的基调之下，我国文物工作进入从"文物保护"向"文物保护利用"的全面实践时期。

2018 年中央两办印发的《关于加强文物保护利用改革的若干意见》确定了在"保护中发展、在发展中保护"的方向[①]。2022 年的《"十四五"考古工作专项规划》更加明确提出"到 2035 年，中国特色、中国风格、中国气派的考古学基本建成"[②]，党的二十大更将"加大文物和文化遗产保护力度，加强城乡建设中历史文化保护传承"作为推进文化自信自强，铸就社会主义文化新辉煌的一个部分写进报告中，为新时期的考古遗产保护管理事业树立了新的发展理念与价值观。

党的十八大以来，以习近平同志为核心的党中央高度重视考古工作，对考古和文化遗产有效保护与合理利用作了上百次批示，提出一系列新思想新观点新要求，运用辩证唯物主义和历史唯物主义的世界观和方法论，揭示了考古与历史、保护与利用、传承与发展的内在逻辑，进一步明确了考古工作的重大社会政治意义，创新发

---

[①] 国家文物局关于贯彻落实中共中央办公厅 国务院办公厅《关于加强文物保护利用改革的若干意见》的通知（文物政发〔2018〕19 号），2018 年 10 月 19 日。

[②] 国家文物局关于印发《"十四五"考古工作专项规划》的通知（文物考发〔2022〕10 号），2022 年 4 月 13 日。

展了"走出一条符合国情的文物保护利用之路"的重大理论，具有原创性系统性时代性指导性，是习近平新时代中国特色社会主义思想的重要组成部分，同时也彰显了我国考古文物与文化遗产保护事业的理念转型与认知发展过程。

这些重要批示及论述深层次、立体化地展现了当代考古学在保护研究对象、管理手段、建设目标的根本理念。从目的理念来看，考古与文化遗产保护的中国经验追求构建人类命运共同体的终极目标，突出文化平等、交流互鉴内容，拓展了文化遗产保护的创新和社区理念；从保护思路上看，考古与文化遗产保护既要关注有形的、物质的层面，也要关注无形的、精神的层面，努力实现了从本体保护到整体性、系统性保护的认知转型；从操作理念来看，考古与文化遗产保护需要转化静态与断面的本体保护，从"透物见人"到"见人、见物、见生活"，体现马克思主义指导下以人为本、以物为载体、以融入现代生活为目的的操作原则。

考古资源保护是新时代历史文化遗产保护的重要组成部分，文化遗产的保护是考古学研究的前提，考古学研究是文化遗产合理利用的学术基础。考古资源保护的理念更新不仅揭示了考古与历史、保护与利用、传承与发展的内在逻辑，而且进一步明确了考古资源保护在实现中华民族伟大复兴、建设中华民族现代文明的重大社会政治意义。

3. 完善考古资源保护合作机制，从"学界专家"到"社区参与"

随着中国经济飞速发展，考古发现日益增多，传统考古学在面对世界、走向现代化方面正面临着转型和新的发展。考古学开始从

"养在深闺人未识"的封闭状态向社会考古方向转变，对自身文明的关注也开始转向世界视野，学术观点更多元化。

回溯考古学史，考古资源保护利用的主体是一个从"精英独享"到"公众共享"的历史进程。考古学初兴时曾为少数社会精英所专享，他们于闲暇之余，品鉴古董，垄断了文化话语权。然而，随着近代社会的变迁与中产阶层的崛起，古物私藏已难以满足公众的文化渴求。博物馆、旅游业的兴起及专业考古研究的发展，标志着古物欣赏权逐渐向大众开放。考古学发展到 21 世纪，随着互联网的普及、受教育程度的不断提高，人们对自身文化权益、经济利益的保护意识明显增强，大众对自身文化的反省、对文化价值传承的诉求更高。这样就对考古学提出了更高的要求与挑战，造成了当代考古学的转型，即考古学必须打破学科壁垒，考古学家必须从传统的田野与象牙塔走向社会与公众，与更多学科的研究者建立更广泛的合作，承担更多的社会责任，关注为现代社会公众利益服务的问题。于是，公共考古应运而生。[①]

公共考古学也是世界考古学领域的一个课题，它的出现受到经济全球化的影响，在各地的缘起与发展各不相同，与当地政治、经济、文化、民族、种族、性别相互交织。在西方考古学中，公共考古是伴随着后过程考古学理论的兴起而走上学术舞台的，虽然它本身并不是新鲜事物。后过程考古学强调多元叙事、平权对话，反对

---

① 公共考古学（Public Archaeology）一词是"舶来品"，1972 年由 McGimsey 在出版的同名专著中提出来，进而在英、美、澳等英语国家及俄罗斯、日本等国家和地区广泛应用。

考古学家垄断物质遗存的阐释，主张让公众参与到阐释过程中来。①
在这一趋势下，对社会的考古学研究从 20 世纪 50 年代开始，由一
个给其他学科提供辅助证据的学科逐渐成为集人文社会科学于一体
的现代科学。时至今日，在世界范围内公共考古学的内涵取得了一
定的共识，它从公众利益出发、并由政府主导，大众群体以自己的
方式来阐释过去，并由全社会共同参与的文化遗产保护事业。与此
同时，它的外延越来越广博，包括伦理问题②、文化资源管理、教育
考古、应用或行动考古学、网络或数字考古学、社区考古学、博物
馆展示等诸多方面。③ 在中国，"公共考古"的"公共性"就是"人
民性"，即文化遗产的保护与利用是为了满足人民的文化生活的需
要。从技术条件来看，移动互联网深刻地改变了中国人的生活，让
中国成为新技术革命的引领者之一，也使得多元叙事、平权表达与
全程参与能够在文化生活中得到充分实现，抹平了公众参与并融入
考古文物事业的瓶颈。

简言之，公共考古学浪潮的兴起，是数十年来社会变革的缩影
和中国考古学转型发展的产物，也是经济全球化时代，公民主体性
与文化自觉被唤醒后的必然发展趋势。从"小众"到"大众"，从

---

① 陈胜前：《国际视野下的文化遗产保护与利用：如何超越西方考古学的标准？》，
《中国文化遗产》2022 年第 6 期。

② 伦理问题也被视为公共考古学的核心领域之一。在考古公众化的过程中，出现
了伦理道德、价值信仰方面的质疑和反对。对于如何重建考古学的"公众形象"，
化解大众与考古学之间的隔阂，民族文化的传承等问题，以学界精英为代表的考古
学备受挑战。

③ 桑栎：《挑战与机遇：新媒体时代的公共考古学》，《北方文物》2018 年第 4 期。

"专家"到"社会公众"的转型发展，显示了当代马克思考古学作为人文学科所肩负的社会责任，以及逐步夯实与细化的发展路径。

4. 建立考古资源系统保护格局，从"就地保护"到"全过程保护和多途径阐释"

1990 年国际古迹遗址理事会（ICOMOS）通过的《洛桑宪章》（Lausanne Charter）首次完整阐释出考古遗产保护与管理的方法与手段，具体包括"整体保护政策""立法与经济""调查与发掘""维护与保护""展览、信息与重建""专业资格"以及"国际合作"等几个层面。① 六年后，国际古迹遗址理事会又通过了另一个宪章，即《索非亚宪章》（Sofia Charter）②，其中同样的理论假设已应用于保护和管理水下文化遗产。由于"考古遗产"保护的难度极大，作为一类"极易受损"和"不可再生"（fragile and non-renewable）的文化资源，其埋藏区域的土地控制和赋存环境修复是保护要义。各种国际或区域考古组织的实践和伦理都不约而同地标示出一种共识，即科学的、必要的考古工作是揭示此类遗产历史价值、科学价值的重要研究手段。真实完整地记录、保存、阐释和展示，是实现考古遗产社会价值及文化价值的必要措施。

传统的考古遗产保护方法植根于考古学的起源，即寻找史前文物，将其收藏在珍奇的收藏品博物馆中，或是通过简单的挖掘来确

---

① 《文化遗产监测国际文献选编》编译组编译：《文化遗产监测国际文献选编》，上海大学出版社 2020 年版，第 104—107 页。

② ［英］珍妮特·布莱克：《国际文化遗产法》，程乐、袁誉畅、谢菲、梁雪译，中国民主法制出版社 2021 年版，第 91 页。

定对考古遗址和纪念物的保护，而受到自然保护哲学强烈影响的新学说则强调需要谨慎对待古代纪念物的原始环境，于是在 20 世纪下半叶，考古遗产保护的方式逐步转向，实现从"按记录保护"到"就地保护"。进入 21 世纪，由于经济与技术的长足突破以及后现代主义下自我意识的崛起，考古遗产保护的方法已经不再局限于"就地保护"，而是开始探索"全过程保护和多途径阐释"，即不仅注重对考古遗址本身，也注意对考古过程中生产的学术思维、方法及史料的保护，并且增加关于考古资源展示与阐释的内容。在新时代文物保护方针奠定的"让文物活起来"的基调之下，我国文物工作进入了从静态的"文物在地保护"向综合多元的"文物保护利用"转型的全面实践时期。

顶层设计方面，2016 年，国务院印发的《关于进一步加强文物工作的指导意见》中为文物的拓展利用设置章节，提出合理利用文物为培育和弘扬社会主义核心价值观服务、为促进经济社会发展服务、为扩大中华文化影响力服务等的具体要求和做法。[①] 同时，国家文物局印发《关于促进文物合理利用的若干意见》[②]，进一步明确了文物合理利用的方针和具体要求。之后，2018 年 10 月，国务院办公厅印发了《关于加强文物保护利用改革的若干意见》[③]、2021 年

---

[①] 国务院印发《关于进一步加强文物工作的指导意见》（国发〔2016〕17 号），2016 年 3 月 8 日发布。

[②] 国家文物局、文物局印发《关于促进文物合理利用的若干意见》（文物政发〔2016〕21 号），2016 年 10 月 11 日发布。

[③] 中共中央办公厅、国务院办公厅印发《关于加强文物保护利用改革的若干意见》（文物政发〔2018〕19 号），2018 年 10 月 19 日发布。

11 月中央全面深化改革委员会通过了《关于让文物活起来、扩大中华文化国际影响力的实施意见》[①]，一系列政策的出台，更加明确了"保护第一，加强管理、挖掘价值、有效利用、让文物活起来"的新时代文物保护利用的方针。

在具体实践方面，国家通过国家文化公园、国家考古遗址公园、中国文物主题游径等设立推动考古资源的保护利用从理论层面到进一步的实践落地。2019 年 12 月 5 日，中共中央办公厅、国务院办公厅印发《长城、大运河、长征国家文化公园建设方案》[②]；2021 年，国务院办公厅印发《"十四五"文物保护和科技创新规划》[③]；2022 年国家文物局公布《国家考古遗址公园管理办法》[④]，更替 2009 年沿用的试行版；2023 年，国家文物局、文化和旅游部、国家发展改革委联合印发《关于开展中国文物主题游径建设工作的通知》[⑤]。从文物保护规划设计工作需求而言，考古工作的主要任务包括明晰文物遗存构成和文化属性、评估文物保存现状及破坏影响因素、深化文物价值体系研究、提供保护建议、编制考古工作规划等，为划定文物

---

[①]《关于让文物活起来、扩大中华文化国际影响力的实施意见》，2021 年 11 月 24 日中央全面深化改革委员会第二十二次会议审议通过。

[②]《长城、大运河、长征国家文化公园建设方案》，2019 年 7 月 24 日中央全面深化改革委员会第九次会议审议通过。

[③] 国务院办公厅《关于印发"十四五"文物保护和科技创新规划的通知》(国办发〔2021〕43 号)，2021 年 11 月 8 日发布。

[④] 国家文物局关于公布《国家考古遗址公园管理办法》的通知发布（文物考发〔2022〕7 号），2022 年 3 月 15 日发布。

[⑤] 国家文物局、文化和旅游部、国家发展改革委《关于开展中国文物主题游径建设工作的通知》(文物保发〔2023〕10 号)，2023 年 5 月 4 日发布。

保护区划、明确保护和展示利用重点及保护和展示利用措施等规划设计服务，以实现对考古资源的有效保护利用。①

此外，数字化复原技术和虚拟现实等数字技术的迅猛发展也使得考古资源与文化遗产的保护利用与展示阐释迎来了新的发展阶段。2021 年，文化和旅游部发布的《"十四五"文化和旅游发展规划》②《"十四五"文化和旅游科技创新规划》③明确指出，要"研究阐释和展示传播技术""通过多种形式活化文物资源、展现文物价值""提高文物资源数字化保护、展示和利用水平"。2022 年，国际古迹遗址理事会（ICOMOS）《国际文化遗产旅游宪章》（2021）将"通过易于公众理解的文化遗产阐释和展示，增强公众意识和游客体验"作为指导准则发布。④ 至此，我国在新时期的考古政策与行业准则基本覆盖了考古资源保护管理与展示利用工作的多重内容。⑤ 我国的考古资源已经基本实现了从"出土原地保护"到"多元动态利用"的路径升

---

① 刘卫红、杜金鹏：《考古学与文物保护规划设计》，《自然与文化遗产研究》2021 年第 6 期。

② 文化和旅游部关于印发《"十四五"文化和旅游发展规划》的通知（文旅政法发〔2021〕40 号），2021 年 4 月 29 日发布。

③ 文化和旅游部关于印发《"十四五"文化和旅游科技创新规划》的通知（文旅科教发〔2021〕39 号），2021 年 4 月 26 日发布。

④ 《国际古迹遗址理事会国际文化遗产旅游宪章：通过负责任和可持续的旅游管理，加强文化遗产保护及社区韧性》（2021）〔ICOMOS International Charter for Cultural Heritage Tourism (2021): Reinforcing cultural heritage protection and community resilience through responsible and sustainable tourism management〕。

⑤ 其具体内容应当包括资源认知与资源决策、用地方式合规、考古资源管理工作计划编制、保护设计与实践、利用设计与实践和资源维护行政管理六个方面。详见王刃馀、张高丽：《"考古"在考古资源"遗产化"过程中的行业角色》，《南方文物》2021 年第 6 期。

级，呼应了当代考古学的主要任务，即保护脆弱和不可再生的考古遗产资源，并明智地利用它，造福于现在和未来的社会。

中国考古学诞生近百年来，一直肩负着知我中华、振兴中华的学术使命。特别是新中国成立后，我们党将马克思主义理论与中国社会历史、民族文化相结合，"修国史、写续篇"，推动考古学在学科研究、管理体系、机构队伍等方面取得长足进步，考古学文化区系类型日益清晰，宁夏水洞沟、浙江上山、辽宁牛河梁、浙江良渚、陕西石峁、河南二里头、四川三星堆等重要考古发现层出不穷，就人类起源、农业起源、文明起源、国家起源等重大课题交出"中国答卷"。

考古资源保护事关复兴民族大业、城乡融合发展。随着考古研究的深入与城镇化、现代化的快速发展，一些地方"建设性"破坏时有发生，盗掘盗窃、无视保护的现象依然存在，考古遗址及相关资源的保护管理基础薄弱，意识不足，考古资源保护愈发重要与紧迫。要做好新时代考古资源保护工作，必须牢牢把保护放在第一位，在价值认知与挖掘的基础上，正确处理考古资源保护与城乡建设、旅游开发、经济发展的关系；将考古资源保护放在更加重要的位置，不仅严格保护考古遗址本体与出土文物，而且加强保护与考古遗址相关的自然环境与文化生态，以及与考古遗址相关的考古史料。当前，我们正处在实现中华民族伟大复兴的关键时期，面临很多新形势新问题新挑战，更加需要保护好传承好传播好考古资源，从中汲取民族复兴、城乡融合发展的文化自信与精神支撑。

# 第二节　考古遗址的保护

考古学，是主要根据古代人类活动所遗留下来的实物遗存研究当时人们的生活及其社会的状况，并进而解析人类文化与社会发展的历史过程，探索其发展变化的背景、原因和规律的一门科学。考古学研究的全部资料包括人工遗存、自然遗物和实验室提供的各种信息及资料。遗物、遗迹和遗址是人工遗存的三个层次。遗址，是指从历史、审美、人种学或人类学角度看具有突出的普遍价值的人类工程或自然与人联合工程以及考古遗址等，属于考古学概念，类型较为丰富。考古遗址保护主要包括消除影响遗址安全的不利因素，改善遗址保存环境的保护工作和遗址本体结构失稳、水害、风化病害、生物病害等的防治与加固保护工作。

## 一、考古遗址类型及保存特征

1. 古遗址类型

古遗址，指古人在居住、生产、活动过程中形成的，具有一定空间分布的遗迹、遗物和所在自然的集合。根据性质的不同，遗址一般可分为洞穴遗址、聚落或村落遗址、古城遗址、宫殿遗址、手工业遗址、矿冶遗址、交通与水利遗址、古战场遗址等类别。

（1）聚落遗址：指古代某一人群在一定空间内稳定延续了一定时间开展生产、生活及其他活动所留遗存的总和。

（2）城址：城是人类社会发展到一定阶段后出现的高级聚落形态。城是城、乡二元对立的体现，外围的城墙或壕沟是城的重要标志，丰富的内涵和复杂的社会关系是城与一般聚落的区别所在。城址分都城和一般城邑。主体已埋于地下的古城，其地表以上残存的城墙和建筑基址已失去主体结构和原有功能，与埋藏在地下的古城内宫殿衙署、寺庙宗祠、民居作坊等建筑，道路广场、水道水井、仓储等相关设施，统称为古城遗址。

（3）手工业遗址：是古人开展一定规模非农业生产活动后形成的各类遗存的总和。以产品不同，可分为玉石器生产遗址、陶瓷器生产遗址、金属冶铸遗址、骨器生产遗址、造纸遗址、酿酒遗址等。

（4）交通遗址：是古人在交流和来往过程中人工构筑或改造自然而形成的，包括驿站、仓储等在内的陆路交通，运河、码头、航道、沉船等在内的水路交通，沟通水陆的桥梁遗存等各类遗存的总和。

（5）水利遗址：是古人在生产生活过程中利用水资源、防止水患而形成的工程遗存，包括漕渠运河、池陂塘堰及城市或大型建筑的给排水系统。

交通遗址和水利遗址这两类遗存有部分重合，如运河既属于交通遗址，又属于水利遗址。

2. 古墓葬类型

古墓葬，是人类对死者尸体或尸体残余按一定方式埋藏的特定场所。墓葬，一般由地上、地下两部分组成。高等级墓葬的地上部分多有一定规模的封土（或坟丘）和陵园（墓园）建筑。如明清帝王陵等建筑格局和建筑物保存完整的墓葬，一般纳入古建筑加以保护。墓园建筑消失或倒塌时归入古遗址加以保护。墓葬的主体位于地下，一般由墓室、墓道、棺椁及其周边土石环境组成。墓室通常开挖（凿）于自然土石之中，历史时期存在用砖、石、木等材料构筑墓室的情况。[①] 墓道是下葬时连接墓室与地面的通道，一般在生土上直接开挖而成，个别会采用夯筑工艺制作。

对古墓葬而言，按照墓主阶层不同，一般分为帝王陵、高等级贵族墓、中下级墓葬等；按建构方式差异，一般分为竖穴墓、横室墓、悬棺葬等；按构筑材料差异，一般分为土石圹墓、土墩墓、砖石室墓、崖洞墓等；按墓壁装饰差异，一般分为壁画墓、画像砖石墓等；按葬具差异，一般分为木棺葬、石棺葬、瓮棺葬等。此外还有居室葬、灰坑葬、奠基葬、火葬等墓葬形式。下面将按照构筑材料进行详细说明：

（1）土墩墓：是由地表向上在堆筑土墩过程中陆续埋置墓主和陪葬品的墓葬形式。

（2）土石圹墓：是指由地面向下开挖墓室，在其内埋置墓主及随葬品的墓葬形式。土石圹墓的墓室形状以长方形为主，多数无墓道；少数土石圹墓拥有一条或多条墓道后，与墓室共同形成"甲"字形、"中"字形或"亚"字形的平面，体现出墓主不同的社会等级。

（3）砖石室墓：指用砖石为建材构筑墓室的砖室墓和石室墓。

---

① 中国古迹遗址保护协会：《文物保护工程专业人员学习资料——古文化遗址古墓葬》，载中国古迹遗址保护协会官网，http://www.icomoschina.org.cn/publication/，2024年10月11日访问。

砖室墓，指在土石坑内用人工生产的砖为建筑材料构筑墓室的墓葬形式。石室墓，指用规格不等的石材构筑墓室的墓葬形式。根据构筑墓室数量，可细分为单室墓、多室墓。

（4）崖洞墓，指在山壁开凿墓室埋置墓主和随葬品的墓葬形制。较集中分布于今四川重庆等古代巴蜀地区，往往连片形成家族墓地。

3. 建造工艺与材料

古遗址和古墓葬虽其用途和所处环境存在差别，但在建造工艺方面大体相同，常用的建造工艺包括：生土挖造、粉土夯筑、土坯砌筑、湿土和泥踩筑、泥踩木骨混筑后过火焙烧成型等。

夯筑是指用木板做夹板，中间空隙填土，用木、石夯锤将土层夯实，提高土层的密实度，夯完一层再夯上一层，直至完成。[①]古遗址中的夯土层一般厚 5～15 厘米，密实度一般在 1.6～2.1 吨/立方米。

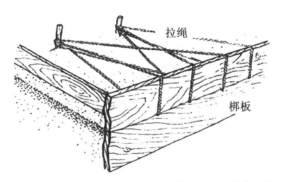

拉绳

梆板

**图 7-2　古代夯土筑城法（图片来源：《中国城池史》，第 358 页）**

古遗址和古墓葬的材料按照功能可分为两大类：一类为主体结构的骨架材料如：砖、石、土（生土、土坯、红烧土、杂填土、淤

---

① 王巍：《中国考古学大辞典》，上海辞书出版社 2014 年版。

泥土等）、木等，一类为主体结构的粘结材料如：泥浆、灰浆等。

（1）骨架材料

生土：没有人工扰动过的原生自然堆积土层。

土坯砖：一种形态上似烧结砖而未经烧结的块体。其制作方法，一般是先将泥土用水沤熟，掺和植物纤维，反复摔打揉和，放入木模，然后脱模风干成型。常用的植物纤维有麦秸、草筋或细木等，其作为内筋，以增加结构强度。用土坯砖砌筑而成的墙体称为土坯墙。

红烧土：建筑在建造之后经过烧制的遗迹，其过火温度在400～1000 ℃之间。

泥跺筑：将土用水拌和成半干的泥块或泥片，有的用模具，有的不用模具将泥块紧密堆垒建造墙体，如新疆交河故城的一些佛殿。

烧结砖：由黏土经900～1100 ℃烧结而成的块体。从矿物成分上来讲，黏土是由含水铝硅酸盐矿物（包括高岭石、蒙脱石、伊利石等）和石英、碳酸盐矿物等杂质矿物组成。在烧结过程中，会发生单一矿物的高温变化和矿物间的高温反应，最终达到可与岩石相比的强度。墓葬中所用砖基本为青砖，其尺寸随年代和墓室级别有较大差异。

（2）骨架粘结材料

灰浆：是指古墓葬或古建筑中将青砖、石块等砌体之间粘结起来的材料。这类材料起到粘接、变形、承力等作用，古代常用的灰浆是黏土灰浆、石灰黏土灰浆、纯的"白灰灰浆"以及添加了有机材料的石灰基灰浆等。

黏土灰浆：黏土是颗粒比较小的可塑的天然硅铝酸盐，与水拌和后具有黏性，常用于民居类建筑。

石灰黏土灰浆：由石灰、黏土混合后，再与水拌和形成灰浆，强度高于黏土灰浆。

石灰：又称白灰，主要成分为氧化钙，由石灰石煅烧而成，加入一定量的水消化成石灰膏。石灰膏不再添加任何材料，直接用作粘接材料时称为纯的"白灰灰浆"。另外，也可在其中添加少量的有机物，如糯米汁、桐油、血料和动植物纤维等，以改善白灰灰浆的性能。

土是矿物或岩石碎屑构成的散粒集合体，是由固、液、气三相组成的多孔的分散体系。当土颗粒间充满水时（即无气相存在）称之为饱和土，否则即为非饱和土，通常见到的考古遗址土均为非饱和土。土的固相含有多种矿物，包括原生矿物、次生矿物和有机质，其中次生矿物中的黏土矿物和有机质中的腐殖质在土中与水作用将土颗粒胶结在一起。土的液相通常为水，存在形式有矿物内部结合水、矿物表面结合水、自由水、气态水和固态水，气态水和固态水对土自然干燥过程影响不大。矿物内部结合水包括结构水、结晶水、沸石水和层间水，脱水温度在 200 ℃以上，在自然干燥过程中稳定存在。矿物表面结合水包括强结合水和弱结合水，强结合水在 105 ℃恒温下失去，不影响土的自然干燥过程；弱结合水则是受分子力作用包围在强结合水表面的一薄层水，又称薄膜水，弱结合水的变化对土的物理力学性能影响较大。自由水包括毛细水和重力水，毛细水是指在 0.002～0.500 毫米直径的孔隙中由土颗粒的分子引力和水与空气界面的表面张力共同作用的那部分水，重力水是在大孔隙中的受重力作用可自由流动的液态水，在土自然干燥过程中容易失去。《土的工程分类标准》（GB/T 50145—2007）中粒组的划分标准见表 7-2。

**表 7-2　土颗粒粒组的划分标准**

| 粒组 | 颗粒名称 | | 粒径范围（单位：毫米） | 一般特征 |
|---|---|---|---|---|
| 巨粒 | 漂石或块石 | | >200 | 透水性很大，无黏性，无毛细水 |
| | 卵石或碎石 | | 60～200 | |
| 粗粒 | 砾粒 | 粗 | 20～60 | 透水性大，无黏性，毛细水上升高度不超过粒径大小 |
| | | 中 | 5～20 | |
| | | 细 | 2～5 | |
| | 砂粒 | 粗 | 0.5～2 | 易透水，当混入云母等杂质时透水性减小，而压缩性增加，无黏性，遇水不膨胀，干燥时松散；毛细水上升高度不大，但随粒径变小而增大 |
| | | 中 | 0.25～0.5 | |
| | | 细 | 0.075～0.25 | |
| 细粒 | 粉粒 | | 0.005～0.075 | 透水性小，湿时稍有黏性，遇水膨胀小，干时稍有收缩，毛细水上升高度较大较快，极易出现冻胀现象 |
| | 黏粒 | | ≤0.005 | 透水性很小，湿时有黏性、可塑性，遇水膨胀，干时收缩显著，毛细水上升高度大，但速度较慢 |

4. 保存环境

古遗址和古墓葬的保存环境较为相似，按照分布位置可分为东北寒冷地区、西部干旱地区、东南潮湿地区和中原干湿混合地区。

东北寒冷地区[①]：东北地区年平均相对湿度在 30%～75%，年降

---

① 张琳：《土遗址保存环境干湿度判定指标体系的建立与应用》，兰州大学 2014 年硕士学位论文。

雨量 400～800 毫米，冬季寒冷漫长，夏季短促而较热，积雪和冻土较深；因而反复的冻融现象极为明显，导致遗址表层出现冻胀、粉化等病害。

西部干旱地区：西部地区年平均相对湿度低于 60%，年降雨量小于 200 毫米，夏季高温、冬季严寒，年温差和日温差大，日照最丰富，风力较强；因而，以风蚀、热应力等物理方式对古遗址和古墓葬的作用较为明显，产生的病害类型亦较为突出。

东南潮湿地区：南方地区年平均相对湿度大于 75%，年降雨量 800～1600 毫米，终年气温较高，地下水埋藏浅，土壤含水率较高，地下水不断渗出，导致遗址表层遭到软化和冲蚀，进而造成坍塌现象；而且，高温高湿环境下极易产生严重的生物滋生现象。

中原干湿混合地区：中原地区年平均相对湿度在 30%～75%，年降雨量 200～800 毫米，四季分明，夏天高温炎热，冬季寒冷干燥；既可能在冬天发生冻融现象，亦可能在地下水位较高的地区出现遗址底部渗水现象，因而遗址的含水率波动较大，遗址所出现的病害类型也最为复杂多样。

除了全国地域环境的差异外，古遗址和古墓葬在保存环境上与其他类型的文物相比，亦存在独特性。第一，遗址本体均与大地相连，且遗址所处环境均处于大气自然环境中。因而，遗址所处位置的地下水是对遗址保存与保护的重要影响因素之一。比如，开封州桥遗址底部长期有地下水渗出，需要对遗址底部的水位进行监测并将积水排出。同时，大气自然环境的变化也将作用并反映于遗址本体中，不同地域下的气候差异对遗址的保存影响极大。第二，均有地上环境和地下环境之分。地上环境是指遗址或墓葬的大部分体量处于地面以上，如城墙、关隘、烽燧、清东陵和十三陵等；地下环境则是遗址或墓葬处于地面之下，如窖穴、车马坑、洛阳景陵和望都汉墓等。第三，多数古遗址和古墓葬为发掘所得，经历了由埋藏环境向大气环境的突变，在此突变过程中亦产生了许多明显区别于其他文物类别的病害类型。

## 二、考古遗址的病害类型

遗址和大地相连，并处于天然开放的环境中，其病害的产生和发展是本体材料对于外界环境的反应表现，不可避免。但程度、速率和路径却可能大不相同，这主要和材料特性及外界环境有关。

土、砖和石等类型材料自身孔隙率高、质地疏松的特性使其极易因自然环境或人为等原因，造成古遗址古墓葬材料表面或内部的物理状态或化学组分的改变，从而导致文物价值减损、功能损伤或安全威胁等现象发生，通常称这些现象为"病害"。具体类型有：

（1）局部缺失：遗址或墓葬的局部出现缺损现象。

（2）坍塌：遗址本体部分块状脱离原位置的现象。

（3）掏蚀：延展方向上呈条带状或点状连续凹进现象。

（4）沉降：遗址本体由于各种原因导致的局部沉降。

（5）开裂：古遗址古墓葬本体材料的不连续现象，包括结构性裂隙和表面裂隙。结构性裂隙对遗址的本体安全具有潜在威胁性，常见的有夯筑墙体的版筑接缝、发掘形成的卸荷裂缝、不均匀沉降或重力造成开裂等。表面裂隙则是因失水收缩所形成的网状开裂现象，又称为"龟裂"。

（6）水害：包括积水、渗水和水力侵蚀。

积水是地下水或地表水在低洼处汇集的现象。积水将促进多种病害的发生和发展。主要发生在地下水位较高的地区。

渗水是水从古遗址古墓葬本体深处向表面渗出的现象。

水力侵蚀是在降雨雨滴击溅、地表径流冲刷和下渗水流作用下，本体材料被破坏、剥蚀、搬运和沉积的全部现象。主要包括溅蚀、片蚀和沟蚀三种形式。溅蚀是指具有一定动能的水滴从空中落下，直接击打土体表面或薄水层使土粒分离、位移的现象。进一步发展会形成泥水漫流，堵塞表层毛细管。降水停止后，残留在表面的漫流泥水会形成一层颗粒排列紧密的壳，即"泥皮"；这种形式通常会在降雨或遗址保护棚漏雨时产生。而当其水流增大至在地表出现径流时，影响面积扩大时，将会形成片蚀现象。当地表径流汇集成细股而继续增大时，坡面被冲刷成大大小小沟槽的现象，即为沟蚀，这种形式下可能会出现遗址的崩塌或滑坡等。

（7）风蚀：一定速度的空气流作用于地表物体，吹扬搬运表层松散颗粒继而摩擦侵蚀地表物体，使其发生结构破坏和质量损失的现象。风蚀病害具有明显的形态特征（如蘑菇状）和区域分布特点，可以分为吹蚀和磨蚀两种作用方式。

（8）片状剥落：遗址本体材料在各种自然营力的作用下逐渐破裂、呈片状脱离本体的现象。

（9）酥碱：是指在水的作用下，遗址内部的盐分在遗址的表面富集，由于盐分等结晶、溶解后体积的变化，在膨胀—收缩的反复作用下，结构不断疏松引起土遗址的破坏，在外营力的作用下遗址表层不断凹进的现象。

（10）粉化：表层材料组分之间的结合力减弱或消失，导致颗粒间距加大乃至脱落，使表面减薄、形貌改变，从而造成表层破坏的现象。

（11）空鼓：古遗址古墓葬本体材质表层鼓起、分离成空腔，但未完全剥落的现象。可溶盐的表面结晶导致粉化剥落，而内部结晶则会产生空鼓。

（12）错位：土坯、砖、石等砌块间发生明显位移的现象，这种变化在采取适当措施后基本恢复原有形制。

（13）灰缝缺失：土坯、砖或石质砌块之间的胶结材料缺失。

（14）生物病害：包括植物病害、动物病害和微生物病害。

植物病害是指植物根系对遗址本体产生机械破坏，可能危及其安全性，并影响遗址的展示效果。

动物病害是指动物营穴在遗址表面形成密集孔洞，导致结构疏松，为其他病害提供有利条件，影响遗址稳定性；生物粪便则含有大量的有机物和无机物，会对遗址表面造成腐蚀破坏和外观损毁。

微生物病害是指霉菌、苔藓等造成遗址表面变色及表层风化等现象。

（15）人为干预：历史上人类活动对土遗址所造成的破坏称为历

史破坏，这类破坏一般作为遗址的原状应予以保存。此外还有历史保护措施中的不协调现象；人为的有意识的或无意识的占压、使用等所产生的破坏；以及人为涂鸦、刻划等现象。

## 三、考古遗址的保护方法

考古遗址作为历史文化遗产的重要组成部分，其保护方法一直是文物保护领域关注的焦点。随着科学技术的发展，遗址的保护方法也在不断创新和完善。所有的保护措施都是紧紧围绕遗址本体安全稳定长期保存这一核心主体而展开，概括起来包括两个主要方面：一是文物本体保护环境的治理与改善；二是文物本体结构材料的加固保护与修缮维护。

1. 遗址保存环境的治理与改善

（1）建设遗址保护棚

对于古遗址和古墓葬，多数处于半地下、敞开式结构，降雨不仅会直接冲刷遗址表面，而且极易在遗址底部产生积水，造成遗址的垮塌和开裂。因此，修建遗址的保护棚，非常必要。遗址保护棚有钢结构、膜结构和其他形式，具体应用时，可根据遗址大小、遗址价值和周边环境综合考虑。

保护棚应满足以下基本要求：

一是防雨性。保护棚范围不仅要覆盖需要防雨的遗址范围，而且要覆盖遗址周边人行便道和防洪堤（埂），同时考虑风力、风向对降水的影响。

二是透气性。保护棚应保证遗址区的空气流通，避免产生霉菌等微生物。

三是遮光性。保护棚的材料应避免使用透明材质，尤其是遗址顶部，避免阳光直射遗址表面，否则会影响遗址局部的含水率，也可能会产生苔藓、地衣等生物滋生现象。

（2）修筑排水渠与拦水堤（埝）

为预防暴雨、洪水、地表水排水对古遗址和古墓葬的影响，需在古遗址和古墓葬的四周修筑拦水堤（埝），同时在拦水堤的外围修建排水渠，避免雨水倒灌进遗址区。拦水堤和排水渠的体量应根据当地的降雨量、降雨频次等确定。

（3）设计止水帷幕和地下隔水廊道

对于地下水位埋藏浅的地区，遗址底部极易出现渗水和积水现象。地下水通过遗址侧面和底部渗出，渗透压力和渗水侵蚀直接损坏遗址的壁面，严重者导致遗址失稳坍塌。为防止这种现象的出现，可以在遗址的四周设计止水帷幕（也称为截渗墙），阻止周边地下水的渗入。此外，有些地区因地下水较为丰富，除遗址四周的止水帷幕外，还需在遗址底部设计隔水廊道，如安徽朱然墓。

（4）积水疏干

对于潮湿地区，古遗址、古墓葬的深度往往在地下水位以下，易于形成类似大口井的积水坑，也容易使降水和地表流水灌入形成积水，这样对遗址的保护极为不利。因此，需要对积水进行疏干处理。通常采用的是抽水机直接将积水抽出，设定适合遗址保护的积水量，超出水量后抽水机自动抽出。然而，对于地下水丰富且抽水法难度较大的遗址，可在古遗址和古墓葬周边选择合适的位置，打井 3～4 眼，安装抽水设备，进行疏干排水，降低地下水位，以保证遗址的安全。

2. 遗址本体保护方法

（1）结构加固与支撑

古遗址和古墓葬中经常出现陡面，且基本构成材料为土，边坡失稳现象极为明显。古墓葬中存在墓室的局部坍塌、歪闪等病害，严重危及墓室的整体稳定性。因此需根据荷载计算结果进行遗址的安全性评估，并设计遗址所需的结构加固与支撑技术，以消除遗址结构存在的隐患，并确保不损害遗址本体。

结构加固与支撑，是直接作用于遗址本体并保证遗址安全性的措施，而且要注意把对遗址本体的影响控制在尽可能小的范围内。同时，非临时性的结构加固与支撑措施应当作出标记、说明，避免参观者认识文物古迹时造成误解。

（2）支顶加固

支顶加固技术又叫砌补加固技术，主要通过在遗址的底部或关键部位设置支撑结构，以提高遗址的承载能力和稳定性。对一些墙体悬空或基础掏蚀凹进的遗址，主要采用夯土补砌、土坯、土块砌补和青砖砌补。由于传统砌补方式容易造成新砌部位和原遗址分离，近年来，在玉门关、交河故城的加固工程中对传统方法进行改进，砌补时通过加连接筋、灌浆措施增加整体连接性和稳定性，有效地保证了加固效果。

（3）锚固

锚固技术是遗址加固中常用的一种方法，主要通过锚杆或锚索将不稳定的区域与稳定的遗址本体连接，增强遗址本体的整体稳定性。锚杆的材料和长度根据可能发生坍塌、滑移病害的部位确定。

（4）灌浆

灌浆的主要对象是遗址中发育的裂隙，其灌浆材料和施工工艺的选择都应基于裂隙需求及工程实际进行。裂隙灌浆技术是遗址保护中另一种重要的加固手段，通过将浆液注入遗址的裂隙中，填充裂隙，提高力学强度并增强遗址的整体性。

灌浆材料需起到的作用[1]有：①充填作用；②压密作用；③粘接作用；④固化作用。灌浆材料一般应满足如下基本要求[2]：①易调节的可灌性；②良好的结石性能；③浆液制备和运输方便，施工简单；④材料来源广泛，价格相对低廉；⑤环境友好，无毒无害。受现场条件的影响，遗址裂隙灌浆材料中，浆液的自由流动性决定了浆液进入裂隙后流动的距离，影响着浆液对裂隙的填充程度。浆液收缩性影响着注浆加固完成后遗址本体的整体性。浆液的离析程度和其均匀性对注浆质量的优劣发挥着至关重要的作用，浆液结石体的力学性能和其抵抗冻融、雨蚀能力是裂隙是否修复成功的关键。[3]

在灌浆前应对裂隙内部进行处理，尽量清理裂隙中的植物根系及杂物等，按自下而上的次序通过注浆管进行灌浆。若裂缝较窄小，

---

[1] 孙钊编著：《大坝基岩灌浆》，中国水利水电出版社 2004 年版。

[2] 夏可风：《关于稳定浆液及其应用条件的商榷》，《2004 水利水电地基与基础工程技术——中国水利学会地基与基础工程专业委员会 2004 年学术会议论文集》，内蒙古科学技术出版社 2004 年版，第 7 页。

[3] 刘鸿：《以烧料礓石为主剂的土遗址灌浆材料制备工艺研究》，兰州大学 2018 年硕士学位论文。

可适当增大水灰比以减小浆液黏度，增大可灌性。裂隙每日注浆量应合适，坚持循序渐进的原则。充填灌浆完成并达到固化状态后，抹平并修整，裂隙外部用与遗址本体一致的材料进行封护。

（5）归安

对于错位的砖块，能确定原始位置的进行归安，并重新砌筑在相应位置。砌筑所用的灰浆应与古墓葬的原灰浆一致。

（6）防风化加固

土的自身物理力学性质和建造工艺决定了古遗址的脆弱性。露天古遗址在自然营力的作用下经历了一系列的物理、化学变化，使得遗址表面病害发育，材料的性能和功能不断退化。[1] 现阶段土遗址防风化措施[2] 主要有以下几类：化学加固、植被封护、表面覆盖牺牲层等。

A. 化学加固

采用化学材料对土遗址进行加固以提高古遗址抗劣变的能力是古遗址保护的常用手段。Giacomo Chiari 在文献[3] 中曾提出对土质加固剂的原则要求，内容共十二条：

1）提供防水能力，但不拒水，允许水分以气体或液体状态迁移；

---

[1]　曾俊琴：《基于文献的中国土遗址保护研究现状与进展综述》，《西部考古》2017 年第 2 期。

[2]　张博：《不同气候环境下土遗址防风化技术适应性研究》，兰州大学 2021 年博士学位论文。

[3]　6<sup>th</sup> International Conference on the Conservation of Earthen Architecture, Las Cruces, New Mexico, October 14–19: 267–273.

2）保留孔和毛细管处于开放状态，并允许重复浸渍，即使是其他材料的浸渍；

3）在干燥与潮湿情况下提供机械强度及耐磨能力；

4）有好的渗透能力及低的黏度；

5）不在表面形成膜，不与未处理的核心部分有明显的边界；

6）与土体有相似的热膨胀系数；

7）不改变颜色，不产生眩光；

8）有抵抗盐结晶、地下水毛细管上升和冻融循环所产生的张力的能力；

9）耐久，即有耐水、耐光氧化的能力；

10）使用方便，包括在潮湿环境下，并且价格便宜；

11）对使用者没有危害；

12）有可逆性，如果可能的话。

虽然提出了这些要求，但他同时又认为，像这样理想的加固剂到现在没有产生，这只能为学者研制材料提供标尺。

当前关于遗址的防风化材料研究日益繁荣，防风化材料基本可分为有机材料、无机材料和有机—无机杂化材料三大类。目前应用比较广泛的有机材料[1]有：硅酸乙酯[2]、SH 材料、丙烯酸树脂、聚氨

---

[1] 张迎敏：《加固遗址土的微观结构及力学行为》，兰州大学 2023 年博士学位论文。

[2] 刘振东：《正硅酸乙酯在土遗址风化层中的有机改性研究》，北京化工大学 2023 年硕士学位论文。

酯树脂、有机硅和有机氟等；无机材料则主要为 $SiO_2$ 在氢氧化物溶液中的分散体系、可溶的硅酸盐及碱土金属的氢氧化物，包括石灰水、水玻璃、纳米氢氧化钙和微纳米石灰[①]等。

B. 植被封护

潮湿地区表面生长有茂盛植被的遗址保存较好，如湖北纪南城、西安汉长安城等。在土遗址表面、顶部种植植物可以改善小区域气候环境、提高土体本身抗水冲刷的能力。植物的种类和种植方法是影响植物封护效果的主要因素。通过室内和现场试验，这种方法的可行性已得到了初步验证。

C. 表面覆盖牺牲层

通过夯筑或泥敷的方法，将牺牲层涂覆于遗址表面，其具有一定的抗雨蚀、抗冻融等耐候性，同时具有一定的强度和延展性，起到遗址表面加固的作用。牺牲层的材料一般为改性黏土，包括加入固化剂（如水玻璃、高分子材料）的黏土、添加植物纤维的黏土、改变土体级配的黏土等。牺牲层往往对遗址外貌干预过大，选用时应经过充分论证，既要满足保护需求，更应尽量减少对遗址风貌的影响。

（7）生物防治

遗址保护工程中，植被通常以砍伐为主，并采用化学药剂对树根进行毒杀。其中，一定浓度的草甘膦加石灰水是比较常用的除草

---

① 郭青林、李平、张博等：《微纳米 Ca（OH）$_2$ 加固遗址土室内试验研究》，《岩土力学》2023 年第 44 期。

剂。① 但是，草甘膦剧毒，且具有致癌作用，对环境、对施工人员都极其不友好。经研究发现，花椒的主要化学成分有：挥发油、黄酮、生物碱、酰胺类、香豆素和木脂素等。② 花椒对植物、细菌和真菌等微生物具有较强的抑制作用，抑制效应随浓度的升高而提高，③ 现场应用效果较好。

## 第三节　考古发掘文物的现场保护与稳定化处理

文物埋入地下后，从大气环境到埋藏的土壤环境，微环境发生了极大的改变，文物会遭受物理、化学和生物的损害，文物材质会随之变化以适应新的环境，此时文物的腐蚀速率较高。如果埋藏环境稳定，文物材质逐渐发生变化后与之适应，最终将会达到一个与埋藏环境平衡的稳定状态，文物的腐蚀速率逐渐放缓，直至停止。然而，器物一经发掘出土，其周边的环境条件再次发生巨变，原先的平衡状态被打破，文物材质需要再次适应新环境，开始新的降解过程，此时的腐蚀速率非常快，且文物埋藏过程中历经长时间老化，强度受到很大影响，考古发掘现场的保护工作刻不容缓。④

---

① 杨予川：《河南省土遗址保护方案案例辑》，文物出版社 2017 年版，第 65 页。
② 寇芸芸：《花椒成分分析和杀虫活性研究》，武汉轻工大学 2016 年硕士学位论文。
③ 何祚宽、王旭、史俊峰：《花椒提取物对棒头草的抑制生长和作用机理研究》，《湖南农业科学》2018 年第 10 期。
④ ［美］凯瑟琳·西斯著，陕西省文物保护研究院译：《考古人员现场文物保护手册》，陕西科学技术出版社 2015 年版。

## 一、现场保护的基本概念

考古发掘文物的现场保护是指文物保护工作者在考古发掘现场，从文物及其他考古资料刚刚暴露于大气环境到被转移至实验室进行科学保护前，对文物及其他考古资料进行的样品采集、数据记录、抢救性保护及后续处理等一系列工作的统称。与博物馆藏品保护相比，现场保护具有临时性、抢救性的特点。其目标是在保留出土文物信息资料的完整性，同时现场保护技术措施不影响实验室后续保护处理和科学研究两大前提下，尽量减缓新环境对文物材料产生的侵蚀，从而在这一时间段内使文物得到临时性的、抢救性的保护或维护。

值得一提的是，现场保护通常被认为是考古发掘现场出土文物的保护，但近年来随着科技的进步，考古发掘的场地从土中扩展到水下，因为水下文物的腐蚀和出水过程同样也满足平衡理论，广义的现场保护也包含出水文物保护。

## 二、文物的信息记录与现场提取 [1]

1. 信息采集和记录

现场保护的采集样品包括两类：环境样品和文物样品。环境样品包括文物埋藏环境的土质、水质、墓室内空气等。文物样品是从文物上采集的本体材料和腐蚀产物、附着物。部分器物，如酒器、食器等，器物埋藏前曾被使用，或还存有部分食物残渣等，这部分

---

[1]　杨璐、黄建华：《考古发掘现场文物保护技术》，科学出版社 2012 年版。

残留物或包含物也需采集。如在河南贾湖遗址中的两处墓葬人的遗骸腹部土壤样品里检测到了蚕丝蛋白的残留物，推测 8500 年前的贾湖居民已经使用丝绸。①

考虑到采集的样品事后要进行科学分析检测，因而要格外注意避免污染，要求采集的最好时机是刚刚暴露于大气环境中，进行保护处理干预之前。

采样时也要遵循最小干预原则，即尽量选择残器或破损器，在不引人注目的部位采样，尽量选用微型采样工具，采集样品的量应以满足后续的考古及保护研究为主，不宜过多采样。

记录应贯穿整个考古发掘现场保护的始终，记录的内容包含文物的田野考古学信息和文物保护科技信息。田野考古学信息包括文物出土的位置、编号、属性等。文物保护科技信息包括文物出土时的保存状况、文物周边环境情况、文物的现场保护方法、文物的包装方法、运输方法以及文物采样的部位及采样方法等。

记录形式上除了文字描述，还应配有相应的影像图片或视频，以及表格等。记录下文物出土后的一系列变化以及对文物所采取的所有保护处理措施，这些记录将有助于后期的实验室保护以及考古学研究。

2. 文物的提取方法

完整的现场保护流程包括对文物进行表面清理与清洗、临时加固、提取、粘接、包裹文物、临时储存和运输至后续的保藏单位。

---

① Gong Y, Li L, Gong D, et al. Biomolecular evidence of silk from 8,500 years ago [J]. PLoS One, 2016, 11(12): e0168042.

在以上步骤中，独属于现场保护的技术是出土或出水文物的提取，"提取"是将文物从其埋藏的环境（土壤、水中）剥离出来的过程，是现场保护的重要环节，有时候也称为"背景分离"[1][2]。

文物的提取方法具体取决于文物的材质、大小、重量、结构成分，以及埋藏环境，如土壤的性质和状态等因素。通常可分为一般提取和整体提取。

（1）一般提取

如果器物保存状态较好，没有碎片或碎片少，则可以直接进行提取。提取步骤包括：

检查、记录：仔细检查器物的保存状况，对器物进行拍照或绘图。

清理：仔细清除文物周围的土壤，暴露文物及碎片的外表面，争取找到所有的碎块。应注意不用除去容器内部的土质，这些土壤常常混杂有包含物，对其进行分析有助于确定器物的用途及其他的考古学信息。

提取：搬拿文物应戴上经消毒杀菌处理过的手套，用手托住器物的两边，将力量均匀地分布在器物的周围，轻拿轻放。

（2）整体提取

整体提取是一项极大消耗人力、物力的工作，因而在考古发掘现场要在十分必要的前提下才进行。当文物破碎严重且碎块分布复

① 肖庆、王冲、谢振斌、任俊锋、郭建波、郭汉中：《潮湿环境下古象牙的现场提取与保护——以三星堆遗址三号坑出土象牙为例》，《四川文物》2022 年第 1 期。

② 王昊、梁国庆：《海洋环境大型铁炮的水下提取与现场保护》，《中国文化遗产》2018 年第 6 期。

杂，或者文物极度易碎，无法单独提取时，需要使用整体提取的方法。整体提取时指将文物与所接触的包裹体（通常为土质）一起提取、搬移的过程。"整体"是指提取的对象包括文物和包裹文物的土壤。

根据土壤状况不同，及文物保存条件的差异，选择不同的整体提取方法。从提取的方式、方法及使用的主要提取材料方面可分为六类整体提取方法，总结如表 7-3。

表 7-3　整体提取方法

| 提取方法 | 土质情况 | 文物保存情况 |
|---|---|---|
| 基本提取法 | 强度较好 | 文物体量不大 |
| 石膏提取法 | 黏着力较差 | 文物体量不大 |
| 聚氨酯泡沫提取法 | / | 文物体量较大 |
| 背衬提取法 | / | ① 表面平坦的、需要支护的文物：大的片状文物如壁画、马赛克等<br>② 破碎严重且碎片分布的纵向深度较浅：分布于一个平面或较浅的一层 |
| 插板法 / 托板法 | 水坑墓或积水墓 | 体积较小、重量较轻、纵向深度较浅 |
| 托网法 | 水坑墓或积水墓 | 文物在纵向有一定的分布 |
| 冰冻法 | 文物周边土质含有大量水 | 文物纵向深度较浅，常用于遗迹的提取 |

各种方法的步骤相似，对于基本提取法、石膏提取法和聚氨酯泡沫提取法来说，第一步都是先去除文物周围泥土，形成一个文物和土壤的土质台基。然后使用加强材料（如绷带包裹、模板等）对土质台基进行加固，避免提取过程中整体松散塌落对文物造成二次

破坏。对于体量小的文物，当土质强度低，可以使用石膏加固；但石膏密度大，不适宜大体积、大体量的文物，后者这种情况下则使用密度小的聚氨酯泡沫对整体进行加固。紧接着对加固后的整体与整个土壤基底进行切除，转移至刚性支撑体上，提取完毕。

传统的提取加固材料除了石膏、聚氨酯泡沫，近年来环十二烷、薄荷醇也逐渐在现场保护中用于对文物的临时加固，逐渐成为新的提取材料。环十二烷[1]和薄荷醇[2]的特点是在室温下能够逐渐升华，能够满足一定的可逆性，在秦兵马俑的提取与保护中都有应用。

和上述方法比较，背衬提取主要用于片状类、表面平坦的、严重破碎且碎片纵向深度较浅的文物。首先也是去除周边泥土，但与上述不同，需要将文物的一个侧面完全暴露出来，对该侧面进行仔细清理。然后对该面的文物进行加固，用纱布绷带做背衬保护好文物；之后也是和前面的处理方法相同，进行底切处理，转移至刚性支撑体上，因为此时背衬加固面朝上，还要进行翻转，完成提取。

插板提取法是背衬法的一种变形，通常用于水坑墓或积水墓中体积较小、重量较轻、纵向深度较浅的文物的提取。提取步骤为使用一端较锋利的、有一定硬度和韧性的金属板或塑料板，将其平插入文物下方的淤泥中，然后以插板为支撑将文物提取出墓室。脱网法是托板法的变形，应用于需要完整提取的文物纵向分布较深的情

① 夏寅、WEICHERT Maja、张志军等：《环十二烷法提取修复石铠甲》，《文物保护与考古科学》2005 年第 2 期。

② 韩向娜、容波、张秉坚等：《薄荷醇提取秦俑坑出土彩绘遗迹的性能评估研究》，《文物保护与考古科学》2017 年第 29 期。

况，具体操作步骤是：在需要提取的文物下部，用细铁丝按照文物的实际形状逐一插入，最后将这些铁丝编结在外围的粗铁丝上形成网状，利用网的支撑托起需要提取的文物。

冷冻提取法适用于文物周边土质含有大量水，周边温度不高，文物纵向深度较浅的情况，常用于遗迹的提取。具体操作为通过液氮等冷却剂将文物周边包裹土中的液态水冷冻为固态冰，为文物整体提供支撑力，利用固态冰的支撑力对文物连同周边包裹土进行切割、提取。

（3）沉船打捞提取 [①]

对于水下古代沉船，从全面保留文物原始性和完整性的角度来说，应尽可能采用整体打捞的方法，在不得已时才采用逐件打捞的方法，即将船板残骸等拆解之后逐件取出再进行保护和组装。目前，水下古代沉船船体残骸打捞提取技术主要有：潜水式打捞、围堰式打捞、浮筒打捞法、沉箱打捞法等方法。

（4）信息提取

传统的信息指的是对文物本体的提取，与埋藏环境进行分离。但由于现场条件有限，难以做到尽善尽美的保护，以及部分材质的文物，如有机质文物本身经千百年的埋藏非常脆弱，因此出于考古学研究和文物保护、博物馆陈列的需求，需要在文物发掘的第一时间保留这些遗迹、遗物的外型及相关信息。

---

① 王芳璐、张治国、张秉坚等：《水下文物提取技术应用发展综述》，《中国文化遗产》2019 年第 4 期。

现场保护最基础的信息提取方法是绘图和照相技术，记录了文物二维的信息。近年来应用的技术还有高清照相技术，如无人机高分辨率摄像①，有更高的清晰度。三维扫描技术填补了传统方法只能记录二维数据的缺憾，尤其是对于大型遗迹或非平面的文物，如青铜鼎。三维激光扫描技术是通过激光测距原理瞬时测得实体空间三维坐标值的测量技术，所获取的数据经过处理后，可以形成高像素亮度均匀无形变的图像、三维模型和视频等，并可建立相应的数据库，具有高精度、高效率、多方位、多元化等优点。②

提取技术不仅从二维发展到三维，也从可见光延伸到红外、紫外光范围，由表及里记录。使用高光谱技术里的红外或紫外波段，或使用红外摄影、紫外荧光摄影，能够发现肉眼的可见光所观察不到的信息。红外光对红色颜料和墨比较敏感，有机物质在紫外光下会泛荧光。杨桥畔东汉墓壁画通过可见光、红外光、紫外光摄影的对比，发现红外光下可以明显观察到壁画制作过程中的涂刷痕迹以及更为清楚的墨字；紫外光下可以发现白色颜料有着强烈的荧光反应，并发现了黄色泛荧光颜料。③多光谱摄影引入现场保护，不仅拓展了文物信息记录的深度，而且为判断文物保存情况、文物制作

---

① Orengo H A, Garcia-Molsosa A. A brave new world for archaeological survey: Automated machine learning-based potsherd detection using high-resolution drone imagery [J]. Journal of Archaeological Science, 2019, 112: 105013.

② 周立、毛晨佳：《三维激光扫描技术在洛阳孟津唐墓中的应用》，《文物》2013年第3期。

③ 严静、赵西晨、黄晓娟等：《考古现场墓葬壁画信息提取方法探讨》，《文物保护与考古科学》2021年第33期。

工艺等提供了科学基础。

## 三、现场保护的技术方法

1. 金属文物的现场保护方法

金属类文物长期埋藏，刚刚出土时往往带有较高的水分和盐分，而这两个因素又是金属腐蚀的重要因素，因而首先要进行金属的除氯（脱盐）和干燥。

常用的除氯方法是倍半碳酸钠法，即将有害的金属氯化物锈蚀转换为稳定的碳酸盐，从而将氯离子释放到溶液中。在考古现场，除了能够除氯外，该方法还能隔绝空气中的氧气和有害气体，中断腐蚀过程。脱盐清洗过程应定期监测溶液中的氯含量，检测方法有硝酸银滴定法、氯离子选择性电极、氯离子测试条（类似于 pH 试纸）和离子色谱法。其中离子色谱法检测限低、灵敏度高、分析精度高和测定简便快速，但需要专门的仪器。其他三种方法分析精度较低，但携带、操作和测试都更方便。

还需要对金属文物进行强制干燥。对于保存情况良好的金属器物，可将其置入恒温干燥箱内，用 105 ℃加热干燥。这种方法简便易行，速度快，一般在 2 小时左右即可完成。如果器物上有木质、纤维等脆弱附着物时，无法高温干燥，可使用紫外灯或红外灯进行缓慢干燥，将温度控制在 40 ℃至 60 ℃范围内，以免损伤附着物。此外也可用硅胶吸湿，使用高分子材料袋子或密封容器将金属器物封闭，装入变色硅胶用于吸收水分。此法虽然处理速度比较慢，但方法温和，适用于脆弱器物。并且变色硅胶可重复使用。

金属的有害锈通常疏松多孔，易吸附杂质、泥沙，在除锈前应清洗这些污染物。根据不同的污染物，选择不同的清洗方式。表面的泥土，可水洗，用刷子刷；表面沾有油污，应用有机溶剂如丙酮、汽油、石油醚等擦洗；如果是石灰质沉积物，可使用5%六偏磷酸钠水溶液浸泡，用络合原理除去；当表面存在坚硬沙粒，则需要机械方法如竹签、手术刀等去除。

考古现场的去锈方法通常强调"带锈保护"，即在不清楚锈蚀成分的情况下，做好除氯、干燥的前提后，应保留一部分锈蚀。对明显的锈蚀，如青铜器的粉状锈，外观为亮绿色，疏松多孔，容易辨认，应予以去除，其他锈蚀可不去除。去锈方法有机械去锈、激光去锈和化学去锈等。

在潮湿地区出土的金属文物大多锈蚀严重，有相当数量的器物已经部分腐蚀或完全腐蚀，丧失了部分或全部力学强度，因此需要加固以提高其强度。金属文物加固一般使用加固剂溶液对疏松部位渗透，使分散裂开的微小部分和结构，重新成为稳定整体。常用30%～40%的丙烯酯类乳液或5%聚甲基丙烯酸酯溶液 [1] 进行滴渗加固。

2. 陶瓷类文物的现场保护方法

一般来说，陶瓷质地的文物出土后强度都较好，尤其是瓷器，根据一般的步骤进行提取即可，不需要太多的干预，比较常出现问题的是彩绘陶。彩绘陶是指利用天然矿物颜料，调以动植物胶，绘制在已烧制的陶器上。和一般的陶器相比，表面多了彩绘层。彩绘层是动植

---

[1]　王蕙贞编著：《文物保护学》，文物出版社2009年版，第86页。

物胶将矿物颜料颗粒黏附形成整体，也称颜料层。动植物胶是有机质材料，易老化，导致彩绘层的收缩、卷曲、脱落，从而导致颜料掉落，画面信息丢失。因而对彩绘陶的保护主要是对彩绘层的保护。

首先对彩绘陶表面的浮土等进行清理，如果污染物不在彩绘上，可用一般的方法，如使用水，辅之以竹签、手术刀等清理陶器。如果是在彩绘上黏附有土，则不要轻易清除，一般先对彩绘进行预加固，然后再清表面的泥土。

预加固时，要确保彩绘得到加固，并且不妨碍对泥土的去除，因而通常使用低浓度的加固剂，如 1%～2% 的 B72/ 乙酸乙酯溶液，或 4% 的聚醋酸乙烯酯 / 丙酮溶液等。应注意，对于脆弱的非彩绘类普通陶器，如酥粉严重的，该加固方法也适用。加固方法一般采用喷涂法，喷涂时要使保护材料充分雾化，达到轻柔、均匀的效果，并确保彩绘层的画面都被喷涂到位，起到加固效果。

对于一些工艺比较特别的彩绘陶，比如秦兵马俑，其工艺是陶器上先有生漆底层，再绘彩。这层生漆层对湿度很敏感，秦俑彩绘研究表明当 RH＜84% 时，胶层卷曲脱离陶体。因此，秦俑从地下挖出来后，需要将其放在潮湿的环境中，即需要对其进行保湿操作。所以对秦俑的现场保护，采用具有保湿和抗皱缩作用的材料渗入生漆层及陶表层，以减缓干燥和赋予生漆层弹性，从而达到抗皱缩的目的，同时配合适当的加固剂进行彩绘层的整体加固。[①] 最终筛选

---

① 秦俑彩绘保护技术研究课题组、张志军：《秦始皇兵马俑漆底彩绘保护技术研究》，《中国生漆》2006 年第 1 期。

出 PEG200 作为保湿材料，其具有优良的抗皱缩作用，在渗透速率和置换稳定性方面表现出了最好的效果。选用的加固剂是聚氨酯乳液（PU），两者同时用也表现出了最好的协同效应。

在考古工地为了进行考古学研究，有时也对出土陶器做一些粘接和补配工作。对于破碎陶瓷器的粘接应根据器物的破坏情况而定，或从底向上粘接，或从口向下粘接，或先粘成上下两半、左右两半再粘合，视具体每一块碎片的情况而定，常用的粘接剂有环氧树脂和 B72、热熔胶等。陶瓷器粘接好后通常有缺口，需要用填料对其进行填补，补配即对残缺部分进行填补的过程。常用的传统填料是石膏，结合蜡片翻模进行补配。

### 3. 竹木漆器的现场保护方法

干燥的埋藏环境下，如西北地区，竹木漆器通常能保存得较好，依照一般的保护流程，进行清理、必要的临时加固，以及提取。但在潮湿甚至饱水环境出土的竹木漆器，经历埋藏老化后结构、性能都发生了很大变化，十分脆弱。

考古发掘的漆木器大多呈饱水状态，含水量相当高，一般在 150%～1100%；木器表面腐蚀层常达 2～6 cm，一触即溃，色泽一般为暗褐色；开裂严重，裂纹很多；木器材质的化学成分有很大变化，其纤维素含量一般在 18%～35% 之间，木质素含量在 60%～80%，而现代正常木材的纤维素含量通常在 50%～70% 之间，因此考古出土的木器强度差。

出土的饱水竹木漆器类文物在空气中放置短时间内（30 分钟之后）就会产生严重的破坏。竹简会收缩、起翘；木器表面干裂；漆器表面漆膜发生干缩起翘现象；若是彩绘木俑，光照下表面彩绘会发生明显的变化；如果竹木器内部孔隙里充满了可溶盐，由于器物内水分迅速蒸发，而使水中可溶盐在木器表面析出而使器物泛白，直接影响文物的外观。故而竹木漆器出土时的现场保护是整个保护工作中不可缺少的工作。若发掘现场未做及时正确的处理，会给后续的保护工作带来很大的困难，甚至造成无可挽回的损失。

对于饱水的竹木漆器，其现场保护总的原则是：避免水分散失，维持其机械强度，尽量保持饱水竹木漆器文物出土前的原始状态，直到开始采取妥当的脱水定形方法。

依据器物尺寸、保存状况等的不同，采取不同的现场保护方法。对于通常保存情况较好的竹木漆器，首先记录信息，然后开始提取，双手应从靠近器物底部的位置轻轻托起，或使用竹刀等工具进行剥离，将器物放在一个平整、坚固的托板上，做好记录，写好标签。然后是清洗，用水质较好的井水（即含钙、镁离子少的水）或墓室中的积水（和文物内部的水达成平衡）清洗文物，若有条件最好用去离子水轻轻洗去器物表面的污物。之后是包裹，用质软的塑料薄膜将器物小心谨慎地包好，并在器物底部附近垫放一团用离子交换水浸润的棉花，起到保湿作用。如果要在考古库房临时存放，需要控制好微环境，注意保湿、防紫外线、防霉防虫等。最后是运输，用泡沫塑料包裹，放入大小合适的箱盒内，在器物的四周填充纸屑、碎的泡沫塑料或其他质地柔软的物质，既能保证器物在箱盒内固定不动，又不会因包裹而磨损器物。包装好后小心送往实验室进行保护处理。

对表面有粉彩的漆、木器，其保护重点是表面的粉彩，类似于前述的彩绘陶，为防止粉彩脱落，可用加固剂对其进行加固后再进行保湿、包裹，然后尽快送至实验室进行处理。

对于竹简，因为书写有文字，每枚竹简之间必然存在有严格的前后顺序。这些信息对于后续解读至关重要，所以对于集结成束或很多根放在一起的竹简，在提取时尽可能保持其埋藏的状态。对于成束、成片，可以判断是一个整体的竹简尽可能一次全部起取出来。当竹简与其他器物交叠时，先清理竹简外的器物，使竹简完全暴露出来，然后决定如何提取。如确实无法一次提取，可根据出土时的实际情况分成几批，分别取出，保证其完整性。在实际操作中，如提取海昏侯墓的竹简①，以保存竹简的完整性为主要原则，将原整体提取方案改为分四个区域进行，提取时将混有其他文物的竹简一并取出，在具有一定处理条件的室内再进行整理。提取时要注意记录各批竹简之间的相互关系。

器物如果异常糟朽，不可贸然清洗，如海昏侯墓出土竹简保存状态差，项目组研究了提前加固的方法，即不经过清洗直接浸入加固溶液，加固一层揭取一层。使用的加固材料不影响后期清洗或影响很小，且不影响后续保护工作的开展。另外，出土饱水竹简若发生干缩变形，可以采用表面活性剂和生物碱进行溶胀复形，复形效果良好。

对于器物较大、胎质较薄的器物，如竹席，如果保存较好，可

---

① 管理、吴昊、魏彦飞、李文欢、吴振华、夏华清、胡刚：《江西南昌西汉海昏侯墓出土竹简的现场及室内清理保护》，《江汉考古》2019 年第 S1 期。

使用卷取揭取方法。

4. 纺织品文物的现场保护方法 [1][2]

与竹木漆器相似，纺织品的考古发掘现场保护受埋藏环境影响极大。

长期埋藏在西北干燥环境中的丝绸通常保存较好，便于揭取。如新疆沙漠地带民丰尼雅、楼兰、吐鲁番阿斯塔那等地所发现的汉唐丝绸，这些遗物的质地、颜色保存大多比较好，纤维还具有相当好的强度，颜色也鲜艳。甘肃敦煌藏经洞唐宋绢地佛画、幡条都属同一类型。

但纺织品若与墓中尸体粘连，多半腐损或者脆化，直接揭取丝绸会造成破损，处理方法是用塑料布把有纺织品的部分罩盖起来，里面放入加湿器，让其小环境加湿，待纺织品受潮回软后，再进行提取；如果人骨早已散架，那么先清除人骨等杂物，再层层揭除衣服。

对于潮湿甚至饱水的墓葬，纺织品在埋藏过程中缓慢吸水，含水量可达 300% 至 500%。出土时，表面看上去"完好"，实际上纤维的化学结构和物理性能早已受到破坏和削弱，触手成泥，经不起扰动。出水时漂浮在水中的纺织品可用纱网托捞起取，放室内避光吹晾，缓缓干燥。在将干未干时，动作轻轻地分期分层剥取，据情况平展或卷展。若是饱含水分的成件、成卷、成堆、成叠的织物，

---

① 赵丰主编，中国纺织品鉴定保护中心编著：《纺织品鉴定保护概论》，文物出版社 2002 年版。

② 国家文物局博物馆与社会文物司编著：《博物馆纺织品文物保护技术手册》，文物出版社 2009 年版。

# 第七章　考古资源的保护传承

自上而下、由表及里，逐渐将其展开理平。如果实物较多，情况复杂，可把整箱整堆的织物妥善取回室内再进行清理。应注意，黏附于其他杂物上的残破碎片不可随意清除，要尽量保留下来。

在华北黄土地带，墓葬封闭性差，往往随着大气候时干时湿，环境的波动使得织物的保存情况极差，出土织物往往腐朽不堪，有的高度炭化。在提取时要减少震动，常用整体装箱起吊的办法运回室内。在室内平衡好温湿度，使内外一致后，选取一些残片作揭展的处理。

出土丝织品通常伴随严重的层间粘连现象，一方面包括胶黏物质（如丝胶降解、黏土矿物等）对蚕丝与蚕丝界面间的黏附，另一方面是两层织物界面上微观的机械嵌合作用，以及分子间相互作用等。需要对其进行揭展，揭展剂的化学成分多为表面活性剂、柔软剂、渗透剂等生物助剂，能有效地降低丝织品层间的黏结强度。[①]

当纺织品严重炭化或严重饱水弱化时，一触即碎，可采用预加固的方法增强丝织品本体的力学强度，然后再进行提取。可根据情况使用 2% 的丝胶水溶液或 1% 至 3% 的 B72、甲苯或丙酮溶液。

因为纺织品和竹木漆器都为有机质文物，在潮湿环境出土时，为了避免环境的剧变增加文物的老化速率，通常要做保湿处理。但在高湿条件下易滋生霉菌，故而进行保湿处理时还应注意进行防霉消毒工作，通常可以将其低温（5℃）冷藏，或者使用防霉剂。

---

① 耿璐、魏彦飞、龚钰轩等：《脆弱黏结出土丝织品文物揭展技术研究及应用》，《文物保护与考古科学》2017 年第 29 期。

## 四、出土文物的稳定化处理

在出土文物经过现场临时加固提取和初步的保护处理以后，就可运到实验室进行进一步的清理和保护工作。此时，大部分文物仍处于不稳定状态，存在迅速老化的可能，同时临时性的保护措施，对于后续的保护、研究，以及收藏、展示可能都会构成障碍。因此，有必要在实验室中进行稳定化处理，以和常规的收藏、展示环境相适应，达到文物长久保存的目的。

1. 金属文物的稳定化处理方法

（1）除锈

金属类文物的锈蚀并不是都要去除，有些腐蚀产物对文物本体有一定的保护作用，如氧化亚铜、氧化铜、孔雀石、蓝铜矿等能保护铜基体，应尽可能保留；有些腐蚀产物在一定条件下会对青铜本体进一步腐蚀，如氯化亚铜、碱式氯化铜，需要除去。对于铁器，水合氧化铁形成时会吸附杂质、无机盐，质地疏松容易被水渗透，应除去，含 $Cl^-$ 的锈蚀产物也应除去。银跟 $S^{2-}$、$Cl^-$ 和紫外线下与氧气生成的三种锈都比较稳定，一般不必除去，但要恢复原银器的光泽，可除去。

除锈的方法有物理方法和化学方法，物理（机械）方法有手工去锈、喷砂去锈以及激光清洗等；化学方法有电化学去锈和化学试剂去锈。这两类去锈方法都各有特点，如物理（机械）方法比化学方法容易控制，但效率低，化学方法效率高，但容易误伤本体，多种去锈方法配合使用效果更好。如先使用机械方法进行大面积去锈，再用化学试剂作进一步清洗。应注意，基于最小干预原则，使用化学方法去锈前应先做局部的点滴预实验，只有能达到去锈效果并不伤及本体时才能大面积使用。

（2）缓蚀

缓蚀是用缓蚀剂使器物表面上形成一层缓蚀层，从而提高金属的耐腐蚀能力。缓蚀剂是当其以一定的浓度和形式存在于介质中时，可以防止或延缓金属腐蚀的化学物质或复合物，因此缓蚀剂也可以称为腐蚀抑制剂。它的用量很小，但效果显著。缓蚀剂缓蚀的原理是会在金属表面形成致密的隔离膜，从而阻止金属与有害环境接触。青铜器经典的缓蚀剂是苯骈三氮唑（BTA），BTA在铜器表面形成稳定的络合物薄膜，它不溶于水，透明，牢固，呈高分子线性结构，能有效地隔断金属与各种腐蚀介质的接触。也有用复合缓蚀剂，即BTA+其他试剂，由于协同效应提高缓蚀性能，如BTA+钼酸钠、BTA+二甲亚砜等。铁器常用的是气相缓蚀剂亚硝基环己胺，将包装纸用3%溶液浸泡后包装铁器，逐渐挥发，在铁器表面形成缓蚀层。BTA对于铁器也有缓蚀作用。除此之外还有无机试剂铬酸酐、$H_3PO_4$或磷酸盐、鞣酸等，前两类无机试剂能氧化铁，使铁钝化，鞣酸能和铁形成络合物，起到保护作用。

（3）表面封护

封护是指为防止或减缓环境对金属文物造成的损害，在其表面涂覆天然或合成材料，以防止或减缓器物腐蚀的过程。封护剂可在文物表面形成防护膜，隔绝或减少外界环境中水分、氧气和其他有害成分对器物的侵蚀，与缓蚀剂起到"双重保险"作用，从而保护文物。传统的封护材料是微晶石蜡，现代方法则使用合成树脂，如丙烯酸类（B72）、环氧树脂、聚氨酯、有机硅、氟碳涂料等。

2. 陶瓷类文物的稳定化处理方法

（1）清洗

刚出土或从室外移回室内的陶瓷类文物，往往粘有各种污泥浊土、各种沉积物以及污垢等，急需清洗。清洗时，应针对污染物种类的不同，选择适当的清洗方法，做到对症下药。

普通泥土可直接用自来水洗，最后再用蒸馏水洗一遍，减少自来水中钙镁离子的残留。对于较硬的泥土，可以用清水浸泡 6 个小时后再洗，或者用"$CO_2$ 气泡法"：将器物烘干，轮流浸入小苏打和柠檬酸溶液中，生成 $CO_2$ 使泥土变多孔疏松，用机械方法很容易剔除。

彩绘陶因表面有脆弱的彩绘，不能贸然行事。一般泥土可用竹签或竹片剔除，硬质泥土用棉签沾水或酒精局部涂，等到变软后，再剔除。应注意不能直接用水泡彩绘文物，酒精是良好溶剂，彩绘也不能接触酒精。必要的时候对彩绘部分先加固。

沉积膜没有破坏作用，一般不需要去除，但是有碍观瞻，特别是掩盖花纹时，可将其除去。现在常用的是非酸型阳离子清洗剂，也称螯合剂（络合剂）清洗法，用螯合剂夺取陶瓷类文物表面沉积物中的阳离子，形成易溶于水的螯合物，而沉积物中的阴离子则与螯合剂中的钠离子形成新的可溶性钠盐，最后用清水洗去可溶性钠盐及可溶性螯合物即可达到清洗沉淀物的目的。常用的螯合剂有乙二胺四乙酸二钠盐（EDTA 二钠盐，$Na_2[C_{10}H_{14}O_8N_2]$）、六偏磷酸钠（$Na_2[Na_4(PO_3)_6]$）等。

考虑到可溶盐导致的破坏，也应对陶瓷类文物进行脱盐清洗。当器物质地坚硬时，可用深洗技术，即将可溶盐含量较高的器物浸泡在蒸馏水中，可通过加热以加速可溶盐的迁移。隔一段时间（如三天、一周等）换一次水，所需时间长，可能要长达数月甚至数年，通过测量浸泡液的电导率来判断清洗的终点。当器物非常脆弱，器物表面严重风化、酥粉，无法浸泡，也可以采用纸浆包裹法：用多层纸张或滤纸用水敷在器物表面，利用文物内的毛细孔隙和纸张纹理协同抽吸作用，将器物中可溶盐逐步转移到纸张中，反复操作，直到纸张再没有转移出来的可溶盐为止。盐的清洗程度，可用测纸张浸提液的电导率来判断。

（2）粘接

陶瓷类文物经常有很多的碎片，在修复过程中需要拼对这些碎片，然后进行粘接。筛选粘接剂要满足文物保护原则，保持器物原貌，即粘接前与粘接后从文物外貌来看基本一致。还需要粘度小、流动性好、能够充分浸润填平被粘陶器、砖瓦文物疏松多孔隙的断面，使凹凸不平的部分牢固地黏结起来。同时需要耐老化性好，能长时间稳定、不氧化、不变色等，并具有可逆性或可再处理性，固化时收缩率低，不易变形。

陶瓷类最常用的两类粘接剂是环氧树脂（3A 胶）和丙烯酸类（以 B72 为代表），其性能比较如下表：

表 7-4　3A 胶和 B72 作为粘接剂时的比较

| 材料 \\ 性质 | 环氧树脂 3A 胶 | B72（使用浓度为 w/w 50% 的丙酮或乙酸乙酯溶液） |
|---|---|---|
| 成分 | 环氧树脂 + 固化剂 | 丙烯酸甲酯和丙烯酸乙酯的混合物 |
| 可逆性 / 可再处理性 | 较差 | 较好 |
| 固化强度 | 较大 | 较小 |
| 固化时间 | 较长（约 24 h） | 较短（约 10 min） |
| 稳定性 / 耐老化 | 较好 | 较差 |
| 渗透性 | 较弱 | 较强 |

其他常用的粘接剂还有硝基纤维素、α- 氰基丙烯酸乙酯（502）等。

（3）加固

针对发生酥粉、有裂纹的器物进行加固处理，利用器物内部本身的多孔结构，将加固剂渗透到陶瓷的内部。加固剂的要求跟粘接剂相似，要求良好的耐老化性、可逆性、粘接性。因为要渗入器物内部，所以要求粘度低，渗透性好，最好无色透明，不改变文物原貌。

常用的加固剂有：微晶石蜡、丙烯酸类、聚醋酸乙烯酯、聚甲基丙烯酸甲酯、低分子量的环氧树脂、有机硅类、正硅酸乙酯、硅溶胶（$K_2SiO_3$、$Na_2SiO_3$）等。

（4）修补

陶瓷器粘接好往往有缺口，须用某种填料加以填补，补配就是对残缺部分加以填补的过程。石膏是传统常用的填料。粉末状的熟石膏（半水石膏，$2CaSO_4 \cdot H_2O$）能够与水结合，生成块状含水较多的生石膏（$CaSO_4 \cdot 2H_2O$），同时整个物块硬化，具有很好的塑形条件。在瓷器的修复中，也使用环氧树脂加滑石粉或二氧化硅等填料以做成面团加以配补，坚硬耐久、质感较好。

3. 竹木漆器的稳定化处理方法

（1）脱水定形

竹木漆器通常只有在非常干燥（如西北新疆地区）或完全潮湿的环境下才能保存下来，前者通常状态较好。对于饱水、潮湿环境出土的竹木漆器来说，在饱水情况下或过分潮湿的环境下保存都是不利的，但如果是没有人为干预的自然干燥会导致干缩和开裂，所以需要对饱水竹木漆器进行脱水，同时还要定形。

对饱水竹木漆器进行脱水定形处理，关键有以下两点：

一是要克服水的表面张力。因为饱水竹木漆器不同于新鲜木材，细胞壁结构难以起到足够的支撑作用，当水分挥发，水的表面张力较大，大于细胞壁的结构结合力，就会让木材发生收缩。

二是加固木材细胞壁结构。木材干燥之后，木材的细胞壁也无力支撑原先的外形结构，收缩、干裂和扭曲仍然会产生。要解决这一问题，必须加固细胞壁结构。[①]

脱水定形方法的要求不改变原物的色泽；不改变器物的形状、无干裂、扭曲变形，收缩率控制在 5% 以下；使用的化学材料对器物和人身安全无损害；保护材料最好选用可逆化、耐老化；处理方法简便、成本低，易于推广。

比较经典的方法有以下几种。

① 自然干燥法

原理是在接近饱和蒸气压时，水蒸发很慢，减少因表面张力带

---

① 张志军:《漆艺文物保护技术》,《中国生漆》2005 年第 2 期。

来的危害和影响。

大型器物如梁架、木船等，可用锯末填埋或沙埋法，经过相当长的一段时间，慢慢脱去过量的水分；较大器物如梁、大的木质构件、木质下水管道等，可采用潮湿麻袋包裹，放在阴凉的地方使其缓慢脱水干燥；小型漆器可置于玻璃容器中保温干燥，先放在湿度较大的环境中（相对温度 95% 左右），经观察、测定重量等无改变时，逐渐降低环境湿度，最后使之与外界环境相适应而定形。

该方法简便经济，不需花费过多试剂，环保。缺点是处理周期长，处理对象比较局限。

② 醇—醚—树脂联浸法

原理是根据表面张力理论设计，先用醇替换木材细胞组织中的水分，而后再用乙醚替换醇，最后让乙醚挥发掉，乙醚具有非常低的表面张力（水和醇能互溶，醇能与醚互溶）。最后再用乳香胶或者松香天然材料加固。

适用对象为竹木漆器，对小型（如竹简和木牍）和精美的器物效果较佳。

此方法优点是脱水、加固、防霉防腐、杀虫一举多得，对文物的质量、色泽、形状均无影响。缺点是各步置换要完全，乙醇特别是乙醚易燃，操作时注意容器密闭、房间通风、绝对避免明火。

③ 聚乙二醇（PEG 法）[①]

根据氢键理论和细胞壁支撑理论，多羟基烃类聚合物一部分

---

[①] 中国文化遗产研究院编著：《中国文物保护与修复技术》，科学出版社 2009 年版。

可进入细胞壁，取代结合水与胞壁葡萄糖链上的羟基以氢键形式结合；另一部分则代替水作为膨胀剂进入细胞腔，并且留存在细胞腔以支持细胞壁，防止木材干燥过程中因细胞壁塌陷使木材收缩，从而改变器物的尺寸。这类高聚物材料的典型代表就是聚乙二醇（PEG），能在替换水、减小界面张力的同时聚合填充加固细胞壁结构。

优点是脱水—加固同时进行；用于饱水竹木器，特别是饱水木器效果好；对于小件器物处理，既方便、效果又好；聚乙二醇虽溶于水、耐水性不好，但它是非吸湿性物质。缺点是需要很长处理时间，厚重的器物需要一年甚至数年才能处理完毕；处理后器物颜色加深。

④ 冰冻干燥法

水分子升华时是单分子升华，可以减少水的张力的影响和危害。固态水直接升华脱除的过程理论上不产生表面张力，物质干燥后的体积不变。

该方法可结合聚乙二醇预处理。因聚乙二醇在冷冻情况下体积是收缩的，而水冷冻时体积会膨胀，这样一胀一缩，相互抵消，起到了防止器物干裂的作用；特别适合小件器物的脱水干燥；可用于严重降解的木质文物，处理腐朽严重的器物不仅效果好，且处理后器物较轻。缺点是需要严格控制结冰、升华的条件；需要特殊设备（利用自然条件则不需要）；有采用真空冰冻干燥法，需要专门的真空冷冻干燥箱。如果处理器物强度不够，最好在脱水后，再选用适当的树脂渗透加固。

4. 纺织品文物的稳定化处理方法

（1）清洗

因长期埋在地下，出土的纺织品饱受水、泥土、腐败生物体、酸碱盐类化学物质、霉菌等作用，常常会沾染上严重的污斑、水渍和色素，轻则影响织物的清洁，重则会掩盖织物上的色彩、图案，给观赏和研究带来一定困难。此外，有些病害会持续发展，不利于保存。因此，出土纺织品通常要经过清洗，才能入藏、研究或陈列。

清洗前应先对织物进行检测，了解织物的纤维成分、织物上所施加的染料及颜料的种类，检测织物上污染物的种类及特性。清洗剂的选择和清洗的操作也应遵循最小干预原则。清洗前要先进行局部实验，在取得经验基础之上，再进行大面积清洗。

① 表面清洗

指利用物理方法将吸附在纺织品表面或内部的松散污染物（如灰尘、沙土）等去除。常用的工具有软刷和棉签、吹风筒、粘胶带和橡皮泥、真空吸尘器、真空吸力清洗台。

② 湿法清洗

以水为清洗介质来清除纺织品上的污物和杂质的方法称为水洗，这是最经济实用的方法。当纺织品具有足够强度，同时颜料或染料具有一定的色牢度时，方可采用水洗。由于自来水取用方便，当出现大量污染严重的纺织品需要清洗时，可考虑在清洗开始和结束时用去离子水或蒸馏水浸泡，中间采用自来水漂洗。珍贵的纺织品不宜用自来水清洗。

考虑到具体的污染物，也可在水中加入化学试剂，如酸碱、酶制剂、氧化 / 还原剂、螯合物、表面活性剂等对症下药去除污渍。

③ 干法清洗

干洗是指采用有机溶剂对纺织品进行清洗。如果纺织品存在以下情况，就必须干洗：经过色牢度测试，发现染料不耐水洗；纺织品已经出现严重老化，水洗会引发纤维的溶胀和流失；对于起绒类纺织品，水洗会引起绒圈收缩、变形、并结；当纺织品经过特殊的表面处理时（如上浆），必须干洗；在处理多层纺织品时，尽量考虑干洗，如果水洗，不同层次之间的溶胀收缩不同，会引起变形。

适用干洗法洗涤的污迹有油、蜡、焦油、树脂、粘接剂、虫胶、油漆、涂料、橡胶和塑料等。这些污迹虽然也可以在水中用皂化或用洗涤剂来乳化，但使用溶剂清洗更安全、有效。

常用的有机溶剂有乙醇、丙酮、乙醚、苯、汽油、三氯乙烯等。

④ 混合溶剂清洗

当污斑用湿洗剂、干洗剂、表面活性剂清洗剂都不能有效清除时，可采用将三者合理混合，充分发挥各种清洗剂混合后的综合优势，清除纺织品文物上的多种污垢，如血斑、锈斑、霉斑、油污斑、漆斑、树脂斑等及其他有机、无机污染物。

（2）加固

纺织品是由有机纤维编织而成，容易受外界各种因素的影响，出土的纺织品多已腐朽，残存者也破碎不全，有的发硬、变脆，有的残破得像蜘蛛网，有的经不起手拿，一触即破。为保护、挽救这些纺织品，以便于陈列、研究，通常需要进行加固。

因为成分相似，且纺织品和纸质文物基本是平面型文物，因而纺织品的许多加固方法和纸张相似。如纺织品加固也有托裱法、树脂膜加固、丝网加固、合成树脂加固。纺织品用较多而纸张用较少的加固方法有：

① 透明薄板夹衬法

把纺织品残片夹衬在两块玻璃或有机玻璃（聚甲基丙烯酸甲酯）薄板中，在考古现场临时封存，可用压敏胶带把四周粘起来。如果在薄板中加入杀菌剂处理过的衬垫，还能起到杀菌、防霉的作用。

② 丝胶加固

蚕丝是由丝素和丝胶两种物质组成，丝胶是丝素的保护物质，具有黏合和增加强度的功能，天然丝胶是一种加固丝织品的理想天然材料。湖南省博物馆对马王堆汉墓中出土的敷彩织物采用天然丝胶保护，取得了满意的效果。

③ 生物技术修复

生物技术是一种新兴的纺织品修复技术，通过利用细菌的生长繁殖，来修复破损纺织品的内部结构。这种方法不采用任何交联剂，只使用营养物质——葡萄糖和其他养料，在微生物繁殖的过程中，这些物质被消耗、分解，因而不会在纺织品上留下任何化学残留物。生物技术对于有机质文物保护有着良好的应用前景。

④ 针线缝合加固

对于残破的服饰，丝网和玻璃夹封存在一定的局限性，树脂加固、托裱等方法又不能使其复原。这时，可采用针线为主的加固修复方法，此方法是国际上最为常用的纺织品修复方法。

针线修复法是运用缝制服饰的针线技术来修复纺织品文物的一种

方法。只适用于清洗后具有一定强度、能够承受缝纫力度的纺织品。该方法通常在纺织品文物背后或表面加衬一层现代织物，通过针线，将两层或多层织物缝合，以起到加固文物破损部分或整体的作用。该方法是一种可再处理的方法，即修复部位的材料在将来必要时可以拆除，从而恢复文物的原状；对加固工艺要求高、较为费时。

（3）灭菌与除虫

有机质是微生物、害虫天然的营养源，所有的有机质文物都需做好灭菌与除虫工作。选择灭菌除虫方法时，必须遵循以下原则：对纺织品无副作用，不会对纺织品造成破坏；高效低毒，能杀灭各个阶段的害虫或有害微生物；无残留或低残留；对环境安全。

① 物理方法

包括低温法、低氧法、微波加热法、脉冲磁场法、低温等离子体法等。

② 熏蒸剂

熏蒸剂是在封闭环境中以气体形态作用于纺织品文物的灭菌除虫剂。在文物上应用的熏蒸剂主要有环氧乙烷、溴甲烷和硫酰氟等。但目前这些熏蒸剂的使用受到严格限制。

③ 抗菌剂

抗菌剂的抗菌机理主要包括对抗代谢物、抑制细胞壁的合成、影响细胞质的完整性和破坏细胞膜的半透性、抑制生物体蛋白质的合成和改变细胞表面张力等方面。抗菌剂可分为合成抗菌剂（如季铵盐类、异噻唑类、咪唑类等）、天然抗菌剂（如乳酸链球菌素、溶菌酶、鱼精蛋白、壳聚糖等）和来源于天然中草药的植物抗菌剂。

# 后　记

　　本书被纳入复旦大学"两大工程"二期工作计划，得到学校各级相关部门的大力支持，也得到了诸多专家的指导。

　　本书由陆建松主持编写。绪论，陆建松撰写；第一章，魏峻撰写；第二章，陆建松撰写；第三章，王辉、陈小春、刘兵兵、张相鹏、冯锴、胡毅捷撰写；第四章，袁靖、胡耀武、文少卿撰写；第五章，陈淳、张萌撰写；第六章，陈淳、陆建松、张萌撰写；第七章，杜晓帆、陈刚、王金华、张煦、王军、彭镁漫撰写。

2025 年 4 月

**图书在版编目(CIP)数据**

当代马克思主义考古学 / 陆建松主编. -- 上海：
上海人民出版社，2025. -- ISBN 978-7-208-19426-7

Ⅰ. K85

中国国家版本馆 CIP 数据核字第 20253TQ807 号


**责任编辑**　熊　捷
**封面设计**　汪　昊


**当代马克思主义考古学**

陆建松　主编

出　　版　上海人民出版社
　　　　　　（201101　上海市闵行区号景路 159 弄 C 座）
发　　行　上海人民出版社发行中心
印　　刷　上海商务联西印刷有限公司
开　　本　720×1000　1/16
印　　张　33.25
插　　页　2
字　　数　345,000
版　　次　2025 年 5 月第 1 版
印　　次　2025 年 5 月第 1 次印刷
ISBN 978 - 7 - 208 - 19426 - 7/K · 3472
定　　价　148.00 元